Wissensgesellschaft im Krisenstress

Corona & Co.

von

Felix Tretter

Parodos Verlag Berlin

Lengerich/Westfalen

Bibliografische Information der Deutschen Bibliothek
Die Deutsche Bibliothek verzeichnet diese Publikation in der Deutschen Nationalbibliografie; detaillierte bibliografische Daten sind im Internet über http://dnb.ddb.de abrufbar.

www.pabst-publishers.de
pabst@pabst-publishers.de

Print: ISBN 978-3-95853-769-9
eBook: ISBN 978-3-95853-770-5

www.parodos.de
info@parodos.de

Print: ISBN 978-3-96824-015-2

Layout: Patrick Orths

Druck: KM-Druck 2.0, D-64823 Groß-Umstadt

Inhalt

Vorbemerkung

Die Weltgesellschaft befindet sich in multiplen Krisen und die westliche Kultur ist vielfältigen Zentrifugalkräften ausgesetzt. Im Fokus stehen vor allem die Klimakrise, andere Krisen wie Wirtschaftskrisen, Migration und gegenwärtig Corona kommen dazu. Es liegt am Gegenstand „Welt", der als ein komplexes dynamisches System erhebliche Eigendynamiken zeigt. Sogar die Atmosphäre als unbelebtes System hat in Form des Klimas eine hohe Eigendynamik. Das kausale Wissen, das hilft, Krisen vorherzusagen, zu vermeiden und wenigstens effektiv zu managen, ist mangelhaft. Immer wieder wird als übergreifende Politik eine „nachhaltige Entwicklung", die „transdisziplinär" gestaltet werden soll, proklamiert. So gilt Nachhaltigkeit als übergeordnetes Politik-Ziel für 193 Staaten. Bei den 17 Teilzielen wie Armutsbekämpfung und Ernährungs- und Gesundheitssicherung bleiben die dahinterliegenden systemischen Zusammenhänge unklar, wie sich bei der fokalen Betrachtung der verschiedenen Krisen zeigt. Was ist das wichtigste Ziel? Warum? Und wie können wir es messen und ohne neue Probleme erreichen?

Besonders deutlich wird diese Problematik bei der Corona-Krise, die weltumfassend und vielschichtig ist: Die Pandemie-Dynamik ist nicht voll verstanden, und es wird nicht „transdisziplinär", unter Einbezug der Sichtweise der betroffenen Bevölkerung (PatientInnen, Angehörige), sondern auch in hoch entwickelten Demokratien anhaltend autoritativ agiert.

Der Text versucht, ausgehend von der traditionelleren Meta-Position der *Philosophie, Systemwissenschaft* und *Humanökologie*, die Gegenwartsgesellschaft mit ihren Krisen und die Rolle der Wissenschaft als potenzieller gesellschaftlicher Problemlöser aus einer *Netzwerkperspektive* zu beschreiben, welche die innere und äußere Vernetzung der Krisen abbildet.

Nach einem Überblick wird als Beispiel für eine derartige „Evidenz-basierte Politik" durch die Wissenschaft die aktuelle und wohlbekannte Corona-Krise herangezogen. Es werden dabei vor allem tieferliegende Schwachpunkte des Wissenschaftssystems identifiziert, die unter anderem, beispielsweise was die Medizin betrifft, durch eine „disziplinäre Hyperdiversifizierung wegen mangelnder innerer Integration" und einem theoriebefreiten und technologiegetriebenen „Dataismus" gekennzeichnet ist. Weitere Belege für diesen generellen Trend der Wissenschaften, die fallweise aus der Hirnforschung, der Suchtforschung, der Umweltforschung und der Klimaforschung stammen, werden angeführt. Daran anknüpfend werden schließlich Impulse für neue Orientierungen für Integrativwissenschaften in Forschung und Bildung formuliert, wozu sich *Humanökologie* und *Systemwissenschaft* gut eignen.

Die Ausführungen versuchen, die nötige Breite der Probleme darzustellen, auch wenn immer wieder eine angemessene Tiefe erläutert werden muss.

*) Zu beachten ist terminologisch, dass alle personenbezogenen Begriffe (Patient) geschlechtsneutral zu verstehen sind, da hier eine funktionalistisch orientierte Systemperspektive vertreten wird, bei der Geschlechtsaspekte trotz ihrer großen individuellen und personalisierten Bedeutung nachrangig sind. An geeigneter Stelle wird aber elektiv die geschlechtsspezifische Formulierung verwendet. Schließlich wird sowohl das Virus SARS-CoV2 wie auch die dadurch ausgelöste Erkrankung COVID-19 der sprachlichen Einfachheit halber meist als „Corona" bezeichnet.

Vorwort

Die Corona-Pandemie hat unser Weltverhältnis erheblich erschüttert, das kann man Ende 2021 sagen. Unsere Lebensformen wurden verändert, eine Rückkehr zur alten Normalität ist genau genommen nicht mehr möglich.

Corona ist nur eine der aktuellen Krisen, wirtschaftliche Schieflagen werden sich anschließen, und vor allem die Klimakrise und andere Folgen der Umweltbelastung und Umweltausbeutung der menschlichen Zivilisation werden neben der Migration unsere unmittelbare Zukunft prägen.

Es stellt sich somit die Frage, wie diese Krisen „rational", das heißt mit Hilfe der *Wissenschaft* als dominante gesellschaftliche Wissensproduzentin, bewältigt werden können. Gerade die Corona-Krise hat gezeigt, welche Stärken und welche Schwächen in der (medizinischen) Wissenschaft vorliegen. Es dominiert ein Erkenntnisprogramm, das die analytische *Biotechnologie* als Methode der Wahl forciert und es wird über die *Datenanalytik* einem naiven „Dataismus" gehuldigt, der in der Forderung nach „Fakten" gipfelt. Demnach war das „Beobachten" vorrangig, und das „Nachdenken" war nachrangig, und demnach wurde die Bildung von strukturierten Theorien als Orientierungsrahmen für das Krisenmanagement völlig vernachlässigt.

Es wurde auch deutlich, dass die „Laborwissenschaft" *Virologie* gemeinsam mit der „Schreibtischwissenschaft" *Epidemiologie* eine übermäßige Rolle im gesellschaftlichen Verständnis der Krankheit COVID-19 bekam, denn die anderen – vor allem klinischen – Fächer der Medizin kamen mit ihren Erkenntnissen kaum zu Wort. Hinzu kam das große Interesse an der Entwicklung immer besserer Tests, die technisch selbstverständlich hervorragend sind, aber durch die gesamte Prozedur der Testung Unschärfen der Ergebnisse zur Folge hatten. Zusätzlich brachten Impftechnologien unleugbare Erfolge, sie bedürfen aber ebenfalls einiger kritischer Betrachtungen. Vor allem fehlte die Spiegelung dieser Prozesse der Wissensproduktion auf der umfassenden Ebene der Sozialwissenschaften, was Anlass für dieses Buch war.

Diese Schwachstellen der Medizin und der gesellschaftlichen Strukturen des Krisenmanagements und dessen Reflexionsmängel werden in dem Buch fallbezogen ausgeleuchtet. Im Anschluss daran werden grundlegende Probleme der Wissenschaft als Wissensproduzent und Orientierungsgeber für das gesellschaftliche Handeln betrachtet, und zwar von der Position der Wissenschaftsphilosophie ausgehend.

Das thematisch anspruchsvolle Panorama des Buchs habe ich aufgegriffen, weil ich mich seit vielen Jahren um eine wissenschaftlich vertiefte, aber zugleich umfassendere Sicht der verschiedensten Problemkreise bemühe und diese Sichtweise hier darlegen will. Das Buch hätte durch ein Team verfasst werden müssen, aber dieses Team scheint es nicht zu geben und es scheint auch nicht so bald konstituierbar zu sein. Im Wissen um diese Notwendigkeit habe ich mich trotzdem entschlossen, auf der Basis meiner beruflichen Erfahrungen das Buch als Einzelautor anzufertigen:

Die Breite meiner akademischen Neugierde und Ausbildung – Studien der Psychologie, Philosophie, Statistik, Soziologie, Wirtschaftswissenschaften und Medizin – mit drei unabhängigen akademischen Abschlüssen haben mich in die Bereiche der natur-, geistes- und sozialwissenschaftlichen Methodik eingeführt, und die Wissenschaftsphilosophie hat mir auch wieder die nötige Distanz verschafft. Studienbegleitend an der Universität Wien hatte ich mich bereits mit der *Systemforschung* und der *Humanökologie* befasst, die mir mein Leben lang neben meiner Berufstätigkeit in der Hirnforschung und dann als Chefarzt in einer psychiatrischen Klinik bei München eine Art akademische Nebenbeschäftigung geblieben sind. Vor allem die *Medizin* als Institution in Forschung und Praxis und ihr Verbesserungspotenzial hat mich jahrzehntelang beschäftigt, sodass ich dieses Buch vor allem der Verbesserung der medizinischen Sichtweise widme. Besonders bemühte ich mich in den 1980er Jahren um den Aufbau der Umweltmedizin und in den 1990er Jahren um die Suchtmedizin. Die institutionellen, konzeptionellen und kommunikativen Schwierigkeiten, aus Spezialdisziplinen eine Querschnittsdisziplin aufzubauen, waren dabei ähnlich. Neben der klinischen Arbeit hatte ich in beiden Bereichen großes Forschungsinteresse an der Epidemiologie und ihren methodischen Problemen. Darüber hinaus bemühte ich mich um die Entwicklung theoretischer Bereiche in verschiedenen Gebieten der Medizin. Dieser Fachhintergrund ermöglicht es mir, auch zu Corona eine umfassendere Sichtweise darzustellen.

Viele Abschnitte des Buches beruhen daher auf verschiedenen Veröffentlichungen von mir. Das betrifft insbesondere die „Ökologie der Sucht“ (Tretter 1998[1]) und die „Ökologie der Person“ (Tretter 2008[2]). Beide Bücher bieten eine wichtige Grundlage für die hier im Schlusskapitel anvisierte „Humanökologie“. Grundlegend ist auch die Gedankenwelt des Buchs „Systemtheorie im klinischen Kontext“ (Tretter 2005[3]), und was die Philosophie bzw. die Hirnforschung betrifft, auch das Buch „Ist das Gehirn der Geist?“ (Tretter u. Grünhut 2010[4]).

Das hier vorgelegte Buch baut auf diesen Grundlagen auf und sollte verständlich bleiben, aber dennoch die Fakten-Basierung erkennbar machen. Das wäre aber auch schnell zu einem Handbuch geworden, das noch mehr Zeit erfordert hätte.

Der Dynamik der Pandemie geschuldet ist, dass an manchen Stellen, wo es mir vertretbar erschien, eine Vertiefung ausgespart wurde. Auch sind die Literanagaben manchmal sehr allgemein gehalten.

Das Buch sollte eher eine Art Blaupause für ein Forschungsprogramm sein, bei dem eine *transdisziplinäre Perspektive auf Gesundheit und Krankheit* entwickelt wird. Allerdings bleibt dies vermutlich nur ein frommer Wunsch, da die institutionellen Voraussetzungen für derartige Projekte weiterhin fehlen, und wenn sie vorhanden sind, nach den typischen Formen der Personalrekrutierung und der Institutsführung abgewickelt werden, sodass es scheint, es gäbe es nach Theodor W. Adorno „kein richtiges Leben im falschen“.

Die Corona-Situation mit ihren wiederkehrenden Kontaktbeschränkungen verhinderte trotz vieler meiner internationalen Remote-Konferenzen den Aufbau einer integrierten Expertengruppe am Bertalanffy Center, die das Buchthema hätte breit tragen können.

Abschließend möchte ich mich bei meiner lieben Frau Christine für die intensiven fachlichen Diskussionen und für ihre Geduld und Unterstützung danken, die mir die Fokussierung auf das Manuskript ermöglichte.

Auch meinen Verlegern Herrn Thomas Müller und Herrn Wolfgang Pabst danke ich für die engagierte Aufnahme des Buchs im Verlagsprogramm und die rasche Herstellung.

Felix Tretter
Bertalanffy Center for the Study of Systems Science, Wien

„Conflicts of interest“:
Ich versichere, dass ich kein Corona-Leugner oder Impf-Gegner bin und auch keine Verbindungen mit der Pharmaindustrie habe.

Literatur

1 Tretter, F. 1997. Ökologie der Sucht. Hogrefe, Göttingen
2 Tretter, F. 2008. Ökologie der Person. Pabst, Lengerich
3 Tretter, F. 2005, Systemtheorie im klinischen Kontext. Pabst Lengerich
4 Tretter, F. Grünhut, C. 2010. Ist das Gehirn der Geist? Hogrefe, Göttingen

1. Wissensgesellschaft – Fortführung der Aufklärung in Krisen?

Zusammenfassung

Die gegenwärtigen Industriegesellschaften mit ihrer globalen Vernetzung zeigen sich in weiten Bereichen als „Wissensgesellschaft", die sich an einem Wendepunkt befindet, in der vor allem die Wissenschaft, wie sie ist, in Forschung und Bildung die „Vernunft" definiert. So erkennt und definiert die Wissenschaft bzw. eine „Expertenkommission" die „Krisen" und macht Lösungsvorschläge. Danach richten sich auch „evidenzbasierte Politik" und Experten-Regierungen. Das zeigt uns aktuell die Corona-Krise.

Wissenschaft wird aber immer spezialisierter, technologischer, analytischer, mathematischer, industrialisierter und damit zunehmend intransparent für die Bevölkerung. Zugleich wird Gesellschaft, vor allem durch die Digitalisierung und durch Singularisierungen der Bürger und Bürgerinnen, *selbst abstrakter und immer weiter weg von einer praktischen Lebensgemeinschaft. Sie wird zum umfassenden System von Kommunikation und Information. Zwei Prozesse – die Industrialisierung der Wissenschaft und die Virtualisierung der Gesellschaft durch Digitalisierung – führen in vielfältiger Weise zur Schwierigkeit der demokratischen Wahrheitskontrolle von als Wissen kommunizierter Information („Fact", „Fake" oder „Fiction").*

Der folgende erste Abschnitt vertieft zunächst das Verständnis von Gesellschaft als Kommunikation und Wissenschaft als Informationsproduzent. Dabei wird die systemwissenschaftliche Perspektive gewählt, die ihren Gegenstand als gewachsenes Gefüge von Prozess-Elementen versteht. Diese Betrachtungsweise hilft die Sachkomplexität einfacher und doch zusammenhängend zu strukturieren, wobei sie ausdrücklich das Potenzial hat, dass Differenzierungen angefügt werden können.

Die anschließenden Gesellschaftsdiagnosen ergeben ein Bild der Verschränkung sozialer und ökologischer Krisenherde. Die darauf bezogene Diagnose des Zustands der spezialisierten Wissenschaften zeigt eine „Hyperdiversifizierung" aufgrund von „Integrationsdefiziten". Das wird zum Thema „Gesundheit und Krankheit" am Beispiel Medizin gezeigt.

Als Therapie der fragmentierten und fragilen Wissensgesellschaft wird vorgeschlagen, die ansatzweise vorhandene umfassendere und grundlegende interdisziplinäre Perspektive einer Humanökologie/Sozialökologie als inhaltlichen Verständnisrahmen zu nutzen, die aber nicht als „Superscience", die alles weiß, missverstanden werden darf. Es handelt sich vielmehr um eine Art multifokaler Brille, mit der verschiedene Bereiche in einem verbindenden Rahmen betrachtet werden können. Die Komplexität und Dynamik verschiedener Sachlagen erfordert zusätzlich und grundlegender die Anwendung systemischen Denkens auf der Basis der Systemwissenschaft als Kompetenz für Zusammenhangsdenken, wodurch die jeweiligen Sachverhalte als abgrenzbares Gefüge von Elementen in einer vernetzten Welt begriffen werden.

Dies wird in Grundzügen im ersten Kapitel dargelegt und aspekthaft in weiteren Kapiteln ausgeführt und schließlich im letzten Kapitel zusammengefasst.

1.1 Weltbild der Krisen auf Basis von Wissensinseln

Unsere Welt als Gefüge von Elementen ist komplex, und sie wird immer komplexer in ihren Bestandteilen und ihren Beziehungen. Alles hängt mit allem zusammen, das betrifft die *Natur* und auch die *Gesellschaft*, die globalisierter denn je agiert, auch wenn derzeit Corona-bedingt Abgrenzungen gegenüber Verbindungen überwiegen. Das spiegelt sich auch in unseren *Bildern von der Welt*, die wir uns machen, die allerdings hochgradig fragmentiert sind. Es entsteht ein unzulängliches Mosaikbild von der Welt. Das große Ganze zu verstehen, bringt unsere Vernunft an ihre Grenzen, und es erfordert ein Innehalten und Überprüfen unserer auf vernünftiges Handeln ausgerichteten westlichen Gesellschaftsordnung. Gerade Krisen zeigen sowohl das *„Systemische" der Welt* wie auch unsere Verstehens- und Handlungsgrenzen. Es geht also um die tendenzielle informationelle Überforderung des Menschen, um das Ertragen der Komplexität und Dynamik, der Inkonsistenzen und der Plurivalenz der Welt. Oft gibt es ein „trügerisches Evidenzerleben". Trotz der Weltzusammenhänge ist in diesem Buch die Eingrenzung dieser Besinnung aufgrund des Problemumfangs auf unseren europäischen Kulturraum zweckmäßig, ohne dass der Text eurozentrisch wird. Dabei kommt in diesem Buch das systemische Denken von Anfang an zur Anwendung und wird am Schluss durch die (human)ökologische Perspektive als Bezugsrahmen für weitere Krisenanalysen ergänzt.

> Unser Weltbild ist zersplittert, die Welt aber ist ein System.

1.1.1 Wissen, Glauben, Meinen

Die expliziten Bilder von der Welt, die Menschen und Kulturen entwickeln und nutzen, werden als mehr oder weniger sicher zutreffend und mehr oder weniger gut begründet erlebt: „Glauben" ist ein Fürwahrhalten, also eine Überzeugung über die Richtigkeit dieses Modells von der Welt, die nicht vollständig begründet ist, „Meinen" ist eine Form des unsicheren subjektiven Wissens und „Wissen" ist Gewissheit über die Richtigkeit dieses Modells. Diese Definitionen werden im Kapitel 3 noch ausführlicher diskutiert werden. An dieser Stelle genügt es festzuhalten, dass unsere Gegenwartsgesellschaft in den westlichen Industrieländern in ihrer Sichtweise „pluralistisch" tolerant ist (oder sich selbst dieses Merkmal zuschreibt). Dies beruht teilweise auf der kritischen Abgrenzung von dem Monismus der Autokratien wie dem Nationalsozialismus. Im Bereich der Reflexion der Wissenschaften, die hier zentraler Gegenstand sind, also in der *Wissenschaftsphilosophie*, war das Motto des Philosophen Paul Feyerabend „Wider den Methodenzwang" typisch für die Position einer Art von innerwissenschaftlichem Antiautoritarismus, mit dem Verweis darauf, dass es nicht eine einzige Methode der Wahrheitsfindung geben kann (Feyerabend 1976[1]). Allerdings hat die sich daran anschließende Grundposition eines solipsistischen „Jeder hat unwiderlegbar recht" zu einer *gesellschaftlichen Dissoziation* beigetragen, die gegenwärtig schwer integrierbar erscheint und aufgrund der wechselseitigen Abgrenzungen zu gravierenden Spaltungen führt. Diese Bruchlinien könnten im nächsten Schritt durch Wiederaufkommen autokratischer Strukturen und Mechanismen wieder zu einem Autoritarismus mit Repressionen in neuen Formen führen. Diese Gefahr zeigt sich derzeit – Ende 2021 – durch die spannungsvolle gesellschaftliche Zweiteilung der Geimpften und Ungeimpften deutlich. Gemeinsam geschaffenes und geteiltes Wissen könnte dem entgegenwirken, ja ist eine Voraussetzung für vernünftiges Miteinander, das Demokratien auszeichnen sollte.

Wissen ist nur eine Form des Glaubens, des Führwahrhaltens.

1.1.2 Demokratie, Bildung und Freiheit

Eine demokratisch organisierte gemeinsame Wahrheitsfindung zu vielen Problemlagen der Welt kann wegen der Vielfalt der Sichtweisen am besten "diskursiv" erfolgen, um Dissensbestände und Konsensoptionen zu klären. Das erfordert, aber ermöglicht auch, ein funktionierendes Gemeinschaftsleben, auch innerhalb der wissenschaftlichen Gemeinschaft. Der Rahmen und die Basis für eine gelingende *Diskursivität* kann nur eine funktionierende *Demokratie* sein und dies erfordert unter anderem eine ausreichende *Bildung* der den demokratischen Prozess steuernden Menschen in Politik und in der Bevölkerung. Das Ideal hoher *Bildung*, das in weiten Teilen durch die *Wissenschaften* fundiert ist, hat dabei eine große Bedeutung. Es ist eng verknüpft mit der *Aufklärung*, auf die die europäischen Nationen offiziell stolz sind, allerdings nicht in gleichem Ausmaß. Die Bildung ermöglicht die Selbstbestimmung des Menschen als hohes Ziel des *Humanismus*, und diese Orientierung ist wiederum eine wichtige Bedingung der Möglichkeit einer gut funktionierenden Demokratie (Benner 2003[2], Nida-Rümelin 2013[3]).

Es zeigt sich also eine Verschränkung von Menschenrechten, Wissen, Bildung und Gemeinschaftlichkeit, die die Menschen befähigen soll, ihr Leben nach eigenen Vorstellungen zu gestalten, zu leben und zu verantworten (Nida Rümelin 2016[4], S. 4): „Bildung soll in Stand setzen, ein Leben nach eigenen Vorstellungen – als Autorin und als Autor – zu leben." Bildung ist allerdings im Sinne von Wilhelm von Humboldt weiter gefasst als Wissen und ein humanistischer Ethos. Doch Wissen wird immer essentieller für Bildung, wobei robustes Wissen in allen Formen heute weitgehend aus der Wissenschaft stammt.

1.1.3 Wissen als Teil der Bildung

Wenn Wissen und Bildung gesellschaftlich eine so große Rolle spielen, dann lassen sich die einzelnen europäischen Nationen als „Wissensgesellschaften" oder „Wissensdemokratien" bezeichnen. Was aber ist „Wissen", wie begründet es sich? Sind heute die *Wissenschaften* die Quellen des gesellschaftlich relevanten Wissens oder braucht es auch andere Quellen? Kann Wissenschaft helfen, die gesellschaftlichen Entwicklungsziele und Problemlösungen zu fundieren?

Die Problemlösekompetenz der Wissenschaft zeigt sich vor allem im Umgang mit den aktuellen Krisen: Terrorismus, Finanzsystemkrisen, Migrationskrise, Klimakrise, Corona-Krise usw. Es stellt sich somit die Frage, wie die Gesellschaft mit Hilfe der Wissenschaft Krisen besser definieren, erkennen, verstehen, vorbeugen und behandeln kann. Es gibt ja immerhin für jeden dieser Krisenherde spezielle Forschungsprogramme. In diesem Buch dient uns vor allem die Corona-Pandemie in Hinblick auf die Gesundheitskrise als Fallbeispiel, um die Schwachstellen der Wissenschaft – in diesem Fall der *Medizin* – zu erörtern und Verbesserungsvorschläge zu machen. Es wird davon ausgegangen, dass die Wissenschaft zunehmend den Bereich *Theorie* zugunsten von *Empirie* vernachlässigt, was sich auch in der Bildung in der Wissensgesellschaft ausdrückt (Mittelstrass 2019[5]).

Wissenschaft und (akademische) Bildung sind also hier interessierende Bereiche der Gesellschaft, die im Wesentlichen durch den Staat getragen werden und die der Steuerung durch die Politik unterliegen, und die idealerweise direkt für die Menschen da sind und von ihnen mitgestaltet werden. Politik hat dabei die besondere Rolle, entsprechende Rahmenbedingungen sicherzustellen. Das ist allerdings ein idealtypisches Modell der Demokratie.

> Wissen ist ein wesentlicher Baustein evidenzbasierter Demokratie.

1.1.4 Große politische Ziele in Europa – „Grün" und Digitalisierung

Was die Politik betrifft war in Europa im Jahr 2019, also vor dem Corona-Jahr 2020, eine gesamtgesellschaftliche Zielsetzung in Richtung „Nachhaltigkeit" beabsichtigt. Dieses Ziel wurde immer wieder von den Führungsinstanzen und -personen der EU betont (EU 2021[6]). Auch in Deutschland war in jenem Jahr durch die von Jugendlichen initiierte Bewegung „Fridays for Future" ein starker Schub in Richtung der „Ökologisierung" der Politik und der Gesellschaft zu erkennen, und zwar mit dem Hauptziel, den Klimawandel zu stoppen und sich mit der Bewältigung der Folgen des Klimawandels auseinanderzusetzen. Das wurde teilweise auch von Vertretern der Politik verschiedener EU-Länder positiv kommentiert. Einige politische Diskurse suchten darüber hinaus nach einer ausdrücklichen Verbindung der Ziele „Nachhaltigkeit" durch „Digitalisierung".

Digitalisierung selbst ist allerdings ein hochrangiges Politikziel. Auch dazu gäbe es in Hinblick auf Nutzen und Risiken einiges zu sagen (Scholz et al. 2021[7]). Das ist zwar nicht das zentrale Thema dieses Buches, dennoch sollen ein paar Gesichtspunkte zum Aspekt „Wissen" erwähnt werden, denn die *Digitalisierung des Wissens* spielt eine zunehmend große Rolle, wie auch das Wissen von dem Prozess der Digitalisierung selbst ein wesentlicher Wissensbereich, nämlich die *Digital Literacy*, wird.

Auch im Zusammenhang mit dem Umgang mit dem Klimawandel tritt das Politik-Ziel „Digitalisierung" auf, in dem Angebote aufgebaut werden sollen, die den Energieverbrauch, die Verkehrsflüsse, die Nahrungsmittelkette, aber auch andere Lebensbereiche der Menschen, über zentralisierte digitale Kontrolltechniken zu optimieren erlauben. Allerdings wurde seit 2020, dem ersten Corona-Jahr, in Europa das Ziel der grünen Digitalisierung nur mehr im Nebenbei diskutiert. Tatsächlich war nämlich die Digitalisierung der gesamten Lebenswelt der Menschen gewissermaßen Nebeneffekt der Maßnahmen zur Pandemie-Kontrolle: Home Office über digitale Medien, Home Schooling, digitale Lieferdienste, E-Commerce, Video-Konferenzen, Corona-Apps usw. erzeugten einen starken Digitalisierungsschub und durch die Lockdowns mit Fahrverboten war auch die CO_2-Emission gemindert. Corona hat also diese beiden Entwicklungen teilweise beschleunigt.

1.1.5 Digitalisierte Gesellschaft – Wissen, Medien und Kommunikation

Bei der „Digitalisierung" wird zunächst die Transformation klassischer Dokumente in digitale Speicherformen verfolgt, was extensive Datenbanken ergibt, und beispielsweise durch Suchmaschinen wie Google dazu führt, dass eine sofortige Informierung über alles Mögliche erfolgen kann. Darüber hinaus erfolgt eine originäre, mehr oder weniger wissenschaftliche *messtechnische Erfassung der Welt* in Form von (digitalisierten) Daten, die mit Hochleistungscomputern und mit Hilfe einer später zu besprechenden Art „Komplexitätsmathematik" (Graphentheorie, Theorie nichtlinearer Systeme, multivariate Statistik, lernende Algorithmen, usw.) ausgewertet werden (Scholz et al 2021[8]).-

Die Digitalisierung setzt also zunächst die *„Digitisierung"* voraus, das heißt sie stützt sich auf die Vermessung und Abbildung der Welt in *Zahlen,* also in Form von *Daten.* Die sich daran anschließenden *Datenanalysen* ermöglichen in der Folge das *Monitoring* und die *Steuerung* der Bevölkerung in ihren verschiedensten sozialen Rollen als Käufer, als Verkehrsteilnehmer oder auch als Patienten. Auf diese Weise wird also eine neue *datengetriebene Wissensform* produziert, die es dem Nicht-Experten faktisch unmöglich macht, die Ergebnisse der Big Data-Analysen noch nachzuvollziehen: Er muss sie einfach „glauben" und sie als „Wissen" für sich aufnehmen. Diese Virtualität der digitalen Welt, die Möglichkeit, Fiktives zu generieren, das eine eigene Realität ergibt, fordert das bisherige Empfinden von Realität und Gewissheitserleben fundamental heraus. Der Bedeutungsgehalt der beiden Begriffe Glauben und Wissen werden später, im Kapitel 2, noch genauer analysiert.

Eine zentrale Rolle in der modernen Gesellschaft haben die Medien, was die Gesellschaft zur *Informationsgesellschaft* macht und in der Folge wieder eine Steigerung der Medialisierung erzeugt: Die Hauptmedien sind weiterhin Radio, Fernsehen und Zeitungen, sie werden aber von den Social Media zunehmend verdrängt.

Bemerkenswert hier ist noch die zunehmend starke *Zensierung digitaler Information und Kommunikation* durch das Instrument der *Artificial Intelligence,* das von großen Kommunikationsplattformen bis zur Sperrung von Absendern, Adressaten und Inhalten eingesetzt wird. Damit entstehen auch Ungleichgewichte in der Information der BürgerInnen, denn Themen und Perspektiven werden so in bedenklicher Weise ausgeblendet.

Die Prozesse der auf diesen Mechanismen aufbauenden *digitalen Transformation* unserer Informationsgesellschaft sind Gegenstand vieler umfangreicher, sogar „transdisziplinärer Analysen" und sollen hier nur gestreift werden (Scholz et al. 2021[9]).

Die Technologie des Digitalen kommt zunächst bei vielen Menschen gut an, denn sie setzt grundlegend an deren Bedürfnissen an, die sich aus seinem Erleben als „Mängelwesen" im Sinne von Johann Gottfried Herder (Herder 1993[10]) bzw. Arnold Gehlen (Gehlen 1986[11]) ergeben: „Gedacht-Getan" soll verschmolzen werden. So lautet dieses scheinbar unbegrenzte Programm. Hardware und Software nehmen über

Künstliche Intelligenz und Robotik den Menschen also die Wahrnehmung, das Denken, das Entscheiden und auch das Handeln ab. Den Menschen scheinen nur mehr Gefühle und Antriebe zu verbleiben.

Auf diesem kognitivistischen *digital-anthropologischen Menschenbild* baut die Informations- und Kommunikations-technologische Industrie (IKT-Industrie) nun auf. Die Digitalisierung verändert die Welt allerdings so sehr in die neue ökonomische Richtung der *Datenökonomie*, dass bereits von einem „digitalen Kapitalismus" die Rede ist, der alle Bereiche der Gesellschaft, und so auch die Wissenschaft, durchdringt (Staab 2019[12]): *Datenhandel als Geschäftsmodell der Informationsgesellschaft*!

Vieles ist bereits über die ökonomische Dimension der Digitalisierung geschrieben worden, sodass es hier nur bei dieser Erwähnung bleibt. Festzuhalten ist allerdings, dass die IKT-Industrie in geschickter Weise über Fachmedien, Ausstellungen, Konferenzen usw. ein gutes Bild, also eine *Eutopie*, der digitalen Zukunft zeichnet, die vor allem darauf abzielt, Investoren und Großkunden zu attrahieren und die BürgerInnen in eine Art passives Staunen zu versetzen. Dieser Prozess der positiven Verstärkung der Digitalisierung und ihrer Schatten gefährdet die Vorrangigkeit der Position des Menschen, wie er im Rahmen des *Humanismus*, der die europäische Aufklärung geprägt hat, gedacht wird. Der Humanismus als Menschenbild und gemeinsame Wertorientierung und damit als Bindeglied in unserer mitteleuropäischen Gesellschaft ist deshalb gefährdet. Auf die Gefahren der Dehumanisierung durch die breite Digitalisierung haben bekanntermaßen schon Schriftsteller wie George Orwell und Isaac Asimov und vor allem der Computerwissenschaftler Joseph Weizenbaum hingewiesen (Weizenbaum 1977[13]). Aktuelle Protagonisten der Digitalisierung wie Raymond Kurzweil (Kurzweil 2014[14]) werden hingegen trotzdem nicht müde, eine schöne neue Welt zu fingieren.

Als zukunftsweisende Antwort auf die humanistischen Herausforderungen an die Digitalisierung gibt es seit 2018 den *„Digitalen Humanismus"* als Leitidee einer humanen Digitalisierung unserer Gesellschaft, wie er von dem Münchner Philosophen Julian Nida-Rümelin und der Filmwissenschaftlerin Natalie Weidenfeld (Nida-Rümelin & Weidenfeld 2018[15]) in Buchform publiziert und unabhängig davon von dem Wiener Informatiker Hannes Werthner als Aktionsprogramm vertreten wird (Werthner et al. 2019[16]).

Andere akademische Analysen der humanen Digitalisierung schließen sich an (BCSSS 2021a[17]). Auch die Stadt Wien hat das Konzept des Digitalen Humanismus als Leitidee für die weitere Entwicklung der digitalen Transformation der Gesellschaft gewählt (Stadt Wien 2019[18]): Es geht im Wesentlichen um die Aufrechterhaltung und Steigerung der Selbstbestimmung des Menschen.

Corona hat den Prozess der Digitalisierung beschleunigt und ausgeweitet, und zwar als Instrument zur Kompensation von Alltagsdefiziten, die durch das Distancing und die Lockdowns entstanden sind. Darüber hinaus hat das Internet es ermöglicht, dass Informationen über die Epidemie/Pandemie und auch über die zu treffenden Gegenmaßnahmen rasch verfügbar waren. Lockdowns ohne das Internet wären vermutlich katastrophal ausgegangen, wie kann man sich leicht vorstellen kann.

Allerdings sind die Schattenseiten der Digitalisierung durch diese Hilfestellungen in den Hintergrund getreten. Beispielsweise haben Akteure auf Plattformen der Social Media viel Unsachliches und Aggressives in die Welt gesetzt und damit auch die Einstellung und Stimmung einiger Bevölkerungsgruppen negativ beeinflusst. Somit ist das umfassendere Ziel einer *humanen Digitalisierung* aus dem Blick geraten bzw. ziemlich wirkungslos geworden.

> Ohne Digitalisierung wäre die Corona-Krise zur Katastrophe geworden, aber Digitalisierung kann die nächste Krise schaffen!

1.1.6 Fakten, Fiktionen, Simulationen und Fakes – was ist gesichert?

Die Digitalisierung steigert die *Virtualisierung des Wissens* und sie verstärkt damit das *Problem, zwischen Phantasie und Realität bzw. Fiktion* und *Fakt* zu unterscheiden. Denn dieser Digitalisierungsschub als Vermessung der gesamten Welt bis in den privaten Raum, auch zur angeblichen Sicherung der öffentlichen Gesundheit, wie er gegenwärtig erfahrbar ist, produziert eine *Welt aus zweiter Hand*, nämlich eine *Welt als Datenschatten.* Diese digitale Welt befördert wiederum die Schwierigkeiten, das was als „Wirklichkeit" bezeichnet wird – also jene Phänomene in der Welt, die Phänomene *bewirken* – als Wirklichkeit, also als „Realität" zu begreifen. Es ist sogar so, dass die Zahlenwelt zunehmend als *wirkliche Wirklichkeit* und nicht als *Abbild der Wirklichkeit* verstanden wird. Auf diesem Weg fällt eine Unterscheidung von *Daten als Fakten* und *Gedanken als Fiktionen* offensichtlich leicht, was aber das Denken entwertet. Das ist eine fatale Entwicklung, was im Kapitel 2 zum Corona-Management ausgeführt und im Kapitel 3 zu Grundfragen der Wissenschaft detaillierter besprochen wird. Auch scheint sich die *Faktenschlacht,* durch „Faktenchecker" forciert, zunehmend über Anzahl der Messungen, der Anzahl und Auswahl der Probanden und der Methode der Datenauswertung abzuspielen.

Die Wahrheit über die Wirklichkeit wird folglich, ganz allgemein betrachtet, von der *Sprache* und den dabei verwendeten *Worten,* vor allem aber den *Zahlen* und den *Grafen* ablesbar: Je mehr Zahlen im Text aufscheinen, desto faktischer, also zutreffender, erscheint die damit verbundene Aussage, wenngleich weniger die Medien, sondern vielmehr die Wissenschaft jene gesellschaftliche Institution ist, die der Wahrheit verpflichtet ist. Die Politik bemüht sich, die Wahrheit positiver einzufärben, vor allem was die Zukunft betrifft. Dieses Potenzial, die wissenschaftliche Wahrheit noch zu akzentuieren, was in der Corona-Zeit an den täglichen Inzidenzzahlen erkennbar ist, wird durch die digitale Virtualisierung verstärkt. Die massenmedial und über Social Media *selektiv kommunizierten Aussagen* führen durch diese Akzentuierung zur *Emotionalisierung,* und ihre suggestive, dramatisierende oder auch beschönigende Rhetorik, hat bedenkliche Effekte auf das zunehmend weniger in den Wurzeln der Aufklärung ruhende Weltbild der Bevölkerung.

Texte können allerdings bereits in Form von elektronischen Dokumenten über Maschinen so „simuliert" werden, als seien sie menschliche Produkte und so fragt es sich, ob es gelingt, derartige Fiktionen durch Experten aufzudecken. Gerade die *Digitalisierung* mit solchen Möglichkeiten, *Realität zu simulieren,* hat es erschwert, *Realität von Fiktion* zu unterscheiden (Baudrillard 2005[19]). Hinzu kommt, dass die digitale Gesellschaft durch das Internet und die Social Media eine *globale gesellschaft-*

liche Reichweite bekommen hat, die das Funktionieren von lokalen, regionalen und nationalen Organen von *Demokratien* massiv beeinflussen. *Fakes* können daher eine große Zahl an Menschen falsch informieren.

Die zentrale Aufgabe, Fakes von Fakten zu unterscheiden, ist erschwert, vor allem in Hinblick darauf, bei aktuellen Themen, wie dem Klimawandel , die Wahrheit zu erkennen. Insofern die Erderwärmung und die Folgen als zukünftiger Zustand der Welt noch entfernt erscheint und auch abstrakt ist, weil sich „Klima" als der langjährige Wetterdurchschnitt der unmittelbaren Erfahrungswelt der Menschen entzieht. Damit kommt es sehr wesentlich auf das *Vertrauen in die Wissenschaft* als primären Informanten an. Wenngleich der Klimawandel bereits seit mehreren Jahrzehnten bekannt ist, und auch die menschlichen Zivilisation als ein Treiber dieses Prozesses identifiziert ist, hat sich die Meinung der Bevölkerung – ähnlich wie zu Corona – polarisiert in „Klimawandel-Leugner" wie auch „Klima-Wisser" und „Klima-Kenner" und „Klima-Fanatiker": Auch in der Corona-Pandemie gibt es „Corona-Leugner" bis zu „Corona-Kennern". Demnach gibt es auch ein breites Spektrum in der „öffentlichen Meinung" zur Corona-Impfung , die sich von (z.T. militanten) „Impfgegnern" bis zu „Impf-Fanatikern" erstreckt. Auch die Haltungen zu Suchtmitteln sind analog polarisiert wie etwa die „Tabak-Gegner" und die „Tabak-Verherrlicher" oder „Cannabis-Gegner" und „Cannabis-Freunde".

Diese Herausforderung an die optimale bilaterale Kommunikation wird im Kapitel 2 ausführlicher betrachtet.

1.1.7 Wissenschaft – Wahrheit und Fakes

Die Frage nach einer vernünftigen Sichtweise auf die Welt wird in der modernen Gesellschaft der Wissenschaft zugewiesen. So ist die Diagnose, dass wir einem Klimawandel ausgesetzt sind, Ergebnis der Klimawissenschaft, der wir nun vertrauen müssen. Es sind empirische Befunde der Koinzidenz von CO2-Zunahme und der Temperaturzunahme, und die kausalen Erklärungen der Mechanismen der atmosphärischen Temperaturregulation, die uns überzeugen, dass sich das Klima CO2-bedingt in Richtung einer konsequenzenreichen Erderwärmung ändert. Der Anteil der menschgemachten CO2-Emissionen soll demnach reduziert werden.

Wissenschaft: Vom Glauben zum Wissen zum neuen Glauben?

Die Wahrheitsfindung beim Klimawandel ist allerdings durch Wissenschaftler beeinträchtigt, die von industrienahen Stiftungen wie dem Heartland Institute finanziert sind und den Klimawandel leugnen oder die anthropogenen Anteile herunterspielen (Heartland Institute 2021[20], Wikipedia 2021[21]). Dabei wird eine Differenz und sogar ein Konflikt zwischen der neutralen öffentlichen Wissenschaft, die durch die öffentliche Hand finanziert wird, und der wirtschaftsnahen interessenorientierten Wissenschaft erzeugt. Letztere tritt bei interessenschädigenden Ergebnissen nicht an die Öffentlichkeit, wie es beispielweise von der Forschung bekannt ist, die durch die Pharmaindustrie finanziert ist: es erfolgt ein Underreporting von negativen Ergebnissen (Joannidis et al. 2007[22]): „Wer zahlt, schafft an!"

Hinter der interessensbedingt intensiven Klimakontroverse liegt aber auch ein latenter Fachkonflikt zwischen *Ökologie* und *Ökonomik*, wie er in der Öffentlichkeit wahrgenommen und von der Politik gerne verschärft wird: ökologisch sinnvolle Maßnahmen, wie die ökologische Bepreisung von Treibstoffen, scheinen die Wirtschaft, zumindest so wie sie ist, und auch die Bürger in ihren Haushaltsbudgets zu beeinträchtigen. Tatsächlich sind aber bereits Fachbrücken in Form der „ökologischen Ökonomik" gebaut worden, die die ökonomischen Konsequenzen proökologischer Maßnahmen analysieren (Common u. Stagl 2005[23]), und es wird nach optimalen Pfaden zwischen den Entwicklungszielen der Nachhaltigkeit gesucht, ausdrücklich auch daran denkend, dass die *soziale Ungleichheit* reduziert werden muss. Damit sind fachlich die drei miteinander gekoppelten Hauptziele der nachhaltigen Entwicklung, nämlich „Ökologie", „Ökonomik" und „Soziales" angesprochen, und zwar im Rahmen einer weiter gefassten „Sozialökologie". Es gilt daher, jedes gesellschaftliches Projekt – und auch Krisen – auf diesen neuen wissenschaftlichen Rahmen zu beziehen. Das wird im Kapitel 4, am Schluss des Buches, zusammenfassend erläutert.

Der Umstand allerdings, dass es, wie erwähnt, wirtschaftsgesponserte Wissenschaftler gab, die den Klimawandel leugneten, zeigt, dass die Funktion der Wahrheitsproduktion durch die Wissenschaft insgesamt sehr fragil ist und keinesfalls als ehrfurchtsgebietende Instanz angesehen wird und werden kann. Das kann so weit gehen, dass – wie es der US-Präsident Donald Trump gezeigt hat – empirisch belegte Aussagen als „Fakes" bezeichnet werden: Er habe mehr Besucher bei der Amtseinführung gehabt als der vorherige Präsident Barack Obama. Sogar Fotografien, die ja grundlegend bereits augenscheinlich als authentisch wirken, wurden als „Belege" für diese Behauptungen herangezogen. Und es kam die Rede von „alternativen Fakten" auf, insbesondere was die Wirklichkeitsdefinition durch die Politik betrifft.

Mit welcher Methode können *Fakten* von *Fiktionen* und *Fakes* unterschieden werden?

1.1.8 Politik, Corona und Wissenschaft – die Wissenschaft der Gesellschaft

Politik setzt üblicherweise Ziele, die nicht unbedingt wissenschaftlich begründet sind. Bemerkenswerterweise traten aber im Kontext der Corona-Krise nahezu unerkannt Verschiebungen der *Begründung von Politikzielen* auf, nämlich die „evidenzbasierte" anstatt der „ideologiebasierten" Politik. Die Evidenz liefert die Wissenschaft, die Politik ist bei Fehlern exkulpiert. So schien es im Frühjahr 2020 im Zuge der anrollenden Corona-Pandemie, als sei der nun allseits bekannte Virologe Christian Drosten der wahre Kanzler der Bundesrepublik, denn seine Einschätzungen der Gefahren durch das Virus und die empfohlenen Gegenmaßnahmen wurden zeitweise von der deutschen Bundesregierung direkt umgesetzt. Auch in der Folge traten immer mehr Wissenschaftler aus der Medizin und aus anderen Disziplinen in die Öffentlichkeit, um wegweisende Empfehlungen zu äußern.

Zur Terminologie: Corona wird hier als einfacher Überbegriff und Sammelausdruck verwendet, da SARS-CoV2 ein Corona-Virus ist, während COVID-19 die Erkrankung ist.

Insofern Wissenschaften durch ihre Methoden charakterisiert sind, haben sie allerdings nur einen spezifischen Blick auf ihren Untersuchungsgegenstand und neigen daher dazu, ihre Sichtweise für die zutreffendste zu halten. Bei vielschichtigen Problemen führt dies zur „Monokausalitis", insofern ein Aspekt als der einzig relevante herausgegriffen und kommuniziert wird (z.B. Herbst 2021): „Die Pandemie der Ungeimpften". Insofern es um logische Argumente geht, haben die *Mathematik/Statistik* und die *Physik* in diesem Bereich im Vergleich zu den *Sozialwissenschaften* eine starke Position bekommen. Das wird noch mehrmals im Buch angesprochen.

Dieser Methodenbias der beteiligten Corona-Wissenschaften wird in diesem Buch detaillierter problematisiert. So basierten die Empfehlungen der politisch gefragten Wissenschaftler auf *mikrobiologischer Laborforschung* und auf computergestützten statistisch-mathematischen *Epidemie-Analysen*, die eine mehrjährige spezielle Ausbildung erfordern und daher Nicht-Experten, also auch *Ärzten*, nicht ohne weiteres durchschaubar sind. Es waren also nur teilweise Mediziner, sondern vor allem medizinexterne Mathematiker, Physiker und Biologen, die den Weg wiesen. Die damit verbundene indirekte und sogar direkte top-down *Einwirkung einiger Wissenschaften* auf die *Lebenswelt* der BürgerInnen ist hoch problematisch, werden doch mit dem Ziel der Pandemie-Eindämmung von der Politik Verhaltensvorschriften angeordnet, die aus „der" Wissenschaft stammen, aber aus Disziplinen kommen, die nicht *Lebenswelten* der Menschen, sondern *Laborphänomene* untersuchen und eher den Naturwissenschaften als den Sozialwissenschaften zuzuordnen sind.

Die Virologie als „Master-Science" für COVID-19?

Damit scheint die *Wissensgesellschaft* eine neue Stufe in ihrer Orientierung an der *Wissenschaft* mit ihrer Selbstbegründung als „Wahrheitsgenerator" erreicht zu haben. Wissenschaft hat auf diese Weise als Legitimation und „Evidenzbasierung" der Politik einen besonders hohen Grad der Politisierung erreicht, wie er zum Thema Klimawandel nicht gelungen ist und was hier ebenfalls punktuell zu untersuchen ist.

Die *Corona-Politik* rief nämlich unter Berufung auf *„die" Wissenschaft* im Jahr 2020 einen gesamtgesellschaftlichen Reset hervor, und zwar weltweit, insofern zumindest teilweise und/oder zeitweise aufgrund infektionsepidemiologisch begründeter, aber fiktiver Katastrophen-Szenarien alle gesellschaftlichen Prozesse zum Stillstand kamen. Verursacht wurde dies dadurch, dass das Virus SARS-CoV-2 als „gefährlich" eingeschätzt wurde. Diese – zutreffende – Einschätzung erfolgte vorwiegend durch *Laborwissenschaften*, insbesondere durch *Virologie* und *Epidemiologie*, verbunden mit der therapeutischen Hilflosigkeit der *klinischen Medizin*, die heute (Ende 2021) noch immer über keine effektive Therapie verfügt und darüber hinaus auch keine eigene Position hat. Auf diese Weise wurde Wissenschaft zum Regenten der Politik und der Gesellschaft, dem auch die *Wirtschaft* und ihre Interessen nachgeordnet wurden. Das oberste Ziel war also die *Gesundheitssicherung*, die als Handlungsmaxime wirksam wurde, wobei die Gewichtigkeit der Zielsetzung durch die Medizin institutionell abgesichert wurde. Vor allem zu Beginn der Epidemie, die sich dann zur Pandemie ausweitete, also im Frühjahr 2020, zeigte sich die Verbundenheit der Politik gegenüber der medizinisch-wissenschaftlichen Rationalität, allerdings nicht in allen Industrienationen der Welt. Im Sommer 2020 konnte in vielen Ländern, wie vor allem in *Deutschland* (und auch in Österreich), im europäischen Vergleich und *bevölkerungsbezogen* auf sehr „gute Zahlen" zurückgeschaut werden (worldometers 2020a[24]): kumulativ nur 0,3 % Infizierte und ca. 0,01 % COVID-19-assoziierte Tote ließen zunächst ein gutes *gesellschaftliches Zusammenspiel* erkennen – zwischen der *medizinischen Wissenschaft* und der *Versorgung* in der Erkennung und Behandlung dieser Erkrankung und der *Politik* in der wohldosierten Abfassung von Regularien, den *Massenmedien* mit der guten Vermittlung von Information, den *Behörden* in der Kontrolle und der *Bevölkerung* mit ihrem problemangepassten Verhalten gab es eine hohe Kohärenz im Handeln. Allerdings haben die *Wirtschaft*, aber auch die *Menschen* und ihre *Familien* durch den Lockdown gelitten. Im Herbst 2020 kam jedoch wieder eine Epidemie-Welle auf, die mit Fluktuationen bis April 2021 anhielt. Parallel dazu kam die Impfung in Schwung und es entstand der Eindruck, dass die Gesundheitsproblematik *biotechnologisch* durch qualifizierte Tests und durch die Impfoptionen in den Griff bekommen werden wird. Bereits im Spätsommer 2021 zeigen allerdings aktuelle Zunahmen der Infizierten-Zahlen durch die Delta-Mutante des Corona Virus, dass die Pandemie nicht zu Ende ist, dass sie eine schwer steuerbare Eigendynamik hat, und dass weiterhin neben der Prophylaxe Verbesserungsbedarf in der Therapie und im Management der Krise besteht. Zusätzlich ist für 2022 eine durch COVID-19 bedingte *Wirtschaftskrise* zu erwarten, die sich durch Kostensteigerungen, Inflation, Staatsverschuldungen, Unterbrechungen von Lieferketten, Betriebsschließungen, usw. herleitet. Aber auch die *Klimakrise* wird durch Extremwetterphänomene nach Stabilisierung der pandemischen Lage wieder mehr gesellschaftliche Aufmerksamkeit bekommen und der Konflikt zwischen Ökonomie und Ökologie wird wieder aufflammen, ähnlich wie er derzeit wegen der Lockdowns zwischen Ökonomie und Medizin besteht.

Die Frage stellt sich nun aber mit Blick auf die Corona-Wellen an das Krisenmanagement: War alles „vernünftig" und „verhältnismäßig"? Beruhten also Erfolge in Deutschland und Österreich im Frühjahr 2020 auf der „Rationalität" des Handelns oder spielt der Zufall eine größere Rolle? Und welches Glied in der gesamten Informations- und Wirkungskette hat die größte Wirkung gehabt? Wie kann das belegt werden? Wie sieht darüber hinaus eine evidenzbasierte Regelung des Konflikts zwischen Gesundheit und Wirtschaft (u.a. mehr) aus?

Das wird in Kapitel 2 kritisch betrachtet, aber an dieser Stelle ist bemerkenswert, dass in der Corona-Pandemie ein Gesellschaftswandel mit Demokratie-Verlust in Hinblick auf *vertikale* und *horizontale Wissenskommunikation* erfolgte: nicht nur kritische Laien, sondern auch akademisch qualifizierte „Zweifler" wurden von dem Mainstream der öffentlichen Kommunikation zunehmend ausgegrenzt – ja exkommuniziert. Hier besteht aktuell ein Unterschied zur Kontroverse beim Klimaproblem, das von den politischen Autoritäten eher ignoriert und heruntergespielt wurde, aber nun Ende 2021 in Europa, und vor allem in Deutschland, über alle Parteien hinweg zur Hauptagenda der aktuellen Politik übernommen wurde.

1.1.9 „Transdisziplinarität" statt Expertokratie – die Bevölkerung definiert die Probleme

Zur Steuerung der gesellschaftlichen Entwicklung hat *Fridays for Future* etwas Wichtiges gezeigt: plötzlich haben relevante Teilhaber des Klimaproblems, nämlich die junge Generation, die noch viele Jahrzehnte mit dem Klimawandel zu kämpfen hat, Wissenschaft und Politik herausgefordert. Diese engagierte, basisdemokratische Artikulation von Betroffenen hat sich in der Folge mit Experten aus dem Bereich Klima- und Klimafolgenforschung zur besseren Problemdefinition und -lösung in den Dialog begeben, was mit dem akademischen Konzept der „Transdisziplinarität" zusammenpasst: Die von den Jugendlichen aufgeworfenen Fragen haben nämlich wieder zu einer Initiative der „Scientists for Future" geführt, die diese Bewegung spezieller informieren will (S4F 2021[25]). Diese „vertikal" verlaufende Form der „transdiszipinären" Wissensproduktion und Problemdefinition, die auch hier als Idee die Grundlage des Buches bildet, öffnete den Problemdiskurs von dem Kreis der *Wissenschaftler* zu den *Problembetroffenen* und wieder zurück. „Transdisziplinarität" zielt also nicht nur auf die innerakademische „Interdisziplinarität", sondern strebt wegen des Ziels, die Evidenz zu verbreitern, auch die Verbindung zwischen Praktikern und Forschern als bestmögliche Erkenntnis- und Handlungsform an (Scholz u. Steiner 2015[26]).

Dieser methodische Ansatz der Wahrheitsfindung durch *Wissenschaft* gemeinsam mit der *„Praxis"* ist wichtig, da er grundlegend eine *einseitige wissenschaftszentrierte quantifizierende Sicht* vermeidet und auch die *qualitative Perspektive der Laien als Experten ihres eigenen Lebens* mit einbezieht. Damit können sich die wissenschaftlichen "Wahrheiten" über die lebenspraktische „Wirklichkeit" und die Fragen des Lebens näher kommen.

1.1.10 Gegenstand und Ziel des Buches

Nach diesem Überblick über den in diesem Buch interessierenden Gegenstand der Wissensgesellschaft mit Fokus COVID-19 werden mit Blick auf andere Krisen diese nicht als *monokausales oder oligokausales Phänomen*, sondern als ein *multifaktorieller systemischer Komplex* aufgefasst, der grundlegend und umfassend aus dem *Wirkungskreislauf* Natur => Bevölkerung => Wissenschaft => Politik => Staat => Bevölkerung => Natur besteht. Das zeigt *strukturelle Ähnlichkeiten* mit einer umfassenden Betrachtung des gesellschaftlichen Umgangs mit der Klimakrise, wo die Bevölkerung durch ihren systemischen Gebrauch von Natur diese so verändert hat, dass die Natur, wie beim Tennisspiel im „Return", die Lebensbedingungen der Menschen signifikant ändert. Das hat die zuständige Wissenschaft schon erkannt, die Politik aber zögert noch, dies anzuerkennen, und auch der Staat scheint mit seinen Organen nicht recht zu reagieren, sodass die Menschen, vor allem jene, die im gesellschaftlichen Subsystem *Wirtschaft* eine zentrale Rolle spielen, sich nicht ausreichend danach richten. Von diesen „neuen" umfassenderen Wissenschaften wie *Humanökologie* und *Systemwissenschaften*, die ein größeres und vielschichtigeres Bild von der Welt liefern, wird im abschließenden Kapitel 4 des Buchs noch ausführlicher die Rede sein.

In diesem Buch geht es – insofern Gesellschaft im Wesentlichen als Kommunikationssystem verstanden wird – dabei sehr zentral um die *Sprache* und ihre *Begriffe*, mit denen das Risiko kommuniziert wurde. Daher soll das hier hauptsächlich interessierende Thema „Wissen" gewissermaßen „von oben", also aus einer philosophisch-abstrakten „Meta-Perspektive" heraus, betrachtet werden. Mit Blick auf die Bereiche „Information" und „Kommunikation" soll zunächst ein wenig Licht auf das Phänomen der *Digitalisierung* geworfen werden, wobei damit die modernen Informations- und Kommunikations-Technologien (IKT) gemeint sind. Erst am Schluss des Buches wird ausführlicher durch die Perspektive einer umfassenderen Ökologie des Menschen (Humanökologie) auf den Begriff der „Nachhaltigkeit" eingegangen, womit der Kreis zum Ausgangspunkt einer europäischen Politik der digital unterstützten nachhaltigen Entwicklung geschlossen werden wird.

Solche Fragen zur Wahrheitsfindung sollen im Folgenden untersucht werden, aber es ist jetzt schon klar, dass angesichts der gesamtgesellschaftlichen Betroffenheit von dem kleinen unsichtbaren Virus *SARS-CoV-2* auch möglichst viele unterschiedliche Perspektiven bzw. dazugehörige Stakeholder zur Problembewältigung zusammen kommen müssen. Dieser Prozess wird, wegen der Heterogenität der Perspektiven als „transdisziplinär" bezeichnet, insofern Forscher, Praktiker und Betroffene ausgeglichen zu Wort kommen und das Problem gemeinsam definieren und danach abgestimmt handeln (Transdisziplinarität als Prinzip).. Dies wird, weil das Corona-Management ausdrücklich nicht nach diesem Modus funktionierte, schließlich erst im Kapitel 4 ausführlicher behandelt. Insofern Corona, Klimawandel, Migration, Biodiversitätsverlust usw. *weltgesellschaftliche Problemlagen* darstellen, ist zunächst die Frage zu stellen, was unsere „Gesellschaft" ist, und welche Herausforderungen bestehen, wenn es sich um eine Wissenschaftsgesellschaft handelt. Daher müssen im Folgenden zunächst wesentliche Begriffe und die Gegenstände „Gesellschaft", „Kommunikation", „Wissen" und „Wissenschaft" genauer geklärt werden, wobei im Kapitel 2 diese Aspekte anhand des allgegenwärtigen Corona-Problems konkreter erläutert werden. Methodisch wird die Metaposition der *Philosophie* angestrebt, weil *Wissen durch die Qualität von Wissen* definiert werden soll. Dabei wird Wissen dynamisch begriffen, als *Resultat des Wechselspiels zwischen Praxis, Empirie und Theorie*. Für diese Position dient die systemwissenschaftliche Betrachtungsweise als Rahmen, die strukturelle und funktionelle Aspekte der Wissensproduktion abbilden soll.

1.2 Was bedeutet der Begriff „Gesellschaft"?

Umgangssprachlich versteht man unter „Gesellschaft" die *Bevölkerung* und ihre formelle und informelle *Sozialordnung*. Die fachliche Definition von Gesellschaft durch *Soziologen* weicht allerdings in den letzten Jahrzehnten davon stärker ab, indem auf das „Interpersonelle" fokussiert wird und die einzelnen Menschen als Elemente der Bevölkerung nur mehr als „Akteure" (oder Agenten, Aktanten), also als handelnde Rollenträger, jenseits ihrer personalen Individualität, begriffen werden. Aus dieser Sicht sind dann Menschen, unabhängig von ihren persönlichen Merkmalen, als Rollenträger eben Ärzte oder Patienten, Händler oder Käufer usw. Soziologisch betrachtet ist bei Funktionsanalysen der Gender-Aspekt nachgeordnet, da zuerst die

Funktionen analysiert und dann die geschlechtsspezifischen Besonderheiten erörtert werden müssen.

Aus fachlich-soziologischer Sicht ist daher zu betonen, dass mit dem Ausdruck „Gesellschaft" weniger die Bevölkerung, sondern vor allem ein *System von Handlungen und insbesondere von „Kommunikationen"* gemeint ist (Habermas 1981[27], Luhmann 1984[28]). Zum Begriff Kommunikation gehören die Merkmale Information, Wissen, Risiko, u. dgl. „Handlung" meint in diesem Zusammenhang vor allem zielgerichtetes Verhalten. Zu dem Handlungsbegriff kommt auch noch der inhaltliche Bereich der *Kultur* als System der Werte, Normen, des Wissens und des Glaubens, um hier zunächst einige soziologische Schlüsselbegriffe anzuführen. Kultur dient nämlich als *Handlungsorientierung* und fungiert systemtheoretisch gesehen als *Sollwertmatrix*. Soziologen interessieren dabei die typischen Muster dieser Systeme (Nasseihi 2019[29]). Davon wird gleich ausführlicher die Rede sein.

Gesellschaft ist das System von Kommunikationen und Handlungen

Diese Charakterisierungen von Gesellschaft sind jedoch nur erste und noch unscharfe Bedeutungsumschreibungen, die auf diesen Ausdrücken aufbauen. So hat der in den Sozialwissenschaften einflussreiche Jurist, Wirtschaftswissenschaftler und Soziologe Max Weber (Weber. 1972[30]) *Handeln* als *sinnhaftes Verhalten* definiert, der gegenwärtig einflussreiche Philosoph und Soziologe Jürgen Habermas (Habermas 1981[31]) hat das Handeln auf *Kommunikationen* ausgeweitet. Der äußerst abstrakt argumentierende Jurist und soziologische Systemtheoretiker Niklas Luhmann (Luhmann 1984[32]) hat Kommunikationen überhaupt als die Essenz von Gesellschaft angesehen. Gerade Luhmanns konsequente Sichtweise, in der sogar *Menschen als Umwelt* von *sozialen Systemen* erscheinen, bildet die moderne Gesellschaft mit ihrer Vielzahl von Institutionen, Subsystemen und Organisationen ab. Gesellschaft auf diese Weise als Systemkomplex zu modellieren ist vor allem auch im Lichte der Bedeutung von Operationen *digitaler sozialer Maschinen* zweckmäßig, die sich in den gesellschaftlichen Alltag immer stärker hineinweben und als artifizielle, semi-autonome, apparative und algorithmische Akteure und Kommunikatoren das Verhalten der Menschen mitsteuern.

1.2.1 Gesellschaft als System

Hilfreich für das heutige Gesellschaftsverständnis sind somit systemtheoretische Konzeptionen, die moderne Gesellschaften als *System von Systemen,* d.h. von abgrenzbaren, aber überlappenden *Subsystemen*, begreifen (Luhmann 1984[33], Schimank u. Volkmann 2007[34]). Solche Subsysteme mit speziellen gesellschaftlichen Funktionen sind *Kultur, Politik, Staat, Recht, Bildung, Massenmedien, Gesundheitswesen, Wissenschaft, Wirtschaft* (Abb. 1A). Im einzelnen steht *Kultur* für den Bereich der Werte, *Politik* für regulative Macht, *Staat* gemeinsam mit *Recht* für Sozialordnung mit sanktionierbaren Regeln, *Bildung* für Wissensverbreitung, *Gesundheitswesen* für die Gesundheitssicherung, *Massenmedien* für Kommunikation, *Wissenschaft* zur Wissensproduktion, *Wirtschaft* für den individuellen und gesellschaftlichen Metabolismus. *Kultur*, etwa in Form der Kunst, fungiert als Überbau der Gesellschaft mit ideellen, aber auch materiellen Komponenten. Diese Spezialsysteme haben Verbindungen bzw. Wechselwirkungen mit den anderen Systemen (Abb. 1.1B). Bei dem in diesem Buch interessenden System sind es die (medizinische) Wissenschaft (MEDWIS; Abb. 1.1C) und das Gesundheitssystem (GESSYS) mit ihren Beziehungen zu Politik, Kultur, Recht, Massenmedien, Bildung, Staat, Wirtschaft und letztlich zur Bevölkerung.

Diese begriffliche Untergliederung der modernen Gesellschaft in Teilsysteme mit unterschiedlichen Funktionscharakteristiken kann auch je nach Ziel der Analyse nach Organisationsgraden und Ausmaß der Institutionalisierung erfolgen, wobei die *Makro-Ebene* der Gesellschaft, die *Meso-Ebene* der Organisationen bzw. Institutionen und die *Mikro-Ebene* der einzelnen Akteure unterschieden wird. Es kann auch die *materielle Ebene* und die *immaterielle Ebene* der Systeme unterschieden werden, wie sie im Kapitel 4 in Hinblick auf die Humanökologie und die Systemwissenschaft noch genauer betrachtet wird.

Wie aber soll nach diesen begrifflichen Unterscheidungen die Analyse vorangetrieben werden? Dazu, für Interessierte, einige eingeblendete Erläuterungen zur Methodik des systemischen Denkens in der Textbox.

Systemdenken – eine erste methodische Zwischenbemerkung

Die oben angeführte aufzählende Darstellung der *Gesellschaft als System von Systemen*, wie sie in Lehrbüchern der Soziologie zu finden sind, vernachlässigen die *Verbindungen* und *Überlappungen dieser Teilsysteme*, also in gewisser Weise Schnittmengen, die allerdings Niklas Luhmann mit dem Begriff der *Interpenetration* sehr elegant, aber nur allgemein charakterisiert hat. Methodisch besteht bei Analysen das Problem, dass – nachdem der Untersuchungsgegenstand in eine *Liste seiner Teile* untergliedert wurde – wieder das Ganze betrachtet werden soll. Das geschieht am besten, wenn *Beziehungen* zwischen den Teilen untersucht werden. Dies lässt sich sehr gut in Grafiken als „Boxen-und-Pfeile-Diagramme“ visualisieren, bei denen die Elemente des Systems als Boxen und die Beziehungen als Linien bzw. “Pfeile“ dargestellt werden. Diese Beziehungslinien zwischen den mehr oder weniger als Subsysteme abgegrenzten Bereichen, die hier als „Boxen“ abgebildet sind, betreffen Information, Kommunikation, aber auch Güter- und Dienstleistungsaustausch zwischen Akteuren usw. Auf diese Weise lässt sich der diffuse Begriff Gesellschaft als Netzwerk von Beziehungen zwischen Akteuren darstellen.

Was den hier interessierenden Gegenstand „Gesellschaft“ betrifft, sollen einige jener Elemente, die *Gesellschaft als System* konstituieren, wiederum als aus Teilen bestehend verstanden werden. Es sind also die erwähnten Teilsysteme wie (medizinische) Wissenschaft, Politik, Staat usw. Diese Systeme werden zunächst als zirkulär angeordnete *Liste* (Abb. 1.1.A), dann mit Fokus auf die medizinische Wissenschaft und deren Austausch mit anderen sozialen Systemen dargestellt (Abb. 1.1B). Schließlich ergibt sich ein umfassenderes Bild als *Netzwerkmodell*, mit Blick auf das gesamte Wechselspiel der Teilsysteme, das als Rahmenkonzept fungiert (Abb.1.1C). Dieses Modell dient als Bezugsrahmen für die weiteren Betrachtungen, und zwar vor allem in Hinblick auf die im Kapitel 2 diskutierte COVID-19-Krise. Es ermöglicht aber auch jedes der Systeme als Netzwerk von Subsystemen zu verstehen. Dies soll Leser und Leserinnen anregen, eigene systemische Überlegungen zu den hier nicht weiter diskutierten Beziehungsaspekten dieses Themas wie auch zu anderen medizinischen Themen (z.B. Adipositas) oder zum Gesundheitswesen anzustellen (Tretter 1978[35], Tretter 2005[36]). Auch kann das gesellschaftliche Verhältnis der Klimaforschung als weiterer Gegenstand von Krisenanalysen auf dieses Raster bezogen werden. Und grundlegend kann der Gegenstand Gesellschaft in anderer Weise, als vom Autor vorgeschlagen, systemisch konstruiert werden, etwa konsequent im Sinne der Schule von Niklas Luhmann (Luhmann 1984[37]. Die an dieser Stelle nur angedeutete „systemische" Methode wird im Kapitel 4 weiter ausgeführt.

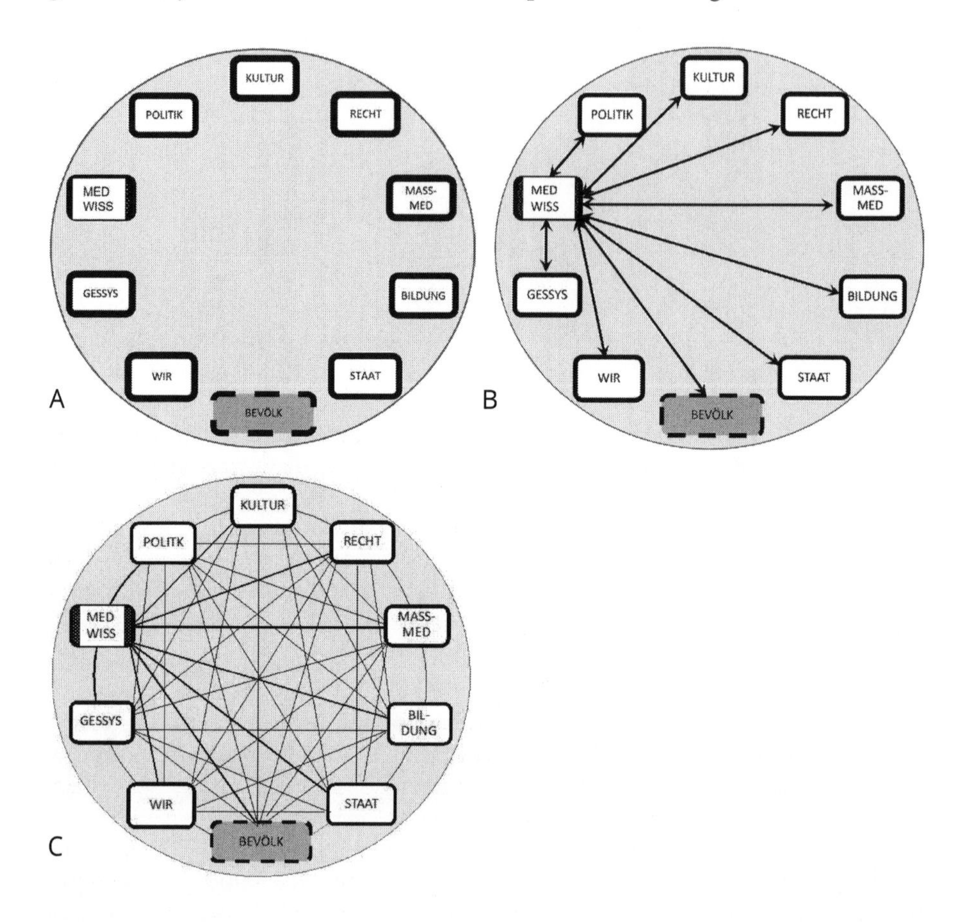

Abb. 1.1: Gesellschaft und Bevölkerung als System von Akteuren mit unterschiedlichen Handlungsbereichen in Form spezialisierter Funktionssysteme mit Schwerpunkt (medizinische) Wissenschaft (MEDWIS). Von der üblichen – hier zirkulär angeordneten – Liste (A), zum Diagramm mit jeweils bilateralen Wirkungsflüssen (B) und schließlich als Netzwerk aller Wechselbeziehungen (C).
Erläuterungen: GESSYS = Gesundheitssystem, MASSMED = Massenmedien, WIR = Wirtschaft, BEVÖLK = Bevölkerung

1.2.2 Corona, Medizin und die Gesellschaft als Kontext

Die Rahmenperspektive, Gesellschaft als Netzwerk zu verstehen, erlaubt nun einige Aspekte der Corona-Krise in ihren systemischen Dimensionen zu betrachten: Die Corona-Krise hat zunächst im Frühjahr 2020 gezeigt, dass die *medizinische Wissenschaft* als Problemlöser für die *Politik* und die gesamte Gesellschaft fungieren kann. Dazu ist festzuhalten, dass die *(medizinische) Wissenschaft als Produzent von Wissen* über Gesundheit und Krankheiten der Bevölkerung auch als *Kommunikator* dieses Wissens auftreten muss. Dabei spielen die *Massenmedien* eine zentrale Rolle, aber auch die direkte Kommunikation mit der Politik, also mit der Regierung, den Ministerien usw. und auch mit den Behörden als Organe des *Staates* ist von großer Bedeutung. *Kultur* in Form der Ethik und Moral und auch *Recht* sind weitere relevante Bezugsbereiche, vor allem für die Politik im Bereich der Entscheidungsfindung etwa bezüglich der Lockdowns, die nicht nur das System *Wirtschaft*, sondern auch das System *Bildung* betreffen. Die von der Medizin vorgeschlagenen Maßnahmen haben aber, wie wir wissen, das Verhältnis zur Wirtschaft zunehmend belastet, und letztlich ist das Verhältnis zwischen Medizin und *Bevölkerung* natürlich von grundlegender Bedeutung – was „die Wissenschaft" im Fernsehen gesagt hat, wird am nächsten Tag vielleicht von den Patienten mit dem Hausarzt besprochen (z. B. Impfrisiken).

Zu den Querbezügen der Medizin zu den anderen erwähnten gesellschaftlichen Teilsystemen seien hier einige Details erwähnt, um den Rahmen genauer zu beleuchten (vgl. Abb. 1.1):

1. *Politik* wird hier strukturell als das Teilsystem der Regierung, der Parteien und der legislativen (z.B. Parlamente) und regulativen Instanzen des Staates verstanden. Politik steht prozessual im Spannungsfeld verschiedenster gesellschaftlicher und umweltlicher Wirkgrößen und fungiert als wesentlicher Rahmenträger der gesellschaftlichen Kommunikation und des Handelns, auch im Falle der Corona-Pandemie. Politik läßt sich knapp und treffend als „autoritative Allokation von Ressourcen" beschreiben (Easton 1965a[38]). Sie ist auf personeller und institutioneller Ebene getrieben von Machtmotiven und eigenen Ängsten (Machtverlust bei Fehlern). Sie stützt sich auf an sie gerichtete *Forderungen* von bestimmten Bevölkerungsteilen und bekommt im Falle eines Wahlerfolgs von Ihnen auch *Unterstützung* (Easton 1965a[39], Easton 1965b[40]). Unter diesen allgemeinen Rahmenbedingungen beabsichtigt die Politik die Steuerung der Handlungen der Bevölkerung durch die Kommunikation, auch in Form von gesetzlichen Regelungen. Beispielsweise wurde in der Corona-Krise von Regierungen versucht, Kohärenz beim ersten Lockdown im März 2020 herzustellen. Dies erfolgte durch eine „Nachrichten-Kontrolle" (Message control), mit Informationen, welche die Gefahr betonten und den sukzessiven Ausschluss von Kritikern und Nicht-Konformen zur Folge hatten. Zunächst reagierten Regierungen auf Widerspruch durch Nichtbeachtung und schließlich mit der klassifikatorischen Marginalisierung als staatsgefährdende „Querdenker". Die sich anschließende systemische Eskalationsinteraktion zwischen Politik und den Nichtkonformen bedarf einer sorgfältigen Betrachtung in Hinblick auf das Potenzial, die bis vor wenigen Jahren noch relativ breite Mitte der Gesellschaft in eine tiefe und breite Spaltung zu treiben.

Ist basisdemokratische evidenzbasierte Politik möglich?

2. *Kultur* ist nach Ansicht vieler Sozialforscher die oberste Ebene der Gesellschaft als System der Werte, Normen, des Wissens und des Glaubens, um nur einige ideelle Bereiche herauszugreifen. Funktionell wirken diese Faktoren im Regelkreis als *Sollwerte.* Sie entsprechen dem, was die antike griechische Philosophie als das Gute, das Schöne, das Wahre bezeichnet hat. Institutionen, die Kultur im akademischen und im alltagsweltlichen Sinn repräsentieren, sind unter anderem Religion, Kunst und Moral (als alltagspraktische Ethik). In unserem Fall der Corona-Krise ist der Wert des Menschenlebens eine besonders wichtige Bezugsgröße unser aller Moral und Ethik bisher gewesen: Gesundheit hatte und hat noch immer Vorrang vor der Wirtschaft, aber nur solange die Wirtschaft nicht wesentlich geschädigt wird. Dann muss der Staat subventionieren, um politische Unruhen möglichst zu vermeiden.

In Hinblick auf Gesundheit hat die hauptsächlich zuständige Wissenschaft, die Medizin, als menschenbezogene Handlungswissenschaft eine starke ethische Dimension (Maio 2011[41]): Soll das, was technisch machbar ist, auch gemacht werden? Wenn dem kranken Menschen durch eine Maßnahme nicht sicher genutzt werden kann, so soll ihm auch nicht geschadet werden.

Damit sind die Ethik und die Kultur, ja sogar eine interkulturelle Universalie angesprochen, die den Schutz des Menschen zum Ziel hat.

Dieser Hinweis, dass verschiedene Handlungssysteme wie Gesundheit, Wissenschaft, Wirtschaft und Politik auf der Ebene ihrer Werte eine kulturelle Verankerung aufweisen, kann hier nicht weiter ausgeführt werden. Die gängigen Moralvorstellungen als Struktur der Werteordnung werden im Kapitel 2 noch beim Thema „Impfen“ angesprochen.

3. *Recht* ist das System, das im Sinne von Niklas Luhmann nach dem Code „richtig“ oder „falsch“ operiert. Es gliedert sich nach verschiedenen Wirkungsbereichen und weist eine komplexe innere operative Struktur aus, wie Gerichte, die nun auch bei der Corona-Krise stark gefordert sind, die Rechtmäßigkeit von regulatorischen Maßnahmen zu beurteilen, insbesondere was Freiheitsrechte betrifft

4. *Medien* operieren auf der Basis einer intrinsischen Eigenlogik, mit dem Ziel, eine Aufmerksamkeitssteigerung im Informationsraum zu bewirken. Im Kontext der Wissenschaftskommunikation sind sie Vermittler von wissenschaftlichen Informationen, aber Medien sind selbst mächtige, selbstbestimmte Kommunikatoren für ihre Rezipienten. Sie *produzieren Nachrichten.* Dies wird im nächsten Abschnitt genauer behandelt.

5. *Bildung* wird hier im Wesentlichen auf den Schul- und Hochschulbereich bezogen. Einerseits wird Bildung in hohem Maß von Wissenschaft und Kultur konstituiert, andererseits können im Fall von Corona-Maßnahmen durch die Lockdowns der Schulen für die Kinder und Jugendlichen enorme Belastungen entstehen, die nicht nur in Bildungsdefiziten zu sehen sind, sondern auch, was ihr Sozialverhalten und ihre außerfamiliäre soziale Integration und Identität betrifft.

6. Der *Staat* wird hier als die administrative Langzeit-Struktur der Politik verstanden, hauptsächlich als Regulierungsbehörde fungierend, bestehend aus dem Parlament, einzelnen Behörden, der Polizei, dem Militär usw. Der Staat ist hier insofern interessant, als er als Gesundheitsbehörde betrachtet wird, die bei der Corona-Pandemie auf lokaler, regionaler und nationaler Ebene eine wesentliche Rolle spielt.

7. Die *Wirtschaft* operiert als funktionaler Primat der Gesellschaft und Bereich der „materiellen Wertschöpfung". Dieser Bereich funktioniert auf Basis des gesellschaftlichen Metabolismus mit Eigennutzmaximierung und bietet die materielle Grundlage menschlicher Existenz marktzentriert im individuellen Handeln bzw. in Form der Industrie. Die Wirtschaft zeigt in ihrer Logik in Hinblick auf die medizinische Wissenschaft eher eine Abwehrhaltung, etwa insofern diese mit Regularien von Public Health in Form des Lockdowns auftritt. Auch die Medizin bzw. die Gesundheit ist in weiten Bereich kontrapunktisch zur Wirtschaft ausgerichtet, wenngleich es auch Bereiche der Synergien gibt: Gesundheit ist Produkt von Wohlstand, aber auch Voraussetzung für produktives Wirtschaften und für Konsum, der über die Grundversorgung hinausreicht. Andererseits kann Krankheit die Teilnahme an der Wirtschaft als Arbeitnehmer (aber auch als Arbeitgeber) verhindern und auch Maßnahmen der Vorbeugung von Krankheit können die Wirtschaft punktuell schwächen. Umgekehrt kann eine exzessive Wirtschaftstätigkeit die Gesundheit gefährden, wie es offensichtlich für zweistellige Prozentsätze der Bevölkerung in Hinblick auf das Burn Out-Syndrom zu sein scheint. Nicht zuletzt ist auch zu sehen, dass Gesundheit bereits ein ergiebiger Wirtschaftsbereich ist, zumal auch die Pharmaindustrie mit einem beträchtlichen Anteil am Bruttosozialprodukt an der gesellschaftlichen Wertschöpfungskette beteiligt ist. Es besteht also ein vielschichtiges Verhältnis zwischen Wirtschaft und Gesundheit bzw. Medizin. Problematisch ist aber immerhin, dass Wirtschaft mit dem Ziel der *Nutzenmaximierung* operiert und zwar offensichtlich ohne ethische Limits. Es wird sogar versucht, durch das Konstrukt der Win-Win-Situation die allgemeine Wohlfahrt und die individuelle Unternehmenswohlfahrt in eine Beziehung zu setzen: „Geht es der Wirtschaft gut, dann geht es den Menschen gut!" Ethische Werte werden also letztlich – zumindest implizit – quantifiziert und monetarisiert, beispielsweise wenn durch den totalen Lockdown verhinderte Tote mit den aber dadurch „erzeugten" Menschen in Kurzzeit und Arbeitslosigkeit bzw. mit Betriebsschließungen wegen Konkursen in Beziehung gesetzt werden. Grundlegend werden ja die verlorenen bzw. geretteten Leben bzw. Lebensjahre nicht nur kalkuliert, sondern auch monetarisiert (Hammitt 2007[42]), und so können sie im gesundheitsökonomischen Kalkül in einem Geldbetrag ausgedrückt werden, ebenso die Arbeitslosenunterstützung. Dann hat man eine – zweifelsohne hoch problematische – „Monetarisierung" zweier diametral auseinander liegende Werte, nämlich Menschenleben und ökonomische Aktivität, auf eine gemeinsame Betrachtungsebene, also in eine Gleichung, gebracht. Man kann auf diese Weise – so wird einem glauben gemacht – eine bessere Entscheidungsgrundlage für Public Health-Massnahmen liefern. Derartige Vergleiche, die implizit ablaufen, müssten in einen grundlegenden kritischen gesellschaftlichen Diskurs eingebracht werden, weil dadurch Bruchstellen in der gängigen Moral deutlich würden.

8. Die *Bevölkerung* ist eine eigene Entität und, wie gesagt, *nicht die Gesellschaft*, denn die Gesellschaft ist die Struktur der Bevölkerung, also ihr Beziehungsgefüge, etwa in Form ihrer *vertikalen Schichtung* und *horizontalen Segmentierung* nach verschiedenen Potenzialen wie *Vermögen, Bildung, Alter, Geschlecht* oder *Milieu*. Diese Merkmale erfassen Strukturmerkmale der Bevölkerung und deren reale interpersonellen Dynamiken und auch der Gruppenbildung im politischen Raum allerdings nur unzulänglich. Dennoch sind sie beispielsweise für die Medizin und die Massenmedien bei der Analyse und Definition der Medieneffekte bezüglich Corona-bezogener Kommunikationen zu berücksichtigen und auch hinsichtlich der Auswirkungen auf sogenannte „Querdenker" bezüglich der Impfkampagnen differenziert zu betrachten.Auch in diesem Buch können allerdings diese Aspekte nur kurz im Kapitel 2 gestreift werden, was vor allem daran liegt, dass dieser Forschungsbereich zu wenig ausgebaut ist. Die Sorge übrigens, dass derartig soziale Differenzierungen, wenn sie kommuniziert werden, etwa zu gesteigertem Ausländerhass führen können, ist berechtigt, ihr Verschweigen aber kollidiert mit dem Erfordernis der Aufklärung der Bevölkerung. Hier sind kreative Strategien gefragt.

1.2.3 Autonomie oder Heteronomie der Wissenschaft?

Die Wissenschaft in modernen Gesellschaften sollte ein Höchstmaß an Autonomie haben, was in Deutschland durch die verfassungsrechtliche Garantie für die Freiheit der Wissenschaft begründet ist. In Hinblick auf die Fokussierung auf die (medizinische) Wissenschaft und auf das dazu vorgeschlagene Netzwerkmodell der Gesellschaft (vgl. Abb. 1.1) ist allerdings festzuhalten, dass Wissenschaft einer Vielzahl an externen Einflüssen ausgesetzt ist. Das betrifft vor allem den Erwartungshorizont an Problemlösungen aus den verschiedensten Perspektiven wie der Politik, der Wirtschaft oder einfach aus der Bevölkerung. Wissenschaft dient aber auch zur Legitimation von institutionellen Interessen und wird dafür auch belohnt. Daran schließt sich auch die Beobachtung an, dass die Auswahl von Wissenschaftlern für die Politikberatung (z.B. Corona-Berater) zusätzlich von der politischen Konformität dieser Wissenschaftler bestimmt zu sein scheint. Idealtypisch gesehen sollte es allerdings eine Heterogenität der Ansichten geben, und es sollten darüber hinaus auch Personen vertreten sein, die über wissensverbindende Kompetenz verfügen, und nicht nur Spezialisten als „Experten". Man sollte sich auch allseits bewusst sein, dass „Wissen" nur eine „begründete wahre Überzeugung" ist, und dass sogenannte „Fakten" nur gut bestätigte Daten sind, die früher oder später falsifiziert werden können, auch wenn „Faktenchecker" suggerieren, die Wahrheit zu kennen und glauben machen, Fakten von Fakes und Fiktionen sicher unterscheiden zu können. Es fragt sich nämlich: von welcher *Meta-Perspektive* aus sind derartige Unterscheidungen möglich?

Das Bewusstsein der Restunsicherheit (Irrtumswahrscheinlichkeit) des aktuellen wissenschaftlichen Wissens ist eigentlich typisch für die Haltung der Wissenschaft und impliziert ihren Fortschritt nicht nur als kumulativen rational gesteuerten Wissenszuwachs (Popper 1959[43]), sondern auch als wissenschaftliche Revolutionen in Form eines signifikanten Perspektivenwechsels (Kuhn 1962[44], Knorr-Cetina 1981[45], Latour 1987[46], Kitcher 2011[47]).

Der angespannte gesellschaftliche Erwartungshorizont gegenüber der Medizin als Wissenschaft und Praxis in Zeiten von Corona führt allerdings dazu, dass die *Selbstreflexion der Wissenschaft* in Bezug auf ihren eigenen gesellschaftlichen Kontext nur selten diskutiert wird, obwohl dies im Kodex „guter" Wissenschaft eingefordert wird (DFG 2019[48]). Davon wird im Kapitel 3 noch die Rede sein.

1.2.4 Was ist die Gegenwartsgesellschaft als Funktionssystem?

Von großem Interesse ist es, die gegenwärtige Gesellschaft zu klassifizieren, mit der Frage, was typisch für die Gegenwartssituation ist bzw. was sie antreibt (Schimank u. Volkmann 2007[49]): Ist die moderne Gesellschaft im Wesentlichen eine *demokratische Gesellschaft*, eine *kapitalistische Gesellschaft*, eine *Wissensgesellschaft*, eine *Beschleunigungsgesellschaft*, eine *Wirtschafsgesellschaft* usw.? Diese vielfältigen Merkmale werden von unterschiedlichen Autoren als treibende Kräfte bzw. prägende Trägerstrukturen der gesellschaftlichen Entwicklung angesehen, obwohl sie miteinander vernetzt sind. Beispielsweise ist die Wachstumssteigerung durch Wissen möglich bzw. ermöglicht Wissen mehr Effizienz.

In Hinblick auf das hier interessierende Merkmal einer modernen Gesellschaft, eine *Wissensgesellschaft* zu sein, sind aber noch andere eng verwandte Merkmale als *Gesellschaftsdiagnosen* zu berücksichtigen, da sie mit dem Wissen eng verbunden sind: *Informationsgesellschaft*, *Mediengesellschaft*, *Risikogesellschaft* usw. (Schimank u. Volkmann 2007[50]).

Eine Diagnose wird oft gestellt, nämlich, dass die Gegenwartsgesellschaft auf der Zeitachse als „Spätmoderne" bezeichnet werden kann (Rosa u. Reckwitz 2021[51]). Allerdings kann bereits die Typisierung der Gesellschaft als Sozialgefüge der „Moderne" bezweifelt werden, und so meint der Sozialphilosoph Bruno Latour mit guten Argumenten, dass wir „nie modern" gewesen sind (Latour 2008[52]). Rosa meint allerdings, dass vor allem die Temporalisierung des gesellschaftlichen Daseins als Leitprinzip im Sinne der „Beschleunigung" Kennzeichen der Moderne ist und dass wir uns nun in der Spätmoderne auf einem Gipfel dieser Beschleunigungsphase befinden (Rosa 2011[53]). Das passt gut mit der Situation der Dynamik der Pandemie zusammen.

Hier wird allerdings, wie schon angedeutet, auf die auf *Information* und *mediale Kommunikation* aufbauende Wissensgesellschaft fokussiert. Information und Kommunikation sind die wesentlichen Verbindungen zwischen den vorher erwähnten gesellschaftlichen Teilsystemen, wie es bereits aus systemtheoretischer Sicht als *Netzwerkmodell* der Gesellschaft und als Orientierungsmodell dargestellt wurde und am COVID-19-Problem untersucht werden soll. Nicht nur Informationen werden aber zwischen den Systemen ausgetauscht, sondern auch Güter und Dienstleistungen. Bei diesen Handlungen gelten, auf das jeweilige System bezogen, oft Prinzipien des Wirtschaftens, nämlich beim Handeln – im weiteren Sinne – mehr „einnehmen" als „ausgeben", denn sogar prosoziale Systeme wie Gesundheit und Bildung werden zunehmend nach diesen betriebswirtschaftlichen Kategorien und Prinzipien ökonomisiert und monetarisiert (Tretter et al. 2004[54]). So kostet die Versorgung älterer, armer und kranker Menschen aus ökonomischer Sicht einfach Geld, entweder den Versicherungen oder dem unterstützenden Staat (Breyer et al. 2013[55]). Die Form und das Ausmaß der Unterstützung in diesen Bereichen lassen die Staaten in öffentlicher Wohlfahrt und Staaten mit mehr privater Daseinsfürsorge unterscheiden, wie sich das auch bei der Corona-Krise zeigt: es geht letztlich um die jeweiligen Moralvorstellungen, wer wofür (z.B. Bevölkerungsgesundheit) verantwortlich ist!

Nun stehen zunächst die Aspekte Information und Kommunikation im Fokus.

1.3 Gesellschaft als Kommunikation

Auch wenn eine Definition von Gesellschaft, wie jene des Soziologen Niklas Luhmann, die wesentlich auf dem Begriff *Kommunikation* aufbaut, sehr abstrakt erscheint, trifft dieser Aspekt eine wesentliche Ebene der Gesellschaft. Das hat nun die massenmediale COVID-19-Kommunikation gezeigt. Kommunikationen spielen sich über Medien ab, dabei handelt es sich im allgemeinen Sinn um „Texte". Texte können in ihrer Eigenschaft, Zeichensysteme zu sein, verbal, grafisch oder formal in mathematischer Sprache formuliert sein. Texte tragen Informationen durch die Bedeutung ihrer Bausteine, also der Worte bzw. der verwendeten Symbole. Diese Bedeutungen als Zuordnungen sind größtenteils durch gesellschaftliche Diskurse festgelegt bzw. entwickeln sich auch in diesen Diskursen (Wittgenstein 2003[56]): "Die Bedeutung eines Wortes ist sein Gebrauch in der Sprache."

Wenngleich Luhmann die radikalste kommunikationstheoretische Version einer systemischen Gesellschaftstheorie ausgearbeitet hat, ist sein Ansatz für die hier anvisierten praxisorientierten Zwecke des COVID-19-Krisenmanagements nur begrenzt gut geeignet (Luhmann 1984[57]). Viel Wissen über Kommunikationsprozesse wurde nämlich auf der praktischen, interpersonellen Mikroebene gesammelt, und zwar vor allem von einflussreichen Psychologen wie Karl Bühler (Bühler 1990[58]), Paul Watzlawick (Watzlawick 1977[59]), Gregory Bateson (Bateson 1981[60]) und Friedemann Schultz von Thun (Schultz von Thun 2014[61]), die als Begründer der psychologischen Kommunikationsforschung und -theorie angesehen werden können.

Es wird allerdings im Folgenden ein eher klassischer kybernetischer Ansatz als Rahmen gewählt (Begründung: siehe Textbox). Hier geht es nämlich im Wesentlichen um die *Wissensgesellschaft*, also um *konkrete regulative und regulierte gesellschaftliche Informationsflüsse.*

Systemisches Modellieren – eine zweite methodische Zwischenbemerkung

Die systemische Methodik besteht meist in der Analyse einer Stimulus-Response-Betrachtung bzw. in einer Input-Output-Analyse eines Systems, das als Black box dem Untersucher gegenübersteht: Es wird beispielsweise die Intensität der Inputs in Hinblick auf die Intensität des Outputs untersucht.
Ein derartiges "unidirektionales" Modell ist aber bei der Analyse lebender Systeme unzureichend, da sehr oft Wechselwirkungen zwischen Untersucher und Untersuchungsobjekt /-subjekt zu betrachten sind und/oder innere Prozessstrukturen, wie Prozesse der Selbstorganisation, die Input-Output-Relation bestimmen: Ein System besteht mindestens aus zwei Teilsystemen oder Akteuren, die miteinander in einer (kausalen) Wechselbeziehung stehen.

Das hier gewählte *kommunikationstheoretische Grundmodell* (Abb. 1.2) geht zunächst im Sinne eines *zweigliedrigen Input-Output-Modells* davon aus, dass Kommunikation eine Informations-Verbindung zwischen zwei (oder mehr) Informationsträgern ist. Die Informationsträger können auf *Makroebene* Systeme wie die Wissenschaft und die Massenmedien darstellen, aber auch auf *Mesoebene* Universitäten und Zeitungen und auf *Mikroebene* einzelne Wissenschaftler (z.B. Christian Drosten) bzw. Journalisten (z.B. Gerd Scobel, 3-sat) sein. Der „Text" im weiteren Sinne ist, vereinfacht gesagt, die Information. Die Strukturen und Prozesse, die das Kommunikationsmodell abbildet, bleiben über alle Ebenen hinweg gleich.

Das Modell geht zunächst von einer *Informationsasymmetrie* zwischen diesen beiden Hauptelementen (*Kommunikator, Rezipient*) eines Kommunikationssystems aus. Der Informationsfluss erfolgt über ein *Medium*, also einem gesprochenen oder geschriebenen *Text*, von einem Sprecher bzw. Sender (*Kommunikator*) an einen Hörer bzw. Empfänger (*Rezipienten*). Der Text als Menge der Zeichen repräsentiert einen Sachverhalt, wie bei dem hier interessierenden Thema die Bevölkerungsgesundheit, wobei der Kommunikator etwa als Wissenschaftler (z.B. Virologe, Epidemiologe) gegenüber Journalisten oder als Journalist einen privilegierten Zugang zu diesem Sachverhalt als „wirkliche Wirklichkeit" hat, und zwar im Vergleich zu dem Empfänger. Dieses etwa über Massenmedien kommunizierte Bild des Sachverhalts kann auch im Widerspruch zur alltagsweltlichen Erfahrung des jeweiligen Empfängers, also in Form des Subjekts des Zeitungslesers oder des Fernsehzuschauers, stehen, was den dramaturgischen Wert des medialen Produkts erhöht („Mann biss Hund!"). Durch Rückfragen an den Sender kann der Empfänger die Kommunikationen „bidirektional" und nicht nur „unidirektional" gestalten. JournalistInnen können als Mediatoren, vor allem in unserem Fall der Wissenschaftsinformation, wirksam sein, indem sie die Aussagen von Wissenschaftlern übersetzen oder auch stellvertretend für das Publikum Rückfragen an die Wissenschaft formulieren. Dieser Aspekt wird für die *Risikokommunikation* zu COVID-19 im Kapitel 2 detaillierter und konkreter betrachtet.

Der Kommunikator hat auch ein Bild (Modell) vom Rezipienten, schreibt ihm also ein bestimmtes Vorverständnis von dem zu kommunizierenden Sachverhalt zu, und darüber hinaus vermutet er eventuell Ängste oder auch Vertrauen beim Rezipienten gegenüber dem Kommunikator. Die Kommunikation selbst hat neben der Darstellungsfunktion als Sachaussage eine Ausdrucksfunktion („Was ich schon immer sagen wollte") und auch eine Appellfunktion („Lasst Euch impfen!") und darüber hinaus eine Beziehungsdimension („Ich weiß, was richtig ist!"). Dieser Aspekt wird in Kapitel 2 zur Risikokommunikation ausführlicher behandelt.

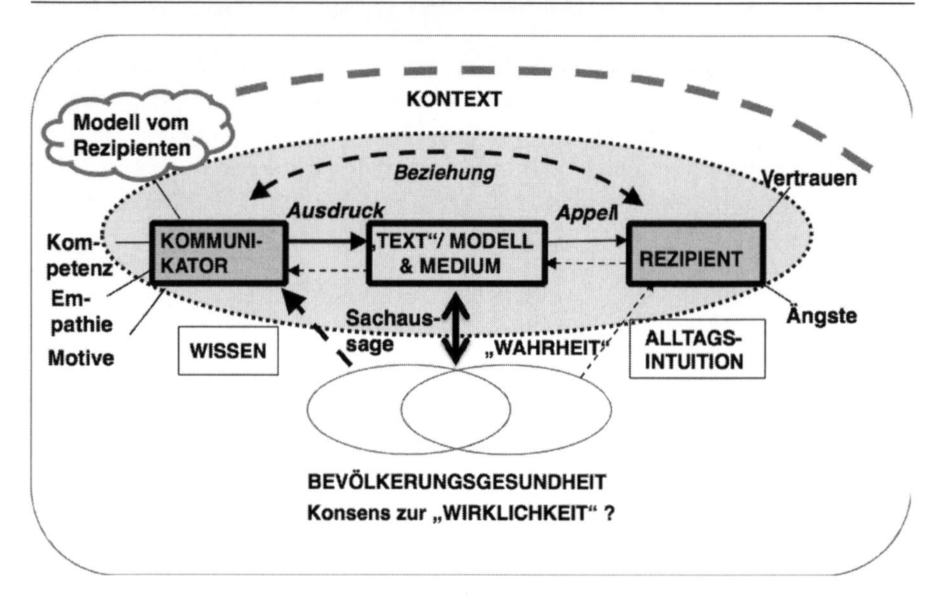

Abb. 1. 2: Grundmodell der Kommunikation (siehe Text).
Wesentlich ist, dass vom *Kommunikator* ein *Text* (oder ein Modell) über ein *Medium* an den *Rezipienten* vermittelt wird (durchgezogene Pfeile). Der Rezipient kann aber durch Rückfragen, Kommentare und/oder bestätigende bzw. widersprechende Texte die vorherige „unidirektionale" Kommunikation in eine „bidirektionale" Kommunikation transformieren (gestrichelte horizontale Pfeile), soweit dies die Umstände zulassen. Dieses Modell eignet sich besonders für das Verständnis der *Mikroebene* der *interpersonellen Kommunikation,* auch wenn der Rahmen die Massenmedien sind.

Auch die Bedeutung der inneren und äußeren Bedingungen, unter denen ein Kommunikator oder ein Rezipient agiert, wird beim Thema „Impfen" in Kapitel 2 noch thematisiert werden.

Wie man bereits sieht, ist Kommunikation aufgrund der vielen damit verbundenen Aspekte ein vielschichtiger komplexer Prozess und so kann es auch eine Vielfalt an Problemen geben, wie wir vermutlich alle aus unserer eigenen Lebenspraxis wissen.

Kommunikation ist zwar heute, vor allem durch die elektronischen Medien, ein besonderes Merkmal der modernen Gesellschaft geworden, aber es ist eben im allgemeinen Sinne nur *ein* Merkmal, und die Frage bleibt, ob es der wesentliche, die Funktionsweise der Gesellschaft tragende und antreibende Prozess ist. Dazu noch einige Ausführungen, welche die dysfunktionalen Mechanismen der COVID-19-Kommunikation besser verstehen lassen.

1.3.1 Massenmedien als gesellschaftliches Integrationssystem

Grundsätzlich stellt sich die Frage, wie eine Wissensgesellschaft, die ihre Orientierungen in Form von Informationen von der *Wissenschaft* und über die Politik und die Medien dargestellt bekommt, ihre Konsensbruchstellen überwinden kann, und zwar nicht nur beim Thema Corona, sondern nun auch bei anderen Problemthemen wie beispielsweise dem Klimawandel. Die Wissenschaft (so auch die Medizin) als Quelle des Wissens ist institutionell bedingt in idealtypischer Weise *skeptisch disponiert* und im Wesentlichen auf Diskursen der *kritischen Rationalität* aufgebaut, die durch Logik und Empirie geprägt sind (Wiener Kreis; Stadler 2015[62], Sigmund 2017[63]). Wissenschaft hat aber auch eine gesellschaftliche Verantwortung und muss eine *Ethik zur gesellschaftlichen Wahrheitsproduktion* vertreten.

Für die empirischen Sozialwissenschaften stellt sich auf COVID-19 bezogen beispielsweise die Frage: Wie kann die Wissenschaft die Zweifler, Leugner und Gegner von wissenschaftlich empfohlenen Verhaltensweisen, wie z. B. der neuartigen mRNA-Impfung, über die Massenmedien kommunikativ erreichen?

Es fragt sich also konkret, ob Wissenschaft im Dienste der Politik, beispielsweise auf COVID-19 bezogen, Ängste auslösen soll, indem etwa auf viele zu erwartende Tote hingewiesen wird, wenn nicht rigorose Maßnahmen getroffen werden, oder ob diese Ängste bereits etwas Schädliches sind und daher im Sinne des „Nihil nocere" sogar zu vermeiden sind, oder ob Wissenschaft möglichst neutral informieren soll.

Die in Krisen oft aufkommende Leitidee ist also, dass Angst erzeugt werden muss, damit die Menschen machen , was die Regierung will.

Diese Fragen werden am Ende des Kapitels 2 zum Umgang mit den sogenannten Impfgegnern noch besprochen.

1.3.2 Makro-Ebene der Kommunikation als System von Systemen

Auf der makro-sozialen und bevölkerungsbezogenen Ebene stellen sich, in Hinblick auf das Corona-Problem, mehrere globale Fragen:

(i) Wie argumentieren die verschiedenen Corona-kritischen Gruppen, und welche unterschiedlichen Faktoren bestimmen diese Nicht-Adhärenz gegenüber Maßnahmen; was können wir aus Bevölkerungsstudien lernen?

(ii) Wie entstehen stabiles Vertrauen, Akzeptanz und Adhärenz bei den Rezipienten?

(iii) Wie kann die Wissenschaft den notwendigen Restzweifel an ihrem eigenen Wissen diesen Gruppen vermitteln, die diesen Zweifel geradezu als Bestätigung ihrer Ängste empfinden? Oder sollte sie sich dann auf eine Risikobagatellisierung einlassen und über eine Botschaftskontrolle (Message control) Konsistenz anstreben oder gar abweichende medizinische Experten ausdrücklich marginalisieren?

Auch diese Fragen, die letztlich auf der Ebene der Moral und Ethik einer Gesellschaft verankert sind, werden am Schluss des Kapitels 2 zum Umgang mit den sogenannten Impfgegnern nochmals detaillierter angesprochen werden.

Grundlegend ist, wenn über Kommunikation nachgedacht wird, wie eben schon skizziert, dieses System zirkulär zu begreifen. Das bedeutet für den Fall der Corona-Pandemie, dass sich eine *zirkuläre Informationskaskade* über Corona und deren Verbreitung in der Bevölkerung aufspannt. Er besteht aus mindestens vier beteiligten Subsystemen: (1) Über den Gesundheitszustand der *Bevölkerung* werden nämlich zunächst von der (2) *Wissenschaft* Informationen gewonnen und an (3) *Medien* und (4) die *Politik* kommuniziert, die diese an die Bevölkerung mit Verhaltensempfehlungen zurückgeben. Die Bevölkerung ändert in der Folge ihr Verhalten und die Wissenschaft erhält im nächsten Schritt neue Informationen über die Pandemie usw. (Abb. 1.3). Dieser Informations- und Kommunikationskreislauf ist die Grundlage der gesellschaftlichen Regulierung des COVID-19-Problems. Dieses Systemmodel, bestehend aus diesen vier Subsystemen, kann als Rahmen für detailliertere Analysen dienen. All die erwähnten gesellschaftlichen Teilsysteme und die Bevölkerung sind aus dieser Sicht über ein bestimmtes Beziehungsgeflecht von wechselseitigen Erwartungen und Abhängigkeiten verbunden, die den jeweiligen Prozess der Kommunikation als Informationsfluss prägen (gestrichelte Linien mit Doppelpfeilen in Abb. 1.3). So ist die Politik beispielsweise an einer „Nachrichtensteuerung" (Message Control) interessiert, um ein homogenes Bild der COVID-19-Situation zu präsentieren und in der Folge kohärentes Handeln in der Bevölkerung zu bewirken. Das ist in Notsituationen, wie sie in Europa im Frühjahr 2020 gegeben war, gut, scheint aber ein Jahr später, im Jahr 2021, kontraproduktiv zu sein und das Misstrauen zu verstärken. Das spiegelt sich in der variierenden Impfbereitschaft.

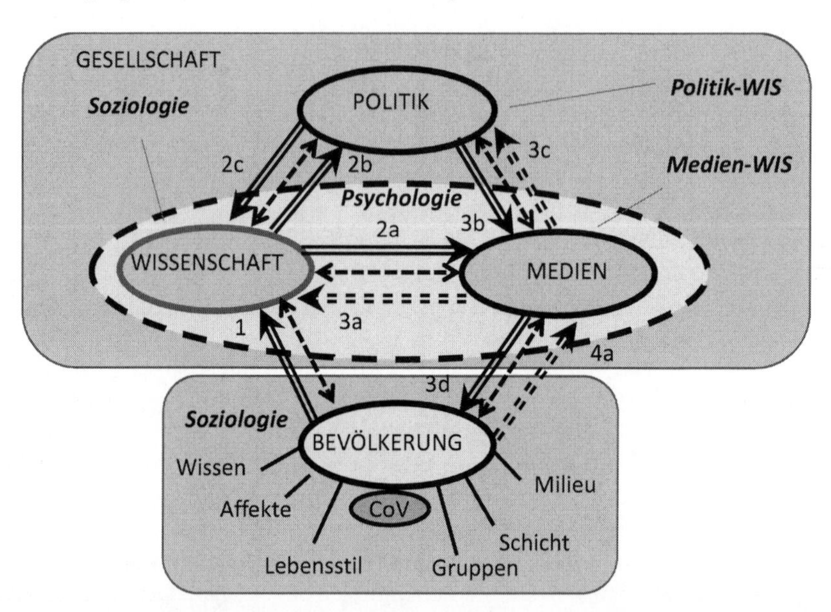

Abb. 1. 3: Makro-soziales Modell der gesellschaftlichen Kommunikation über Massenmedien (und Social Media) im Fall Corona, konzeptualisiert durch soziologische Systemtheorie, Politikwissenschaft (Politik-WIS), Psychologie und Medien-/Kommunikationsforschung (Medien-WIS): Informationen (Daten) über den Anteil der mit dem Corona-Virus infizierten Bevölkerung werden von der Wissenschaft gewonnen (1; Pfeile mit Doppellinie, durchgezogen, gestrichelt) und von der Wissenschaft an die Massenmedien (2a) und an die Politik (2b, z. B. durch die Gesundheitsverwaltung) kommuniziert. Die Massenmedien fragen bei der Wissenschaft (3a) nach und beziehen auch Informationen von der Politik (3b) und fordern von ihr weitere Informationen (3c) und informieren schließlich die Bevölkerung (3d). In der Folge bittet ein Teil der Bevölkerung die Medien um weitere Informationen (4a). Zwischen diesen Systemkomponenten bestehen verschiedenartige Dispositionen als „Beziehungen" (gestrichelte Doppelpfeile). (Quelle: Tretter 2020 BCSSS [64])

Dieses Bild soll hier noch vertieft werden:

1. (Medizinische) Wissenschaft als institutioneller und sich selbst legitimierender Kommunikator:
Die Wissenschaft, und im Fall Corona die Medizin, liefert die Primärinformation zur Sachlage, vor allem über die Massenmedien. Nicht nur die Medien selektionieren diese Information, sondern auch die Wissenschaft, wenn sie beispielsweise Extrapolationen als Worst-Case- Szenarien als drohende Zukunft darstellt (zu erwartende Corona-Todesfälle), wenngleich sie wahrheitsgemäß und transparent die Streuung der Prognosen kommunizieren soll, auch wenn es der Politik nicht gefällt. Das wird in Kapitel 2 noch ausführlicher behandelt. Auch ist Wissenschaft idealerweise von wirtschaftlichen Interessen unabhängig, und sogar freizuhalten, was gerade in der Medizin wegen der Verbindungen mit der Pharmaindustrie wieder ein Problem darstellt.

Das Verhältnis zu den Medien kann durch prominente, medial wirksame Akteure und bei anhaltendem öffentlichen Kommunikationsbedarf aus der Wissenschaft (z.B. der Virologe Christian Drosten) besonders intensiv werden.

2. Medien als Vermittler und die „Trivialisierungsspirale“:
Medien selektieren Informationen und so auch wissenschaftliche Informationen. Medien operieren damit als *elektive Mediatoren* und *Transformatoren primärer Information,* die durch Ereignisse entstehen. Sie operieren auf der Basis der intrinsischen Eigenlogik, eine Aufmerksamkeitssteigerung im gesellschaftlichen Informationsraum zu erzeugen. Unwahrscheinliches hat Aufmerksamkeitscharakter und soll so dargestellt werden, dass es jeder Person passieren kann („Mann biss Hund“): der Horizont der Möglichkeiten soll zum Horizont des Wahrscheinlichen transformiert werden.

Im Kontext der Wissenschaftskommunikation sind Medien Vermittler von wissenschaftlichen Informationen, aber Medien sind selbst mächtige, selbstbestimmte Kommunikatoren für ihre Rezipienten, sie sind also selbst Informationsproduzenten. Sie berichten und kommentieren bewertend, bei guter Qualität unterscheiden sie in ihren Kommunikationen allerdings diese zwei Arten der Information. Medien haben auch eine gesellschaftliche Agenda Setting-Funktion, wodurch „Aktualität“ erzeugt wird und „Schnee von gestern“ ebenfalls in der Regel nach ein paar Wochen durch Auslassen aus der Berichterstattung definiert wird (vgl. „Cancel Culture“). Die Medien konkurrieren darüber hinaus weniger um Themen, sondern nur darum, wer die interessantesten bzw. sensationellsten Formen der Berichterstattung zu einem potentiell allseits interessierenden Thema auf den Nachrichtenmarkt bringt.

Medien brauchen allerdings eine zweifache *Qualitätskontrolle*: in Bezug auf die Wissenschaftlichkeit der Argumente der Wissenschaftler und in Bezug auf die Vereinfachung wissenschaftlicher Informationen. Dabei ist insbesondere eine systemische „Trivialisierungsspirale“ bemerkenswert, die sich über mehrjährige Zeitfenster beobachten lässt und zu vermeiden ist (Abb 1.4): Je einfacher nämlich die Botschaft ist, desto einfacher ist in der Folge die Erwartung der Rezipienten, und je einfacher die Erwartungen sind, desto einfacher müssen die Botschaften werden! Dies ist ein kontraproduktives Moment in der humanistischen Entwicklung von, vereinfacht gesagt, aufgeklärten Bürgern. Auch das vorherrschende Design von Medienproduktionen, Themen in der erwähnten *Pro-Kontra-Dramaturgie* darzustellen und zu berichten, verstärkt die Eigendynamik der Aufmerksamkeitserzeugung. Dieses Mediendesign beabsichtigt zwar, Diskurse nach dem Motto „Ausgewogenheit" zu demokratisieren, indem beide Perspektiven – die Pro- und die Contra-Position – zu einem Thema dargestellt werden, es suggeriert aber auch, dass beide Perspektiven in ihrer Gültigkeit gleichwertig bzw. repräsentativ in dem Medienprodukt abgebildet sind. Das ist aber eher nicht der Fall, wenn die eine Position eine forschungsbasierte Tatsache und die andere Position nur eine unausgearbeitete Alltagsmeinung ist, die beispielsweise von Laien vertreten wird, oder wenn Einzelmeinungen mit Mehrheitsmeinungen konfrontiert werden („False Balance"). Der häufige Journalisten-Kommentar ist: „Die Meinungen sind gespalten", und der Rezipient darf dann wählen, welcher Meinung er sich anschließt bzw. was er sich davon aneignet. Das ist gut so, aber muss immer wieder unter Bezug auf die Begründungen der Meinungen problematisiert werden, wobei nicht immer die Wissenschaft „recht" hat. Dies ist im Prinzip eine Herausforderung für die Medien, die sich allerdings Ende 2021, was Corona betrifft, zunehmend regierungskonformer verhalten („Cancel Culture").

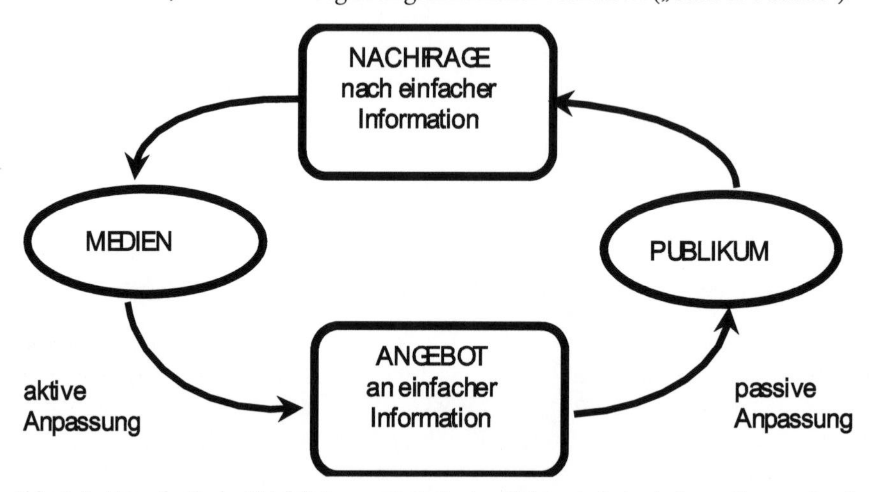

Abb. 1.4 : Hypothetische Trivialisierungsspirale: Je stärker einfache Information nachgefragt wird, desto mehr wird in den Medien vereinfacht, und umso mehr sich das Publikum an diese Vereinfachung gewöhnt hat, wünscht es sich dann noch einfachere Information usw.

3. Politik als oberstes regulatives System der Gesellschaft:
Das System Politik wirkt als wesentlicher Rahmenträger der gesellschaftlichen Kommunikation und des Handelns, auch im Falle der Corona-Pandemie. Mit ihrem Ziel der Machterhaltung beabsichtigt die Politik in Krisen ihrerseits eine „Nachrichten-Kontrolle" gegenüber Medien mit rhetorischem Ausschluss von Nonkonformisten, die nach weitgehend unbekannten Kriterien unterschieden werden. Wer nicht die Mehrheitsmeinung akzeptiert und sogar kritische Meinungen äußert, wie es eben die sogenannten „Querdenker" tun, gehört im Gegenzug kritisiert und wird damit auch ausgegrenzt und oft vorschnell politisch gefährlichen Lagern zugeordnet. Die daran anschließende systemische Eskalation in der Interaktion zwischen Politik und diesen Gruppen, vor allem durch Massenmedien und Social Media vermittelt,

führt zur Marginalisierung dieser Gruppen bis hin zu ihrer mehr oder weniger expliziten Kriminalisierung. Diese mittelfristige systemische Polarisierung funktioniert so (Abb. 1.5): je mehr A unterdrückt, desto mehr opponiert B, je mehr wiederum B opponiert, desto mehr unterdrückt A usw. Dieser systemische Prozess bedarf einer sorgfältigen Betrachtung. Derartige wechselseitige Negationen führen zwar im Regelfall zur Unterdrückung der Minoritäten-Meinung, aber es kann unter teilweise trivialen Umständen zur Enthemmung der unterdrückten Meinungsträger mit extrem aggressiven Ausdrucksformen kommen und so kann eine politische Krise entstehen. Das Prinzip des fairen Dialogs ist und bleibt das wesentliche Integrationsmoment in der Gesellschaft. Komplementäre politische Strukturen wie Bürgerforen könnten mit ihrer Bottom-up Ausrichtung eine wichtige Ergänzung der politischen Kommunikationsstrukturen sein.

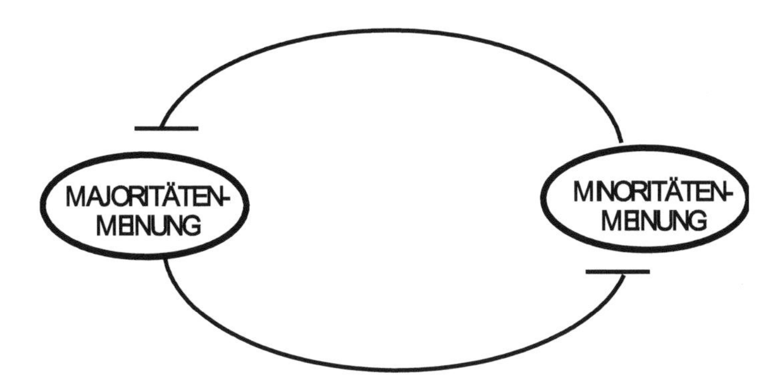

Abb.1.5 : Der Kampf von polarisierten öffentlichen Meinungen. Je stärker die Majoritäten-Meinung auftritt, desto stärker reagiert die Minoritäten-Meinung mit unterschiedlichen Ergebnissen – manifester Konflikt oder zeitweise Unterdrückung der Minoritäten und eventuell folgender Revolte.

4. Bevölkerung als System der Rezipienten

Aus analytischen Gründen muss zur Frage der Rolle und auch der Resonanz gegenüber Kommunikationen die Bevölkerung nach ihren Eigenschaften und Zugehörigkeitsbedingungen zu bestimmten Milieus, sozialen Schichten, Gruppen etc. differenziert werden. Die Bevölkerung ist, wie erwähnt, ein *heterogenes System von Menschen* in Bezug auf Wissen (Bildung), Skepsis, Ängste bzw. Alter, Geschlecht, Klasse, Milieus (z.B. SINUS-Schichtung), sowie nach ihrem Lebensstil. Diese Merkmale sind beispielsweise bei der Analyse der „guten" Medienarbeit und hinsichtlich der Auswirkungen auf sogenannte „Querdenker" differenziert zu berücksichtigen, da sonst Meinungspole verstärkt werden. Es besteht die Gefahr, dass Menschen, die sich unverstanden fühlen, sich radikalen Gruppierungen anschließen könnten, und umgekehrt werden sie auch diesen Gruppierungen unberechtigt zugeordnet und damit weiter ausgegrenzt. Derartige analytische Differenzierungen der Beschreibungskategorien sind für das Verständnis der Menschen und für wirkungsvolle, differenzierte Interventionen wichtig. Dies ist vor allem Gegenstand der empirischen Soziologie bzw. Sozialwissenschaften.

1.3.3 Meso-Ebene der institutionalisierten Kommunikation

Die oben beschriebenen Prozesse und Mechanismen auf makrosozialer Ebene finden sich auch auf der mittleren Ebene der Kommunikation von konkreten Organisationen. Daher zeichnen sich auch auf der Ebene von Organisationen, die Kommunikationen in der Gesellschaft gestalten, und bei den adressierten Bevölkerungsgruppen ebenfalls Einflussfaktoren ab, die die erwünschte Authentizität und Neutralität der Information abschwächen. Es ist beispielsweise – wie der bekannte Ibiza-Skandal mit dem österreichischen FPÖ-Politiker Heinz Christian Strache erkennen ließ – evident, dass Medien-Inserenten wie beispielsweise staatliche Organe, über die *Politik* Druck ausüben können, wenn die Berichterstattung der einzelnen *Medienbetriebe* nicht im Sinne der Politik ist. Manche Regierungen haben auch eine stattliche Anzahl an Medienberatern, die die Nachrichten aufbereiten und die „Message Control" auf allen Stufen der Informationsvermittlung ausüben können. Bei *Social Media*, die das Image von besonders „direkt-demokratischen" Medien haben, hat die letzte Zeit auch gezeigt, dass über künstliche Intelligenz (KI) Zensur stattfindet, damit die Plattform-Betreiber dieser Medien nicht wirtschaftliche oder politische Nachteile bekommen. Aber auch KI-generierte Informationen treten als Fakes auf.

Was die Organisationen der *Wissenschaft* und ihre Kommunikation betrifft, ist bemerkenswert, dass nahezu alle größeren Institute und Universitäten mit Public Relations-Stellen ausgestattet sind, über die dann die Öffentlichkeitskontakte ablaufen. Wissenschaftler, die neue Ergebnisse in Fachmedien publizierten, sollen diese Erkenntnisse nach Genehmigung der Instituts-Direktion an die Presse-Abteilung weiterleiten, die ihrerseits versucht, über Umgestaltungen in Text und Bild die Erkenntnisse „verständlich", vor allem aber attraktiv darzustellen (s. „Trivialisierungsspirale"). Dieser Bereich erscheint sehr problematisch, weil mittlerweile auch hier Mechanismen der Sensationalisierung und auch Ästhetisierung wirksam werden, und die wissenschaftliche Seriosität nachrangig wird. Werbe- und Marktfachleute werden daher von PR-Abteilungen großer Wissenschaftsorganisationen zunehmend eingebunden. Tage der offenen Tür werden dann oft zur Multimedia Show und weniger zu einer Informationsveranstaltung mit hohem didaktischen Wert.

> Das Marketing von Wissen als Produkt der Wissenschaft passt sich an die Rezeptionsästhetik der kommerziellen Warenwelt an.

1.3.4 Mikro-Ebene der personalisierten Kommunikation

Die Mikro-Ebene der Kommunikation betrifft z.B. die punktuellen Interviews von Wissenschaftlern, insofern konkrete individuelle Personen aus Wissenschaft und Medien in bestimmter formeller Weise miteinander kommunizieren. Im Wesentlichen trifft hier für die Perspektive der Analyse von massenmedialen Kommunikationen wieder das Grundmodell der Kommunikation als Interpretationsrahmen zu (Abb. 1.6). Bereits die Auswahl der zu interviewenden Wissenschaftler durch die Journalisten erfolgt nach unterschiedlichen Kriterien, wie Bekanntheit und Beliebtheit des Experten. Aber auch Zeitdruck kann dazu führen, den nächstbesten Experten zu befragen. Die journalistische Anfrage bei Wissenschaftlern, die als „Experten“ gelten, löst bei jenen oft das Erleben von Wichtigkeit aus. Gerne wird bei solchen Interviews, vor allem aber bei Talk-Runden, dann auch die Fachgrenze mehr oder weniger kompetent überschritten, sodass Virologen eine Gesundheitspolizei zur Kontrolle der Quarantäne fordern und Prognosen über Infektions-Wellen machen, die ihre Laborperspektive klar überstiegen. Beispiele dazu sind unzählig. Andererseits wird von Kritikern solcher Statements in Frage gestellt, wer nun „wirklicher“ Virologe oder Epidemiologe und wer ein „guter“ Wissenschaftler sei usw. Diese Urteile kommen oft von Journalisten und vor allem von Bloggern. Auch die Fakten-Checker schalten sich ein und versuchen Aussagen, die nicht durch Studien belegt sind, in die Kategorie der Spekulationen oder der „unseriösen“ Wissenschaft zu schieben. Im Falle von wissenschafts- und/oder politikkritischen Aussagen ist sogar von „Verschwörungstheorien“ und/oder „Querdenkern“ die Rede. Eine derartige Beurteilung und Klassifikation setzt allerdings ein implizites Besserwissen – also eine *Metaposition* – voraus, das in der Form kaum vorhanden sein dürfte, wenngleich die Korrektur-Funktion dieser Akteure in gewissen Bereichen durchaus wichtig ist und freies Assoziieren, das als Wissen zu Markte getragen wird, als solches zu erkennen hilft. Allerdings führt diese Sekundärkommunikation über relevante Medienprodukte, also nach Talk-Runden oder Interviews, oft zu lawinenartigen Reaktionen, die sich meist als Shit Storm manifestieren. Die Äußerungen der Teilnehmer an solchen „Kommentaren“ beinhalten bisweilen Morddrohungen, auch gegenüber Wissenschaftlern.

Wer checkt die Fakten-Checker?

Diese mikrosoziale Betrachtungsebene gesellschaftlicher Kommunikation wird in Kapitel 2 zum Thema Impf-Gebot detaillierter beleuchtet. Hier ist aber noch kurz auf den Begriff des „Narrativs“ einzugehen, der im Folgenden nur selten verwendet wird: Er soll Texte bezeichnen, die – fast parolenhaft – eine gesellschaftlich sinnstiftende Funktion haben: „Die Impfung ist der Game Changer“. Auch ist zu erwähnen, dass in der öffentlichen Kommunikation, wie es vor allem Interviews mit Politkern deutlich zeigen, eine Rhetorik des „Sprechens ohne etwas zu sagen“ um sich greift. In dieser Situation kommen Journalisten in eine schwierige Rolle, wenn sie nachfragen.

Nach diesen allgemeinen Hinweisen auf die Mikroebene der Kommunikation erfolgt ein systemisches „Zooming-out“, und die Gesamtgesellschaft wird nun wieder zum Gegenstand.

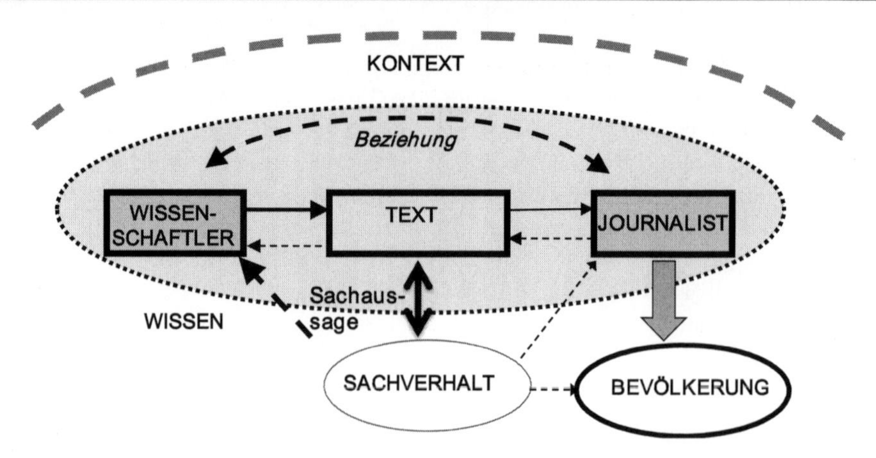

Abb. 1.6: Wissen der Wissenschaftler über den Sachverhalt (z.B. Corona Infektionslage) werden als Sachaussage in Texten abgebildet, die an die Journalisten kommuniziert werden, die ihrerseits diese Informationen in Beiträgen in Wissenschaftsmagazinen weitergeben. Die Bevölkerung kann dann ihre Erfahrungen mit dem Sachverhalt vergleichen. Die Informationen werden durch die Beziehung zwischen Wissenschaftler und Journalisten mitgestaltet und auch von Kontextfaktoren beeinflusst.

1.4 Wie funktioniert Gesellschaft in Krisen? Der „Große Regelkreis"!

Die nun in Grundzügen beschriebenen Informationsflüsse auf Makro-/Meso- und Mikro-Ebene begründen nun, die Gesellschaft als Kommunikationssystem zu beschreiben. Dabei sind private Informations- und Kommunikationsmedien wie die Social Media hinzu zu denken, zumal sie ein zunehmende gesellschaftsprägende und die Meinungsdynamik der Bevölkerung beeinflussende Wirkung bekommen. Besonders bedeutsam ist der *Regelkreis,* der faktisch von der Politik, dem Governance System, ausgeht und über Organe des Staates die Bevölkerung beeinflusst. Monitoring-Systeme, die der Verwaltung zugehörig sind, sondieren den Zustand der Bevölkerung und ihr Verhalten im öffentlichen Raum im Fall von COVID-19.

Das kollektive Handeln der gesellschaftlichen Akteure, also allgemeiner gesagt: das *Prozesssystem der Gesellschaft,* das vor allem in Krisen manifest wird, lässt sich in dieser Sichtweise als *„großer Regelkreis"* modellieren (Abb. 1.7). Derartige Regelkreismodelle, wie sie in der Managementwissenschaft seit Langem gebräuchlich sind (Beer 1972[65]), eignen sich in Hinblick auf das Management der Corona-Pandemie sehr gut dafür, einige Schwachpunkte des Krisenmanagements darzulegen.

Ohne an dieser Stelle bereits zu sehr in das Detail zu gehen, wird hier der *gesamtgesellschaftliche Informationskreislauf* in Hinblick auf die COVID-19 Pandemie so modelliert, dass allgemein gesagt Sachverhalte bzw. Ereignisse der natürlichen und gesellschaftlichen *Umwelt,* wie beispielsweise das Aufkommen des *Virus* SARS CV2 in der natürlichen Umwelt der Menschen, als Störgröße auf die Bevölkerungsgesundheit einwirken (Abb. 1.7). Die rasche gefährliche Infektion der *Bevölkerung,* die von der medizinischen *Wissenschaft* durch Virologie und Epidemiologie schnell erkannt wurde, wird als Erkenntnis der Wissenschaft an die *Politik* übermittelt. Im Fall von COVID-19 fühlte sich die Politik dem obersten Sollwert in Form des zivilisatorisch-kulturellen Werts der *Sicherung der Bevölkerungsgesundheit* verpflichtet, und sie formulierte deshalb kollektiv verbindliche prophylaktische Hygiene-Regelungen des *Alltagsverhaltens* und der *Alltagsverhältnisse* („Lockdown"). Diese Regulierungstexte wurden über die Organe des *Staates* umgesetzt. Daran anschließendes neues Verhalten der Bevölkerung gegenüber dem Virus bzw. gegenüber den Mitmenschen als potenzielle Virusträger im Form des Selbst- und Fremdschutzes (Social Distancing) reduzierte die Infektionszahlen, die wiederum die Politik zu Lockerungen des Lockdowns veranlassten, in der Hoffnung auf die Herstellung der „alten Normalität", gewissermaßen als übergeordneter und Verhaltensbereiche übergreifender *Sollwert.*

Die Zeit 2020 bis 2021 lässt sich in diesem Modell bezüglich der Wechselwirkung von Inzidenzzahlen und Lockdown-Maßnahmen gut abbilden.

> Selbstreflexion in Krisen: Bürger, Forscher, Politiker, Beamte u.a. sollten gelegentlich Modelle von einer Problemsituation nutzen, die auch sie selbst beinhalten und ihre Rolle abbilden – sie könnten selbst Teil des Problems sein!

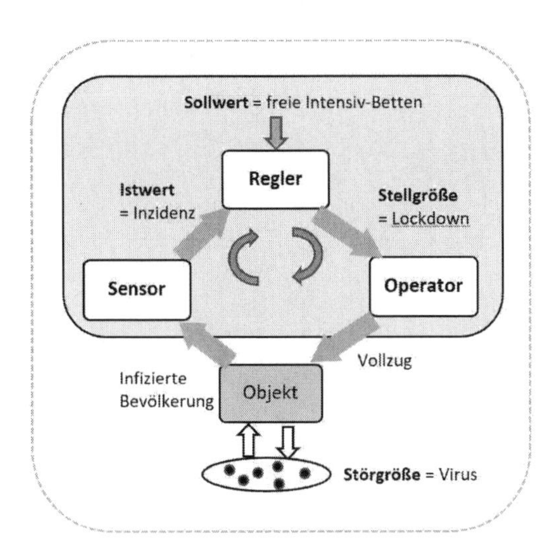

Abb.1.7: Der „große Regelkreis": Das *Regelobjekt*, hier die Bevölkerungsgesundheit, wird durch die *Störgröße* in Form des Corona-Virus, gestört, was der Sensor, nämlich die medizinische Wissenschaft, als *Istwert* bzw. in Form der „Inzidenz" als zunehmender *Istwert* registriert und der Politik als *Regler* meldet. Die Politik muss diesen Wert mit einem *Sollwert*, wie der Zahl der freien Intensivbetten, vergleichen und entsprechende *Stellgrößen* in Form von Regularien, wie etwa den Lockdown, an den *Operator* in Form des Staates senden. Durch den Vollzug des Lockdowns ist die Wirkkraft des Virus reduziert und es entsteht ein dem Sollwert eher entsprechender Istwert und so ist eine Lockerung des Lockdowns möglich usw. Als weiterer Sollwert fungiert die „neue Normalität", falls die „alte Normalität" nicht mehr erreicht werden kann.

Regelkreismodelle – eine dritte methodische Zwischenbemerkung

Dieser einfache Typus von Systemmodellen der Politik bzw. der Gesellschaft im Sinne der „politischen Kybernetik", der bereits in den 1960er Jahren als Regelkreismodell entwickelt wurde (Easton 1965a[66]), geriet allerdings bereits in den 1970er Jahren wieder aus dem Blickfeld der politikwissenschaftlichen Forschung. Das liegt vor allem daran, dass die sozialen Teilsysteme, die in diesem Grundmodell abgebildet sind, eine *Eigendynamik mit neu auftretenden, „emergierenden" Regeln und Prozessen* aufweisen, die zunehmend zum Gegenstand der Forschung wurden, und dass im Gegensatz dazu das klassische kybernetische Modell vorwiegend Prozesse der *Herstellung eines Gleichgewichts* im Blick hatte. Im klassischen Modell konnte sozialer Wandel, also die Etablierung neuer Sollwerte, nicht gut abgebildet werden, allerdings können systemverstärkende Prozesse gut modelliert werden. Ein weiterer Grund der Kritik an kybernetischen Modellen war, dass die Beobachterabhängigkeit der Modellierung nicht berücksichtigt war, was erst die Kybernetik der 2. Ordnung ins Spiel brachte (v. Foerster 1993[67]). Damit wurde auch eine einfache Perspektive des Sozialdeterminismus, dass sich alles Gesellschaftliche kontrollieren, steuern und regeln lässt, zurückgewiesen. Trotz dieser Kritikpunkte kann das einfache Regelkreismodell die wesentlichen Prozesse in *Systemen im Krisenmodus* adäquat abbilden. Auch haben sich diese Modelle ganz allgemein im Bereich *Management* bewährt, wovon noch die Rede sein wird. Mehr Details zum Themenkreis Modellierung werden im Kapitel 4 ausgeführt.

1.4.1 Was ist „Umwelt" der Gesellschaft?

Wie bereits erwähnt wurde, hat der Begriff „Umwelt" in der Soziologie die allgemeine Bedeutung, dass ein soziales System nicht nur die unbelebte und belebte „Natur", sondern auch Menschen, also die „Bevölkerung," als Umwelt hat. Hinzu kommt der Bereich „Technik", der gewissermaßen als eigene Entität eine Eigenlogik hat. An dem Beispiel des gesellschaftlichen Managements der Virus-Epidemie wurde bereits deutlich, dass sich aus der Sicht der Gesellschaft nicht nur die Natur in Form des Virus, sondern sogar die Bevölkerung als „Umwelt" darstellt, insofern sich beide Umweltsegmente in Informationen bzw. Kommunikationen als „ökologische Kommunikation" abbilden, wenngleich sie auch direkt sinnlich erfassbar sind (Luhmann 1986[68]). Aus dieser Sicht ist auch unpassend, Gesellschaft ohne ihre (natürliche) Umwelt (*„Natur"*) und ohne das zum Teil relativ autonome System *Technik* zu beschreiben. Diese Systeme dürfen in der Forschung nicht so ohne weiteres in das Konzept von Gesellschaft aufgenommen werden, sondern sie müssen als System mit *Eigenwert, Eigenlogik* und *Eigendynamik* konzipiert werden, vor allem wenn es um Problemanalysen wie um die *Folgen des Klimawandels* geht. Um diese Sicht aber deutlicher zu machen wird heute bei Forschungen zu Bestandsfragen der Menschheit immer wieder die umfassendere *„Sozialökologie"* bzw. *„Humanökologie"* beansprucht, die das Gesamtsystem Gesellschaft, Bevölkerung, Natur und Technik im Blick hat.

Analysen ohne Kontextfaktoren als Umwelt greifen zu kurz.

1.4.2 Sozialökologie als Humanökologie des Sozialen

Sozialökologie kann als spezielle akademische Disziplin verstanden werden, welche die Soziologie (bzw. die Sozialwissenschaften) und die Ökologie miteinander zu verbinden sucht. Dieser Ansatz kann wissenschaftssystematisch zumindest teilweise der Ökologie zugeordnet werden, wobei in Angrenzung von der biologischen Ökologie der Pflanzen und Tiere, die *Humanökologie* als Anwendung ökologischen Gedankenguts in den Humanwissenschaften konzipiert wurde (Knötig 1976[69], 1979[70]). Dabei wurde die *Individualökologie* der einzelnen Menschen von der *Sozialökologie* der Populationen unterschieden (Glaeser 1987[71], Serbser 2004[72]). Allerdings hat die Sozialökologie auch in Form der „Sozialen Ökologie" in teilweise eigenständigen Ansätzen größere akademische Akzeptanz erfahren (Fischer-Kowalski 1997[73], Becker u. Jahn 2000[74]). Im Folgenden werden diese Ausdrücke stellenweise synonym verwendet.

Das Ziel der *Sozialökologie* besteht darin, gesellschaftsexterne Teilsysteme in einen übergeordneten theoretisch-konzeptuellen Rahmen zu erfassen und zu untersuchen. Der Rahmen besteht aus dem Beziehungsgefüge von *Natur*, *Menschen*, *Gesellschaft* und *Technik* auf lokaler, regionaler, nationaler und supranationaler bzw. globaler Ebene. Sozialökologie ist demnach stark raumbezogen und damit als *Sozialwissenschaft* mit den *Geowissenschaften* eng verbunden. Daher ist ein umfassender konzeptueller Rahmen zur gesamtheitlichen Abbildung der Verhältnisse für die Problemanalyse und – lösung zweckmäßig, Dafür steht allerdings noch keine etablierte Wissenschaft zur Verfügung, denn auch die hier vorgeschlagene *Sozialökologie* bzw. *Humanökologie* als wissenschaftlicher Rahmen für komplexe Problemstellungen in Forschung und Bildung ist nur unzulänglich an den Universitäten verankert.

1.4.3 Einfaches Systemmodell zur Sozialökologie – Mensch und „Umwelt"

Der Systemkomplex „Natur (Virus), Bevölkerung, Gesellschaft und Technologie", wie er in Abb. 1.8 dargestellt ist, lässt sich aus sozialökologischer Perspektive als Grundgerüst für die Beschreibung des Klima-Problems, aber auch des Corona-Problems nutzen (Tretter & Franz-Balsen 2020[75]). Diese Modellkomponenten zeigen allerdings bereits grundlegend viele Wechselwirkungen, nämlich in dieser einfachen Modellierung schon 12 Einzelwirkungen. Auch können und müssen die Bausteine dieses Modells weiter differenziert werden, um die Strukturen der Wirklichkeit besser abzubilden. Das soll nun kurz genauer betrachtet werden.

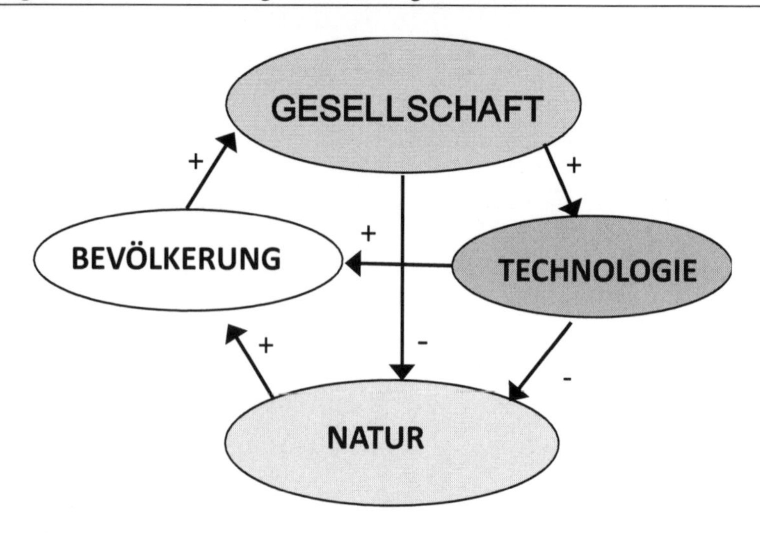

Abb.1.8 : Ein sozialökologisches Systemmodell moderner Gesellschaften mit den Subsystemen Bevölkerung, Gesellschaft, Technologie und Natur: Die Natur beeinflusst über das Virus den Zustand der Bevölkerung, was die Gesellschaft beeinflusst, die (nicht nur) im Falle der Pandemie Technologien der Naturbeherrschung sucht.

1.4.4 Sozialökologie des Klimawandels

Die Perspektive der Sozialökologie (bzw. der Humanökologie) hat vor allem im Bereich des Klimawandels eine zunehmende Bedeutung in der Analyse und auch für die Handlungsempfehlungen für die Lebenspraxis bekommen, da sie den Grundwiderspruch zwischen Mensch und Natur konzeptionell auffängt (Wheeler 2012[76]): die exzessive Nutzung der Natur durch den Menschen mit Hilfe der aggregierten Technik in Form der Industriegesellschaft bedeutet einen Eingriff in die etablierten Kreisläufe der Natur (z.B. Kohlenstoffkreislauf), deren Nebeneffekte nun ein großes Gewicht bekommen, insofern sie einen relevanten kausalen Anteil an der Erderwärmung liefern.

Das Klimaproblem
Bekanntlich halten CO2 und Methan die vom Erdboden reflektierte Sonneneinstrahlung wie ein Treibhaus zurück und bewirken eine Temperaturerhöhung der Atmosphäre. Daher muss die CO_2-Emission reduziert werden. Aktuell betragen die CO_2-Emissionen in Deutschland etwa 9 t pro Person und Jahr und stammen vor allem aus den Sektoren Energie, Verkehr und Ernährung. Diese Emissionen müssen auf durchschnittlich 1,5 t pro Person reduziert werden, damit das 1,5°-Ziel der Erderwärmung bis 2050 eingehalten wird (atmosfair.de 2021[77]). Das bedeutet einen Wandel der Technologien und auch der Lebensstile in all diesen Bereichen.

Das besondere Problem der Klimapolitik bzw. der Nachhaltigkeitspolitik ist, dass vorwiegend separierte *eindimensionale Sichtweisen* die Sektor-Politiken von Energie, Verkehr, Ernährung usw. prägen, statt dass eine *mehrdimensionale sektorenverbindenden Sichtweise* zur Anwendung kommt. So erfordert erneuerbare Energie eine

Infrastruktur der Strom-Verteilung mit negativen Folgen für die Natur. Elektromobilität setzt die Lösung dieses Problems voraus, verursacht aber selbst eine exzessive Rohstoffbeschaffung und Probleme bei der Entsorgung der Batterien. Die Lösung eines Problems ohne die Nebeneffekte auf die anderen verwobenen Bereiche zu beachten, führt von Krise zu Krise. Derartige komplexe Wirkungsgefüge können nur im Rahmen eines *Systemmodells* erfasst werden, um nicht nur fokuszentriert zu denken und zu agieren. Soziale Ökologie benötigt also auch die *Systemwissenschaft*, um die komplexe Realität besser verstehen und nebenwirkungsärmer transformieren zu können.

1.4.5 Systemperspektive – der Rahmen macht das Bild

Es ist nun deutlich geworden, dass das einfache Aneinanderfügen von Einzelbeobachtungen, vor allem von Zuständen unterschiedlicher Systeme, nicht ausreicht, da zwischen diesen Systemen komplexe Interaktionsstrukturen existieren. Damit wird erkennbar, dass eine weitere allgemeine *Wissenschaft von Strukturen und Prozessen* erforderlich ist, nämlich die *Systemwissenschaft* bzw. die *Systemforschung*. Diese *systemische Methodik* führt zu *Modellen*, die hier im Folgenden aber nur als *qualitative Systemmodelle*, d.h. *ohne die quantitative Ausführung* der Stärke und der Geschwindigkeit dieser Interaktionen, dargestellt werden. Dieser systemische Modellieransatz macht aber deutlicher, in welchen Bereichen die Politik im Falle von Krisen nachbessern muss, um eine höhere Effizienz zu erreichen. Die Straffung von staatlichen Verwaltungsprozessen ist sicher eine Möglichkeit, die allerdings auch auf Kosten der Demokratie gehen könnte. Es sind auch Vorgehensweisen denkbar und machbar, die durch frühere und stärkere Integration aller Problembeteiligten (Stakeholder) ein höheres Maß an Passung und auch eine höhere Effizienz mit sich bringen könnten („Transdisziplinarität"): die gemeinsame Problemanalyse aller Beteiligter von Anfang an, und die sich daraus ergebende gemeinsame Modellierung des Problems ermöglichen auch eine bessere gemeinsame Problemlösung. Dazu kann die Methodik des gemeinsamen *systemischen Modellierens* eingesetzt werden. Diesen methodischen Prozess, bei dem *Praktiker* wie auch *Forscher* beteiligt sind, wird als „transdisziplinär" bezeichnet und dient als Ansatz zur Problemlösung in der Wissensgesellschaft (Schoz u. Steiner[78]). Mehr davon im Kapitel 4.

1.4.6 Sozialökologisches Systemmodell von COVID-19

In diesem Buch wird letztlich vorgeschlagen, dass beide Perspektiven, die sozialökologische wie auch die systemische Perspektive integriert zur Analyse und Lösung aktueller Krisen verwendet werden. Eine derartige Systemökologie, wie sie zum Klimawandel skizziert wurde, trifft auch den Problemkomplex „Corona" gut: *Natur* als sich selbstorganisierendes System hat aktuell in Form des SARS-CoV2-Virus die Weltbevölkerung in Gefahr und so auch die Weltgesellschaft durcheinander gebracht. Erst die Entwicklung einer *Technologie* wie ein dauerhaftes Monitoring und Impfoptionen, wird wieder bezüglich Gesundheit stabile gesellschaftliche Verhältnisse ermöglichen. Durch Mutationen des Virus sind jedoch wieder neue weltweite Gesundheitsgefährdungen möglich, wie es sich ja bereits Ende 2020 gezeigt hat.

COVID-19 zeigt auch mit den verschiedenen Formen und Ebenen des Lockdowns, die von gesperrten Häusern über Sperrungen von Gemeinden bis zu Reiseverboten in andere Länder reichen, dass die *Raumdimension des Sozialen*, also beispielsweise die Sozialgeographie, ein wichtiger Rahmen des Verstehens der aktuellen Corona-Situation liefert. Für eine detailliertere Analyse wären verschiedene Teilprozesse von der Infektion der Bevölkerung über die Erfassung der Pandemie durch das Gesundheitssystem bzw. die medizinische Wissenschaft über die Politik, die Medien, Recht, Kultur, Staat, Bildung usw. feinkörniger zu modellieren. Hier ist allerdings nur ein Teil der beim Corona-Management beteiligten und relevanten gesellschaftlichen Institutionen und auch nur mit einem Teil der Wechselwirkungen abgebildet (Abb. 1.9A). Das Modell rekonstruiert die zeitliche Abfolge von Frühjahr 2020 bis Sommer 2021. Es muss ergänzt werden durch eine Differenzierung des Subsystems „Bevölkerung" in weitere Subsysteme (vgl. Hradil 1999[79], Ascheberg 2006[80], Tretter 2017[81], SINUS 2021[82]): Wie bereits erwähnt, sind vertikale Schichten und horizontale Untergliederungen nötig (Abb. 1.9B): Die vertikale Stratifikation muss wenigsten in die Unterschicht, die Mittelschicht und die Oberschicht untergliedert werden, die ihrerseits wieder weiter differenziert werden muss. Die horizontale Untergliederung sieht wenigstens die konservative, die materielle, die hedonistische und die postmaterialistische Orientierung vor, wobei verschiedene Untersucher zwischen verschiedenen weiteren Klassifikationen unterscheiden. Im Ergebnis stellt sich die Bevölkerung bezüglich ihrer Verhaltensdispositionen in wenigstens 10 Untergruppen dar, wozu noch die klassischen Dimensionen wie Alter und Geschlecht hinzu kommen.

Es resultiert also ein hochkomplexes Bild vom sozioökologischen System. Bereits beim ersten Blick auf die Grafiken könnten allerdings die mit Systemmodellen unerfahrenen Leser und Leserinnen abgeschreckt werden. Aber auf der Basis dieses Modells kann im Folgenden die Problematik einer Wissensgesellschaft gezielter und differenziert angesprochen werden. Leider sind weder die Sozialökologie noch die Systemwissenschaft im Bildungsbereich gut verankert. Deshalb steht das Subsystem Wissenschaft in den nächsten Kapiteln überblicksartig im Fokus. Dabei ist zu bedenken, dass sich Wissenschaft in den letzten Jahren von einem „disziplinierten", also methodenkritischen Wissensproduzenten zu einem dienstleistenden Datenlieferanten verändert hat, wovon im Kapitel 3 genauer die Rede sein wird. Es besteht jedoch bei Krisen, bei deren Bewältigung die Bevölkerung mitwirken muss, die Herausforderung, die Zusammenhänge auf Expertenebene hinreichend differenziert, und dennoch integriert darzustellen, und dabei auch Laien diese Zusammenhänge verständlich zu machen. Das ist die zentrale Herausforderung für die Wissenschaftsgesellschaft bzw. Wissensgesellschaft.-

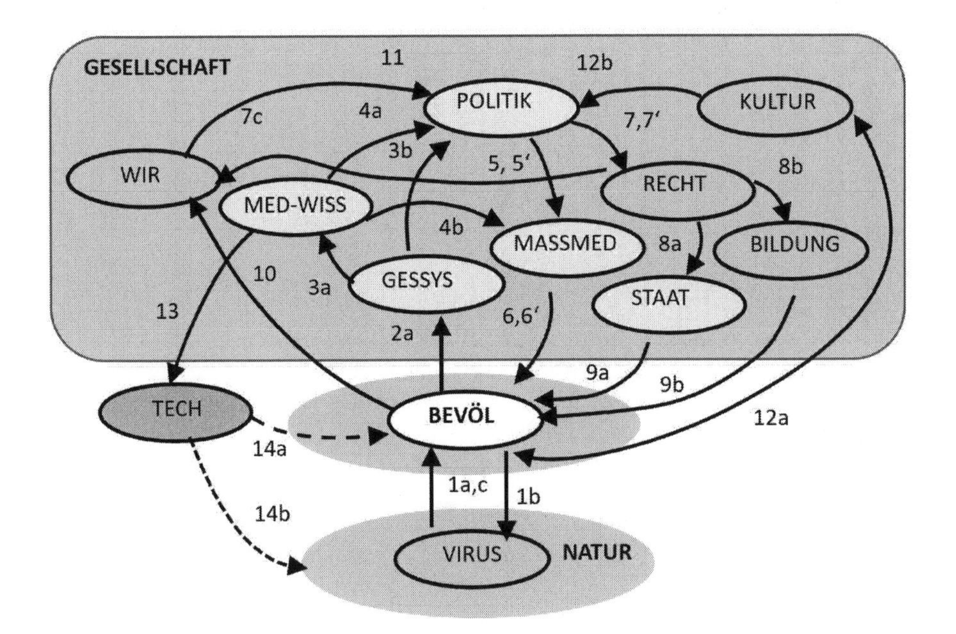

Abb. 1.9 A: Das sozio-ökologische Gesamtgefüge des Corona-Problems als Prozesssystem (Deutschland, von Frühjahr bis Winter 2020).

Erläuterungen:

1a = Virus aus Ökosystem dringt in die menschliche Bevölkerung ein
1b = Expositionsverhalten variiert
1 c= Mutante
2a = kranke Bevölkerung beansprucht Gesundheitssystem
3a = Wissenschaft erkennt Epidemie
3b = Gesundheitssystem meldet an Politik
4a = Wissenschaft kommuniziert an politische Strukturen (Verwaltung, Parlament usw.)
4 b = Medien erkennen wissenschaftlichen Befund
5,5' = Politik veröffentlicht Entscheidungen und Maßnahmen
6,6' = Massenmedien kommunizieren Entscheidungen und Hintergründe
7,7' = Politik formuliert (epidemische Krisen-)Gesetze und Verordnungen
8a, 8b, 8c = Gesetze ergehen an staatliche Organe (Verwaltung, Behörden), aber auch an Bildungseinrichtungen wie Schulen, etc. und an die Wirtschaft zur Umsetzung
9a = Staat setzt um, kontrolliert
9b = Schulschließungen beeinflussen Familien
10 = Wirtschaft leidet allmählich unter mangelndem Konsum
11 = Wirtschaft greift in die Politik ein
12a, 12b = kulturelle Standards prägen Verhalten der Bevölkerung und wirken so auf Politik, vice versa
13 = Wissenschaft entwickelt Technologie
14a,b = Technologie (z.B. Impfung) hilft Bevölkerung und stoppt Virus

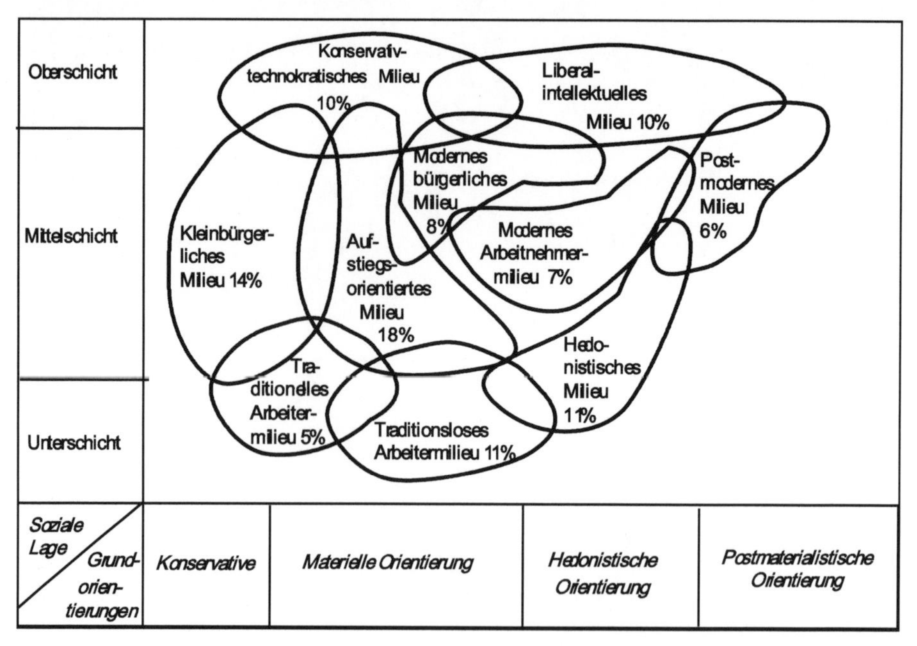

Abb. 1.9 B: Die zweidimensionale Bevölkerungsstruktur mit Schichtung und Milieus als analytische Grundorientierungen (veränd. nach Hradil 1999[83], Ascheberg 1999[84], Tretter 2017[85])

1.5 Wissen der Gesellschaft – Bildung oder Produktionsfaktor?

Wissen ist ein vielschichtiger Begriff, der im Wesentlichen mit *Wahrheit* und damit in der modernen Gesellschaft vor allem mit *Wissenschaft* zu tun hat. Wissen ist auch Element der Kultur. Kultur wiederum ist ein wesentlicher Bereich der Gesellschaft, der neben Wissen aus den Segmenten Glauben, Normen, Werte, usw. besteht. Diese Bereiche wirken als Handlungsorientierungen, wobei Wissen eine besondere Rolle in aufgeklärten Gesellschaften spielt. In diesem Fall kann von Wissensgesellschaften bzw. Wissenschaftsgesellschaften die Rede sein.

Die „Wissensgesellschaft" handelt also informiert, kommunikativ und risikobewusst, also im Prinzip die *Vorteile* und die *Nachteile* einer Handlung *rational abwägend.* Sie lässt sich daher so verstehen, dass ihr Handeln auf „Wissen" beruht und deshalb Informationen genutzt werden, die – mittlerweile weitgehend – auf Daten basieren, die ihrerseits zunehmend digitalisiert sind (Lane 1966[86], Steinbuch 1966[87], Bell 1973[88], Nasseihi 2019[89]).

Der Begriff der *Wissensgesellschaft* kam in den 1960er Jahren auf, und auch der Ökonom und Management-Experte Peter Drucker betonte bereits in den 1960er Jahren die Bedeutung von Wissen für das Wirtschaften. Diese zunehmende Ausrichtung von Wissen auf den wirtschaftlich-politischen Nutzen hin bedeutet nun allmählich das Ende von Wissen als Bildung als Ideal der Aufklärung. Die steigende Bedeutung von Information bei der wirtschaftlichen Produktion und ihre gegenwärtige Verselbstständigung als Informations- bzw. Datenökonomie, die Privatisierung und Umdefinition von Wissen als wirtschaftlichen Rohstoff und Ressource und die „Verdatung“ von Wissen wurde bereits wenig später kritisch angesprochen (Böhme u. Stehr 1986[90], Weingart 2001[91], Liessmann 2006[92]). Damit ist Wissen vorwiegend ein Produktionsfaktor und eine Garantie für gesellschaftlichen Aufstieg.

Konkret betrachtet spiegelt sich die Wissensgesellschaft teilweise im Bildungsgrad der Bürger, etwa gemessen an der Quote der Absolventen höherer Schulen und/oder Akademiker: Die Bildung nimmt zu, und die Bürger zeigen mehr Interesse an wissenschaftlicher Information über die verschiedensten Bereiche unserer Welt (IWD 2017[93]). Ein Großteil der Bevölkerung sucht nach Fakten und vermeidet Fakes und ist erleichtert, wenn jemand (die Wissenschaft oder die Qualitäts-Medien) das eine vom anderen zu unterscheiden hilft. Das ist demokratiepolitisch relevant. Allerdings impliziert wissensbasiertes Handeln nicht nur den Nutzen, sondern auch den Aspekt „Risiko“, was im deutschen Sprachraum vor allem von dem Soziologen Ulrich Beck betont wurde und nun im Rahmen der COVID-19-Pandemie wieder sehr prominent ist (Beck 1986[94]).

Eine wichtige Frage warf allerdings der soziologische Systemtheoretiker Harald Willke auf: Wie geht die Wissensgesellschaft mit der *Differenz zwischen Wissen und Nicht-Wissen* um (Willke 2002[95])? Das ließe sich anhand der Corona-Krise genauer studieren, wobei sich über die öffentliche Kommunikation des Corona-Wissens andeutet, dass sich an dieser Differenz auch die Gesellschaft spaltet, wie im Kapitel 2 zur Impf-Problematik diskutiert wird. Die Wissensquelle dabei ist die Medizin.

1.5.1 Evidenzsystematik der Medizin

Medizin als Handlungswissenschaft zur Gesundheitssicherung birgt bei unzutreffendem „Wissen“ ein hohes Risiko für Fehlhandlungen. Um dieses Risiko zu minimieren hat die Medizin eine hierarchische Systematik von Erkenntnis-Verfahren installiert, die den Grad der Gewissheit des Wissens über Krankheit und der erfolgreichen und sicheren Therapie feststellt. Es handelt sich um die „Evidenzbasierte Medizin“ (EbM) als Ordnungsschema medizinischer Erkenntnisproduktion (Straus et al. 2018[96]): die ultimative Beurteilung der Wirksamkeit einer therapeutischen Intervention erfordert den Vergleich zwischen zwei Gruppen – eine mit und eine ohne Intervention, wobei die Probanden per Zufall in die Gruppen verteilt werden. Es sind die Designs der bekannten *„randomisierten kontrollierten Studien“* (randomized controlled trials; Kurz: RCTs). Einerseits kann dieses Prinzip der Evidenzbasierung im Kontext einer hochdynamischen Pandemie nicht wirklich umgesetzt werden, denn *anekdotische Einzelbeobachtungen*, Vermutungen usw. charakterisierten die anfängliche Erkenntnislage zu Corona, die erst allmählich und erst teilweise abgesichert wurde. Andererseits kann man angesichts der eskalatorischen Pandemie-Dynamik nicht mit Interventionen warten – es muss mit Unwissen gehandelt werden! Von diesen Stufungen der EbM, die auch Experten-basierte Erkenntnisformen umfassen, wird noch im Abschnitt zur Medizin und auch in den folgenden Kapiteln die Rede sein.

1.5.2 Was ist „Wissen" – wahrer Glaube?

Wesentlich für eine Wissensgesellschaft ist also „Wissen". Was wird aber genauer darunter verstanden? *Wissen* wird hier zunächst als *methodisch gerechtfertigter wahrer Glaube*, also als eine Form von empirisch belegten bzw. überprüften Überzeugungen charakterisiert werden (Ayer 1956[97]). Mit dieser Interpretation bildet sich also die „Gewissheit" ab, was aber auch religiös Überzeugte kennzeichnet. Auch Wahnkranke haben ein Gewissheitserleben, weswegen weitere Unterscheidungen zu treffen sind. Ein Wahrheitskriterium kann also so ohne weiteres nicht gesichert werden, es bedarf vielmehr einer Rechtfertigung, also einer *Methode*, um dies zu gewährleisten.

Somit ist begrifflich genauer zu klären, wie *Wissen, Glauben, Vermuten, Beweisen* usw. als Evidenz-generierende Zustände bzw. Prozesse voneinander abzugrenzen sind und wie sie doch miteinander zusammenhängen: Wissen beruht auf *Beobachtungen* und auf *Überlegungen*, die sich unter Umständen auf theoretische Prinzipien (z.B. sogenannte Naturgesetze) stützen. Wissen ist eine stabile Ordnung von Kognitionen. Es ist eingebettet in Kommunikationen und ist als soziokulturell überformte mentale bzw. kognitive Repräsentation zu verstehen (Hacking 2000[98]). Insofern dabei der Grad des Sicherheitserlebens bedeutsam ist, dass die jeweilige Konstruktion "wahr" ist, also die Realität adäquat und valide abbildet, und eben nicht nur eine Vermutung (Hypothese) ist, gibt Wissen „Gewissheit", also kognitive und Verhaltens-Sicherheit (Dretske 1981[99]).

Auf eine Definitionsschwäche derartiger Wissensdefinitionen hat der Philosoph und Mathematiker Bertrand Russell bereits hingewiesen, die heute als Gettier-Problem bekannt ist, weil der Philosoph Edward Gettier dieses Problem weiter ausgearbeitet hat. Das Problem lässt sich nach Russell so darstellen: Ich schaue um zwei Uhr auf die am Vortag um zwei Uhr stehengebliebene Uhr und „weiß" nun, dass es zwei Uhr ist. Mit falscher Information wird also die wahre Situation erkannt. Das bedeutet, dass für das Feststellen der Wirklichkeit und damit der Wahrheit einer Aussage noch weitere empirische Kenntnisse erforderlich sind, wie kritische Tests und eine entsprechende Treffer-Rate.

Das bedeutet auch, dass die *Ambiguität* der Welt, nämlich *so* (schwarz) oder auch ganz *anders* (weiß) sein zu können, akzeptiert werden muss und bei Vorherrschen von beispielsweise der Farbe schwarz immer wieder getestet werden muss, ob nicht doch die weiße Farbe vorliegt. Folglich müssen auch bei Routinehandlungen Kontrollschleifen eingebunden werden. Das Wissen bleibt daher hypothetisch und ist nur mehr oder weniger „gut bestätigt". Die Frage dabei bleibt also, wie der kritische Test gestaltet werden muss. Bei dem Uhrenbeispiel muss man immer wieder externe Zeitgeber als Referenz wählen, um sicher zu sein, dass die eigene Uhr korrekt läuft.

Wahrheit zu sichern erfordert grundlegend, gegen den Zufall zu testen.

1.5.3 Realitätsbezug oder Realitätskonstruktion?

Eine Grundfrage zum Wissen besteht darin, zu klären, ob das Erlebte, Beobachtete, Wahrgenommene eine vom erlebenden Subjekt unabhängige Welt bzw. deren Abbild ist. Die fundamentale Schwierigkeit, eine Antwort auf diese Frage zu bekommen, hat Platon in dem *Höhlengleichnis* untersucht, bei dem Menschen in einer Höhle gefangen sind und an der Wand bewegte Schatten sehen, und nicht wissen, ob diese Schatten Wirklichkeit sind oder eben nur Schatten von vor der Höhle in der herabscheinenden Sonne sich bewegenden Soldaten sind, was ein externer Beobachter feststellen kann.

Das Aufschlussreiche an dieser Metapher ist, dass diese Frage nicht geklärt werden kann (Blumenberg 1989[100]).

Eine damit verbundene Frage ist, ob das Wahrgenommene nur ein Produkt des Subjekts, also seiner Phantasie bzw. eine Konstruktion seines Geistes ist. Nach allem, was die Philosophie und die Psychologie weiß, sind wohl beide Komponenten erforderlich – eine äußere Realität ist notwendig, aber nicht hinreichend, da Ordnungsprozesse über Gestaltbildungsprozesse erforderlich sind, um eine Wahrnehmung zu generieren.

Diese hybride Sichtweise lässt sich auch an COVID-19 erläutern: Die schwere Lungenentzündung wird von einem Agens ausgelöst, das erst durch aufwendige Verfahren elektronenmikroskopischer Techniken visuell und/oder durch chemische Labortests „nachgewiesen" werden kann.

Damit wird deutlich, dass durch ein theoretisches Konstrukt „Agens" oder „Stimulus" oder „Noxe" usw. die pathologische Reaktion des Organismus erklärt werden kann, aber erst durch aufwendige technische Verfahren und mit Hilfe von Physik und Chemie konnte der empirische Nachweis erfolgen.

Bereits der Umstand also, dass das Virus nur durch elektronenmikroskopische Technik visuell erfahrbar und nachweisbar wird, verstärkt die problematische These, dass das Virus ein Konstrukt ist. Allerdings kann dieses Konstrukt Menschenleben zerstören, sodass es eine gewisse Wirkrealität hat. Grundsätzlicher formuliert geht es zur Frage der Erkenntnis um das Spannungsverhältnis zwischen *Konstruktivismus* und *Realismus* als erkenntnistheoretische Position zur Frage, was Erkenntnis dem Wesen nach ist (Abb. 1.6), was im Kapitel 3 vertieft wird.

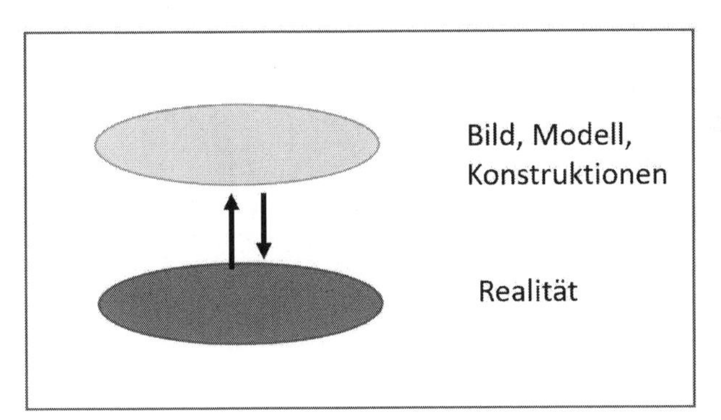

Abb. 1.10: Realismus oder Konstruktivismus? Äußere Realität und innere (konstruierte) Realität des Beobachters als Doppelaspekt von Erkenntnis (konstruktiver Realismus). Ist das Bild die Realität oder bildet es (deformierend) die Realität ab? Oder gibt es keine Realität, nur das Bild? Ist das Virus „real" oder eine „Konstruktion"?

Wissen als Gewissheitserleben von Sachverhalten ist also das Produkt von einem komplexen Prozess der Erkenntnisgewinnung. Dieser Aspekt ist wichtig, da er die einfache Idee von „Wissen" grundlegend relativiert.

1.5.4 Wissen als Produkt eines „epistemischen" Zyklus

Wissen als methodisch kontrollierter und damit gesicherter wahrer Glaube beruht auf einem Interaktionsprozess des Untersuchers mit dem Untersuchungsgegenstand (Abbildung 1.11). Der Untersucher, der im Rahmen von Beobachtungen durch einen Zufall auf das epistemische Objekt aufmerksam geworden ist, wird nach Überlegungen (Denken) den Gegenstand genauer untersuchen (Handeln). Dadurch treten für den Untersuchungsgegenstand neue Bedingungen (z.B. Distancing) auf, die den Zustand des epistemischen Objekts verändern können (z.B. Anzahl der Test-Positiven), und so wird eine Reihe systematischer Beobachtungen gewonnen, welche die Formulierung eines *empirischen Gesetzes* ermöglichen (zum Beispiel exponentielles Wachstum). Durch eine Vielzahl an Beobachtungen entsteht also ein stabiles mentales Modell des Untersuchungsgegenstandes (Induktion), von dem sich wieder neue Interventionsregeln ableiten lassen (Deduktion). Das könnte zum Beispiel ein neuer Lockdown sein. Die Bildung eines neuen Modells bzw. einer Hypothese wird nach Charles Sanders Peirce als Abduktion bezeichnet (Schurz 2015[101]).

Auf diese Weise entwickelt sich das Wissen iterativ in einem Kreisprozess, und zwar gewissermaßen als „Invarianz in der Varianz" der Beobachtungen. Eine wesentliche Rolle spielen allerdings Kontexte des Untersuchers wie auch des Untersuchungsgegenstandes: Sowohl die Scientific Community der ein Forscher angehört (Virologe), wie auch die Differenz, ob das epistemische Objekt (Virus) im Labor oder im Feld untersucht wird, ergibt jeweils ein anderes Bild des Untersuchungsobjekts.

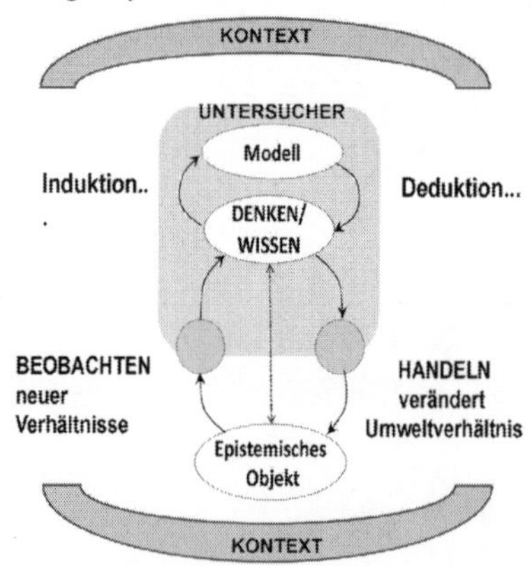

Abb. 1.11: Epistemischer Zyklus. Wissen als Zustand eines gültigen und verlässlichen mentalen *Modells* von der Welt, über das eine Person bzw. eine Institution oder eine Kultur verfügt, ist Produkt eines Interaktionszyklus zwischen der Person bzw. dem Akteur und Untersuchungsgegenstand (epistemisches Objekt). Aus den Beobachtungen wird induktiv ein Modell des Gegenstands gebildet, das Bezugskonzept für neue Beobachtungen und Leitkonzept für Interventionen sein kann, die ihrerseits zu neuen Beobachtungen führen usw. Kontexte des Untersuchers wie auch des Untersuchungsgegenstandes wirken modulierend auf die Erkenntnisse.

1.5.5 Formen des Wissens

Es können verschiedene Formen des Wissens unterschieden werden, wobei man sich an die Struktur des Gedächtnisses anlehnen kann (Markowitsch 2009[102], Abb. 1.12): Insbesondere das Praxiswissen zu Prozeduren (z.B. Fahrradfahren, Schifahren, Kochen) ist implizit und kann durch reine Nachahmung, ohne explizite Handlungsanweisung, erworben werden. Das explizite Wissen kann meist verbal formuliert und damit kommuniziert werden, es ist überwiegend ein semantisches Wissen über Bedeutungen – etwa von Zeichen bzw. Symbolen. Auch episodisches Wissen bzw. autobiographisch verankertes Wissen wären zu unterscheiden.

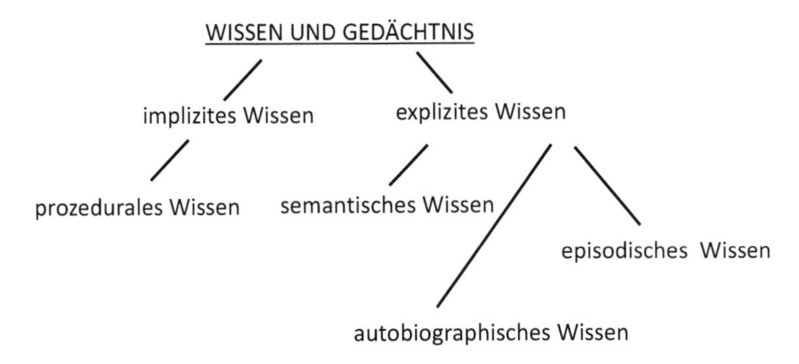

Abb. 1.12: Psychologische Struktur des Wissens, angelehnt an eine Einteilung der Gedächtnisformen.

Bekanntlich ist das Präsenzwissen, also das Wissen, das in einer bestimmten Situation verfügbar ist (bzw. sein soll) von den Gedächtnisfunktionen abhängig: Bei Prüfungen ist beispielsweise die Antwort auf eine Frage, die vor der Prüfung noch gewusst wurde, wegen der Prüfungsangst eben nicht mehr präsent, und so hat man es im Moment nicht mehr gewusst, obwohl man es eben noch gewusst hat.

Auch ist die Unterscheidung in *implizites Alltagswissen* aufgrund von Intuition und *explizitem Wissen* in Form von Texten, etwa von wissenschaftlichem Wissen, relevant. Hier trennt sich beispielsweise das Wissen der Impfgegner als Laienwissen von jenem der Vakzinologen als Expertenwissen.

Wie ist aber dann Wissenschaft als eine Form des Wissens einzuordnen? Es handelt sich um explizites Wissen, das sich auch von Prozeduren, also Methoden, herleitet.

1.6 Was ist Wissenschaft?

Moderne Gesellschaften sichern ihr Wissen über die Institution *Wissenschaft.* Aus wissenschaftsphilosophischer (metatheoretischer) Sicht verfolgt Wissenschaft dabei folgende Ziele: die „Wahrheit" ihrer Aussagen über die Welt, die „Begründbarkeit" dieser Aussagen (vor allem über ihre Methoden), das „Erklären", „Verstehen" und „Vorhersagen“ von Phänomenen durch ihre Aussagen, die Objektivität als „Intersubjektivität“ in Form der Nachvollziehbarkeit der Aussagen und – nicht zuletzt – die „Selbst-Reflexion“ ihrer Aussagen (Tetens 2013[103]). Produkt der Wissenschaft sind zunächst Daten, die naiverweise auch als pure „Fakten“ verstanden werden, obwohl sie auch Ergebnis von theoretischen Überlegungen sind, und wenn es sich auch nur um messtheoretische Überlegungen handelt.

Wissenschaft und ihre Handlungsziele: „Fakten“, „Wahrheit“, „Begründbarkeit“, „Erklärung“ bzw. „Verstehen“, „Vorhersagen“, „Intersubjektivität“ und „Selbst-Reflexion“.

Die historischen Grundlagen der Wissenschaft sind in der Antike bei Platon und Aristoteles verankert, ihre Institutionalisierung über Universitäten erfolgte aber erst im Mittelalter, vor allem in der Abgrenzung zwischen theologisch-kirchlichem Wissen und bürgerlich-wissenschaftlichen Wissen, wofür der tragische Konflikt zwischen Galilei Galileo und der katholischen Kirche von besonderer Bedeutung ist (Brandmüller u. Langner 2006[104]). Hier prallen autoritative „Eminenzen“ und „Exzellenzen“ gegen die wissenschaftlichen „Evidenzen“.

Die Grundidee, eine wissenschaftliche Weltauffassung in Abgrenzung zu immer wieder überbordenden religiösen und politischen und auch philosophischen Weltdeutungen zu entwickeln, wurde im Rahmen der um 1900 aufkommenden *Wissenschaftsphilosophie*, und zwar vor allem im Wiener Kreis (1924), genauer untersucht (Sigmund 2015[105]). Dieses wissenschaftliche Weltbild sollte über den rationalen Diskurs mit Beobachtungen und logisch strukturierten Argumenten möglich sein („logischer Empirismus“), eine Vorstellung, die sich noch immer nicht verwirklicht hat.

Wissenschaft kann somit heute als spezialisierte Institution moderner, funktionell differenzierter Gesellschaften verstanden werden, die *Wissen* in Form von *Wahrheiten* über die *Wirklichkeit* produziert (Tab. 1.1). Das Wissen wird in einer spezialisierten Sprache abgebildet, es muss aber in erster Linie „objektiv“ sein, d.h. durch eine bestimmte Methode bedingt und unabhängig vom individuellen Beobachter nur die *Struktur* und die *Prozesse* des Gegenstandsbereichs (epistemisches Objekt) abbilden und dieses Wissen dadurch „intersubjektiv“ überprüfbar machen. Mit zunehmender Spezialisierung und methodischer Differenzierung erfordert die Wissenschaft hochqualifizierte Akteure, deren Kompetenz auch von interessierten Laien nicht mehr überprüft werden kann. Daher muss Gesellschaft sich auf Wissenschaft verlassen (Luhmann 1992[106]).

Wer aber ist der Kontrolleur der Objektivität, und wie kann er (oder sie) aus der Gesellschaft heraustreten, gibt es gewissermaßen ein *Gottesurteil* zur Objektivität?

Tabelle 1.1: Ziele der Wissenschaft: (vgl. Tetens, 2013 , S. 17).

a) Wahrheit:
Sie begründet sich durch den methodisch exklusiven Zugang zur Wirklichkeit und zeigt sich als Gültigkeit und Zuverlässigkeit der Aussagen.

b) Begründbarkeit:
Die Aussagen sollen mit Beobachtungen und einer Argumentation gemäß den logischen Regeln fundiert sein.

c) Erklären und Verstehen:
Aus einer Vielzahl von einzelnen Beobachtungen sollen empirische Gesetze entwickelt werden, die neue Beobachtungen erklären lassen oder gar Prognosen ermöglichen.

d) Intersubjektivität:
Durch Angabe der Bedingungen der Beobachtungen und der Prozeduren, mit denen Überlegungen angestellt werden, soll die Nachvollziehbarkeit gewährleistet werden.

e) Selbst-Reflexion:
Gelegentlich soll über das wissenschaftliche Tun nachgedacht werden. Dieser Bereich berührt die Erkenntnistheorie bzw. die Wissenschaftstheorie und Wissenschaftsphilosophie.

1.6.1 Grundformen und Funktionen der Wissenschaft als Wissensproduzent – Glaubwürdig genug?

In der Wissensgesellschaft hat die *Wissenschaft* – beim COVID-19-Thema die *Medizin* – eine zentrale Rolle bei der Produktion von Wissen über ein bestimmtes Objekt (epistemisches Objekt). *Wissenschaft* lässt sich dabei zunächst in die Bereiche der *empirischen und theoretischen Forschung* unterteilen, hinzu kommt der Bereich des informellen *Wissens der Praxis*, wie sich das in der Medizin deutlich zeigt (Abb. 1.15 A). Was den *empirischen Bereich* betrifft, beruht die Produktion wissenschaftlichen Wissens auf Beobachtungen, die methodisch-technisch erhoben werden. Eine besondere Rolle bekommen heute Experimente. Sie sind strukturierte Beobachtungsformen, die apparativ gewonnene quantitative Daten erzeugen, die dann mathematisch-statistisch ausgewertet werden und Informationen liefern, die in das bereits vorliegende Wissen integriert werden (Schlageter 2013[107]). *Theorien* wiederum sollen helfen, die Empirie nach Prinzipien zu ordnen. Auch der Bereich Praxis im Sinne von Anwendungen der jeweiligen Wissenschaften ist ein wichtiger Bereich, der den Fortschritt der jeweiligen Disziplin mitbestimmt. Das betrifft vor allem die hier besonders interessierende Medizin. In der Regel ist die Alltagsbeobachtung eines interessierenden Objekts – auch im Labor – der Anlass, spezielle Experimente zu entwickeln, die als Komplexität reduzierende empirische Modelle der Wirklichkeit gelten können und deren Ergebnisse über Prinzipien als Theorie Merkmale des epistemischen Objekts erklären lassen. Zwischen diesen Arbeitsbereichen bestehen grundsätzlich Querbeziehungen, die allerdings sogar über Jahrzehnte der Wissenschaftsentwicklung nur rudimentär sein können.

Auf Bruchstellen zwischen vorwissenschaftlicher Erkenntnis der Praxis und exakt-wissenschaftlicher Erkenntnis hat der Philosoph Gaston Bachelard hingewiesen, was gerade in Hinblick auf die Medizin fortzuführen wäre (Bachelard 1978[108]). Allerdings hat Pierre Bourdieu eine Verbindung verschiedener Wissensformen der Praxis und der Forschung nicht nur theoretisch belegt, sondern auch in seinem Forscherleben realisiert (Bourdieu 1976[109]).

Expertenwissen – Praxis, Empirie und Theorie?

Ein Thema hat allerdings viele Aspekte und daher ist ein *multidisziplinäres Vorgehen* beim Verstehenwollen eines Untersuchungsobjekts sinnvoll. Dies erfordert aber wieder soziale Kompetenzen im Umgehen miteinander. Bei der damit nötigen *interdisziplinären Kommunikation* ergibt sich das Problem des jeweiligen disziplinären Erkenntnisumfangs und der Erkenntnissicherheit. Oft ist ein jahrelanges Ringen um „Beweise" nötig, dass ein Befund oder eine These robust ist und als gesichertes Wissen gelten kann. Es zeigen sich immer wieder in der Geschichte der Wissenschaften fälschlich als gesichert angenommene Befunde, sodass – gerade wenn es um Praxisprobleme der *Anwendung des Wissens* geht – die Gültigkeit der Wissenschaft gering ist. Daher verbreitete sich in den letzten Jahren unter anderem in der Umweltforschung die Einsicht, dass die Praktiker, also jene Personen, die mit dem jeweiligen Themenbereich in ihrer Lebenspraxis verbunden sind, ihre Beobachtungen und Problemdefinition in das Forschungsprojekt einbringen sollen. Dies wird als „Transdisziplinarität" bezeichnet, die im Kapitel 4 ausführlicher diskutiert wird (Abb. 1.15 B). Grundlegend kann die Vielfalt der akademischen Disziplinen parallel und damit „multidisziplinär" oder interaktiv-„interdisziplinär", einen Gegenstandsbereich untersuchen., was auch als „horizontale Transdisziplinarität" bezeichnet wird (Scholz 2011[110]).

Entscheidend ist die Verlässlichkeit (*Reliabilität*) der wissenschaftlichen Aussagen und deren Gültigkeit (*Validität*). Vor allem die Wiederholbarkeit der Beobachtung und ihrer Daten wie auch der Geltungsbereich – also trotz Störbedingungen und Variationen – ist ein Qualitätsmerkmal von wissenschaftlichem Wissen.

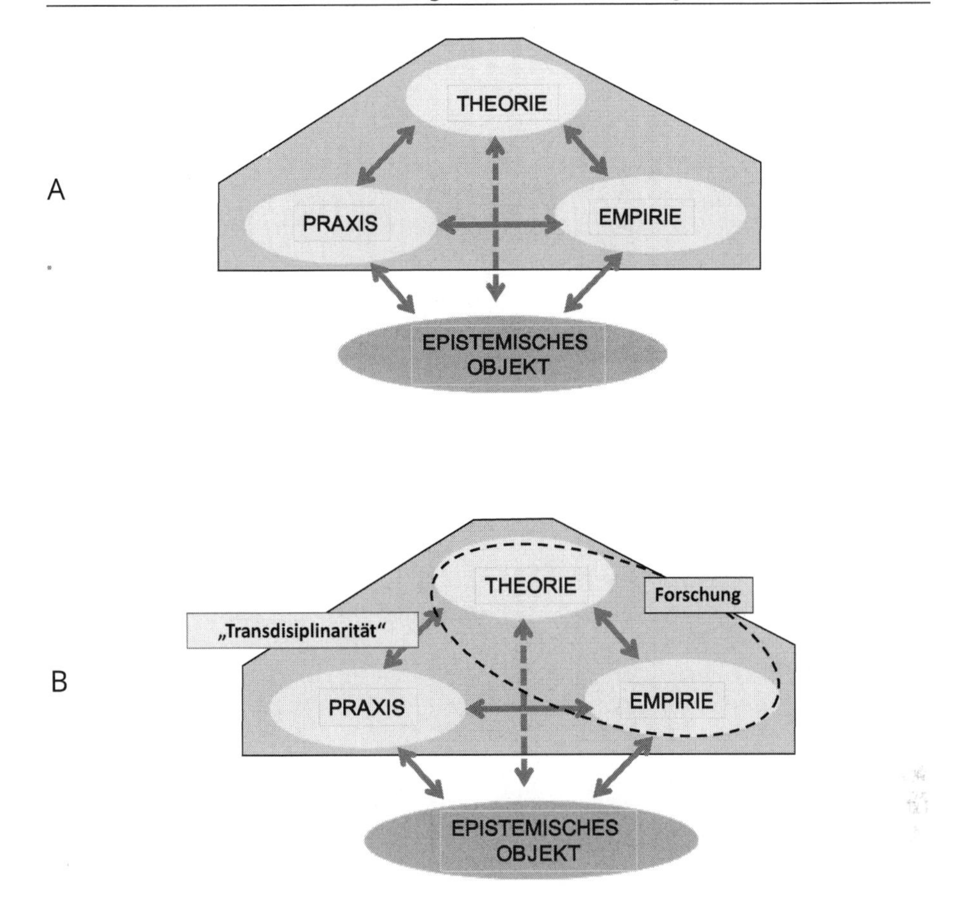

Abb. 1.15: Prozess-Struktur der wissenschaftlichen Erkenntnisgewinnung. Die Grundbereiche Forschung (Empirie und Theorie), Praxis und Erkenntnisgegenstand (epistemisches Objekt, COVID-19):

A: Empirie als Bereich empirischer und experimenteller Forschung (Epidemiologie, Virenlabor), Theorie als Bereich der Hypothesen, Verallgemeinerungen und Prinzipien und Praxis als intendierte oder realisierte Anwendung wissenschaftlicher Erkenntnisse (Alltagshygiene, Klinik). Das Wechselspiel dieser Bereiche ergibt die

B: Transdisziplinarität als kooperative und kokonstruktive Erkenntnisform zwischen Forschung mit ihren Spezialdisziplinen und Bereichen (horizontale Transdisziplinarität) und Praxis (vertikale Transdisziplinarität).

1.6.2 Grundcharakteristika von Wissenschaft

Wissenschaften lassen sich nach ihren spezifischen *Gegenständen, Begriffen, Methoden, Paradigmen als typische Aufgabenstellungen, Theorien bzw. Modellen* und *Anwendungen* unterscheiden (Bunge 1998[111]; Tab.1.2).

Vor allem die Methoden als Prozeduren der Wahrheits- bzw. Wirklichkeitsfindung sind typisch für die jeweiligen Wissenschaften: Seismographen der Physiker registrieren mechanische Erdstöße bei Erdbeben, aber im Prinzip auch bei Lastwägen, die vorüberfahren. Fragebögen von Soziologen zur politischen Einstellung der Menschen registrieren hingegen Verhaltensdispositionen von Menschen. Es ist bereits an dieser Stelle wichtig zu betonen, dass Absolventen der Soziologie oder Politologie keine neuen Seismographen entwickeln sollten, und zwar ebenso wenig wie Absolventen der Physik so ohne weiteres einen Fragebogen zu einer repräsentativen Meinungserhebung in der Bevölkerung konstruieren sollten: es sind nämlich entsprechende Methodenseminare nötig, um die Möglichkeiten und Grenzen der betreffenden Methoden zu kennen.

Die Grundmethodik der Wissenschaften besteht in Form von *Experimenten*, deren Ziel darin besteht, den interessierenden Weltausschnitt strukturell adäquat im Labor abzubilden, die Komplexität der realen Welt zu reduzieren und die Bedingungen, die den Systemzustand bestimmen, systematisch zu variieren. Die Daten machen einen Grossteil des wissenschaftlichen Weltbildes aus (Schlageter 2013[112]).

Tabelle 1.2: Grundmerkmale als Charakteristika der Wissenschaften.

1. Gegenstand
„Natur", „Gesellschaft" ... "Struktur", Gesundheit/Krankheit

2. Begriffe
Kraft, Energie, Bewusstsein, Information, Vulnerabilität

3. Methoden
Oszillograf, Fragebogen, Computersimulationen

4. Paradigmen/Probleme
Selbstorganisation, Resilienz

5. Theorien
Atomtheorie, Relativitätstheorie, Gravitationstheorie

6. Modelle
Atommodell, Molekülmodelle, Gen-Regulationsmodelle

Abgrenzbare Forschungsperioden widmen sich auch *Paradigmen*, also Programmatiken, die einen Aspekt des Forschungsgegenstandes – oft methodenbedingt – vorrangig untersuchen. Beispielsweise ist die Zwillingsforschung ein methodisches Paradigma, das bereits vor der Molekulargenetik wesentliche Erkenntnisse zur Rolle der Gene erbrachte. Auch das Phänomen „Selbstorganisation" oder „Komplexität" von Natursystemen bzw. Datenbanken wird als Paradigma mit jeweils passender Mathematik untersucht.

Theoretische Modelle sind weitere Merkmale der Forschung, am ehesten allerdings genauer definiert in der Physik (Gravitationstheorie, Relativitätstheorie, Gesetze der Thermodynamik usw.) und auch in der Soziologie. Wenn der Theoriebereich, beispielsweise in der Biologie und Psychologie, schwach ausgearbeitet ist, werden *Modelle* zur Beschreibung und Erklärung als Bereich komplexer Konstrukte genutzt.

Bausteine von Theorien sind Annahmen und Thesen, die in der Regel empirisch gut bestätigt sind und als generische Prinzipien formuliert sind, die das jeweils interessierende Phänomen konsistent zu erklären ermöglichen. Auch im Bereich systematischer Theorieentwicklung werden wie bei der Interpretation von Daten Verfahren der Pro-und-Contra-Argumentation angewendet.

1.6.3 Qualitätskontrolle in der Wissenschaft – Peer Review und Fakten Checker?

Insofern auch Wissenschaft letztlich nur Formen von Glauben produziert, muss sie die *Irrtumswahrscheinlichkeit ihrer Aussagen minimieren.* Dies geschieht durch *fachinterne Diskurse,* die zumindest den Konsens der Spezialisten sicherstellt. Diese Qualitätssicherung in der Wissenschaft erfolgt beispielsweise durch geblindete Peer Review Verfahren als Überprüfung geplanter wissenschaftlicher Publikationen. Allerdings schlägt hier auch die *Psychologie der Wissenschaft* zu Buche, da es bei abweichenden Aussagen verschiedene nicht-rationale *Abwehrreaktionen* wie Rationalisieren, Entwerten, Verdrängen usw. gibt. Auf *Gruppenebene* finden sich Mechanismen der Ignoranz, Marginalisierung und sogar der Exklusion von abweichenden Meinungen wie sonst in der Gesellschaft. Dieses Verfahren der Qualitätssicherung in der Wissenschaft ist aber tendenziell „kontraevolutionär" insofern es neue Entwicklungen behindert, indem die Gutachter in der Regel in der konventionellen („normalen") Wissenschaft ausgewiesene Experten sind und damit eine Tendenz zur Affirmation des Bestehenden aufweisen und nicht Innovationen im Sinn haben. Dies entspricht der Kritik des Mikrobiologen und Wissenschaftssoziologen Ludwik Fleck (Fleck 1980[113]), wie des Wissenschaftshistorikers Thomas Kuhn, und zwar heute noch viel stärker als zu jener Zeit, als Kuhn vor über 50 Jahren seine Diagnose der Bedingungen der Möglichkeit einer wissenschaftlichen Revolution formulierte (Kuhn 1973[114]).

1.6.4 Eine Grundordnung der Wissenschaften

Heute wird die Einteilung der Wissenschaften vor allem durch Institutionen der Forschungsförderung oder ähnlichen Organisationen vorgenommen. Hier soll auf eine einfache Taxonomie der Organisation für wirtschaftliche Zusammenarbeit hingewiesen werden (Tab. 1.3).

Tabelle 1.3: Taxonomie der Hauptgruppen der Wissenschaften nach Gegenstandsbestimmung (nach OECD)
1. Natural Sciences (Naturwissenschaften)
2. Engineering and Technology (Technische/Ingenieur-Wissenschaften)
3. Medical and Health Sciences (Humanmedizin u. Gesundheitswissenschaften)
4. Agricultural Sciences (Agrarwissenschaften u. Veterinärmedizin)
5. Social Sciences (Sozialwissenschaften)

Für eine tiefere Analyse der Wissenschaften nach ihren Gegenstand und nach ihren Methoden reicht dies aber nicht aus. Bereits ein Blick auf die Untergliederung von Fakultäten der Universitäten ergibt ein heterogenes Bild, vor allem weil Institute und Lehrstühle zusammengeschlossen werden, und so kann beispielsweise die Psychologie einmal bei den Geisteswissenschaften, ein anderes mal aber bei den Naturwissenschaften angesiedelt sein, ohne dass die jeweilige methodische Schwerpunktsetzung diese Zuordnung rechtfertigt. Deshalb sollen hier die Wissenschaften klassischer nach ihrem Gegenstand systematisiert werden, was allerdings selektiv ausgeführt wird, vor allem mit Blick auf das Beispiel COVID-19, das im nächsten Kapitel Gegenstand ist.

All die folgend aufgeführten Disziplinen haben für die *Medizin*, die eine besondere Charakteristik als Handlungswissenschaft aufweist, solide Erkenntnisgrundlagen geliefert. Diese Wissenschaften haben allgemein in der Aufklärung über die „wahren" Verhältnisse in der Welt einen Siegeszug aufzuweisen, der seit einigen Jahrzehnten, wie die Chemie in der Biologie, einen Höhepunkt erreicht hat.

Demnach kann die teilweise hierarchische Struktur der Wissenschaften traditionell auf Aristoteles zurückgeführt werden, wenngleich derartige Typisierungen und Ordnungssysteme keinesfalls konsentiert sind (Abb. 1.14):

– Die *Mathematik* als Methode der formalen und quantitativen Kalkulation hat noch weit über Aristoteles bis zu den Ägyptern und den Babyloniern tausende Jahre zurückreichende Wurzeln in der Geschichte der Wissenschaften. Nicht nur im Bereich der *Datenanalytik*, etwa bei der Klassifikation von Wachstumskurven der Corona-Epidemie, sondern auch in Form der *Statistik* – etwa zur Frage, ob sich empirische Beobachtungen einer Glockenkurve (Normalverteilung) anpassen lassen – hat sie heute fast in allen Wissenschaften einen festen Platz im jeweiligen Methodenkanon. Dennoch ist – aus pragmatischer Sicht – Mathematik ohne Daten leer.

Für die Medizin ist die Mathematik als Auswertungsmethode relevant. So wurde die Exponentialfunktion als Charakteristik des raschen Anwachsens bei der Corona-Epidemie bekannt.

- Die *Physik* hat sowohl über die Struktur des Weltraums wie auch die innere Struktur der Materie überhaupt, also die Atome und die subatomaren Teilchen betreffend, auch lebensweltlich relevante Informationen geschaffen und auch Technologien zur Verfügung gestellt, die sowohl die Weltraumfahrt wie auch die Kernkrafttechnik, aber auch die Atombombe ermöglicht haben. Physik spielt somit eine zentrale Rolle in der Wissensgesellschaft, sie gilt sogar als Königsdisziplin mit dem Bereich Empirie (z.B. Wetterbeobachtung) und Experiment (z.B. CERN-Kernteilchenbeschleuniger). Sie zeigt immer wieder eine Ko-Evolution mit der Mathematik und verfügt über Beispiele nützlicher Theorie-Entwicklungen in Form von Prinzipien der Erklärung von Beobachtungen (Weil-Sätze). Ausgebildete Physiker haben in der Regel eine nahezu überall nützliche extreme wissenschaftliche Qualifikation, mit der Kompetenz, hochtechnisierte Experimente durchzuführen, wie auch anspruchsvolle mathematische Theorien in der Quantenmechanik zu behandeln. Diese Kompetenz lässt sich in nahezu allen anderen Wissenschaftsbereichen – z.B. Hirnforschung, Umweltforschung oder auch in der Ökonomik – sehr gut anwenden.

Mit der Atombombe hat die Physik allerdings ihr positives Image verloren, und es waren „concerned scientists", gerade aus den Reihen der Physiker, die sich zunächst für die Abrüstung und dann für die friedliche Nutzung der Kernkraft einsetzten (z.B. Carl Friedrich von Weizsäcker 1994[115]).

Für die Medizin hat die Physik im Bereich der Physiologie, der Radiologie und Unfallchirurgie eine besondere Bedeutung.

- Die *Chemie* hat über apparative Synthesemethoden, die letztlich auch zur Produktion von Plastik mit seinen Vorteilen und auch mit seinen ökologischen Nachteilen geführt haben, die Welt der Alltagsgüter grundlegend und umfassend verändert. Erst in den letzten Jahren haben sich Bereiche wie die Biochemie (bzw. Molekularbiologie) als Brückendisziplinen zur Biologie entwickelt, die enorme Erkenntniszuwächse im Verstehen lebender Systeme ermöglicht haben.

Für die Medizin hat die Chemie in der Diagnostik (klinische Chemie) wie auch für die medikamentöse Therapie (Pharmakologie) eine praktische Bedeutung.

- Die *Biologie* als eigenständige Naturwissenschaft des Lebendigen hat gegenwärtig einen Höhenflug, insofern sie vor allem für die *Medizin* neue Hoffnungen erzeugt, indem sie verspricht, durch die bereits erwähnten gen- und biotechnologischen Methoden Krankheiten rechtzeitig zu erkennen und auch effektiv behandeln zu können. Damit wird die Medizin zunehmend zu einer biologischen Disziplin, was gleich kritisch erörtert wird. Gegenwärtig ist die sogenannte *Systembiologie* eine ganzheitsorientierte wissenschaftliche Bewegung, die nach der Aufschlüsselung des menschlichen Genoms und anderer molekularer Subsysteme des Organismus viele Hoffnungen auf Durchbrüche in der Medizin aufkommen lässt. Biochemie und Molekularbiologie als Brückendisziplinen ersetzen zunehmend die Physiologie, was einen Verlust an Zusammenhangswissen bedeutet, wie er sich beim unzulänglichen Verstehen der COVID-Pathologie zeigt.

Die *Ökologie* ist ein vergleichsweise noch junges Spezialgebiet der Biologie, das allerdings im Zuge der wachsenden Umweltprobleme eine zunehmend übergeordnete und eigenständige Rolle spielt, wenngleich damit auch fachliche Überforderungen bestehen. Aber auch die Biologie hat durch die Nutzung ihrer Methoden für Kriegstechnologien einen schlechten Ruf bekommen.

In Hinblick auf die Medizin stellt die Biologie die zentrale naturwissenschaftliche Basis dar.

- Die *Psychologie* ist ähnlich wie die Literaturwissenschaft die Wissenschaft des Geistigen. Sie hat vor allem in der Zeit um den zweiten Weltkrieg durch ihre Testdiagnostik einen starken Auftrieb bekommen. Rechnet man die Psychoanalyse zur (klinischen) Psychologie hinzu, dann ist festzustellen, dass die Psychoanalyse bis vor wenigen Jahren noch eine enorme Breitenwirkung für die Alltagspsychologie hatte. Die Psychoanalyse hat allerdings einen Sonderstatus, da sie weder in der Psychologie noch in der Psychiatrie ihren Ursprung hat, sondern von Sigmund Freud, der Neurologe war, eher an vergleichsweise leicht psychisch gestörten Menschen aus der Praxis heraus entwickelt worden war. Neben der Analyse der Struktur innerpsychischer Dynamiken dienen auch Analysen von Familienstrukturen als Hintergründe zur Erklärung von Verhaltensbesonderheiten.

Mittlerweile hat aber die akademische Psychologie, die am behavioristischen Stimulus-Response-Modell orientiert ist, auch im Bereich der klinischen Anwendungen ein Instrumentarium der Diagnostik und Therapie entwickelt, das ein hohes technisches Niveau aufweist. Dies vor allem unter der Mitwirkung der Neurobiologie mit ihrem bildgebenden Verfahren, die scheinbar die Psychologie ersetzen können soll, insofern bei Vorfinden eines Gehirnbefundes die psychologische Aussage untermauert wird (Sturm et al 2009[116], Northoff 2011[117]).

In der Medizin hat die akademische Psychologie, über die Psychiatrie und Psychosomatik hinausgehend, keine besondere Bedeutung, wenngleich die Arzt-Patient-Beziehung ein wesentlicher Anwendungsbereich ist.

- Die *Soziologie* als Wissenschaft vom sozialen Handeln hat in den 1970er Jahren eine große Beleibtheit für das Verstehen der gesellschaftlichen Phänomene bekommen, wobei der ökonomische Reduktionismus, also die Nutzung von Kategorien der Ökonomik – von Adam Smith wie auch von Karl Marx – für das Verstehen von gesellschaftlichen Prozessen in der gehobenen Bildungsschicht herangezogen wurde, ohne dass im empirischen Forschungsbereich eindeutige Befunde vorliegen.

Im Rahmen der Medizin hat die (medizinische) Soziologie nur mehr eine Randposition, wenngleich in der Sozialepidemiologie, die mehr an der Oberfläche sozialer Phänomene bleibt, erheblicher Ergänzungsbedarf besteht.

- Die *Ökonomik* als Wissenschaft vom Wirtschaften ist Teil des gesellschaftlichen Denkens geworden. Sie kann somit auch als Ideologie des Kapitalismus als vorherrschende Wirtschaftsform angesehen werden. Methodisch wird sie wegen Geld und Gütermengen als leicht erhebbare quantitative Größen oft als „Physik des Sozialen" bezeichnet. Allerdings bekommt auch die Ökonomik in ihrem trivialen Alltagsformat den Charakter von Beliebigkeit (Brodbeck 2013 ([118]).

Für die Medizin ist das Spezialgebiet der Gesundheitsökonomik relevant.

Dies sind nur einige Beispiel, wo und wie die *Wissenschaft*, verstanden als *differenzierter gesellschaftlicher Produktionsbereich von Wissen*, gesellschaftliche Bedeutung bekommen und viele nützliche Instrumente geschaffen hat, was allerdings nicht immer zum Nutzen der Bevölkerung führte und so periodisch immer wieder einen verbreiteten Skeptizismus erzeugte.

Vor dem eindrucksvollen Panaroma der Wissenschaften wird allerdings von Wissenschaftlern und der Allgemeinheit aus den Augen verloren, dass in der europäischen Tradition die *Philosophie* als die Mutter der Wissenschaften gelten muss und somit eine Sonderrolle im Kanon der Wissenschaften einnimmt und zumindest im Bereich der Theoriebildung, vor allem in den Geistes- und Sozialwissenschaften, noch teilweise relevant ist (z.B. Handlungstheorie). Insbesondere im Bereich der *Wissenschaftsphilosophie* hat die Philosophie eine zwar abnehmende, aber immer noch bedeutende Rolle für die Reflexion der Wissenschaften, und auch die *Ethik* hat Verbindungen zu alle Disziplinen, wie beispielsweise die Medizin (Marckmann 2015[119]).

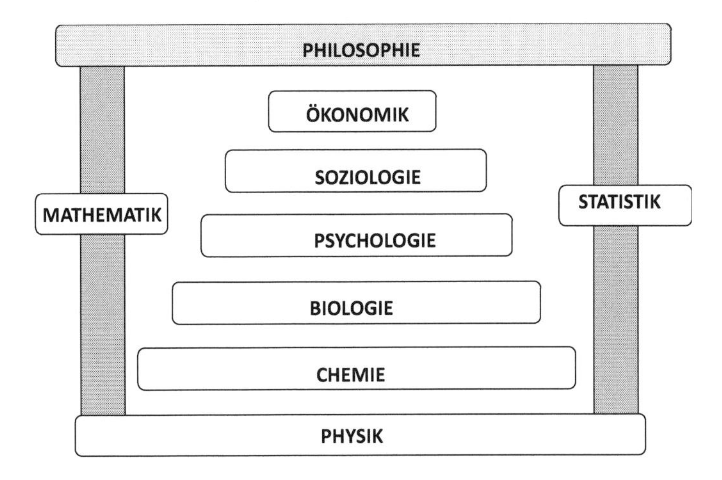

Abb. 1.14: Das Gebäude einiger wichtiger Wissenschaften.

Grundlegend soll aber hier bereits im Vorgriff auf Kapitel 3 angemerkt werden, dass eine genauere Analyse derartiger *Modelle der Hierarchie der Wissenschaften* Inkonsistenzen aufweist, zumal ihre Gegenstände nicht vergleichbar sind und sie auch nur eindimensional konstruiert sind. (Brodbeck 2019[120]). Für alle Wissenschaften gilt auch, dass sie auf unausgesprochenen Annahmen, vor allem erkenntnistheoretischer Art, beruhen. Sogar die Mathematik kann sich sozusagen durch Ableitung aus ihren Annahmen (Axiomen) nicht selbst beweisen wie der Mathematiker Kurt Friedrich Gödel bewies (Gödel 1931[121]). Diese unbefriedigende Situation hat die konstruktivistische Wissenschaftskonzeption, wie sie der Erlanger Mathematiker und Philosoph Paul Lorenzen auf handlungstheoretischer Basis intendierte, abgeschwächt (Lorenzen 1962[122], Lorenzen 1974[123]).

Die gegenwärtige Forschungspraxis zeichnet aber auch ein Bild einer Neuordnung der Wissenschaften, die sich vor allem durch die problemorientierten Forschungsformen ergibt, die manchmal als „multidisziplinär", „interdisziplinär", „transdisziplinär", „postdisziplinär", „antidisziplinär" oder „postnormal" bezeichnet werden, was in Kapitel 3 kritisch diskutiert wird.

1.6.5 Themenzentrierte interdisziplinäre Forschungsansätze

Die Welt in ihrer Eigendynamik fordert die *angewandte Wissenschaft* immer stärker heraus. Man will nämlich auch Umweltprobleme lösen und den Klimawandel dämpfen. Solche Fragestellungen sind oft so komplex und disziplinüberschreitend, dass mehrere wissenschaftliche Disziplinen zu ihrer Bearbeitung nötig sind. Viele Erfindungen der (technischen) Wissenschaften erzeugen darüber hinaus in Folge ihrer nahezu maßlosen breiten Anwendung oft große Probleme, wie die fossile Energietechnik oder das Produkt Plastik. Zur Lösung derartiger Probleme ist wieder wissenschaftliche Forschung gefragt.

Die Folge ist, dass in größeren Ländern oft große Forschungsorganisationen mit Tausenden an Mitarbeitern sich auf ein derartiges Gebiet wie die *Umweltforschung* konzentrieren, wie beispielsweise das Helmholtz-Zentrum für Umwelt und Gesundheit (Helmholtz Zentrum 2021[124]). Dabei arbeiten typischerweise Mathematiker, Statistiker, Informatiker, Physiker, Chemiker, Geowissenschaftler, Pharmakologen, Biologen, Mediziner, Psychologen und Sozialwissenschaftler inklusive Ökonomen „interdisziplinär" zusammen, in diesem Fall auf das Thema Gesundheit und Umwelt gerichtet.

Zuletzt hat sich die *Klimawissenschaft* als wichtige Orientierungsdisziplin für die Gegenwartsgesellschaft dargestellt und wurde demgemäß auch von Seiten der industrienahen Forschung und Politik kritisch diskutiert. Ausgehend von der Meteorologie, die als Gebiet der angewandten Physik und Mathematik auch die Geowissenschaft benötigt, da ja Wetter immer ortsbezogen und zugleich ortsübergreifend betrachtet wird, hat sich die Klimaforschung als Langzeit-Meteorologie entwickelt. Die historisch ältere Meteorologie ist „die Wissenschaft von den physikalischen Zuständen und Vorgängen in der Atmosphäre und ihren Wechselwirkungen mit der festen und flüssigen Erdoberfläche" (Meyers Enzyklopädisches Lexicon,1981[125]). Die Klimaforschung heute integriert vor allem *Naturwissenschaften*, wie die Meteorologie, Ozeanographie, Biogeochemie, Geophysik usw., aber auch zunehmend die *Ingenieurswissenschaften* und zuletzt auch die *Sozial- und Verhaltenswissenschaften* wie Politologie, Ökonomie, Soziologie, Psychologie und die Kommunikationswissenschaften, insofern es um das gesellschaftliche Management der Erderwärmung geht (DKK 2021[126]). Die Bedeutung der Klimaforschung wurde im Jahre 2019 besonders deutlich, indem die Jugendbewegung der „Fridays for Future" die Aussagen des International Panel for Climate Change (IPCC 2021[127]) aufgriff und von der Politik Handlungen zur Dämpfung des Klimawandels forderte. Dann kam aber COVID-19 und der Klima-Diskurs trat in den Hintergrund.

All diese zunächst attraktiv anmutenden programmatischen Formen der interdisziplinären Forschungsorganisation bergen allerdings einige interne Probleme der *Wissensintegration*, die – auf die Medizin bezogen – im Kapitel 2 anhand von Corona und im Kapitel 3 grundlegender erläutert und im Kapitel 4 zu neuen Perspektiven der Wissenschaften diskutiert werden.

Für diese grundlegenden Betrachtungen müssen übergeordnete philosophische Standorte gewählt werden. Generell mangelt es allerdings in der Wissenschaft an Selbst-Reflexionen und insbesondere der Reflexion der Erfahrungen mit der interdisziplinären Forschung: Philosophen kennen diesen Bereich unzureichend, da sie traditionell nicht interdisziplinär im Team arbeiten und auch nicht in der empirischen Forschung tätig sind, während aktive empirische Forscher zunehmend in die forschungsinstitutionelle Logik eingebunden sind, sodass sie anscheinend erst im Rentenalter zum Nachdenken kommen – nachzudenken wird ja gegenwärtig nicht finanziert. Es geht also allgemein für eine Wissensgesellschaft darum, „Wissenschaft neu zu denken" (Nowotny et al. 2005[128]) und gesellschaftsrelevante evidenzbasierte Handlungsprogramme aufzubauen (Cartwright & Hardie 2012[129]).

1.7 Das Haus der Medizin

An diesem traditionellen hierarchischen Aufbau der Wissenschaften ist auch die Medizin ausgerichtet. Ist aber Medizin überhaupt eine Wissenschaft? Ja und nein, lautet die Antwort (Gross u. Löffler 1997[130], Schaffner 1999[131], Marcum 2008[132], Gifford 2011[133], Lee 2011[134], Bunge 2013[135], Sadegh-Zadeh 2012[136], Solomon 2015[137], Brock 2016[138]): Medizin ist zumindest eine *angewandte Wissenschaft*, denn sie beruht vor allem auf *Physik*, *Chemie* und *Biologie* und hat die Kernfächer *Anatomie* und *Physiologe* als Basis, die als „Orthologie" als Grundlage für das systematisch zentrale Fach der *Pathologie* dienen. Auf der Pathologie baut die *klinische Medizin* als *Handlungswissenschaft* auf, mit den Kernfächern Chirurgie, Innere Medizin und Neurologie, um die herum verschiedene Spezialdisziplinen angesiedelt sind.

Insofern die so strukturierte Medizin eigenständig Informationen zu ihrem zentralen Gegenstandsbereich, nämlich Krankheit und Gesundheit, sammelt und ordnet, klinisch-qualitative Daten (klinisch gebildeter Blick) mit quantitativen Daten des Labors verbindet, Messmethoden entwickelt (Blutdruckmessgeräte), die Daten statistisch auswertet, nach empirisch gestützten Regeln der Krankheitsentstehung sucht und über Hypothesen, Theorien und Modelle versucht, Krankheitsphänomene ebenso wie Gesundheit zu „erklären" und Verläufe zu „prognostizieren" oder Therapieverfahren durch randomisierte kontrollierte Studien zu bewerten usw. sind im Prinzip wichtige Merkmale von Wissenschaft gegeben.

1.7.1 Wissensproduktion in der Medizin – Evidenz-Hierarchie

Wie bereits angesprochen besteht das zentrale Problem zur Wissensbasis der Medizin in dem Prozess der Absicherung der Erkenntnisse. Deswegen wird heute eine Rangreihung der Erkenntnissicherheit in der Medizin in Form der Systematik der „evidenzbasierten Medizin" (EbM) verwendet (Straus et al. 2018[139]; Wikipedia 2021[140]): Sie kann als Stufenprogramm der Erkenntnissicherung verstanden werden, bei der zunächst die Kenntnisse von herausragenden Ärzten als „Exzellenzen" die Wissenssäulen der Medizin darstellten. Einzelne Beobachtungen aus der Praxis als Anekdoten werden bezüglich ihres Wahrheitsgehalts in der heutigen Taxonomie medizinischer Evidenzgüte der EbM als sehr niedrig eingestuft, wenngleich die Merkmale des jeweiligen Falls durchwegs typisch sein können. Heute gilt diese Form der Erkenntnis mit dem Rang 4 als die niedrigste Evidenzstufe. Es besteht nämlich die Gefahr, dass die Sichtweisen von derartigen Experten nicht verallgemeinerbar sind, da sie auf einer selektiven Sichtweise oder Denkweise, oder auf einer nicht-repräsentativen Patientenauswahl usw. beruhen. Durch kritisches Relativieren des Wissens, durch die Zusammenfassung mehrerer vergleichbarer Fälle oder durch systematische Vergleiche oder gar durch kontrollierte Studien, bei denen unterschiedliche Behandlungsweisen – meist unter Placebo-Bedingungen – verglichen werden, kann höhergradig gesichertes Wissen produziert werden. Wenn nun die Behandlungsformen per Zufall den Patientengruppen zugewiesen werden, dann handelt es sich um besonders gut gesicherte Wissensbestände, nämlich um die „randomisierten kontrollierten Studien" (engl.: RCT), die gewissermaßen den methodologischen Goldstandard darstellen. Mehrere RCTs, die zusammenfassend betrachtet werden

(Systematische Reviews; Metaanalysen) ergeben den höchsten Grad der Erkenntnissicherheit. Allerdings gibt es zu wenige solcher organisatorisch sehr aufwendigen Studien, sodass in der Praxis überwiegend erfahrungsgestützte Therapieverfahren zur Anwendung kommen (Abb. 1.15).

In Hinblick auf die Corona-Pandemie ist es kaum möglich, systematisiertes Wissen über den Verlauf der Pandemie oder der einzelnen Erkrankungen und auch zur Wirksamkeit der Impfung zu erhalten. Dieses solide Wissen muss sich erst im Lauf der Zeit ergeben. Medizinische Maßnahmen sind daher unter hoher Unsicherheit zu treffen und sie beruhen wieder – entgegen der Intention der EbM – auf Experten-Meinungen, wie beispielsweise von Virologen, die ja eigentlich nur das Virus kennen, aber weniger über die Behandlungen oder auch über die Dynamik der Epidemiologie wissen: dies sind Mutmaßungen, sie beruhen auf qualitativen Erfahrungen und bedürfen Ergänzungen aus anderen Fachgebieten um ein umfassendes Bild über Corona zu erzeugen, wie es die Politik und die BürgerInnen brauchen. Beachtlich in diesem Zusammenhang der Wahrheitsfindung ist aber auch die hierarchische Struktur der Fächer der Medizin, die ein derartiges Zusammenwirken erschwert. Auch Big Data, also das Analysieren globaler Datenmengen unterschiedlicher Art und Qualität, ist nicht eine tatsächlich gute Lösung (Tretter 2019a[141]).

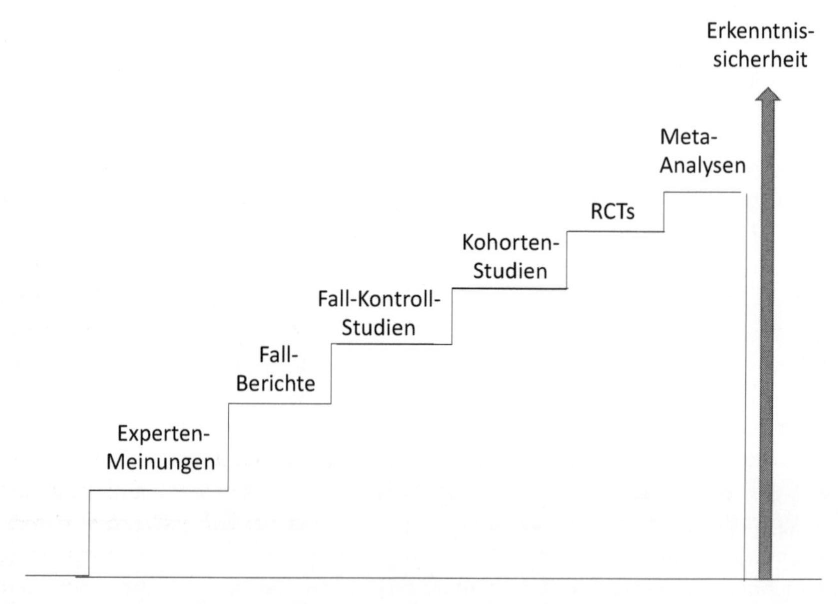

Abb. 1.15: Stufen medizinischer Erkenntnis gemäß der Evidenzbasierten Medizin – von der breiten klinischen Erfahrungsbasis mit geringer Erkenntnissicherheit bis zu wenigen Metanalysen von randomisierten kontrollierten Studien.

1.7.2 Die Fächerarchitektur der Medizin - Wissenssystematik für das Studium

Im Prinzip lässt sich eine Art Topologie der medizinischen Fächer konstruieren, welche die gegenwärtige funktionelle und teilweise geschichtet hierarchische, aber auch dissoziierte *disziplinäre Architektur der Mediz*in zum Gegenstand hat, worauf schon einer der letzten Medizintheoretiker, der Physiologe und Medizinhistoriker Karl Eduard Rothschuh, hingewiesen hat („Haus der Medizin"; Rothschuh 1965[142], 1978[143] vgl. Tretter 1989a[144]; vgl. Abb.1.16). Der Bruch zwischen den wissenschaftlichen Grundlagendisziplinen („Forschung") und dem praktisch-klinischen Kernbereich („Praxis") wird allerdings irreversibel immer stärker, denn die Klinikarbeit wird immer dichter und auch die Forschung erfordert zunehmenden Aufwand, sodass dieses Anforderungsprofil in Universitätskliniken für Assistenzärzte unter 60 Wochenstunden Zeitaufwand kaum zu schaffen ist.

Zu der Frage, welches Fach in der Medizin welche Kompetenz hat, ist es nötig, einen Blick auf die *innerfachliche Struktur* zu werfen, was sich durch die Studienordnungen am besten zeigt. In den meisten Ländern der Welt, und vor allem in Europa, erfordert die Qualifikation zum Arzt ein mehrjähriges Studium der Medizin an einer Universität. Für das Medizinstudium ist ein mehr oder weniger stark vorgegebener Durchlauf einzelner Fächer vorgesehen, wobei hier vor allem an Deutschland gedacht wird.

Das erste Studienjahr befasst sich mit Grundlagenwissenschaften wie *Biologie* als Wurzel der Medizin, flankiert von *Physik* und *Chemie* mit speziellen Brückendisziplinen wie *Biophysik* und *Biochemie.* Hinzu kommen *Biomathematik* und *Psychologie* und *Soziologie* der Medizin als übergreifende Fächer. Im zweiten Studienjahr geht es dann um *Anatomie* und *Physiologie* als „Orthologie" im Sinne einer Lehre vom „richtigen" Funktionieren des Organismus und als Fundament der Medizin. Im dritten Jahr steht die *Pathologie* als Kernfach im Vordergrund. Die *Radiologie* vermittelt Wissen zur Bildgebung, und die *Pharmakologie* liefert das Grundwissen für die medikamentöse Therapie. Auch Fächer wie *Hygiene, Epidemiologie, Sozial- und Arbeitsmedizin* werden in diesem Studienjahr als Fächer der klinischen Grundlagenforschung gelehrt. Erst dann kommt der *klinische Fächerkreis* dran, und zwar allem voran *Chirurgie, Innere Medizin* und auch *Neurologie.* Fächer wie *Hals-Nasen-Ohrenkunde (HNO), Augenheilkunde, Orthopädie* und vor allem *Gynäkologie* sind, methodisch betrachtet, chirurgisch akzentuiert. Gebiete wie *Kinderheilkunde* (*Pädiatrie*) oder *Dermatologie* stehen wiederum dem zweiten Kernfach der Klinik, nämlich der *Inneren Medizin* nahe. Zur *Neurologie* als drittes klinisches Kernfach wird organisatorisch oft die *Psychiatrie* zugeordnet, obwohl diese ein eigenständiges Fach ist.

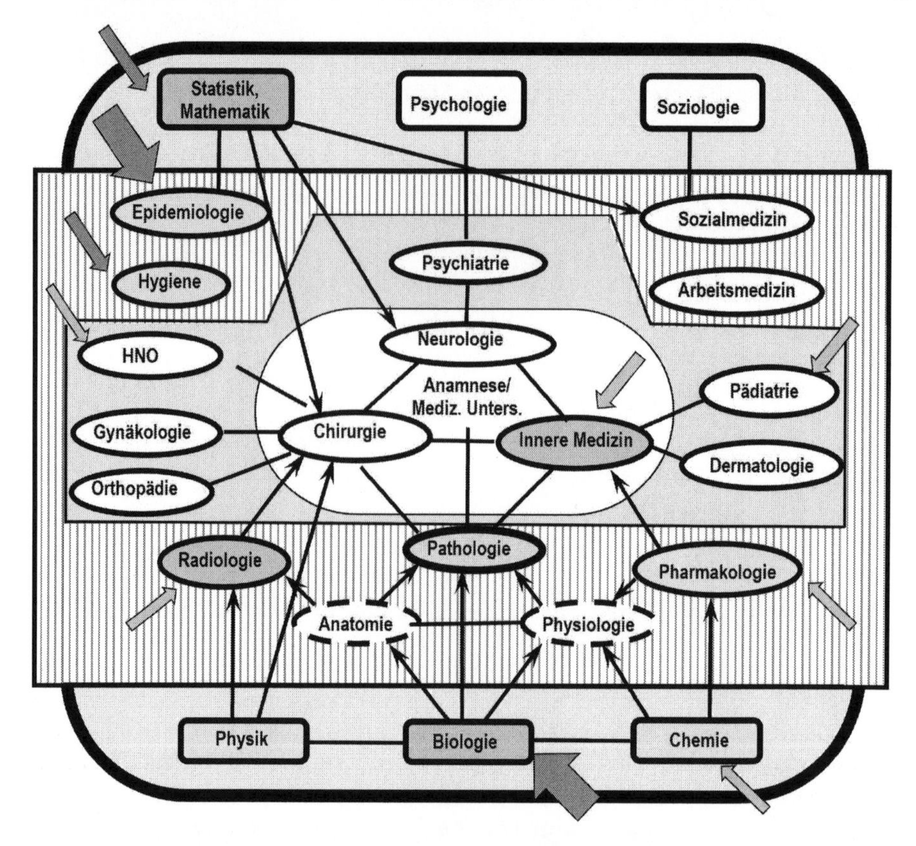

Abb. 1.16 : Das Haus der Medizin. Allgemeine Grundlagenfächer (dunkelgrauer Randbereich), klinische Grundlagenfächer (grau schraffiert), klinischer Fächerkreis (hellgrau) mit Kernbereich (weiß) und einige Querverbindungen.
Dunkelgraue Pfeile: Bei COVID-19 dominierende Spezialgebiete der Forschung.
Hellgraue Pfeile: klinische, bei COVID-19 besonders relevante Gebiete.

Historisch relevant ist in diesem Zusammenhang der Etablierung der medizinischen Spezialfächer, dass die *medizinische Praxis* wie etwa jene der Schule des Hippokrates, die im antiken Kos ihre Wurzeln hat, der Kern der Medizin mit der eigenständigen Krankheitslehre und Heilmittellehre war. Diese Schule setzte sich im in der römischen Antike und im arabischen Kulturkreis fort. Allerdings fand im frühen Mittelalter, etwa an den italienischen Universitäten in Salerno und Bologna, die *Chirurgie* mit ihren praktisch-invasiven Methoden ihre akademische Heimat. Jedoch erst im späten 19. Jahrhundert gab es eine ersten Blüte dieses praktischen Faches mit Einsatz der Narkose und Asepsis. Die *Anatomie*, die heute Voraussetzung für chirurgisches Arbeiten ist, kam allerdings bereits im 13. Jahrhundert an der Universität Bologna in den Ausbildungsplan. Die heutigen Spezialfächer der Medizin siedelten sich allmählich um diese Kernbereiche herum an (Fischer-Homberger 1977[145], Ekart 2002[146]). Unbedacht der Details der Geschichte der Medizin sei an dieser Stelle nur der Aspekt hervorgehoben, dass die *ärztliche Praxis die Basis der Medizin* bildete und zum Teil noch immer ausmacht. Allerdings hat die Invasion der ursprünglichen Rand- und

Hilfsfächer in die medizinische Praxis, die über Technologien – zuletzt über Digitaltechnologien – erfolgte, einen derart starken Einfluss gewonnen, dass die Praxis zunehmend nur mehr Exekutive der Resultate der Forschung und Technik wird.

1.7.3 Überdiversifizierung bei mangelnder Integration

Im Diagramm zum Haus der Medizin wird deutlich, dass die Medizin mittlerweile hochgradig diversifiziert ist. Diese Diversifizierung der Medizin in Gebiete spezieller Kompetenz ist hier nicht noch weiter differenziert. Es wird aber bereits deutlich, dass die Medizin unter dem Grundproblem mangelnder fachlicher Integration leidet und auf diese Weise eine Vielzahl an Problemen erzeugt. Es besteht ein *Missverhältnis* von vorherrschender *notwendiger und sinnvoller disziplinärer Spezialisierung einerseits und zunehmend mangelhafter Integration andererseits* (Hyperdiversifizierung). Die Medizin verliert nämlich mit ihrer notwendigen hochgradigen Spezialisierung zunehmend einen „common trunk" des Wissens, der Wissensintegration erlaubt.

Bereits die Grenzbereiche der medizinischen Praxis können für die Patienten sehr problematisch werden: Husten als Symptom gestörter Atemfunktion bei COVID-19 ist Gegenstand der Hals-Nasen-Ohren-Kunde (HNO), er reicht aber anatomisch betrachtet über den Schlund, die Luftröhre und die Bronchien auch in die Lunge, etwa als Pneumonie, und damit fachlich in die Pulmonologie. Dennoch wird – wie die klinische Praxis zeigt – wenig zusammengearbeitet, was für die *Allgemeinärzte* als praktische Integrativmediziner überbrückt werden muss. Allerdings findet die Allgemeinmedizin wenig Berücksichtigung in den Univiersitäten.

Auf bevölkerungsmedizinsicher Ebene ist „Public Health" mit wichtigen Bereichen wie Epidemiologie, Versorgungsforschung und Sozialmedizin ein Ansatz, der sich um eine integrative Sichtwiese bemüht, es gelingt aber wohl nur eine „assoziative Interdisziplinarität" (Schwartz et al. 2012[147]).

Wie erwähnt haben bei COVID-19 einige Fächer wie die *Virologie*, die eigentlich der *Mikrobiologie* als Spezialgebiet der *Biologie* zuzuordnen ist, wie auch die *Biomathematik* bzw. *Epidemiologie* eine führende Rolle gespielt. Die Aussagen dieser Fächer waren aber oft widersprüchlich, vor allem weil sich die jeweiligen Spezialisten bei Fragen von Journalisten über ihre fachlichen Spezialgrenzen hinausgewagt haben, während dafür besser geeignete Allgemeinmediziner oder Intensivmediziner viel seltener gefragt wurden. Letztlich ist die Anschlussfähigkeit der Medizin zu anderen Wissenschaften kritisch zu beleuchten, denn die positiven Gesundheitseffekte des Lockdowns haben negative Effekte in anderen Bereichen, für deren Analyse wieder andere Wissenschaften wie die *Ökonomik* oder die *Pädagogik* oder die *Rechtswissenschaften* zuständig sind.

1.7.4 Innere Bruchstellen der Medizin

Mit der Grafik wird auch anschaulich, dass eine über die letzten Jahre *zunehmende Kluft zwischen Forschung und Praxis* besteht, die sich verschärft. Wie Corona zeigt, ist die Forschung überproportional gegenüber der Klinik mit ihren Beobachtungen in der Krisenanalyse und – kommunikation repräsentiert. Darüber hinaus übertrumpfen die *Naturwissenschaften* in der Medizin nach wie vor die *Verhaltens- und Sozialwissenschaften,* was vor allem in Hinblick auf die Präventionsmaßnahmen, die heute bezüglich Corona noch im Vordergrund stehen, folgenschwer ist. Außerdem wird dabei eher ein behavioristischer verhaltensökonomischer Ansatz gewählt, um beispielsweise die Impfbereitschaft durch „Incentives“ wie Bratwurst, Freibier, Gutscheine, Lotterielose u.dgl. anzuheben. Aber nicht nur die Mikrobiologen in Form von Virologen definieren Krankheitsursachen, sondern auch fachlich „exogene“ Mathematiker und Statistiker beschreiben die Corona-Epidemiologie und empfehlen daraufhin kollektive Verhaltensregeln. Damit ist ein dritter Aspekt der heutigen Medizin deutlich, nämlich der *„Reduktionismus“* beim Verstehen von Krankheit und Gesundheit auf der Basis des – selbstverständlich wertvollen – biochemischen bzw. naturwissenschaftlichen Wissens. Tatsächlich ist aber ein *bio-psycho-soziales Verständnis von Krankheit* erforderlich, da es verschiedene Erkrankungsursachen in einem konzeptuellen Rahmen erfassen läßt, der es auch erlaubt, Variationen der Krankheitsmanifestation zu verstehen. Dieses Modell wird aber zu wenig als Erklärungsrahmen verwendet. Schon beim biomedizinisch definierten COVID-19 lässt sich die Ebene der psychischen Risiko- bzw. Krankheitsverarbeitung und das präventive Verhalten nur psychologisch erfassen und auch die soziokulturellen und sozioökonomischen Variablen beeinflussen das faktische Krankheitsrisiko und den Umgang damit. Das wird in Kapitel 2 ausführlicher erörtert.

1.7.5 Problemzentrierte Querschnittsdisziplinen

Die Diversifizierung der Fächer in der Medizin durch die fachliche Spezialisierung drängt zum Aufbau von Querschnittsdisziplinen, die ein Organ, eine Krankheit oder sonst ein vereinigendes Merkmal zum zentralen Thema machen. Derartige Fachvertreter sind im Prinzip (relative) *Generalisten,* sie sind aber als Querschnittsexperten ebenfalls eine Art von Spezialisten, nämlich für das Verbindende. In allen Fällen sind sie Experten. Was aber genau sind "Experten“? Es sind Akteure, die die längste Zeit ihrer Berufstätigkeit etwas Spezielles tun, wodurch „Expertise“ entsteht – es müssen aber nicht nur Wissenschaftler sein, sondern dies leisten auch „Praktiker“, etwa im Handwerk.

Die Medizin steht also, wie COVID-19 zeigt, ähnlich wie andere Disziplinen wegen der Diversität ihrer inneren und äußeren Spezialdisziplinen vor der Herausforderung, die *Wissensintegration* zu leisten. Dies geschieht am besten durch problemzentrierte *Querschnittsdisziplinen,* die innerfachlich „interdisziplinär“ ausgerichtet sind. Ein besonders eindrucksvolles institutionelles Beispiel ist das Deutsche Krebsforschungszentrum in Heidelberg (DKFZ 2021[148]). Hier wird allerdings nur kurz auf die *Umweltmedizin* und die *Suchtmedizin* fokussiert, andere Querschnittsfächer, wie vor allem die *Ernährungsmedizin,* wären ähnlich zu betrachten – all diese neueren Fächer haben Schwierigkeiten der institutionellen Etablierung! Sie werden oft nur als medizinische Zweige der Umweltwissenschaften, der Suchtforschung oder der Ernährungswissenschaften gesehen, die in der Regel in anderen Fakultäten universitär etabliert sind.

Spezialisten ohne Generalisten erzeugen ein Mosaik ohne Rahmen.

(1) Umweltmedizin

Ein Beispiel eines neueren Faches in der Medizin, das den Charakter einer Querschnittsdisziplin hat, ist die Umweltmedizin. Ihre Begründung hat sie durch die Krisen und Katastrophen in der Industriegesellschaft: Chemieunfälle wie Seveso und Reaktorunfälle wie Tschernobyl sind seit den 1970er Jahren ein weltweites und gesamtgesellschaftliches Problemthema (vgl. Reichl 2011). Nicht nur die unabweisbaren Schädigungen der Menschen bei akuten Hoch-Dosis-Expositionen, sondern auch mutmaßliche Schädigungen bei chronischen Niedrig-Dosis-Expositionen verweisen auf umweltbedingte Gesundheitsrisiken. Fragen wie „Asthma durch Holzschutzmittel?", „Lungenkrebs durch Asbest?", „Gift am Esstisch?", „Gehirntumore durch Elektrosmog?", „Kindliche Leukämie durch Kernkraftwerke?" oder „Alzheimer durch Nanopartikel?" prägten und prägen die öffentliche Diskussion bis heute. Wegen dieser gesundheitspolitischen Bedeutung wurde in den späten 1980er Jahren in Industrieländern die „Umweltmedizin" als eigenes universitäres Fach institutionalisiert und mit der wissenschaftlichen Klärung solcher Fragen betraut (Tretter 1986[149]).

Als zentraler Gegenstand der Umweltmedizin gelten Expositionen gegenüber Umweltfaktoren und deren Auswirkungen auf die menschliche Gesundheit (vgl. Eis 1996[150]). Es handelt sich also um die Untersuchung, Erkennung, Behandlung und Prävention von Gesundheitsstörungen, die vor allem mit Faktoren der technischen Umwelt des Menschen zu tun haben (Reichl 2011[151]). Grundlagen dazu sind die *Umweltepidemiologie* mit Aussagen zur Verbreitung von solchen expositionsabhängigen Erkrankungen, die *Umwelttoxikologie* mit Erkenntnissen aus Tierexperimenten zu Dosis-Wirkungs-Beziehungen der Umweltnoxen, die *Umwelthygiene* mit ihrer spezifischen Kompetenz zur Vermeidung von Umweltkrankheiten und auch die *Arbeitsmedizin* mit dem praxisrelevanten Wissen über krankmachende Arbeitsverhältnisse und deren Prävention. Die *klinische Umweltmedizin* befasst sich vor allem mit umweltbedingten Allergien, Hauterkrankungen oder Lungenerkrankungen, darüber hinaus auch mit umweltbezogenen polysymptomatischen Syndromen wie der Multiplen Chemikalien Sensitivität (MCS). Damit bestand für die Umweltmedizin von Anfang an wissenschaftstheoretisch die Schwierigkeit, eine eigenständige Basis zu entwickeln (Tretter 1992[152]): Es war ein Agglomerat von naturwissenschaftlicher Grundlagenforschung, vor allem im toxikologischen Labor, statistischer Analytik im Bereich der Epidemiologie, anwendungsorientierten Spezialfächern wie der Arbeitsmedizin, Praxisfächern wie der Hygiene und klinisch-praktischen Fächern wie der Allgemeinmedizin, bei der sich Patienten vorstellten, die vermuteten, von Umweltchemikalien vergiftet worden zu sein. Die Umweltmedizin wurde daher nahezu in allen medizinischen Fachgesellschaften, wie vor allem der Hygiene, eingebaut und es wurden große Forschungszentren zur Kernforschung, nachdem die Kernkraft-Projekte wegen ihrer Probleme aus der gesellschaftlichen Priorisierung fielen, zu Forschungszentren für „Umwelt und Gesundheit" (Soentgen u. Tretter 2020[153]).

Die Umweltmedizin hat nach ihrem Höhepunkt Mitte der 1990er Jahre nun ein Randdasein gehabt, aber im Rahmen des Klimawandels und anderer ökologischer Problembereiche gewinnt diese Perspektive im Kontext von Global Health (CDC 2021[154]), One Health (CDC 2021[155]) usw. wieder an Bedeutung.

(2) Suchtmedizin

Auch die Suchtmedizin ist eine *Querschnittdisziplin* mit unterschiedlichen Wurzeln, die sich vor allem wegen des gravierenden Problems mit illegalen Drogen (z.B. Heroin, Cannabis) um 2000 als Spezialgebiet formierte (Tretter 2000[156]): Die süchtigen Patientinnen, vor allem aber traditionsgemäß Alkoholabhängige, kamen noch im frühen 20. Jahrhundert in die *Psychiatrie*, die ursprünglich noch als Verwahranstalten fungierte. Hinzu kam die Kompetenz der *Inneren Medizin* aufgrund der Erkrankungen der inneren Organe. Auch die Alkoholentzugs- und Delir-Behandlung erfolgte auf internistischen Intensivstationen. Dabei wirkten *Anästhesisten* bei der Behandlung mit und entwickelten auf diese Weise suchtmedizinischen Behandlungskompetenz. Die *Chirurgie* hatte mit Suchtkranken im Rahmen von Behandlungen der Frakturen zu tun, die als Folge von Stürzen im Rausch auftraten. Die *Toxikologie* als Spezialgebiet der Pharmakologie, aber auch als Schnittstellengebiet zur inneren Medizin, wurde eine bedeutende Spezialdisziplin. Auch die *Rechtsmedizin* bzw. die *Verkehrsmedizin* konnte Wissensbausteine zu Komplikationen der süchtigen Störungen, etwa aufgrund der Messung von Alkoholisierungsgraden, beisteuern. Auch *tierexperimentelle Forschung* wie auch die *Epidemiologie* wurden wichtige Zweige der Suchtmedizin. Damit stellt sich ein ähnliches Problem der Fächerintegration wie in der Umweltmedizin. Hinzu kommt noch die starke Kompetenz außermedizinsicher Fächer, wie der *Psychologie* und der *Sozialpädagogik*, sodass der Bereich „Sucht" von extrem vielen universitären Fächern in Forschung und Praxis bearbeitet wird und einer integrativen Perspektive bedarf (Tretter 2017[157]). In Hinblick auf Covd-19 ist bemerkenswert, dass die vielsichtige Problematik der Suchtphänomens eine multi- und interdisziplinäre Herangehensweise impliziert: Drogenkunde der *Pharmakologie* und Toxikologie alleine hat in der modernen Suchtmedizin nur einen geringen Stellenwert, vor allem wenn man die Diagnostik und die Therapie als Maßstab heranzieht. Es ist ganz deutlich, dass jede Reduktion – auf die Droge, auf den Körper oder auf die Umwelt – zu kurz greift, und dass nur das übergreifende *Drei-Faktoren-Modell* – Droge, Person und Umwelt – das Phänomen zusammenfasst und kausal verstehen lässt. Das scheint bei COVID-19 ebenfalls zu beachten sein.

(3) „Corona-Medizin"

Bei Corona, also genauer gesagt: bei COVID-19, waren die *Virologie, Epidemiologie, Hygiene* und *Infektologie* die Quellen des gesellschaftlichen Wissens und der Handlungsorientierungen. Es entstand ein eingeengter Blick, der der Dynamik der Pandemie geschuldet ist, aber auch teilweise auf die genannten strukturellen Probleme der Medizin zurückzuführen ist. Offensichtlich werden gegenwärtig also Erkenntnisse und auch Bedarfe (Therapie-Entwicklung) der klinischen Fächer marginalisiert. Auch werden quantitative Daten gegenüber qualitativen Beobachtungen überbewertet. Auch kann Mathematik alleine offensichtlich Epidemie-Wellen nicht treffsicher genug „vorhersehen". Möglicherweise setzt man auch zu sehr auf die biotechnologischen Optionen der Impfung, statt hinreichend viel Aufmerksamkeit der medikamentösen Therapie zu widmen. Auch hört man wenig vom universell nützlichen *bio-psycho-sozialen Modell* als Interpretationsrahmen verschiedener Phänomene der Corona-Pandemie. In dieser Hinsicht hätte, vor allem wegen der gesellschaftlichen Kollateraleffekte der Präventionsmaßnahmen, die fachlich und methodisch breiter aufgestellten „Gesundheitswissenschaften“ eine Führungsrolle übernehmen können (Hurrelmann 2009[158]).

Ein wesentliches Problem bei COVID-19 ist, dass die Erkenntnisse zum Verlauf der Erkrankung und der *Risiko- und Schutzfaktoren* nur niedrige Evidenzstufen haben, zum einem, weil die Pandemie real ein sich selbstorganisierendes System mit einer Eigendynamik ist, und zum anderen, weil auch nur wenig danach gesucht wird. Das Folgeproblem ist, dass auch die Gegenmaßnahmen im gesellschaftlichen „großen Regelkreis“ nur geringfügig evidenzbasiert sind. Diesen Sachverhalt aber öffentlich zu kommunizieren ist schwierig und stellt sich aktuell als Lernaufgabe für Demokratien dar!

1.7.6 Verhältnis von Empirie, Theorien und Modellen

Für das ursachenorientierte Verstehen von Krankheiten reicht das statistisch abgesicherte empirische Wissen nicht aus, denn es muss ja auf den individuellen erkrankten Menschen angewendet werden. Es sind vielmehr zusätzlich zum statistischen Wissen physiologisch abgesicherte Modelle und Theorien, die Prinzipien des normalen und krankhaften Funktionierens beschreiben, erforderlich. Vor allem „mechanistische“ Modelle sind dabei hilfreich, um das Zustandekommen von Krankheiten und die Wirksamkeit von Therapien verstehen zu lassen.

Allerdings sind die meisten mechanistischen Modelle nur Partialmodelle für einzelne Phänomene wie dem Bluthochdruck, Diabetes mellitus usw., was unzulänglich ist, da Krankheiten ein Ganzkörperphänomen sind: sie haben meist ihre Ursachen im gesamten Organismus bzw. erstrecken sich auf alle Organe als Multiorganmanifestationen.

Medizin beruht in der Folge, erkenntnistheoretisch betrachtet, auf dem *Reduktionismus* d.h. dass vor allem die Biochemie bzw. Molekularbiologie „alles“ erklären können soll. Der gegenwärtig aktuellste Ansatz ist die „Systembiologie“, die versucht, aus den verschiedensten molekularbiologischen Erkenntnissen ein großes Ganzes zusammenzubringen. Diese naturwissenschaftlich-ganzheitliche Perspektive ist in den letzten Jahrzehnten unter dem Titel „Systemmedizin“ große Heilsversprechen eingegangen (Auffrey et al. 2009[159]).

1.7.7 System Biologie – Dekomposition und Rekonstruktion

Seit Ende der 1990er Jahre, zum Abschluss des Human Genome Projects, wurde deutlich, dass die Inventarisierung aller molekularen Bausteine des Menschen, und zwar auf der Ebene der Gene, die Komplexität des Lebens und seiner Störungen als Krankheiten nicht hinreichend erklären kann. Daher wurde seither versucht, die Systemperspektive in Form der „Systembiologie“ und „Systemmedizin“ zu entwickeln, die *das Ganze als Netzwerk seiner Teile* auffasst (Kitano 2002[160], Boogerd et al. 2007[161], Tretter u. Gebicke-Haerter 2009[162]). Nachdem nun die (molekulare) Systembiologie auf mehrere Jahre umfassende Forschungsergebnisse zurückblicken kann, ist die Bilanz eher enttäuschend: das biochemische Strukturwissen müsste in ein physiologisches Funktionswissen transponiert werden, um in der Klinik hilfreich zu sein. Auf der Seite der Therapie liefert die aktuell so selbstbewusst werbende und die Krankheiten auf Molekularbiologie reduzierende „Systems Medicine“, vor allem in Form der „Precision Medicine“, ebenfalls verhältnismäßig wenige überzeugenden Durchbrüche (Tretter 2019b[163]). Insbesondere die Translational medicine, die vom Labor zum Krankenbett Wissen liefern will, bedarf aber einer ergänzenden Umkehrung des Informationsflusses, insofern das Wissen auch *von der Klinik in das Labor* fließen muss!

Ein Ansatz für eine *systemische Medizin* ist die Ausweitung des Gegenstandsbereichs, indem nämlich der ganze Mensch in den Mittelpunkt gestellt und die Umwelt dazu ins Auge gefasst wird. Es ist also die „situierte Person“ und ihre Gesundheit und Krankheit zu betrachten und zu behandeln. Insofern dazu eine Vielzahl an Einzelaspekten einzubeziehen wäre, muss dafür eine spezifische methodische Kompetenz bereitgestellt werden, was über die *Systemwissenschaft* und durch *Humanökologie* erfolgen kann. Beide Perspektiven werden im Kapitel 4 ausführlich so dargestellt, dass auch in Hinblick auf die Systemwissenschaft interessierte Leser und Leserinnen dort ihre eigenen Anwendungen überlegen können.

Es wird im Kapitel 2 zur COVID-19-Pathologie noch ausgeführt, dass lebende Systeme auf *Zellen*, die *operationell geschlossene Systeme* sind, beruhen und nicht auf „Netzwerken“ von Molekülen. Auch ist der Mensch als Organismus ein gegliedertes Ganzes und nicht ein System von Klassen von Molekülen (Tretter 2019c[164]). Gerade in dieser Hinsicht bestehen mehrere *konzeptuelle, methodische* und *prozedurale Probleme* der molekularen Medizin in Forschung und Praxis, welche die Erfolge nicht so gut dastehen lassen, wie sie könnten. Dies besteht vor allem im methodologischen Reduktionismus, der mit seiner Laborperspektive die Einbettung des Menschen in seine Umwelt ignoriert: Was Corona betrifft, stammt das Virus zunächst aus der natürlichen Umwelt und erst das Verhalten der Menschen in der Alltagsumwelt determiniert deren Expositionsrisiko. Gerade in dieser „ökologischen“ Hinsicht wird derzeit das qualitative Wissen des ärztlichen Praktikers von der Lebenswelt der Patienten vernachlässigt, es wäre aber für das Verständnis und das Management der Epidemie/Pandemie enorm wichtig.

1.8 Wissenskrise, Wahrheitskrise und die Wissenschaft

Es ist klar: Die Wissenschaften haben mit ihren Anwendungen (z.B. Atomenergie, Plastik) immer wieder Fortschritte für das Leben der Menschen und Profite für die Industrie erbracht, aber auch rasch auf diese Weise wieder neue Probleme erzeugt. Aufgrund dessen hat die Wissenschaft in der modernen Gesellschaft immer wieder Legitimationskrisen bekommen, wobei zu bedenken ist, wer diese kritischen Legitimitätsfragen stellt: die etablierte industriefreundliche Politik fragt oft nach dem Nutzen der „Orchideenfächer“, wie die Geisteswissenschaften wie die Philosophie gerne bezeichnet werden, weil sich aus diesen Fächern offensichtlich nicht Kapital gewinnen lässt und für deren Absolventen zu wenig Nachfrage besteht. Andererseits bemängeln Wissenschaftskritiker gerne die gegenüber der Politik affirmative und instrumentelle Rolle der Wissenschaft, wie sie sich insbesondere im zweiten Weltkrieg gezeigt hat, und zwar nicht nur für die Ingenieurwissenschaften, sondern auch für die Medizin.

Die Modifikation der Wissenschaft durch institutionelle Interessen wird auf globaler Eben gerade aktuell bei der Corona-Pandemie deutlich, bei der Staaten, die von stark autoritativ ausgerichteten Politikern gelenkt werden, wie vor allem die USA durch den Präsidenten Donald Trump, unbequeme Wahrheiten der Wissenschaften – insbesondere der Klimaforschung – als „Fakes" abqualifizieren. Die Massenmedien und ihre Informationen, die solche wissenschaftliches Wissen ihren Lesern vermitteln wollen, werden dann im gleichen Atemzug als „fake news" bezeichnet und die Wahrheit wird also nur vom Staatsoberhaupt verkündet. So hat der US-Präsident Donald Trump im Frühjahr 2020 die Corona-Epidemie für beendet erklärt, obwohl bis Sommer 2020 die Zahl der Infizierten Personen und vor allem der Corona-assoziierten Todesfälle weiterhin zugenommen hat. Er hat auch Forschungsrichtungen wie die *Umweltforschung* nicht mehr gefördert, weil sie industriekritisch seien.

Auch der in der *Bevölkerung* verbreitete Optimismus, dass die Wissenschaft alles aufklären kann, hat sich für weite Teile der Bevölkerung neben der destruktiven Dimension der Wissenschaften bereits seit Jahren gemindert:

- Die oft beschworene Verantwortung der Wissenschaft ist spätestens seit dem Abwurf der Atombomben über Hiroshima und Nagasaki verloren gegangen (VDW 2021[165]).

- Die Erklärungskraft der Wissenschaft für Alltagsfragen ist äußerst begrenzt und führt zu dem Bild, dass sich die Experten widersprechen, und dass sie nur „Meinungen" haben, die dann bestenfalls in Fernsehdiskussionen gegenübergestellt werden: der Zuschauer kann dann entscheiden, wer von den Kontrahenten „glaubwürdiger" ist.

- Die Faktenflut, die täglich in wissenschaftlichen Journalen publiziert wird, wird zunehmend *unkommentiert* über den *Wissenschaftsjournalismus* in den Massenmedien und Social Media weitergeben. Der Leser fühlt sich allein gelassen und kann das Gewicht dieser Informationen mangels Fachwissen nicht bewerten. Es scheint oft so, dass das Wichtigste der Medienmeldung zur Wissenschaft die Überraschung ist, die beim Rezipienten, dem Leser, Hörer oder Zuschauer, ausgelöst wird („Neues Krebsmittel entdeckt", „Mechanismen der Demenz aufgeklärt", usw.).

- Die tägliche Wettervorhersage in den Medien ist ein weiterer Beleg für das mangelnde Wissenspotenzial der Forschung für Alltagsfragen: in den letzten fünf Jahren, so scheint es, sind die Wettervorhersagen wegen der zunehmenden Bedeutung lokaler Wetterzellen wieder ungenauer. So sind ihre zeitlich und örtlich punktuellen Aussagen oft so widersinnig zur Realität, dass der Glaube daran wieder sinkt: die Wetterdienste sagen oft, dass es an dem Ort gerade regnet, an dem eine Person in der Sonne unter dem wolkenleeren Himmel stehend gerne wissen möchte, wie lange die Sonne noch scheinen wird. Zwar hängt das von der Qualität der Wetterdienste ab, aber es gibt ein grundsätzliches Problem, nämlich dass die mathematisch-geophysikalischen *Wettermodelle* (und z.T. auch die Klimamodelle) zusätzlich zur Messtechnik nachzubessern sind, um die proklamierten Ansprüche an Genauigkeit auch erfüllen zu können. So finden die Effekte von Boden- und Wassererwärmung und jene der lokalen Temperaturleitung, steile Druckgradienten mit Wirbelwindbildung, Wolkenbildung usw. noch wenig Eingang in die Wettermodelle (Deutscher

Wetterdienst 2021[166]). Diese Faktoren finden auch deshalb wenig Berücksichtigung in den Modellen, weil sie unter die Auflösung der Messsonden der Wetterdaten fallen, wobei dies für Wettermodelle kritischer ist als für die langfristig ausgerichteten Klimamodelle (Latif 2009[167]). An dem Problem wird vor allem durch evaluierte Verbesserungen der Modelle weiter gearbeitet. Diese Schwachstellen legen aber nahe, dass der *Anspruch auf das Prognosepotenzial* vorsichtiger kommuniziert werden müsste, wenngleich der Konkurrenzdruck der Wetterdienste und der Werbebedarf das zu verbieten scheinen.

Die *Klimamodelle* hingegen haben mittlerweile eine sehr gute Vorhersagekraft und die Bevölkerung scheint zunehmend die Ergebnisse dieser Modelle zu akzeptieren. Besonders vorbildlich ist die *Qualitätskontrolle* der Klimamodelle, die innerhalb der ICPP in kollegialer und auch von außen nachvollziehbarer Form erfolgt (Flato et al. 2013[168]).

All diese Punkte zusammenfassend zeigt „die" *Wissenschaft vor Corona* in ihrer Rolle als institutionelle Autorität für gesellschaftliche Wahrheit somit Momente gravierender Vulnerabilität was ihre *Glaubwürdigkeit* betrifft, insofern nicht nur ihre Abhängigkeit von der *Politik* deutlich wird, sondern insofern sie zunehmend nicht mehr in der Lage zu sein scheint, die Probleme der Gegenwartsgesellschaft zu lösen. So sehr die Wissenschaft und ihre Technik die Gesellschaft geprägt hat und zweifellos in Form von verschiedenen Technologien zu Fortschritten in der Lebensführung geführt hat, so sehr ist sie immer wieder Zweifeln ausgesetzt. Die Corona-Krise hat zwar wieder deutlich gemacht, welche Hilfe die Wissenschaften für die Daseinsbewältigung der Menschen bieten kann, aber mittelfristig, wenn die Wellen nachhaltig abgeebbt sind, könnte eine Revision doch programmatisch bedingte Fehlinformationen, etwa was die konzeptarme Fixierung auf Daten betrifft, aufdecken. Auch bei Corona kann es somit nach der Akuthilfe mittelfristig in weiteren Bevölkerungskreisen zu einer Ablehnung der Medizin kommen, zumindest was die Forschung und damit neue Therapieverfahren betrifft. Es scheint daher sinnvoll zu sein, die immanente Vorläufigkeit wissenschaftlicher Erkenntnisse explizit auszusprechen, ohne dabei die Glaubwürdigkeit auf diese Weise zu unterminieren. Das ist in der Tat ein schwieriger Balanceakt der Wissenskommunikation, von dem noch öfters die Rede sein wird.

1.8.1 Wie reagiert die Wissenschaft?

Die Wissenschaft bemüht sich in vielerlei Weise um die Akzeptanz der Bevölkerung und veranstaltet unter anderem Tage der offenen Tür. Stark war beispielsweise die organisierte Reaktion vieler Wissenschaftler auf die Aussagen von Donald Trump etwa in Form des *March for Science*, mit dem Ziel, die Bedeutung der Wissenschaft im kollektiven Bewusstsein zu heben (March for Science 2020[169]). Dieses Engagement hatte aber vermutlich für einige Protagonisten dieser Bewegung auch berufliche Nachteile, indem die Förderungen überprüft wurden, da es sich um nicht regierungskonforme Aktivitäten handelte. Diese Demonstration ist daher eher eine *Selbstbekräftigung* aufgrund eines gespürten Legitimitationsverlustes als moderne Institution, anstatt eine tatsächliche Gegendarstellung der Wissenschaft gegenüber einer diskreditierenden Politik.

Es bleiben aber einige Fragen: Hat die Wissenschaft die Bevölkerung überzeugen können, dass sie deren Interessen dient? Ist beispielsweise der Hinweis auf den Nutzen der Medizin und der Biowissenschaften für eine personalisierte praktische Medizin glaubwürdig? Konnten alle Daten-Konzerne über Big Data als Erkenntnis-Programm überzeugen, nur zum Nutzen der Menschen tätig zu sein und zuverlässig Gesundheit versprechen zu können?

All diese Fragen zur Rolle der Wissenschaft aus der Sicht der Bevölkerung könnten natürlich mit der empirischen Sozialforschung geklärt werden, aber nur dann, wenn man der Wissenschaft grundlegend vertraut. Sonst würde man den Bock zum Gärtner machen. Denn es kann ja sein, dass die Wissenschaft im Sinne des *Homo oeconomicus* doch nur aus *Selbstinteresse* handelt, wie das bereits Adam Smith für den Metzger erkannt hat, der dem Kunden Fleisch nicht deshalb anbietet, damit dieser seinen Hunger stillen kann, sondern weil er als Metzger Geld haben möchte.

Wissenschaftsforscher haben nun herausgearbeitet, dass sich seit Jahrzehnten zunehmend der Bedarf für eine neue Form der Wissenschaft zeigt, insofern die Forschung interdisziplinär, projektbezogen, mit kurzen Zeithorizonten und mit den Laien bzw. Problembetroffenen zusammenarbeitet, also „transdisziplinär" gestaltet ist. Das bekannte Unbekannte, das Wissen vom Nichtwissen als Bestandsproblem der Wissenschaften, regt zu neuen Strategien der Wissensproduktion an. (Nowotny et al. 2001[170]). Diese Form der Wissenschaft wurde von der Wissenschaftsforschern Helga Nowotny und Mitarbeitern als Mode 2 Wissenschaft bezeichnet, die zwar auf der konventionellen disziplinären Wissenschaft Mode 1 beruht, aber eben die genannten Merkmale aufweist (Gibbons et al. 1994[171], Nowotny et al. 2003[172]). Auch der Wissenschaftshistoriker Hans-Joachim Rheinberger sieht Tendenzen zu einer „postdisziplinären" Wissenschaft (Rheinberger 2021[173]). Gerade was die Corona-Forschung betrifft, ist aber fast punktgenau die Bedingung der Forderung nach einer „postnormalen" Wissenschaft gegeben, insofern die Fakten nicht gut gesichert sind (vorläufige Daten), sie umstrittene Werte betreffen (Gesundheit einzelner versus Freiheit aller), mit hohen Einsätzen verbunden sind (staatliche Erstattung von Test-Kosten) und dringende Entscheidungen (Lockdown) erforderlich sind (Funtowicz & Rawetz 1990[174]).

Es fragt sich, wie sich die großen Forschungsorganisationen zu diesem Trend einer Diskreditierung der Wissenschaft und auch zu den Erfordernissen einer strukturellen Neuorientierung aufstellen werden.

Es ist daher dringend geboten, die Bedingungen der Möglichkeit einer Wissensgesellschaft, die sich an den Erkenntnissen der Wissenschaften ausrichtet, sie aber zumindest ausdrücklich berücksichtigt, zu überprüfen.

Grundsätzlich stellt sich die Frage, wie eine Wissensgesellschaft ihre Konsens- und Konsistenzbruchstellen überwinden kann, nicht nur beim Klimawandel, sondern jetzt wieder beim Thema Corona. Die Wissenschaft (also auch die Medizin) als Quelle des Wissens ist institutionell durch das Prinzip Skepsis begründet und baut im Wesentlichen auf Diskursen der kritischen Rationalität auf, mit Logik und Empirie etc. (Wiener Kreis; Sigmund 2017[175]), aber sie hat auch eine gesellschaftliche Verantwortung und muss einen Ethos für gesellschaftliche Wahrheitsproduktion vertreten.

1.9 Fazit

Es sind in diesem Überblickskapitel drei große Teilthemen angesprochen worden: Gesellschaftliches Wissen, Spezialwissenschaften und „Generalwissenschaften".

(1) Moderne *Gesellschaften* sind komplexe dynamische Systeme bestehend aus spezialisierten Funktionssystemen wie Politik, Wirtschaft, Recht, Massenmedien, Staat, Wissenschaft, usw. Gesellschaft wird heute im Sinne von Jürgen Habermas und Niklas Luhmann theoretisch betrachtet als Systeme von Kommunikationen verstanden, denn was nicht kommuniziert wird, das existiert für die Gesellschaft nicht. Menschen sind aus dieser Sicht nicht Gesellschaft, sondern deren *Umwelt*, die nur über Informationen und Kommunikationen für die Gesellschaft existent sind: wenn beispielsweise die medizinische Wissenschaft "Daten" über eine Krankheit wie COVID-19 hat und deren Ursache, nämlich das Virus SARS Cov2, identifiziert hat, und den Infektionsstatus der Bevölkerung und dessen rasch anwachsenden Charakter einer Epidemie/Pandemie aufgrund der Zahlen erkennt und schließlich eine hohe Sterberate feststellt, dann kann sie, wenn sie diese Sachverhalte kommuniziert, die Politik, die Massenmedien, den Staat usw. direkt oder indirekt in ihren Aktionen beeinflussen und das Bewusstsein der Bevölkerung und ihr Verhalten prägen. Bewusstsein, verstanden als Wissen, ist also die Schnittstelle zwischen Gesellschaft und Menschen. Die Eigenlogiken der gesellschaftlichen Subsysteme (z.B. Steigerung von Macht, Profit usw.) deformieren allerdings in der Kommunikation die wissenschaftliche Primärinformation in schwer bestimmbarer Weise. Wissenschaft bekommt daher in der Situation einer „evidenzbasierten Politik" eine eminente Verantwortung, denn nur sie „weiß" anscheinend, was an diesen Informationen „wahr" und was „falsch" und welches Handeln passend ist.

(2) *Wissenschaft* scheint die einzige tragbare Möglichkeit zu sein, moderne komplexe Gesellschaften rational zu steuern. Es ist folglich gerade gegenwärtig wichtig, die Struktur und Funktionsweise von Wissenschaft, insbesondere der Medizin, als Produzent von „Wissen" in Hinblick auf den besonderen Erkenntnis- und Handlungswert dieses Wissens zu untersuchen.

In dieser Hinsicht ist immer wieder zu betonen, dass „Wissen" nur eine Form des Glaubens ist, der allerdings methodisch begründet ist. Diese Begründungsmethode wird in der aktuellen COVID-19-Medizin tendenziell durch Bezug auf die Mathematik in Form der Epidemiologie und auf die Biologie in Form der Virologie, gestützt durch Physik und Chemie, bewerkstelligt. Diese Fächer sind allerdings nur *Randgebiete der Medizin* als Wissenschaft, denn im Kern geht es idealtypisch um die Krankheitslehre (Pathologie), die in engem Wechselspiel mit den klinischen Beobachtungen der Kernfächer Chirurgie, Innere Medizin und Neurologie umfassende Beschreibungen und Erklärungen über Krankheit und Gesundheit entwickelt. Dieses hochdifferenzierte Gesamtgefüge verschiedenster medizinischer Disziplinen zeigt wenig Integration, sondern eher Reduktionen auf naturwissenschaftliche Aspekte, sodass letztlich „die Virologie" und „die Epidemiologie" mit ihren Fachvertretern und Ende 2021 auch „die Vakzinologie" als Impfkunde – und nicht das Virus per se – die gesellschaftlichen Reaktionen auf Corona steuern. Klinische Aspekte

– die Beobachtungen der ÄrztInnen, der Pflege – und jene der PatientInnen und ihrer Angehörigen werden kaum zur Wissensproduktion, sondern überwiegend zur Illustration und Legitimation einer hochgradig regulatorischen Politik genutzt. Eine Intensivierung der Sozialwissenschaften und auch der Philosophie, die ein größeres Bild im Auge haben, ist daher gerade heute wieder nötig.

(3) Betrachtet man die gesellschaftliche Diskussion des wissenschaftlichen Wissens zur Pandemie aus *metawissenschaftlicher Perspektive*, also von einer wissenschaftsphilosophischen Position aus, dann ist zunächst festzustellen, dass eine einfache „empiristische" Sichtweise dominiert, wenn beispielsweise kommuniziert wird, dass „die Daten uns sagen", was zu tun ist. Es ist so gut wie nicht erkennbar, dass es umfassendere *Erklärungen* – also kurz gesagt: „weil-Sätze" – zu verschiedenen Phänomenen der Pandemie gibt. Das verweist auf die mangelnde Bedeutung von *Theorien in der Medizin* im Verhältnis zu „Daten". Diese Situation wirft tiefergreifende Fragen für eine Wissens- /Wissenschaftsgesellschaft auf, nämlich wie zuverlässig und wie gültig technologie- und datengetriebenes wissenschaftliches Wissen ist. Schwachstellen der Wissenschaft müssen umso genauer betrachtet werden. Dies zeigt bereits das Problem der *Überdiversifizierung der Medizin* aufgrund des *Mangels an Querschnittsdisziplinen*, aber auch an der Kumulation wissenschaftlichen Wissens durch Datenkonzerne mit der Gefahr der Privatisierung von Wissen. Das Auftreten von „Besserwissern" aller Art ist deshalb eine immanente Gefahr der gegenwärtigen Gesellschaftsentwicklung. Neben der Aufgabe, die innerwissenschaftliche Konsistenz zu erhöhen, ist aber auch im zweiten Schritt die *Verbesserung der Wissenschaftskommunikation* anzustreben, wobei im Sinne der Aufklärung gegen die „Trivialisierungsspirale" anzugehen ist.
Im Folgenden soll diese Thematik anhand der Corona-Krise erläutert werden.

Gefordert ist: Ein Zusammendenken von Längsdenkern, die Querdenken können, mit Querdenkern, die Längsdenken können.

2. COVID-19 – „The Known Unknown“ und „Lessions learned“

Zusammenfassung

Das erste Kapitel zeigte, dass die Wissensgesellschaft, die durch die Wissenschaft geprägt ist, kritische Momente aufweist, die in einer fachlichen Hyperdiversität der Wissenschaft wegen des Mangels an Integrativdisziplinen besteht. Die fragmentierte Wissenschaft steht damit im Kontrast zur realen kausalen Vernetzung der sozioökologischen Systeme der Weltgesellschaft. Dies zeigt sich aktuell im Operationsmodus der Gesellschaften in der pandemischen Corona-Krise, die über den „großen Regelkreis“ von der Politik ausgehend und basierend auf der durch Spezialisierungen dissoziierten medizinischen Wissenschaft über vom Staat administrierte temporäre Lockdowns dem Verhalten der Bevölkerung und der Eigendynamik des Virus gegensteuern will. Die genauere Betrachtung zeigt, dass sowohl die Erhebung des Istwertes des Infektionsstatus der Bevölkerung durch die biomedizinische Testung der Menschen wie auch die Datenanalytik dieser Befunde – etwa durch Meldeverzögerungen – ein verzerrtes Bild der Realität abgeben, auf dessen Basis wissenschaftlich nur mäßig fundierte Maßnahmen politisch geplant und implementiert werden können. Die Effekte der Interventionen sind als Rückkoppelungen an die Entscheider ebenfalls schwierig kausal zu interpretieren. Dieser Regelkreis zeigt deutliches Verbesserungspotenzial an Prozessqualität. Hinzu kommt, dass die Mehrdimensionalität des Corona-Problems, die auch die Wirtschaft, das Recht, die Bildung und nicht zuletzt die Lebenswelt der Menschen mit ihren jeweiligen Eigendynamiken betreffen, von der Medizin nur unzulänglich berücksichtigt werden. Es fehlt ein integrativer wissenschaftlicher Rahmen. Insofern sich die moderne Gesellschaft in besonderem Maße über Kommunikation definiert, hat letztlich die massenmediale Wissenschafts- bzw. Risikokommunikation mit teilweise sehr problematischen sprachlichen und symbolischen Vereinfachungen eine besondere Bedeutung für die Kohärenz demokratischer Gesellschaften.

Auf mehrere Schwachstellen in diesem Regelkreis – Testung als Prozess, Datenanalyse ohne Theorie, Prophylaxe ohne Therapie usw. – wird hingewiesen.

2.1 Der „große Regelkreis" des Corona-Managements

Nachdem nun die *medizinischen Wissenschaften,* und dem zugeordnet, der *wissenschaftliche Kontext* und der *gesellschaftliche Rahmen* dargestellt wurden, kann die Wissensgeschichte um COVID-19 als Beispiel verwendet werden, um die vorher genannten Prinzipien der Strukturen und Prozesse der gesellschaftlichen Erkenntnisproduktion durch die Wissenschaften und deren Anwendung zu verdeutlichen. Auch hier soll zunächst das eingangs skizzierte Rahmenmodell genutzt werden, nämlich der „große Regelkreis", der die relevanten sozioökologischen Teilsysteme aufeinander beziehen lässt.

Es ist an dieser Stelle aber noch vorauszuschicken, dass es nicht Ziel dieses Kapitels ist, eine Art Corona-Handbuch anzubieten, sondern es soll nur die Sinnhaftigkeit einer systemischen Perspektive verdeutlicht werden, deren Fundamente allerdings einer Revision bedürfen. So sind die Daten, die verwendet werden müssten, eher Schätzgrößen, was zu zeigen ist. Die hier verwendeten Daten werden zum Erscheinen des Buches bereits historisch und nicht mehr aktuell sein, sie sind aber immerhin Elemente einer Wissensgeschichte zu Corona. Sie dienen allerdings hier zur Begründung und Erläuterung der Mechanismen der wissenschaftlichen Erkenntnisproduktion.

2.1.1 Der große Regelkreis und seine Dynamik – Herausforderungen für das Krisenmanagement

Die gesamtgesellschaftliche Aufgabe des Umgangs mit COVID-19, vor allem im Hinblick auf die Kommunikation und das Handeln der Wissensgesellschaft, lässt sich gut im Modell des im Kapitel 1 skizzierten *„großen Regelkreises"* beschreiben (Abb. 2.1). Dieser Informations- und Wirkungskreislauf geht zunächst vom Virus als „Störgröße" des Gesundheitszustands der *Bevölkerung* aus, die als „Regelstrecke" im Modell zu verstehen ist. Die Bevölkerungsgesundheit wird von der *Medizin,* und zwar zunächst vom Teilsystem "Praxis/Klinik" und der medizinischen *Wissenschaft* durch Testen und Berechnen der epidemiologischen Dynamik erfasst. Er setzt sich fort in der Bewertung dieses „Istwertes" in Bezug auf „Sollwerte" der Wissenschaft und vor allem der *Politik* und den schließlich daraus abgeleiteten *Handlungsregeln der Gegenmaßnahmen* in Form der personalen Hygiene und der Betriebseinschränkungen in allen Wirtschaftsbereichen. Diese „Stellgrößen" werden vom *Staat* und seinen Organen um- und durchgesetzt, um letztlich die Mitwirkung der Bevölkerung gemäß dieser Verordnungen („Adhärenz") zu erreichen. Von besonderer Bedeutung ist der oberste politische Sollwert „Gesundheitssicherung" in der Form, dass neben der Anzahl der täglich Neuinfizierten, der Zahl der täglich Hospitalisierten mit Corona-positivem Testergebnis und der Prozentsatz der von diesen Patienten belegten Intensivbetten als Steuerungsparameter für Regulierungsmaßnahmen dienen. Davon wird noch ausführlicher die Rede sein.

Grundlegend wird hier davon ausgegangen, dass die *Epidemie/Pandemie eine unvollständig verstandene Eigendynamik* aufweist, die folglich auch schwer zu steuern ist. Aber dennoch hätte die Medizin im Rahmen des Corona-Managements deutlich effektiver sein können, wenn verschiedene Schwachstellen, die u.a. vom Autor selbst noch vor Corona, also zuletzt in 2019, eingefordert wurden, berücksichtigt worden wären: Es sind dies vor allem deutlich suboptimal verlaufende allgemeine Organisationsentwicklungen (Adam u. Tretter 2017[1]), Überschätzungen des Nutzens der Digitalisierung (Tretter et al 2019[2]) und darüber hinaus organisatorisch-ökonomische Fehlentwicklungen im Versorgungssystem durch das Konzept des New Public Managements (Tretter & Welpe 2017[3]).

Im Fokus dieses regulativen Gesamtprozesses steht hierbei also die *Medizin* mit ihrer *Praxis*, der *Forschung* und der *Theorie*, mit ihren Spezialdisziplinen, ihren Erkenntnisleistungen und mit der hier zentral interessierenden Frage, wie sie von der Gesellschaft zur Handlungsorientierung genutzt wurde. Es ist daher letztlich, wenn Gesellschaft als System von Kommunikationen verstanden wird, eine fundierte „Risikokommunikation" zu COVID-19 von zentraler Relevanz.

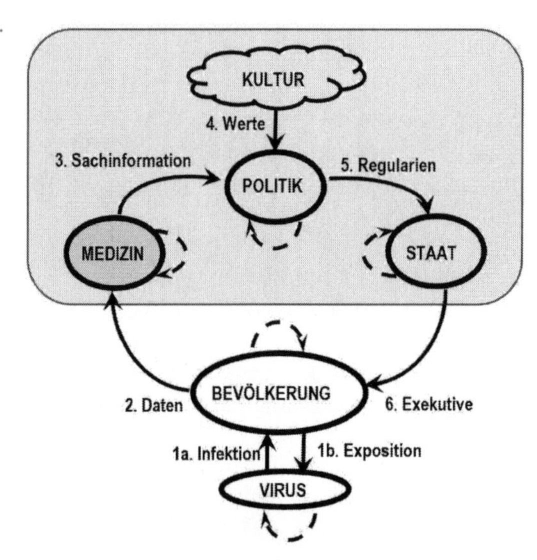

Abb.2.1: Der „große Regelkreis" – Corona-Virus, Bevölkerung und Gesellschaft: Das Virus als Störgröße *infiziert* rasch große Teile der Bevölkerung (1a), was die Medizin im Bereich der Wissenschaft als Istwert feststellt (2) und der Politik weitergibt (3). Die Politik vergleicht den Istzustand der Lebensgefährdung der Bevölkerung mit dem als Sollwert fungierenden gesellschaftlichen Kanon der *Werte*, der auch die Gesundheitssicherung umfasst (4) und erlässt *operative Regularien* (5), die über die staatlichen Organe durch die *Exekutive* umgesetzt werden (6). Auf diese Weise soll das *Expositionsverhältnis* der Bevölkerung zum Virus gesundheitsschützend verändert werden (1b). Das kontrolliert die medizinische Wissenschaft usw. Allerdings bedingen innersystemische Mechanismen bei jedem Element des Gesamtsystems eine *Eigendynamik* (gestrichelte Pfeile), sodass das Gesamtsystem die Pandemie nur mehr oder weniger gut dämpfen kann.

Dieses *Regelkreismodell des Pandemie-Managements*, das dem Plan-Do-Check-Act (PDCA) Zyklus des Qualitätsmanagements und dem Test-Operate-Test-Exit Modell der Handlungspsychologie ähnelt, lässt auch erkennen, dass die *Koppelung* der einzelnen Komponenten gepuffert sein kann (z.B. Meldeverzug der Testdaten), sodass eine krisenverstärkende *Verzögerung* der jeweiligen Reaktionen auftreten kann. Außerdem hat jede Komponente eine *innere Eigendynamik:* Das Virus zeigt Mutationen, die Bevölkerung handelt nach eigenen Vorstellungen, die Wissenschaft zeigt ihre inneren Reibungsflächen, die Politik kann durch parteipolitische Mechanismen gebremst werden, und der Staat wird in seinem Handeln durch innerbehördliche Regularien moduliert. An dieser Stelle wird deutlich, dass sowohl das Erkennen eines starken Anstiegs der epidemiologischen Kurve der täglich Neuinfizierten für eine effektive Dämpfung durch einen *harten Lockdown* wichtig ist, wie auch anschließend beim Abfall dieser Kurve die Lockerung der Lockdowns maßvoll sein muss, damit die Kurve nicht wieder exponentiell ansteigt. So lässt sich anhand dieser wohlbekannten Inzidenz-Kurve – je nach dem Verhältnis der Dynamik der Epidemie / Pandemie und der politischen Regulation der Verhältnisse – entweder eine sogenannte „Hammer-Strategie" erkennen, mit dem *harten umfassenden Lockdown,* oder es tritt ein „Tanz" auf, bei dem auf den Auf-und-Ab-Wellen der Epidemie-Indikatoren mit differenziellen Verschärfungen und Lockerungen balanciert wird (Pueyo 2020[4]; Abb. 2.2). Das wird zunächst zum Aspekt „Wissen" gleich noch einmal genauer beleuchtet und aus kommunikationstheoretischer Sicht im nächsten Kapitel noch detaillierter erörtert.

Wer ist der „Wellengenerator"? Zeitdifferenzen zwischen Istwert-Erhebung, Istwert/Sollwert-Vergleichen und Implementierung von Stellgrößen haben im Corona-Management neben der epidemischen Eigendynamik oft zu kontraproduktiven Systemdynamiken geführt.

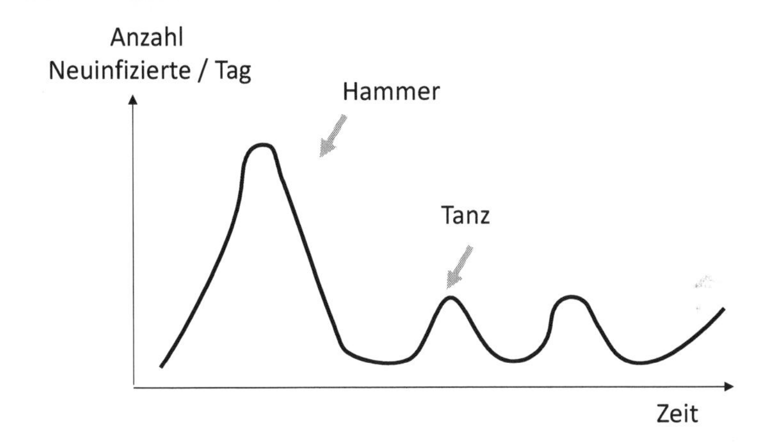

Abb. 2.2 : Die epidemiologische Kurve: Der extreme Anstieg der Neuinfizierten mit dem anschließenden „Hammer" des harten Lockdowns und der „Tanz" mit den Lockerungen und Verschärfungen mit der variierenden Zahl der täglich Neuinfizierten als Anlass für die Interventionen (nach Puyeo 2020[5]).

Das Grundproblem des gesellschaftlichen und übergreifenden Corona-Krisenmanagements war von Anfang an, dass die Krisen-Situation hochkomplex und virtuell und der Handlungsdruck extrem hoch war. Vor allem aber war die Implementierung der Maßnahmen problematisch, denn bereits die Planung ging an der Lebensrealität der Menschen zunehmend vorbei und die Sanktionierung über teilweise unverhältnismäßig hohe Strafen entbehrten jeder verhaltenswissenschaftlichen Evidenz. Außerdem setzten einige Regierungen auf „Message control" als Strategie, eine *homogene Kommunikation* mit der Bevölkerung zu realisieren, möglichst ohne Nachfragen und ohne Widersprüche. Die großen Qualitätsmedien spielten hier mit. Hilfreich wären jedoch intermediäre Plattformen gewesen, in denen die Zweifel der Bürger auch artikulierbar gewesen wären. Das erscheint auch gegenwärtig und zukünftig sinnvoll zu sein. Damit wäre eine hohe *Diversität der Meinungen* – beispielsweise was die Sinnhaftigkeit der Masken oder von Impfungen betrifft – erhalten geblieben, aber auch Vertrauen wäre bei einigen Zweiflern herstellbar gewesen, wie das jedem mit Gruppenarbeit erfahrenen Berufstätigen bekannt ist. Offensichtlich hat die offizielle Kommunikationsstrategie, vor allem in Österreich, wenig praktische Psychologie genutzt und sich nur auf allgemeine kommunikationswissenschaftliche Evidenz bezogen. Dabei ist beispielsweise schon aus der Wahlforschung bekannt, dass es aktuell in vielen Ländern in der Bevölkerung 20–30 % Wahlunentschlossene gibt. Das wird am Ende dieses Kapitels noch detaillierter aufgegriffen werden.

Es fragt sich nämlich zuerst (Tretter u. Adam 2020[6]): Welches *„Wissen"* wurde denn überhaupt kommuniziert? Und wurde im Sommer 2020 nach dem ersten Schock nach- und vorausgedacht?

2.2 Das wissenschaftliche Corona-Wissen – Virologie und Epidemiologie ohne Theorie?

Zu Beginn der COVID-19 Pandemie, im Januar/Februar 2020, war die medizinische Wissenschaft noch ziemlich ratlos zur Frage, wie diese Pandemie einzuschätzen ist, das heißt, wie gefährlich das Virus ist und wie rasch seine Ausbreitung erfolgt. Weltweit haben Wissenschaftler, auch aus nichtmedizinischen Fächern, Wissen generiert. Allerdings ist auch Ende 2021, also fast zwei Jahre nach dem Auftreten der Pandemie, vieles nach wie vor – trotz Tests und Impfungen – noch und auch wieder erneut unklar, nämlich beispielsweise, welche Mutanten wann und wo auftreten und wie die Inzidenzen verlaufen werden, wer als Infizierte Person krank wird und wer gesund bleibt, welche Krankheitsformen, wie aktuell *Long-COVID*, durch SARS-CoV-2 (und durch die Mutanten) bei welchen Personengruppen vorkommen usw.

Die Informationen über Corona sind mittlerweile unüberschaubar, deren selektive Zusammenschau kann deshalb ein falsches Bild erzeugen. Eine kooperative Organisationstruktur für die beteiligten Wissenschaften wäre daher für eine Zusammenschau sehr hilfreich. Die Wiederholung von Fehlern im Jahr 2021, die bereits 2020 gemacht wurden, wie die verzögerte Reaktion auf die erkennbare Herbstwelle, spricht gegen eine Lernkultur beim Corona-Management.

Typisch für die (medizinische) „*Corona-Wissenschaft*" war es also, dass man einfach Daten sammelte, ohne dabei komplexere Hypothesen oder gar Theorien zu testen. Es lag gewissermaßen in der Luft, dass „mehr Daten, mehr Wissen" bedeutet. Publikationen erfolgten niederschwellig und jeder wollte das Wesentliche der Pandemie erkannt haben. Viele Publikationen mussten wegen Qualitätsmängeln zurückgezogen werden. Was aber überhaupt nicht weiterentwickelt wurde, das war eine explizite *Theorie der Pathologie* bzw. *Theorie der Epidemie*. Dabei wären einige grundlegende Fragen systematisch und differenzierend zu sondieren gewesen, sie traten aber immer wieder in den Hintergrund.

Verblüffend wenig Aufmerksamkeit wurde der *COVID-19-Pathologie* gewidmet. So sind grundlegend – bezugnehmend auf Daten von 2020 – wenigstens 35 % der Test-Positiven asymptomatisch und haben folglich vermutlich ein gutes Abwehrsystem, und – bis Herbst 2020 – bedurften nur weniger als 10 % der Test-Positiven einer Hospitalisation (RKI 2020[7]). Bei repräsentativen Stichproben zeigte sich durch Antikörper-Analysen im Blut der Probanden, dass es eher um die 50 % Menschen gibt, die gar nicht gemerkt hatten, dass sie infiziert sind (Bendavid et al. 2020[8], Lavezzo et al. 2020[9], Mizumoto et al. 2020[10], Knabl et al 2021[11]). Es gibt aber auch Menschen, die nach der durchgemachten SARS-CoV-2-Infektion noch *unspezifische Covid-Symptome* aufweisen, die aus einem reduzierten Allgemeinzustand, Leistungsschwäche und Müdigkeit bestehen, was auch oft als „Corona Fatigue" bezeichnet wird, wenngleich die Differenzialdiagnosen zu ähnlichen Syndromen (z.B. Chronic fatigue Syndrom) noch nicht geklärt sind. Diese sich schleichend manifestierende Krankheitsform wird gegenwärtig als „Post-Covid" bzw. „Long-Covid" bezeichnet (CDC 2021[12]).

Was also sind die protektiven Faktoren, beim Generalrisiko der Corona-Infektion doch gesund zu bleiben? Das wäre weiterhin, auch Ende 2021, dringlich zu beantworten.

2.2.1 Theorie-Defizite der Corona-Forschung – Wo ist die Theorie der Pandemie?

Auf der Ebene der *Individualpathologie* zeigen sich also erhebliche Defizite der Corona-Pathologie, die nicht nur auf Defiziten im Bereich des empirischen Wissens, sondern auch auf der Ebene des theoretischen Verstehens bestehen. Gerade im Verstehen der *Krankheitsmechanismen*, die das Virus auslöst, nämlich vor allem die komplexen Reaktionen des *Immunsystems* als *dynamisches adaptives System* betreffend, ist das theoretische Verständnis der Medizin grundlegend unzureichend, wovon später noch in diesem Kapitel kurz die Rede sein wird. Dieses grundlegende Theorie-Defizit auf Individualebene potenziert sich auf der Ebene *kollektiver Phänomene* der Epidemie/Pandemie: Eine Art Billard-Tisch-Physik setzt voraus, dass alle Kugeln gleich oder zumindest sehr ähnlich sind, was aber nicht der Fall ist. So sind die epidemiologischen Modelle zwar auf den bekannten *nichtlinearen Differenzialgleichungen* oder *auf Agenten-basierten Modellierungen* und ähnlichen rein mathematischen und physikalischen Ansätzen aufgebaut, aber *formalwissenschaftliche Theorien* reichen in der Epidemiologie nicht aus, denn es sind noch *inhaltliche sozial- und verhaltenswissenschaftlichen Theorien* erforderlich, die eine hohe „ökologische Validität" haben, weil sie Erkenntnisse über das *Verhalten der Menschen im Sozial-*

raum nutzen. Es ist theoretisch nicht besonders anspruchsvoll, die Übergangswahrscheinlichkeiten vom Exponierten-Status in den Infizierten-Status datenbasiert zu modellieren bzw. die Distanz, die Zeitdauer und die Frequenz des Kontakts mit Infizierten in Agenten-basierten Modellen abzubilden und dann Szenarien zu simulieren. Das sind zwar zweifellos hilfreiche erste Ansätze, aber relativ inhaltsarm, denn sie müssten das reale Verhalten der Menschen im sozialen Raum erfassen, nach Schichten- bzw. Milieuzugehörigkeit, Alter, Geschlecht usw. differenziert. Damit richtet sich der Blick auf das Individuum, denn Kollektive bestehen aus Individuen, was vor allem Volkswirte auch erkannt haben, die dem „methodologischen Individualismus" anhängen, um kollektives Verhalten zu verstehen (Schumpeter 1970[13], Coleman 1991[14]). Das kann in diesem Buch nur stellenweise erwähnt werden.

Zusammenfassend betrachtet ist die Erkenntnislage zur Corona-Epidemie/Pandemie unzufriedenstellend, was einerseits auf dem nötigen Pragmatismus, aber letztlich auch auf strukturellen Schwachstellen in der Medizin beruht, was die innerfachliche Interdisziplinarität und den Theorie-Status der Medizin betrifft und was später in diesem Kapitel noch ausführlicher behandelt wird.

Es ist also im Folgenden zu klären, wie die vorher ganz allgemein beschriebene Wissensproduktion beim Corona-Management funktioniert, eine Fragestellung, über die der Autor in Grundzügen bereits im Herbst 2020 publiziert hat (Tretter 2020[15]).

Auch hier soll zunächst von der gesellschaftlichen Ebene ausgegangen werden: Setzt man, wie im Kapitel 1 erörtert, voraus, dass wir in einer *Wissensgesellschaft* leben, die ihr *Wissen* auf *Information* und *Kommunikation* aufbaut und danach ihr *Verhalten* ausrichtet, dann stellt COVID-19 nämlich eine der größten *Herausforderungen* dar, die unsere moderne aufgeklärte Weltgesellschaft zu bewältigen hatte und noch hat. Das betrifft zunächst die *Wirklichkeitsbestimmung,* was die *Verbreitung* und die *Gefährlichkeit* des Virus betrifft. Weiter geht es um die *Wahrheitsfindung* von Aussagen, welche die *Prognosen* zur Entwicklung der Epidemie/Pandemie und die *Effektivität von Maßnahmen* betreffen. Insofern dieses Wissen äußerst handlungsrelevant für die gesamte Bevölkerung war (und ist), ergibt sich der Bedarf nach Aufklärung der *Bedingungen der Möglichkeit sicheren Wissens.*

2.2.2 The known unknown

Zur Frage nach der Wirklichkeit des Virus und der geeigneten Umgehensweise passt zunächst grundlegend eine vieldeutige Wortspielerei: Es gibt offensichtlich ein *unbekanntes Bekanntes* („unknown known"), also dass zwar das Virus grundlegend als RNA-Virus identifiziert ist, aber dass über dessen Eigenschaften, insbesondere was die Wahrscheinlichkeit für Mutationen und deren Gefährlichkeit für den Organismus betrifft, wenig bekannt ist. Vor allem aber ist das gegenwärtige Handeln noch immer vom *bekannten Unbekannten* („known unknown") gekennzeichnet, denn jeder weiß nur, dass es sich um das Virus handelt, aber hinreichend Genaues über die Mechanismen der verschiedenen Erkrankungsformen, die *Pathogenese von COVID-19,* ist nicht bekannt. Allerdings wächst jede Woche das *bekannte Bekannte* („known known") als gesammeltes Wissen über COVID-19. Dennoch betrifft die Frage, was die Zukunft bringt, also ob wir Mutationen rasch genug erkennen und dann zeitnah mit Impfungen gegensteuern werden können, das unbekannte Unbekannte („unknown Unknown").

Dieses spielerische Beispiel der Grundproblematik des Erkennens und des Wissensmanagements war bereits in der persischen Literatur des 13. Jahrhunderts erkannt (Wikipedia 2020[16]) und wurde anlässlich der öffentlichen Rechtfertigung des Irak-Kriegs vom Verteidigungsminister der USA, Donald Rumsfeld, 2003 popularisiert (Rumsfeld 2013[17]): Wir wissen von einer Gefahr, können sie aber nicht genau beschreiben, müssen jedoch – so glauben wir – handeln, nicht selten mit desaströsen Konsequenzen.

2.2.3 Details zum „großen Regelkreis" als Informations- und Handlungskreislauf

Viele Einzelinformationen zur Entwicklung der COVID-19-Pandemie sind also – je nach Maßstab, den man an die einzelnen Aussagen anlegt – plausibel und sogar einigermaßen gesichert, und sie sind als Wissen über Covid mittlerweile sehr vielen Menschen auf der Welt in groben Zügen bekannt. Bei der fachlichen Diskussion zeigte sich jedoch nicht nur zu Beginn der Pandemie das Problem, dass trotz Einzelfakten kein umfassendes und vor allem gültiges (valides) Bild zu COVID-19 besteht, das den Gütekriterien der Evidenz-basierten Medizin entspricht, insbesondere was folgende Aspekte der Problemstellung betrifft:

(1) Die *Verbreitung* des Virus: Man weiß insbesondere wenig Präzises und ökologisch Valides über die sogenannten „Treiber" der Epidemie/Pandemie-Dynamik, und zwar, welche Bevölkerungsgruppen in welchen Situationen über welches Verhalten die Ausbreitung der Infektion tatsächlich und nicht nur theoretisch verstärken.

(2) Die *Gefährlichkeit* des Virus: Es ist beispielsweise grundlegend unklar, wer *mit* und wer *an* COVID-19 gestorben ist.

(3) Die effizientesten *Prophylaxe-Maßnahmen (z.B. Lockdowns):* Die vorliegenden Studien unterschätzen den Mangel an Validität der Daten, die durch die Test-Prozedur im Gesamten, nämlich von der Indikationsstellung der Testung bis zur Meldung an die nationale Zentralstelle (z.B. Robert Koch Institut in Deutschland), auftreten und deswegen Fehleindrücke und auch Fehlhandlungen erzeugen.

(4) Über die negativen *Effekte der Lockdown-Maßnahmen* ist wenig Differenziertes geklärt, vor allem, wie diese Lebensbedingungen im Zeitverlauf auf die zunehmend isoliert lebenden Menschen wirken (Universität Wien 2021[18]).

2.2.4 Probleme der Medizin als Wissenschaft, Politik-Beratung und Kommunikator

Die einzelnen Disziplinen der medizinischen Wissenschaft, mit vielfach außermedizinischen fachlichen Wurzeln (Virologie), haben das Bild der Corona-Pandemie gezeichnet (vgl. Kapitel 1). Das war hilfreich, vor allem da die praktische Medizin keine effektive Therapie zur Verfügung hatte und auch weiterhin nicht hat. Dennoch sind erkennbare Verbesserungsmöglichkeiten gegeben, die allerdings die Medizin weder über die Ärztekammern noch über die medizinischen Fakultäten und Forschungsinstitute in Angriff nimmt.

Im Folgenden soll deshalb zunächst die *Entdeckungsgeschichte* von SARS-CoV-2 bzw. COVID-19 auf dem Hintergrund der verschiedenen medizinischen Spezialdisziplinen beleuchtet werden, die zeigt, dass verschiedene Bereiche von Gesundheit und Krankheit wie auch verschiedene Sprechweisen und Denkweisen die Medizin charakterisieren, die durch ihre Spezialsierungen nicht nur Fortschritte ermöglicht, sondern auch wegen der mangelnden Integration suboptimal agiert, wenn es um Synergien, wie beim Corona-Management, geht. Das bedeutet, dass es zu wenig Querschnittsfächer und vor allem keine „theoretische Medizin" gibt, die das Wissen der Einzeldisziplinen auf einer theoretischen Ebene zusammenführt. Die unbestreitbar erfolgreiche molekularbiologische Ausrichtung der gesamten Medizin wird bei komplexen Praxisfragen rasch an ihre Grenzen stoßen.

Hier sollen deshalb vor allem die *wissenschaftlichen Defizite* der Medizin hervorgehoben werden:

(a) Zu viele separierte Spezialdisziplinen innerhalb der Medizin bei mangelnden Querschnittsdisziplinen (Hyperdiversifizierung) haben es erschwert, ein integriertes Bild vom Ausmaß der Pandemie, ihrer Dynamik und der passenden Umgehensweise zu vermitteln.

(b) Zu starke Datenfixierung in den Argumenten statt eines theoretischen Rahmens bzw. einer explizit Hypothesen-geleiteten Forschung hat das interdisziplinäre wie auch das extradisziplinäre allgemeine Verständnis erschwert („naiver Dataismus").

(c) Interessen-geleitete Sichtweisen mit mangelnder epistemischer Kultur der Selbstreflexion (Philosophie-Defizit) haben eine höhere Kohärenz zwischen Denken und Handeln verhindert.

2.3 Erkenntnis-Geschichte von COVID-19: Zusammenschau der Rolle der medizinischen Spezialdisziplinen – Wer ist kompetent zu Corona?

Die Entdeckungsgeschichte von COVID-19 lässt sich, bezogen auf die Erkenntnismethoden innerhalb der Medizin und wie im vorigen Kapitel im Abschnitt zur Struktur der Wissenschaften kurz angesprochen, als Wechselspiel zwischen *klinischer Praxis*, *empirischer (Labor-)Forschung* und *theoretischen Analysen* beschreiben. Es wird damit auch deutlich, dass die *Klinik* der Anfang und das Ende der *Validierung* der Geschichte der Entdeckung der Ursache und der *Pathologie*, der Therapie und der Prävention in der medizinischen Wissenschaft ist. Allerdings hat der Zeitdruck durch die Epidemie-Dynamik es erschwert, innerhalb der etwa 18 Monate der bisherigen Epidemie-Dauer (Herbst 2021) zufriedenstellend den Goldstandard medizinischer Evidenz, nämlich die *randomisierten kontrollierten Studien* (RCTs) oder wenigstens *kontrollierte Studien*, zur Anwendung zu bringen, insbesondere was die differentiellen Effekte der verschiedenen Formen der Lockdowns betrifft (WHO 2021[19]). Das bedeutet, dass erhebliche Unsicherheiten in der Einschätzung der Pandemie aufkamen. Darüber hinaus war die Frage bedeutsam, welche medizinischen Experten, und wie viele davon, für eine effektive Politik nötig sind. Das war die politische Grundfrage. Und schließlich war zu klären, wie die Kommunikation dieser medizinischen Spezialdisziplinen nach außen zu gestalten ist. Gerade die letzte Frage, welche die gesamte Gesellschaft mit Medien, Bevölkerung, Politik und Wirtschaft betrifft, zeigte, dass gelegentlich sehr unterschiedliche Einschätzungen zur *Gefährlichkeit* dieses Virus auftraten: Masken – ja oder nein?, Testen – wie oft?, Quarantäne – wie lange?, Impfung – wie sehr nötig?

In der öffentlichen Kommunikation trat eine Menge an Missverständnissen auf, die vermutlich auf *geringer innerer Abstimmung* der Spezialdisziplinen der Medizin beruhte. So wurde die „Gefährlichkeit“ des Virus unter anderem an den *Sterbefällen* festgemacht, wobei Quoten und Raten verwendet wurden, die auf unterschiedlichen Bezugsgrößen aufbauen und damit auch unterschiedliche Zahlenwerte ergeben, wovon noch detaillierter die Rede sein wird. Diese Indikatoren sind Tagesgeschäft der *Epidemiologie* aber nicht der *Virologie*. Fragen wie – Wie schafft es das Virus, den Wirtorganismus anzugreifen? Wie erfolgt das Andocken der Viren an bestimmten Zellen? usw. – gehört wiederum nicht zu den Kernfragen der Epidemiologie, sondern der Virologie, währenddessen wiederum die Verbreitung des Virus in der Bevölkerung nicht zu den Kernaufgaben der Virologie gehören. Genau diese Grundfragen nach den *Kernkompetenzen der Experten* kamen in der öffentlichen Kommunikation zu kurz. Die Zahl der unterschiedlichen Sterblichkeitsindikatoren führte daher zu Widersprüchen in der Bewertung – Also: „Zwei Experten, drei Meinungen!“

> Wer ist kompetent, also „Experte“, für COVID-19, und wenn ja, warum?
> Die Virologie, die Epidemiologie, die Infektologie, Innere Medizin oder Public Health oder alle?

2.3.1 Die Definitionsmacht der Virologie und innermedizinisch-fachliche Bruchstellen

Die Bewältigung der Corona-Pandemie erfordert nach wie vor eine gesamtgesellschaftliche Anstrengung. Das ist vermutlich inzwischen fast allen Bürgern klar. Dies gilt auch für die Medizin und ihre verschiedenen Spezialdisziplinen, von denen einige schon im "Haus der Medizin" im Kapitel 1 dargestellt wurden. In dieser Hinsicht ist aber eine *konzertierte Zusammenarbeit* noch immer nicht klar zu erkennen. Im Gegenteil, es hat sich die *Virologie* – so verdienstvoll und unabweisbar bedeutsam ihre Rolle auch ist – in eine diskussionsbestimmende gesellschaftliche Rolle hineinmanövriert, die keinesfalls sachlich berechtigt ist, denn das Problem ist ja die Krankheit und deren Behandlung und nicht nur das Virus. Der Virologie wurde die Hauptrolle der „Expertin" zugewiesen: Es ist festzustellen, dass jemand, der nicht in der Virologie arbeitet, aber sich zu COVID-19 als Lungen- bzw. Multiorganerkrankung äußert, als „Pseudoexperte" disqualifiziert wird, wenn kritische Fragen gestellt werden bzw. vom Mainstream abweichend andere Positionen vertreten werden (Mühlhauser 2021[20]). Dabei ist Corona ein interdisziplinäres Problem, und zwar nicht nur für die Medizin. Das soll hier zunächst an der Chronik der Anfragen an die medizinischen Spezialdisziplinen und deren spezifischen Sichtweise erörtert werden.

Corona-Medizin ist weit mehr als Virologie und Epidemiologie., sie ist eine interdisziplinäre Herausforderung, sogar über die Medizin hinausgreifend.

In der gesellschaftlichen Debatte von COVID-19 als virale Infektion wurde also vorzugsweise die Virologie angefragt, wenngleich über ein Dutzend anderer medizinischer Disziplinen wichtige Beiträge zu dieser Erkrankung beitragen konnten: Auch die Epidemiologie, meist vertreten durch medizinexterne Physiker und Mathematiker, wurde von den Medien intensiv interviewt, weniger aber Klinikärzte, Pharmakologen, Hygieniker, klinische Immunologen, Neurologen, Pädiater, Psychiater oder gar Pathologen. Diese übermäßige Bevorzugung der Virologie, die ja über Jahrzehnte ein Schattendasein in der Medizin führte und auch eigentlich in der Biologie im Rahmen der Mikrobiologie beheimatet ist, erzeugte bei Befragungen durch Journalisten oft eine Schieflage, wenn die Fachkompetenzen überschritten wurden. Im Endergebnis der gesellschaftlichen Beurteilung waren die Aufklärungsleistungen der Medizin – freundlich gesagt – suboptimal.

Dazu einige Details zu den medizinischen Berufsfeldern (vgl. Abb. 2.3):

(1) *Klinik:* Das Erkennen und Verstehen von COVID-19 ging zunächst im Dezember 2019 von klinisch tätigen Ärzten (*Klinikern)* aus, die aufgrund der Methodik ihrer klinischen Untersuchungen schwerste Lungenentzündungen in einer Klinik in der Millionenmetropole Wuhan Ende 2019 beobachteten. Vor allem der chinesische *Augenarzt* Li Wenliang berichtete Ende Dezember 2019 von ersten Fällen von gravierenden Pneumonien (interstitiellen Pneumonien) mit unbekannter Ätiologie, die in Wuhan aufgetreten waren (Spiegel, 2020[21], Wikipedia 2020ab[22]). Damit waren die *Kliniker*, also auch *Internisten, Pulmonologen, Intensivmediziner, Neurologen, Gynäkologen* und *Pädiater,* die ersten, die COVID-19 und seine Gefährlichkeit erkannten.

Allerdings wurde diese Klinik-Perspektive auch in Europa mehrere Wochen nicht an die Massenmedien weiter kommuniziert, denn Kliniker haben oft mit Krankheitsformen zu tun, die sie vor allem wegen der verständlichen ärztlichen Schweigepflicht im kleinsten Kreis und nicht öffentlich diskutieren dürfen. Hinzu kommt die Betriebsschweigepflicht, die in China bei öffentlichen Betrieben wie Krankenhäusern offensichtlich deutlich strenger gehandhabt wird als etwa in Deutschland. Daher wurde Li Wenliang auch offiziell gemaßregelt. Bedauerlicherweise hatte er sich auch mit SARS-CoV-2 infiziert und verstarb Anfang Februar 2020 , was bereits die Gefährlichkeit des Virus zeigte (Wikipedia 2020[23]).

(2) *Virologie:* Es dauerte einige Wochen, dann konnte im Januar 2020 der Auslöser, nämlich das Virus SARS-CoV-2, von *Virologen* im molekularbiologischen Labor über RNA-Analysen als Krankheitsursache identifiziert und das Virus-Genom sequenziert werden. Mittels Elektronenmikroskopie konnte auch die Virushülle identifiziert werden. Die Gefährlichkeit von Corona-Viren als Ursache eines schweren Atemwegssyndroms war allerdings *Virologen*, wie Christian Drosten, bereits 2002 bekannt und sie ahnten daher bereits schon vor 2020 von der Möglichkeit eines weiteren malignen Corona-Virus (Drosten et al. 2003[24]). Sie machten jedoch während 2020 Prognosen zu einer geringen Wahrscheinlichkeit bösartiger Mutanten und lagen da wohl eher daneben, denn bereits seit Spätherbst/Winter 2020 gab es die britische Mutante (B.1.1.7) , die südafrikanische Mutante (B.1.351), die brasilianische Mutante (P.1) und schließlich im Mai/Juni 2021 die indische Variante mit Doppelmutationen (B.1.617). Das bedeutet, dass die Prognosekraft der Virologie nicht sonderlich exakt ist, und daher nur eine *abstrakte Gefahrenprognose* möglich ist. Gerne wurden Virologen auch auf das wichtige Problem des Kinderschutzes in Kindergärten und Schulen befragt, mit Fragen zum Masken-Tragen, der Raumbelüftung, usw. also Themen, die eigentlich die *Hygiene* bearbeitet, deren Berufsaufgabe Umweltmessungen und die Prävention umweltbedingter Erkrankungen sind.

(3) *Labormedizin:* Die allgemein verfügbaren Tests, die als Polymerase chain reaction Tests (PCR-Tests) nun wohlbekannt sind, wurden sehr rasch von Labormedizinern in Kooperation mit Virologen in den verschiedensten Formen entwickelt. Die erforderlichen Proben mussten als Abstriche der Nasenschleimhäute oder des Rachens der Probanden (z.B. Gurgeltests) entnommen werden, was bereits – je nach Krankheitsstadium – pathophysiologisch Differenzen mit sich bringt: Die Nase ist die erste Eintrittspforte, der Rachen folgt vor allem bei intensiver Atemtätigkeit. Insbesondere in Frühstadien kann der Rachen virenfrei sein und möglicherweise bei asymptomatischen bzw. sehr milden Fällen auch so bleiben. Im Herbst 2020 kamen die Antigen-Tests hinzu, die binnen 15 Minuten ein Resultat ermöglichen und damit eine deutliche Verbesserung der Ergebnissituation bewirkten.

(4) *Epidemiologie:* Die Sprache der hier interessierenden Epidemiologie baut auf Begriffen wie Inzidenz und Prävalenz oder Mortalität auf. So ergeben die bei der Bevölkerung erhobenen Proben und Tests die Zahl von aktuell bzw. neu Infizierten (Prävalenz/Inzidenz). Die Daten der nationalen Datenbanken der Gesundheitsministerien und der betreffenden Think Tanks stammen von den lokalen Gesundheits-

ämtern, die wiederum die Daten aus den einzelnen Labors übermittelt bekommen. Allerdings wird im Regelfall nicht differenziert, welche Probe mit welcher Technik von welchem Kompartiment der oberen Atemwege entnommen wurde, und vor allem war die zeitliche Zuordnung oft verblüffend ungenau, sodass immer wieder im Nachhinein Korrekturen in den zentralen Datenbanken vorgenommen werden mussten, sodass wegen dieser Unsicherheiten der Gegenwartswert aus den Vergangenheitswerten extrapoliert wurde („Nowcasting"). Wenige Wochen nach Ausbruch der Erkrankung in Wuhan wurde allerdings von den dortigen Epidemiologen bereits die hohe Ausbreitungsdynamik von COVID-19 erkannt und die Pandemie vermutet.

Epidemiologie ist also meist nur eine Form der angewandten Statistik und Mathematik auf der Basis von Datenbanken, selten werden Feldstudien durchgeführt, das betrifft auch den Bereich Public Health. Daher mangelt es an theoretisch tiefgreifend ausgearbeiteten Modellen zur Pandemie, die meist nur den physikalischen Aspekt der Infektionsepidemiologie (Kontaktmerkmale) berücksichtigen, ein Schwachpunkt, auf den später noch eingegangen wird.

(5) *Biomathematiker und Statistik:* Die vorliegenden Daten wurden von Biomathematikern und Statistikern zur theoretischen Abschätzung des Ausmaßes und der Geschwindigkeit der Verbreitung der Infektion genutzt. Dabei kamen verschiedene mathematische Methoden des Data Fitting zum Einsatz: Bekannt ist mittlerweile der Begriff des exponentiellen Wachstums, das Verdoppelungsintervall, die (effektive) Reproduktionszahl Reff usw., Indikatoren also, von denen noch im Detail die Rede sein wird. Bemühungen um exakte mathematische Modelle beruhten auf dem bekannte SIR-Modell, bei dem S die Zahl der Suszeptiblen, also der Infizierbaren, I die Zahl der Infizierten und R die Zahl der Remittierten bzw. Rekonvaleszierten („Recovered"), also der Gesundeten, bedeutet. Die vorhandenen Daten wurden in diese Modelle eingespeist, und dann erfolgten über Simulationen Parameterschätzungen, die retrospektiv an bisherigen Verläufen das Optimum des Data Fitting erlaubten. Auf der Basis dieser Konstellation der Gleichungen wurden dann Prognosen erstellt, die nach wenigen Tagen bereits problematisch erschienen, was ja auch aus den aktuellen Wetterprognosen bekannt ist: Hochdynamische Systeme mit vielen Rückkopplungen lassen sich schwer im Voraus berechnen, sie zeigen ein zunehmend großes kegelförmiges *Prädiktions-Intervall*, in dem sich der wahre Wert realisieren wird können!

Praktisch war aber immer die Frage relevant, ob die Zahlen steigen, gleich bleiben oder sinken! Das ist bei starken Streuungen der Rohdaten eine sehr anspruchsvolle Aufgabe, und so kamen viele Fehleinschätzungen zustande. Dies zeigt einen wichtigen Punkt, nämlich, dass wir in der Medizin nicht über valide fachlich begründete theoretische Krankheitsmodelle verfügen, und zwar nicht nur auf Populationsebene, sondern auch auf Individualebene. Darüber wird in diesem Kapitel noch ausführlicher gesprochen werden.

(6) *Pharmakologie*: Insofern *Pharmakologen* bis Ende 2021 keine spezifische medikamentöse Option zur Therapie wissen, starben viele erkrankte Menschen, und so muss noch immer alle Kraft auf die Prävention in Form von nicht-pharmakologischen Methoden bzw. auf die Impfung gelegt werden. Es dauerte in Europa im ersten

Halbjahr 2020 einige Wochen bis die Fachverbände beispielsweise Dexamethason für die Therapie empfahlen, wenngleich chinesische Ärzte bereits im Februar 2020 von der Wirksamkeit dieses Medikaments berichteten. Insofern es Bindegewebeveränderungen der Lunge mit Flüssigkeitsansammlungen (Ödeme) gab, erschien es sinnvoll, wie es seit Jahrzehnten üblich ist, solche Störungen mit Cortison-Präparaten zu behandeln. Allerdings besteht die Gefahr, eine Virusinfektion zu verstärken, weil Cortison die Entzündungsreaktion und damit die natürliche Abwehrreaktion des Organismus dämpft. Es kommt also auf den richtigen Zeitpunkt an. Auch andere Medikamente wie die Angiotensin-Converting Encyme Inhibitoren (ACEI) wurden nur sporadisch untersucht: Ein Ausgleich des vom Virus inaktivierten Angiotension 1–7 Systems, das dem entzündungssteigernden Angiotension-II-System entgegenwirkt, könnte dadurch hergestellt werden (De Spiegeleer et al. 2020[25]). Unklar ist nach wie vor, ob AT1-Rezeptorblocker, die das Andocken des Angiotensin II verhindern, die innere Balance des Renin-Angiotensin-Aldosteron-Systems (RAAS) wieder herstellen lassen. Der Effekt dürfte, nach allem was man Ende 2021 allgemein weiß, nicht groß sein. Diese Unsicherheit zeigt wiederum, dass eine Pathologie als grundlegende Kerndisziplin in einer zeitgemäßen theoretischen Medizin fehlt (Tretter et all 2021[26]).

(7) *Hygiene:* Maßnahmen der *Hygiene* („Distancing“ und Masken) bildeten den Hauptteil der Maßnahmen, die auf die Verhaltensprävention der Infektion ausgerichtet sein mussten und deren Effektivität erst allmählich durch Umweltmessungen der Viruskonzentration auf Alltagsobjekten und in der Luft belegt werden konnten und zur Verhältnisprävention eine wichtigen Beitrag brachten.

(8) *Infektologie:* Impfexperten begannen sofort in Kooperation mit Pharmafirmen an Humanstichproben Strategien zur Impfung zu entwickeln, die gegenwärtig das Ende der Pandemie einzuleiten scheinen, wenngleich Virusmutationen immer wieder zu Rückschlägen führen.

(9) *Pulmologie:* Lungenfachärzte zeigten mittels der Funktionsdiagnostik und der Bildgebung der *Radiologie* Langzeitfolgen von CVOID-19 auf, die in schweren Einschränkungen der funktionellen Struktur der Lunge bestanden.

(10) *Intensivmedizin:* Personal der Intensivmedizin suchte auf der Basis von Laborparametern verzweifelt nach spezifisch wirksamen oder wenigstens symptomatischen Therapiestrategien. So konnte gefunden werden, dass bei maschinell beatmeten PatientInnen die Bauchlage seltener zu einem letalen Verlauf führt, wenngleich damit auch die Grundversorgung dieser PatientInnen durch das Pflegepersonal schwieriger ist.

(11) *Immunologie:* Die Immunologie verwies mit Laborbefunden und Tierexperimenten auf den in Blutanalysen feststellbaren „Zytokin-Strum“ (insbesondere Interleukin-6) als molekulares Zeichen der Entgleisung des Immunsystems und bestätigte die Vermutung, dass das Virus über das endokrine Renin-Angiotensin-System das Immunsystem in eine anhaltende Schieflage bringt.

(12) Die *Pathologie*: Obgleich das Robert-Koch Institut von der Obduktion von Leichen abriet, wurden von couragierten Arbeitsgruppen in pathologischen Instituten Sterbefälle untersucht. Es konnte schon im Frühsommer 2020 belegt werden, dass die Covid-Kranken teilweise an der Multi-Organ-Manifestation der Entzündung verstorben waren, was die besondere Schädlichkeit des Virus belegte (Wichmann et al. 2020[27]). Allerdings belastet es die Pathologie als medizinisches Kernfach, zunehmend weniger mit kranken Menschen als mit toten Menschen arbeiten zu müssen.

(13) *Allgemeinmedizin:* Die praktischen Ärzte, die an der ersten Linie der medizinischen Versorgung der Bevölkerung arbeiten, mussten über die klinische Untersuchung Erkältete von COVID-19-Erkrankten unterscheiden und ihnen ihre Sorgen nehmen. Nun muss diese Berufsgruppe das Impfprogramm umsetzen.

Die Erkenntnisse aus diesem Wirkungskreis der Medizin sind viel zu wenig für ein Gesamtbild von COVID-19 berücksichtigt worden.

Diese hier nur ausschnittsweise dargestellte *fachliche Diversität* führte zu vielerlei Missverständnissen und sogar Widersprüchen. Virologen und Epidemiologen (oft „nur“ Mathematiker und Physiker) führten die Debatte seit dem Frühjahr 2020 an, Praktiker kamen hingegen zu kurz.

Viel Spezialwissen ohne Querschnittswissen führt zu einem fragmentierten Bild der eigentlich systemischen Realität.

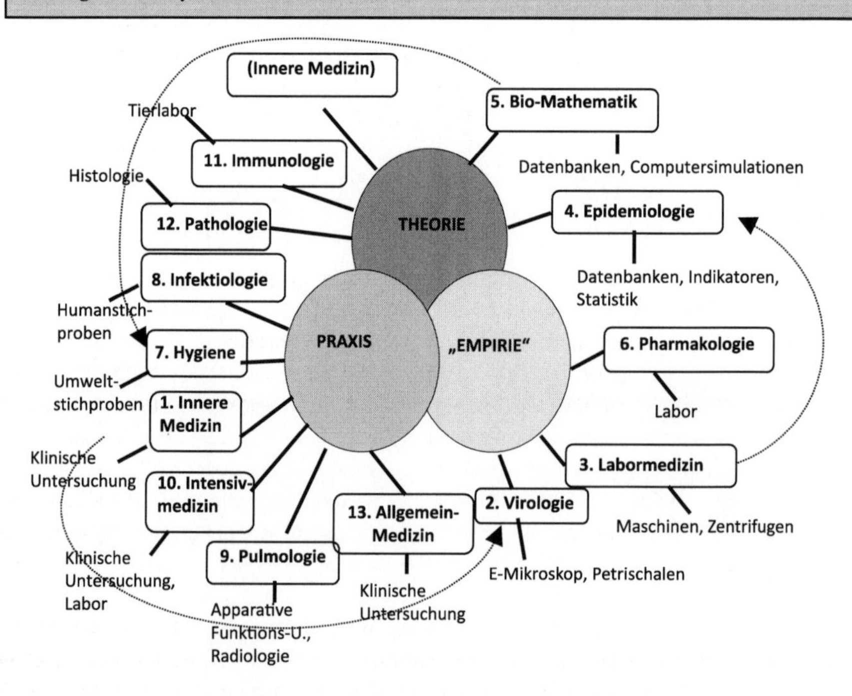

Abb.2.3: Zusammenfassung der zeitlichen Abfolge der Beteiligung wichtiger medizinischer Spezialfächer und einiger ihrer Methoden an der Aufklärung von COVID-19.

Als eine Art *Generalisten* in der Medizin auf kollektiver Ebene versuchten *Public Health-Experten* als *Querschnittsfach* die Vielfalt der Aspekte der COVID-19 Pandemie zu verfolgen und die Zusammenschau der über ein Dutzend beteiligten medizinischen Spezialdisziplinen zu erreichen und strategische Empfehlungen zu entwickeln (Sprenger 2020[28]). Allerdings fanden nur wenige Public Health-Experten Eingang in die Beratergremien, in denen ja nur *Spezialwissen* und nicht *Zusammenhangswissen* gefordert war. Eine wesentliche Barriere dabei war, dass eine *theoretische Public Health* so gut wie nicht existiert, die diese Vielfalt an Perspektiven überzeugend zusammenfassen kann. Vor allem die *Differenz zwischen Naturwissenschaften*, die bei der Covid-Debatte dominieren und den *Sozialwissenschaften* erschwert eine derartige integrierte Sichtweise. Das wird verschärft dadurch, dass die Sozialwissenschaften in der Medizin überhaupt einen geringen Stellenwert besitzen und daher Kooperationen mit anderen Fakultäten erst entwickelt werden müssen. Diese Fakultäten bauen aber lieber selbstständig Bereiche wie die „Gesundheitswissenschaften" auf, als mit den medizinischen Fakultäten zu kooperieren, die aber ihrerseits wenig offen für solche fachlichen Entwicklungen sind.

Es fand also eine assoziative Interdisziplinarität statt und nicht eine integrierte Interdisziplinarität, wovon im Kapitel 4 noch die Rede sein wird, insofern eine systemische und sozialökologische Basis vorgeschlagen wird. Immerhin propagiert das Center for Disease Control eine „sozial-ökologische Perspektive", die ein Mehrebenen-Konzept der Bedingungen von Gesundheit und Krankheit als Grundlage verwendet, beispielsweise zur Prävention (CDC 2021[29]).

Die scheinbaren Widersprüche von Medizinern beruhen Großteils auf der einseitigen Sichtweise infolge ihrer Subspezialisierung.

Zusammenfassend betrachtet soll mit dieser Darstellung einiger beteiligter Spezialdisziplinen der Medizin auf COVID-19 nun deutlich geworden sein, dass das Bild des Corona-Problems von den jeweiligen Einzelaspekten des Problems, aber auch von den Methoden abhängig ist, welche die einzelnen Spezialdisziplinen angewendet haben. Damit erklärt sich nicht nur das fragmentierte Bild von Corona, sondern auch teilweise die sogenannte „Meinungsvielfalt" der „Experten", die noch im folgenden Abschnitt weiter verdeutlicht wird. Dass dieses desintegrierte Wissens-Mosaik in der „außerdisziplinären" Kommunikation zur Verstärkung differierender Sichtweisen geführt hat, ist vermutlich nachvollziehbar. Das drückte sich auch in unterschiedlichen fachlichen Sprachschwierigkeiten aus, indem grundlegende Kategorien – etwa zur Gefährlichkeit des Virus – unklar verwendet wurden. Auch die Begriffe „Epidemie" und „Pandemie" sind, je nach Sichtweise, austauschbar – bei niedriger Prävalenz von „Pandemie" in Deutschland zu sprechen, ist nicht so passend, wird die globale Ausbreitung gemeint, wie es die WHO vorsieht, dann passt es wieder: „Die Bedeutung eines Wortes ist sein Gebrauch in der Sprache" (Wittgenstein 2003[30]).

Mit der Pluralität der Fächer wurde letztlich, umgekehrt gedacht, das *Fehlen einer integrativen Perspektive* in der hochgradig spezialisierten Medizin deutlich (Tretter & Löffler-Stastka 2019[31]). Der Vorteil einer medizininternen integrierten Perspektive besteht vor allem darin, dass eine höhere Konsistenz der Aussagen möglich wäre und die kontroverse Entscheidungslage noch fachlich geklärt werden könnte und nicht der Politik überlassen werden müsste („Das muss die Politik entscheiden"!), die tatsächlich in dieser mehrdimensionalen Entscheidungslage überfordert ist.

Eine Abstimmung über Anliegen der Virologie und Epidemiologie – „Zero-COVID" – ohne Berücksichtigung der Public Health-Perspektive ist mittelfristig fatal für die Menschen. Diese Strategie ist aber, wenn eine parlamentarische Abstimmung erfolgt, durch einseitige Perspektiven begründet. Das Pro und Contra hätte nach der jeweiligen Akutphase im Sommer 2020 oder wenigstens im Sommer 2021 erfolgen können.

Mangelnde fachliche Integration führt zu einseitigen politischen Empfehlungen!

2.3 Sprachenvielfalt in der Medizin – „Die Grenzen meiner Sprache bedeuten die Grenzen meiner Welt." (Ludwig Wittgenstein)

Es ist im Kapitel 1 und nun erneut deutlich geworden, dass die Medizin aus einer Vielzahl von methodischen Subkulturen mit Spezialsprachen und unterschiedlichen Denkformen besteht. Eines der zentralen Probleme der Wissensgesellschaft ist allerdings die Sprache, mit der kommuniziert wird, und zwar zwischen Wissenschaftlern, vor allem aber in der nach außen gerichteten Kommunikation der Wissenschaft, wenn sie mit der Politik und der medialen Öffentlichkeit kommuniziert. Hinzu kommt noch das Problem der hochgradig eigendynamischen und verflachten Thematisierung in den Social Media.

Dabei sind Schlüsselkategorien wie „Risiko", die auch in der Umgangssprache geteilt werden, definitionsbedürftig. Man kann nicht davon ausgehen, dass die wissenschaftsinternen Begriffe auch extern bekannt sind. Auch ist es medizinintern nicht zutreffend, von „exakt definierten" Kategorien ausgehen zu können, denn es handelt sich in der Regel um Konventionen durch Beschlüsse von Kommissionen. Dabei ist zu bedenken, dass die Medizin aus einer Vielzahl an Subdisziplinen besteht, die jeweils ihre eigenen Fachausdrücke hat. Selbstverständlich müssen bereits die Medizin-Studierenden diese Spezial-Terminologien kennen, doch bleibt in der Berufspraxis oft nur ein grober Alltagsjargon übrig. Und so können eine Menge von Missverständnissen, die als „Meinungsvielfalt" von Außenstehenden wahrgenommen wird, auftreten. Davon wird in späteren Abschnitten dieses Kapitels noch ausführlicher die Rede sein.

Im philosophischen Kontext sind diese Semantik-Probleme wohlbekannt, vor allem durch die Analysen des späten Ludwig Wittgenstein (Wittgenstein 2003[32]): „Die Bedeutung eines Wortes ist sein Gebrauch in der Sprache".

Definitionen von Ausdrücken werden von Fachgesellschaften über Konsensus-Konferenzen festgelegt. Dennoch werden die Begriffe unterschiedlich gebraucht. Daher sind Definitionen vom jeweiligen Autor, wie er die Ausdrücke gebraucht, für Klarheit in der Kommunikation hilfreich.

2.3.1 „Epidemie" und „Pandemie"

Im Sinne der terminologischen Vielfalt bestand für die Kommunikation über COVID-19 bereits in der Unterscheidung der Ausdrücke *„Epidemie"* und *„Pandemie"* ein Problem: Die „Epidemie" von Wuhan wurde rasch über die Ausbreitung in Europa zur „Pandemie", insofern unter einer Epidemie eine geografisch begrenzte Verbreitung einer Erkrankung gemeint ist, während mit der Pandemie der Aspekt der übernationalen Ausbreitung erfasst werden soll. Dies ist vor allem aus der Sicht der Weltgesundheitsbehörde eine nützliche Unterscheidung. Aus der Sicht von nationalen bzw. regionalen und lokalen Regierungen und Behörden ist es aber nicht relevant. Sogar eine Gemeinde wie das nun weltbekannte Ischgl in Tirol, als ein Zentrum der Ausbreitung von Corona in Europa, kann nicht die ganze Welt unter Kontrolle bekommen, sondern eben nur den geografischen Raum, für den die Verantwortung getragen wird. Bei bis Dezember 2020 bestehenden Verhältnissen in Deutschland, mit ca. 80 Mio. Einwohnern und ca. 1,7 Mio. infizierten Personen (Perioden-Prävalenz), ergeben sich ca. 2 % Infizierte, weshalb die Bezeichnung „Pan" mit dem ursprünglichen Wortsinn „allumfassend" nicht wirklich zutreffend ist. Zwar wäre die Verbreitung der Epidemie wesentlich größer, wenn keine Gegenmaßnahmen wie die Lockdowns durchgeführt worden wären. Wie dem auch sei: Hier wird wegen der meist lokalen oder nationalen Aspekte, die diskutiert werden, oft von „Epidemie" oder „Epidemie/ Pandemie" gesprochen.

2.3.2 „Inzidenz" als ein gesundheitspolitischer Leitparameter

Die *Inzidenz* ist die Bezeichnung für das personenbezogene *Neuauftreten* einer Erkrankung. Die *Prävalenz* hingegen ist die Zahl für den *Bestand* an Erkrankten. Das lässt sich didaktisch vorteilhaft in einem Badewannenmodell zusammenfassen: Die Inzidenz entspricht dem Zufluss, die Prävalenz dem Wasserstand und es gibt auch einen Abfluss, der bei Epidemien als Anzahl der Genesenen abgebildet wird (Recovered), aber auch als Zahl der Verstorbenen. Damit ist auch die Grundstruktur des später zu besprechenden Basis-Modells der Epidemiologie skizziert.

Es wird aber auch klar, dass die Inzidenzzahl ohne die Prävalenzzahl nicht viel über die Pandemie-Dynamik und deren gesellschaftliche Effekte aussagt: Eine niedrige Inzidenz bei hoher Prävalenz mag beruhigen, eine hohe Inzidenz bei einer niedrigen Prävalenz aber auch nicht beunruhigen! Auch die tägliche Änderung der Inzidenz sagt nicht so viel über die reale Dynamik aus. Außerdem muss die Bevölkerungsgröße berücksichtigt werden.

Gegen Ende 2020 hat sich deshalb die mittlerweile vertraute Kategorie „Inzidenz" in der öffentlichen Kommunikation als Leit-Indikator eingebürgert, und zwar als *7-Tage-Inzidenz bezogen auf 100.00 Einwohner*. Dieser Indikator soll die Zahl der neuaufgetretenen Test-Positiven anzeigen, er repräsentiert aber wegen Testunschärfen nicht die Anzahl der tatsächlich infizierten Personen, sondern nur der Test-Positiven, was im nächsten Abschnitt noch genauer erläutert wird. Diese Kennzahl kumuliert die Tages-Inzidenz der Neuinfizierten über eine Woche hin, und somit werden die täglichen Schwankungen herausgerechnet: Beispielsweise jeweils am Donnerstag wird der immer wieder auftretende „Meldeverzug" durch das Wochenende kompensiert, sodass eine hohe Zahl registriert wird. Derartige Fluktuationen der Werte erschweren die Beurteilung der Epidemie-Dynamik, was durch die gleitende Mittelung der Vortage (z.B. 7-Tage-Zeifenster) abgedämpft wird.

Die „Inzidenz" ist nur die Zahl der neuen positiven Tests, nicht sicher jene der Test-Positiven, und schon gar nicht der Infizierten oder gar Erkrankten!

Problematisch ist allerdings die Übernahme dieses Indikators in das Epidemiegesetz als „Gesetz zum Schutz der Bevölkerung" im Rahmen des Infektionsschutzgesetzes § 28a Infektionsschutzgesetz (IFSG, Abs. 3) mit der Interventionsschwelle von 50/100.000 (Lange 2020[33]): „Bei Überschreitung eines Schwellenwertes von über 50 Neuinfektionen je 100.000 Einwohner innerhalb von sieben Tagen sind umfassende Schutzmaßnahmen zu ergreifen, die eine effektive Eindämmung des Infektionsgeschehens erwarten lassen."

Es ist also wichtig zu beachten: Mit diesem Grenzwert sind nur *positive PCR-Tests* gemeint, aber nicht die tatsächlich nachgewiesenen Infektionen. Insofern bereits genese und geimpfte Personen von der Anzahl der infizierbaren Personen in der Bevölkerung abgezogen werden müssen, müsste der Nenner korrigiert werden. Lange führt dazu aus: „Wenn also beispielsweise bereits 10 % der Bevölkerung eine Infektion erlitten haben, also nicht mehr unter Risiko stehen, dann steigert dies die tatsächliche Inzidenz um etwa 11 %, und es ändert die Bedeutung des Grenzwerts, wenn dieser Umstand unberücksichtigt bleibt."_

Als Grund für diese Maßnahme wird die potenzielle Überlastung des Gesundheitswesens, vor allem in Hinblick auf die Auslastung der Intensivbetten angeführt. Diese beiden Parameter werden als Anzahl der Hospitalisierten und Quote der belegten Intensivbetten in der einen oder anderen Form bei der Bewertung der aktuellen Pandemie-Situation mit berücksichtigt.

2.3.3 Beurteilung der Gefährlichkeit von COVID-19 – die Kategorie „Streberisiko"

Ein weiterer zunächst sprachlich bestimmter Problemkreis, vor allem in der ersten Phase der COVID-Epidemie 2020, bestand darin, die „Gefährlichkeit" des Virus für jede einzelne Infizierte Person bzw. für die infizierte Bevölkerung möglichst präzise zu erfassen. Dies erfolgte für den Extremfall im Wesentlichen durch die Zahl „an" (bzw. „mit") COVID-19 *Verstorbenen.* In dieser sprachlichen Fassung drückt sich das Problem aus, sich schon bezüglich der Kausalität nicht festzulegen, da nur eine *fachpathologisch durch Obduktion identifizierte Todesursache* hier Klarheit ermöglicht.

Dieses Problem ist auch im Bereich der Suchtforschung bekannt, wenn die Gefährlichkeit einer Droge anhand der Sterbefälle ermittelt werden soll: Derartige Sterbestatistiken werden von der Polizei und nicht von Medizinern geführt. Wenn also ein junger Mensch tot aufgefunden wird und es liegen psychoaktive Substanzen herum, dann wird ohne einen toxikologischen bestätigten Befund von einem „Drogentoten" ausgegangen, ohne zu klären, ob der Tod „wegen" der oder „mit" den Drogen auftrat (Tretter et al. 2004[34], Tretter u. Queri 2002[35]).

Das Sterberisiko ist aber eine Relativzahl, die durch mehrere unterschiedliche epidemiologische Kategorien bzw. Indikatoren charakterisiert werden kann, wobei hier nur drei davon herausgegriffen und miteinander verglichen werden, weil ihr unterschiedlicher Gebrauch zu einer Vielzahl von Missverständnissen geführt hat (Giancolo et al. 2020). Um die Aussagekraft dieser drei Indikatoren zu verdeutlichen, werden hier zur Verständlichkeit auch gerundete Zahlen verwendet, die sich im Frühsommer für Deutschland zeigten (Stand Ende Mai: Worldometers 2020a), denn es geht in dieser Diskussion hier nur um die prinzipiellen Probleme (Tab.2.1):

- Zunächst ist zu bedenken, dass die Quote der positiven Tests über 12 Monate hin rückblickend in Deutschland etwa 3,5 % und in Österreich etwa 0,3 % betrug. Der Anlass der Testung der Personen waren allerdings in den meisten Fällen Symptome wie Erkältungssymptome, also hohes Fieber, trockener Husten und/oder Kontakt mit einer nachweislich infizierten Person und/oder Aufenthalt in einem sogenannten Hochrisiko-Gebiet. Manche Tests waren auch Wiederholungen.

Wenn nun jemand verstarb, der positiv getestet war, wurde er als „Corona-Toter" klassifiziert, egal ob er an oder mit Corona gestorben war.

Was ist das beste Maß für die Lebensgefährlichkeit des Virus: Mortalität, Fallsterblichkeit oder Infektionssterblichkeit?

Tabelle: 2.1

„Sterberisiko" für COVID-19 im Vergleich nach Größenordnungen
(_gerundete Zahlen für Deutschland; Sep.2020):

- ***„Mortalität"***_(Epidemiologen):
Tote / 100.00 Einw. (12/100.000)
= ca. 0,01 % (9602 / 83 Mio.)
- ***„Infektionssterblichkeit"*** (Infektologen):
Tote / Personen mit Antikörpern; (also auch asymptomatische Fälle)
= 1,5 % (9602/ geschätzte 1,5 Mio Einw. mit spezifischen Antikörpern)
- ***„Fallsterblichkeit"*** (Tester, Labormedizin, Epidemiologen):
Tote / positiv Getestete (i.d.R. symptomatische zu Beginn der Epidemie)
= 3 % (9602/301.000)

*Wer wählt welches Sterberisiko?*_
Corona-Besorgte: 3 %, Corona-Bagatellisierer: 0,01 %?
Wer hat "Recht"? Warum?

- Verständlicherweise wurde demnach zu Anfang der Epidemie/Pandemie die *„Fallsterblichkeit"* (Letalität; Case Fatality Rate, CFR) ermittelt, die sich durch den Quotienten „(kumulierte) Verstorbene" bezogen auf die „kumulierten positiv Getesteten" ergibt. Sie betrug für Deutschland (und für Österreich) zunächst (Sommer 2020) ca.

3–4 % und war damit ein Alarmsignal. Sie diente für Corona-Besorgte für Szenarien, die Schlimmes für die Bevölkerungsgesundheit vermuten ließen.

- Im Frühsommer wurde aber durch einige repräsentative serologische Antikörper-Untersuchungen zunehmend deutlich, dass etwa die doppelte Anzahl der über Nasen-Rachen-Tests ermittelten Infizierten tatsächlich infiziert sind (Universität Innsbruck 2020a[36]). Es gibt also im Mittel möglicherweise etwa genauso viele Personen mit asymptomatischen wie mit symptomatischen Verläufen. Durch solche Studien, deren Ergebnisse wiederum nur mit Fehlermöglichkeiten auf die Bevölkerung hochgerechnet werden können, ergibt sich der „wahre" Durchseuchungsgrad der Bevölkerung. Bezieht man nun die Corona-Toten auf diese Zahl, dann spricht man von der *„Infiziertensterblichkeit"* (Infected Fatality Rate, IFR) bei SARS-CoV-2. Es soll nach heutiger Sicht, Ende 2021, mindestens die gleiche Zahl jener wegen Symptomen positiv getesteten Personen als asymptomatisch Infizierte hinzu addiert werden, was *mindestens eine Verdoppelung der positiv Getesteten* bedeutet (Yanes-Lane et al. 2020[37]). Bei der IFR wird also die Anzahl der mit oder wegen COVID-19 Verstorbenen im *Zähler* auf die (fiktive) Anzahl der Personen mit Antikörpern im *Nenner* bezogen und in einem zweiten Schritt auf die Bevölkerung hochgerechnet. Dadurch tritt ein „Verdünnungseffekt" des Sterberisikos auf, denn auf diese Weise liegt die IFR vom Sommer/Frühherbst 2020 mit etwa 1,5 % deutlich niedriger als die CFR mit 3 %.

- Ein in der Epidemiologie üblicher Hauptindikator ist die, jedoch auf das Kalenderjahr bezogene, *„Mortalität"*, welche die Todesfälle auf die Gesamtbevölkerung und dann meist mit der Zahl der Toten auf 100.000 Einwohner ausdrückt, der noch niedriger liegt. Für COVID-19 wurde im Sommer 2020 der Wert von 0,01 % geschätzt.

Bei Grippe (Influenza) liegt die Mortalität für Deutschland gemäß den Daten vom Robert Koch Institut über mehrere Jahre hin betrachtet bei etwa 0,002 % (Deutsches Ärzteblatt 2020a[38], Deutsche Apothekerzeitung 2019[39]). Allerdings reicht die internationale Abschätzung der Gefährlichkeit der Grippe durch die CFR, je nach Erregerstamm und Studientyp, nach einem Review-Report vor Corona von 1 Toten bis 10.000 Tote bezogen auf 100.000 Infizierte (CRF von 0,01 % bis 10 %!), was bereits für die Einschätzung der Gefährlichkeit der Grippe bisher ungelöste Probleme der Einschätzung aufwirft (Wong et al. 2013[40]). Trotz dieser Zahlendifferenz mit einem möglicherweise 20-fach höheren Mortalitätsrisko für COVID-19 wurde die Mortalität von COVID-19 von einigen Autoren mit jener von Influenza gleichgestellt. Die Mortalität wird jedoch üblicherweise auf das Kalenderjahr – und bei Influenza oft nur auf das Winterhalbjahr – bezogen. Das ist quantitativ-kalkulatorisch vertretbar und methodisch unzulänglich zugleich, denn der Erhebungszeitraum für COVID-19 war damals ja nicht einmal ein Jahr. Das alles ist wissenschaftlich unbefriedigend.

Um zusammenfassend auch die differierende Aussagekraft dieser drei Sterberisiko-Kategorien im Zuge der *irregulär verlaufenden Pandemie* zu verdeutlichen, werden hier zur Verständlichkeit gerundete Zahlen verwendet, die sich im Frühsommer 2020 und Ende 2020 für Deutschland zeigten, denn es geht in dieser Diskussion nur um Größenordnungen und um den Hinweis, dass der Zeitbezug und der Kontext bei der Verwendung der Indikatoren mit darzustellen ist (worldometers 2020[41], ourworldindata 2021[42]):

- Ende Mai 2020 betrug die kumulierte Zahl der Infizierten bezogen auf die Bevölkerung (Infektionsquote) etwa 0,2 % der Bevölkerung (183.000), wobei die CFR ca. 4,6 % betrug (8500 / 183.000). Die hochgerechnete IFR betrug damals etwa 0,5 % (s.o.) und die Mortalität ca. 0,01 % (11/100.000).

- Ende 2020 betrug die Infektionsquote bereits 2,1 % und aufgrund des wellenförmigen Verlaufs mit der „Sommerpause" der Infektion war das Sterberisiko gemäß der CFR 2 % (34.791/ 1,8 Mio.), für die nur schätzbare IFR etwa 0,5 % (oder weniger) und für die Mortalität, wegen der fatalen „Herbstwelle", kann der Wert von 0,04 % geschätzt werden.

Zu beachten ist schließlich bei der Diskussion der Gefährlichkeit von SARS-CoV-2, dass eine niedrige Mortalität bei niedriger Infiziertenzahl trotzdem eine hohe „Gefährlichkeit" des Virus ergibt. Außerdem gab es in den letzten Jahrzehnten keinen dem Corona-Lockdown vergleichbaren Lockdown bei Influenza-Wellen. Das bedeutet, dass die Kennzahlen nicht die Gefährlichkeit des Virus an sich abbilden, sondern die Sterblichkeit unter den dämpfenden Bedingungen auch härterer Lockdowns zu bewerten ist.

In Summe entsteht aufgrund dieser Betrachtungen aus medizinischer Sicht aber trotzdem eher der Eindruck, dass das Virus sehr gefährlich ist.

Diese initiale Gleichsetzung von COVID-19 mit der Grippe erfolgte über einige fachlich versierte Mediziner im Frühjahr 2020, die allerdings die erwähnten methodischen Einschränkungen – auch später – nicht ausdrücklich berücksichtigt hatten. Diese Einstufung von COVID-19 als „Grippe" wurde auch über Massenmedien verbreitet und hatte in der Folge einen gewissen Einfluss darauf, dass sich allmählich eine anwachsende Gruppierung von Corona-Skeptikern bildete, die die Gefährlichkeit des Virus und in der Folge die damit verbundenen regulatorischen Maßnahmen wie Maskentragen, Distancing und Lockdowns nicht akzeptierten. Es bildete sich weit über Fachkreise hinaus eine informelle Gruppe von "Followern", von denen Ende 2020 einige auch den Kern der militanten Corona-Leugner bildet. Dies setzte sich bis Ende 2021 bei Impfgegnern fort.

Abschließend ist anzumerken, dass mit der Genauigkeit, mit der COVID-19 untersucht wird, bisher kaum eine andere Erkrankung der Atemwege untersucht wurde. Diese Ungleichheit erschwert zusätzlich die Einordnung der Gefährlichkeit von SARS-CoV-2 mit den Gefahren der einfachen Influenza.

Die eben dargestellte-Differenz der Wahl der Indikatoren und die damit verbundene Verwirrung innerhalb wie auch außerhalb der Medizin wird verschärft durch die einzelnen methodischen Probleme bei der Datengewinnung und der Einbindung dieser Methoden in einen *theoretischen Rahmen*, der hilft, das Phänomen Corona als Krankheit besser zu verstehen.

Mortalität ist Virusgefahr minus Gegenmassnahmen.

2.4 Die Methodenvielfalt und die Multi-Perspektivität der Medizin

Die Suche nach Verbesserungspotential im „großen Regelkreis" konzentriert sich nun tiefergreifend auf das Problem der „Wahrheitsfindung", also die medizinische Wissenschaft mit ihren laborchemischen Messverfahren und mathematischen Kalkulationsmethoden. Dazu sollen hier die Testungen genauer betrachtet werden.

2.4.1 Das Testen – Die Qualität und die Organisation der Testung zur „Wahrheitsfindung"

Die Labormedizin, insbesondere das Viruslabor, liefert wichtigste Detektionsmethoden, ob eine Infektion mit dem Virus vorliegt oder nicht. Diese Labortests sind die bekannten PCR-Tests (Polymerase Chain Reaction). Die Test-Anlässe sind allerdings sehr unterschiedlich: Symptomträger, Kontaktpersonen, Zufallsstichbefunde bei Massentestungen, Freitestungen, Zutritts-Testungen usw. Diese Unterschiede werden in der Regel nicht in den Datenbanken auseinandergehalten, zumindest was deren öffentliche Präsentation betrifft. Daher können auch die Interpretationen bezüglich der Pandemie-Dynamik nur sehr unsicher sein.

Mit den PCR-Tests kann bei symptombedingter Testung die Ursache einer Erkältungssymptomatik, die eventuell auf das SARS-CoV-2 zurückzuführen ist, oder der Infektionsstatus einer Kontaktperson einer infizierten Person abgeklärt werden. Diese Tests liefern die Daten für die Epidemiologie und dienen im nächsten Schritt zur Beurteilung der Dynamik der Epidemie/Pandemie und auch ihrer Gefährlichkeit. Mit diesen Tests konnte das neue Virus im Frühjahr2020 noch nicht genau genug in den Nasen-Rachen-Abstrichen, die den Symptomträgern entnommen wurden, gemessen werden. So lag die durch *qualifizierte Kontroll-Studien* ermittelte *Sensitivität* (richtig Positive) zwar schon über 90 % und auch die *Spezifität* (richtig Negative) lag über 90 % (CEBM 2020[43]). Der rein technische Teil des Testens hat allerdings bis zum Spätsommer 2020 schon sehr viel an Qualität gewonnen. Es ist jedoch zu bedenken, dass Anzahl der notwendigen Vemehrungszyklen des Virus, die bis zum Nachweis der genetischen Informationen des Virus nötig sind (cycle threshold, ct) abgegrnezt ist (z.B. ct-Wert < 30). Bis zu dieser Schwelle gilt der PCR-Test als positiv, und so wird eine Ja-/Nein-Schwelle gesetzt, die die Virenkonzentration nicht mehr abbildet. Das bringt eine Unschärfe im epidemiologischen Bild mit sich. Eine schnellere organisatorische Abwicklung der Testdiagnostik war Im Herbst 2020 durch die Antigen-Tests möglich. Auch die Ergebnismitteilung durch Nutzung elektronischer Anmeldung und Registrierung wurde beschleunigt.

Nun müssen noch zur Vertiefung der Erörterung der Evidenz-Qualität die Kategorien Sensitivität und Spezifität genauer betrachtet werden.

2.4.2 Testqualität durch hohe Sensitivität und Spezifität

Die Güte eines Tests wird durch mehrere Merkmale bestimmt: Die *Sensitivität*, die besagt welcher Prozentsatz der Kranken bzw. Infizierten durch den Test entdeckt wird, während die *Spezifität* die Quote der richtig als Gesund bzw. als Nicht-Infiziert identifizierten Personen angibt (Tab. 2.1). Beide Testmerkmale sind wesentlich für die Gültigkeit (Validität) und Zuverlässigkeit (Reliabilität) der Tests. Gerade das Merkmal der Spezifität hat bei Erkrankungen mit einem geringen Vorkommen (Prävalenz) – es waren zunächst nur wenige Prozent der Bevölkerung mit Corona infiziert – eine große Bedeutung: Die Anzahl falsch positiv getesteter Personen, die also als infiziert gelten, obwohl sie gesund sind, kann dann einige Tausend Personen umfassen (Abb. 2.4). Eine submaximale Test-Spezifität kann daher bei einer hohen Testquote und einer geringen Prävalenz zu einer beträchtlichen Anzahl von fälschlich unter Quarantäne gestellten Personen führen (Schrappe et al. 2020a[44]).

	Krank	Gesund
Test-Positiv	Sensitivität = 90 %	FP
Test-Negativ	FN	Spezifität = 90 %

	Krank 100	Gesund 900	1000
Test-Positiv	90	90	180
Test-Negativ	10	810	820

Tab. 2.1. Testqualität: Der Zusammenhang von Sensitivität und Spezifität. Falsch Test-Negative (FN) könnten eine Infektionskrankheit verbreiten, während falsch Test-Positive (FP) bei einer seltenen Erkrankung, also bei vielen Gesunden in der Bevölkerung, und bei einer hohen Quote ungerichteter Tests eine hohe Anzahl an Menschen mit Krankheitsverdacht ergibt, ohne dass eine Krankheit vorliegt.

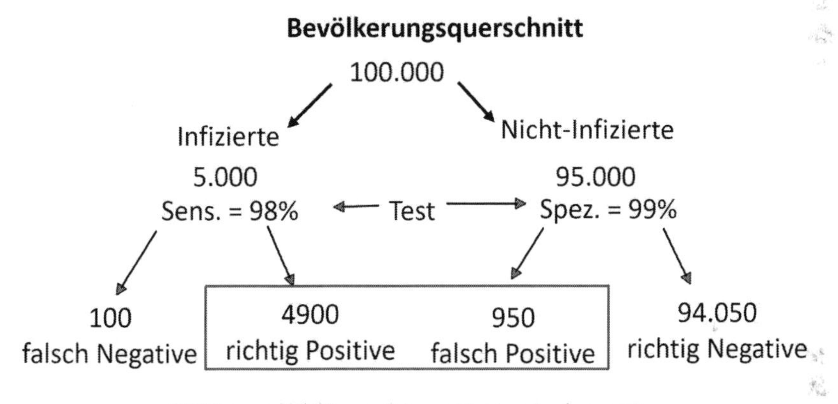

Abb. 2.4 Die konkreten Auswirkungen der Testcharakteristik. Bei 5 % Infizierten in einer Population von 100.000 getesteten Menschen ergibt ein Test mit einer Sensitivität von 98 % und einer Spezifität von 99 % bei nur 83,7 % der Test-Positiven tatsächlich Infizierte. Das zeigt das Problem der *Validität* der Zahl der täglich Neuinfizierten, die eigentlich nur Test-Positive sind!

2.4.3 Testen, Testen, Testen: ein Mythos der Wahrheitsfindung

Im Herbst 2020 gab es durch die Bereitstellung von Schnelltests, Antigen-Tests usw. eine Vielzahl an hilfreichen Testmöglichkeiten. Daher wollte die Slowakei durch Massentest die nationale Pandemie unter Kontrolle bekommen. Mit viel Aufwand wurde eine umfassende personalisierte Erhebung durchgeführt. Dadurch sollte das Contact-Tracing verbessert werden, was aber nicht zufriedenstellend gelang (Tagesschau.de 2020[45], Pavelka et al. 2021[46]). Auch in Österreich wurden 2020 kurz vor Weihnachten Massentests durchgeführt, die aber schlecht angenommen wurden: Da die Tests nur für 48 oder 72 Stunden als gültig eingestuft wurden, war diese Testung für die anstehenden Weihnachtsferien für die Menschen nicht nützlich. Erst gegen Mitte der Vorweihnachtswoche kam es zu einem Sturm auf die Testzentren, die dann überfordert waren. Dies ist ein Hinweis für eine allzu schreibtischzentrierte Sicht im Pandemie-Management und es fragt sich immer wieder: Wo bleibt der Mensch in der Planung, welches Menschenbild wird zugrunde gelegt?

Aber auch das Hauptziel der Pandemie-Kontrolle wurde verfehlt, denn in vielen europäischen Ländern (und darüber hinaus) folgte um Weihnachten 2020 eine dritte schwerwiegende Pandemie-Welle.

Das exzessive und unselektive Testen als Strategie der Früherkennung einer gefährlichen Pandemie-Dynamik ist also zumindest *ineffizient*. Österreich hat die Strategie gewählt, anhaltend die höchste tägliche Testquote auf die Bevölkerung bezogen zu erreichen (ca. 3 %; Deutschland: ca. 0,1 %), es ist aber nicht in der Lage, die ohnehin geringe Quote der Test-Positiven (meist < 1 %) angemessen zu verwerten. So werden in Österreich für 2021 staatlicherseits schätzungsweise bis zu 1,8 Mrd Euro Ausgaben für Tests geschätzt, für eine epidemiologisch und auch für die Pandemie-Dämpfung nur begrenzt sinnvolle Maßnahme (Kurier.at 2021[47]). Die Testlabors waren darüber aber wohl zufrieden.

Die Daten und die Wirklichkeit – fragliche Qualität der Indiaktoren

Die Idee der erwähnten Massentests besteht darin, möglichst nahe am Infektionsgeschehen zu sein. Die Dunkelziffer von unentdeckten Clustern ist allerdings nicht gleichverteilt, das schränkt die Aussagekraft ein. Ein tiefergreifendes Problem besteht allerdings bei dem Prinzip: „Je mehr wir testen, desto mehr Fälle finden wir“. Diese Sichtweise hat nämlich im September 2020 in Österreich zur *Unterschätzung* der dann deutlich erkennbar exponentiell ansteigenden Inzidenzzahlen geführt. Die Folge war eine kaum mehr ohne harten Lockdown dämpfbare Pandemie-Dynamik. Die Behördenvertreter kommunizierten bedauerlicherweise, dass der Anstieg der Fälle durch mehr Testungen bedingt sei: „Wir finden mehr Infizierte, weil wir mehr testen!“ Das war ein Fehler, der die Kapazitätsgrenzen des Gesundheitssystems für das Contact Tracing überforderte und dann zu einem steilen, nur mehr durch einen harten Lockdown dämpfbaren, Anstieg führte.

Die zunächst einleuchtende Aussage, dass mehr Tests mehr Fälle ergeben, ist nur begrenzt gültig. Dem widersprechen zunächst schon empirische Argumente, die jedem genauen Beobachter zugänglich sind (Abb. 2.5): Im Sommer 2020 wurde in Deutschland die Zahl der *Tests erhöht*, aber dennoch blieb die Zahl der neu Infizierten annähernd *gleich* (Abb. 2.5 A). Im Spätherbst wurde die Zahl der *Tests reduziert*, aber die Zahl der Test-Positiven *stieg an* (Abb. 2.5 B) und schließlich blieb die Zahl der *Tests gleich*, aber die Zahl der Test-Positiven sank auf ein *niedrigeres Nive*au (Abb. 2.5 C).

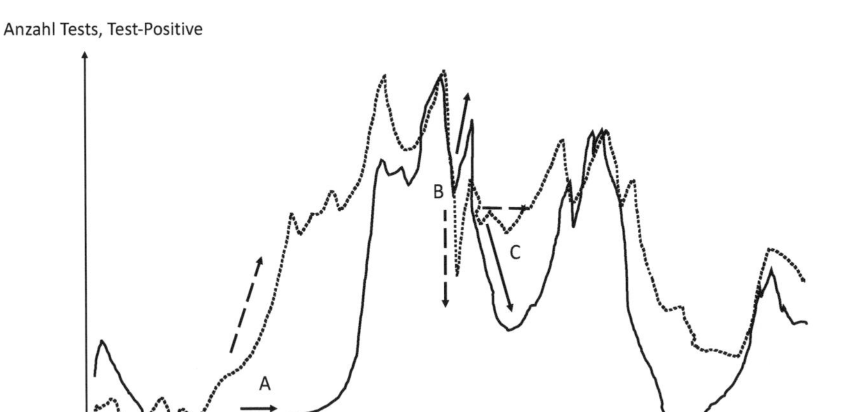

Abb. 2.5: Schwache Testeffizienz beim Screening (Deutschland): Anzahl der Tests auf 1000 Einwohner (gestrichelte Linie) und Veränderung der täglichen neuen Test-Positiven (Inzidenz) pro 1 Mio. Einwohner (durchgezogene Linie).
Inkongruenzen der Aussage „Mehr Infizierte durch mehr Tests" finden sich bei:
(A) steigender Testanzahl und gleichbleibender Inzidenz der Test-Positiven,
(B) sinkender Testanzahl und ansteigenden Test-Positiven und
(C) gleichbleibender Testanzahl und sinkenden Test-Positiven.
Anmerkung: Ordinate auf Maximum beider Kurven normiert, Abszisse mit Daten von Frühjahr 2020 bis Herbst 2021
Quelle: Ourworldindata (https://ourworldindata.org/covid-vaccinations eigene, vereinfachte Darstellung)

Aber auch theoretische Überlegungen zeigen, dass diese Aussage nicht voll zutrifft: Wenn es dort im Teich, wo man fischt, viele Fische gibt, dann führt mehr Angeln zu mehr gefangenen Fischen. Wenn es aber wenige Fische gibt, dann führt mehr Angeln nicht ohne weiteres zu mehr gefangenen Fischen. Und: Wenn man an der falschen Stelle fischt, dann kann man, obwohl im Teich viele Fische sind, die sich aber auf eine andere Stelle konzentrieren (Cluster), keine fangen (Abb. 2.6). Das ist wegen der *heterogenen und geclusterten Verteilung der Infizierten* und der Orte vieler Infektionen (Hot Spots), die man aber erst im Nachhinein identifizieren kann, grundlegend anzunehmen.

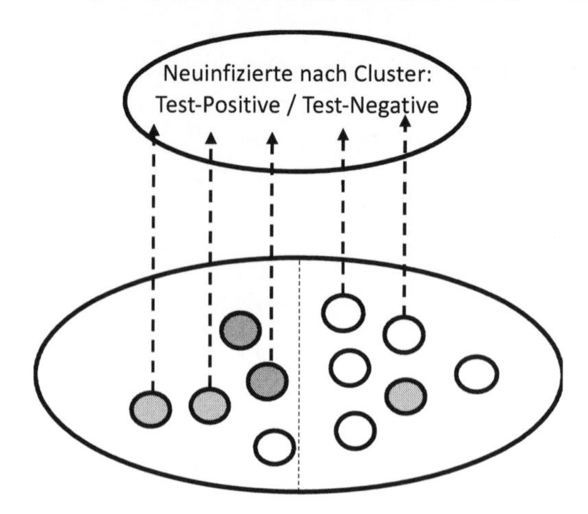

Abb.2.6: Prinzipielles Problem *räumlich geclusterter heterogener Epidemien*: Wenn man im linken Bereich des Pools, beispielsweise der Symptomträger, „fischt", dann finden sich viele Test-Positive („Infizierte"), während im rechten Bereich der Asymptomatischen und auch Nicht-Infizierten („Kontaktpersonen") die Ausbeute gegen Null gehen kann, also viele Test-Negative gefunden werden.

2.4.4 Organisationsaspekte des Testens

Die Laborseite dürfte also technisch betrachtet sehr valide und zuverlässig sein, jedoch ist die gesamte *Testprozedur organisatorisch problematisch*: Von der Anfrage des Betroffenen über die Probenentnahme bis zur Ergebnismitteilung dauert es manchmal mehrere Tage, und so sind auch die Test-Negativen bis zur Befundung einige Tage quarantänisiert. Aus diesen Gründen wurden vermutlich Tausende Personen in Deutschland und in Österreich aus ihrem Arbeitsleben herausgenommen. Das betrifft auch das Tracing der *Kontaktpersonen*. „Schnellere" Tests beschleunigen diese Prozedur, aber es fehlt wohl das Personal an relevanten Stellen im epidemiologischen Monitoring-System.

In nicht wenigen Fällen der mangelhaften Erkennung der Epidemie-/Pandemie-Dynamik und verzögerter oder undifferenzierter Implementierung von Regulierungsmaßnahmen liegt ein behördliches Organisationsversagen vor, dessen strukturelle Ursachen dringlich beseitigt werden müssten. Das war auch den Behörden teilweise selbst bekannt. Die dazu immer wieder aufkommende Idee, diese Defizite durch Einsatz von *Polizei* und *Militär* von der Probenentnahme bis zur Quarantänekontrolle zu kompensieren, sind Hinweise auf *mangelnde exekutive Organisationskompetenz* der öffentlichen Hand im Gesundheitsbereich, wenn nicht vorher schon alle Personalressourcen von Gesundheitsberufen und -anwärtern aktiviert worden sind. Auch ist in Deutschland die Unterordnung des öffentlichen Gesundheitsdienstes unter die Kreisverwaltungsbehörden ein strukturelles Hemmnis für suffizientes Problemmanagement der Public Health-Einrichtungen gewesen.

Es ist auch nicht problematisiert worden, dass jede Interaktion mit Polizisten bzw. Soldaten eine andere Qualität hat als dies mit Gesundheitspersonal der Fall ist: Es kann keine *Empathie* erwartet werden, die Nicht-Einwilligung zum Mitmachen bei Maßnahmen kann zu Straftatbeständen eskalieren bis zur Anwendung von Gewalt. Alleine diese Vorstellung zu entwickeln zeigt, auf welch dünnen Beinen die vielbeschworene europäische Demokratie steht. Immerhin wurde in Österreich ein Pflegeheim vom Militär übernommen, als das Management vermutlich völlig überfordert war (steirermark.orf.at 2020[48]). Diese Situation kann sich bei extremen Infektionswellen wiederholen.

2.4.4.1 Die Strategie des „Test-Trace-Isolate" und die Digitalisierung

Ist eine Person als test-positiv identifiziert worden oder ist sie deren Kontaktperson, dann muss sie in Quarantäne. Die Rückverfolgung der Infektionsquelle aus dem Pool der Kontaktpersonen ist daher von großer Bedeutung, und auch die mögliche Ausbreitung der Infektion durch die identifizierte Person ist relevant für die Pandemie-Dynamik. Das jeweilige Zeitfenster der Infektiosität wird im Bereich von etwa 4 bis 7 Tagen (und auch mehr Tagen) angenommen. Auf diese Weise kommt eine größere Anzahl von Personen in Betracht, deren Kontaktierung mit Papier-und-Bleistift-Methoden sehr personal- und zeitaufwändig ist. Es wird allgemein geschätzt, dass ab einer Unterschwelle der Effizienzrate des „Test-Trace-Isolate" (TTI) von etwa 33 % das System die Infektionswelle nicht mehr kontrollieren kann (Contreras et al. 2020[49], Linden et al. 2020[50]). Aus diesem Grund wurde vorgeschlagen und zunehmend auch – in Wellen – propagiert, dass eine Corona-App am Mobiltelefon verwendet werden soll: Bei Kontakten, die länger als 15 Minuten bei einer Distanz von 2 Metern stattfinden, wird die IP-Adresse der Kontaktpersonen pseudonymisiert für etwa 14 Tage gespeichert, sodass im Falle der positiven Testung einer Person die jeweiligen Kontaktpersonen elektronisch verständigt werden, die sich dann testen lassen sollen.

Die Effektivität dieser elektronisierten Methode, die in China, Taiwan, Singapur, und anderen Ländern intensiv eingesetzt wurde, ist nicht ausreichend empirisch untersucht worden. Die meisten Studien beruhen auf *Modellrechnungen* und *Simulationen* und wurden teilweise auch von Instituten betrieben, die in der informations- und kommunikationstechnologischen Branche tätig sind. Es ist daher auch möglich, dass die überwiegend positiven Einschätzungen der Wirksamkeit von Corona-Apps auch interessenbedingt sind.

Aktuelle Befunde in Großbritannien zeigen, dass die dort eingesetzte Corona-App in einer Woche bis zu 600.000 Menschen in die Quarantäne versetzte, sodass sogar in „systemrelevanten" Bereichen, wie in Supermärkten, zeitweise ein Versorgungsstillstand eintrat (Reuters.com 2021[51]). Deshalb wurde die Schwellenerhöhung diskutiert.

Auch der elektronische Nachweis, geimpft, genesen oder getestet zu sein, ist datenschutzrechtlich nicht unproblematisch. Die in Österreich im Frühjahr 2021 anvisierten Maßnahmen, parallel zur Impfung auch den Besuch verschiedener Geschäfte, Gaststätten, Kultureinrichtungen und Veranstaltungen zu erlauben, fokussiert auf ein elektronisches Zertifikat, das unter anderem einen negativen Test dokumentieren soll. Dazu werden allerdings die zentral registrierte Einrichtung, die die betreffende Person besuchen will, (z.B. ein Lokal) und der QR-Code der Person ausgetauscht. Dies geschieht über eine zentrale Datenbank, die also Bewegungsdaten und Gesundheitsdaten der Person beinhaltet und auch Daten zu der Betriebsstätte umfasst. Auf diese Weise können Administratoren Personen- bzw. Betriebsbezogene Meta-Daten analysieren: Was technisch möglich ist, das wird auch gemacht! Die datenschutzrechtlichen Probleme sind nicht transparent, sie werden mit dem Argument „Zurück zur Normalität" überschattet, was daher die gequälte Bevölkerung mit Freude aufnimmt. Kritisches wird nicht mehr gerne gehört! Potentiellen Daten-Missbrauch nimmt man billigend in Kauf.

Tatsächlich scheint aber diese Methode ohne zusätzliche unspezifische Maßnahmen nicht ausreichend wirksam zu sein: Die Prävalenz der aktiven Infizierten mit der damit verbunden absoluten Zahl der Neuinfizierten überfordert die personelle und organisatorische Kapazität des Gesundheitswesens, sodass verschieden Autoren eine Zero-COVID-Strategie forderten, die durchwegs auch ökonomische Aspekte aufgreift (Meyer-Hermann et al. 2020[52]). Allerdings handelt es sich hierbei eher um eine theoretisch begründete Strategie, die wenig lebensweltlichen Bezug zum Leben der Bürger und Bürgerinnen zeigt.

2.5 Wirkungsanalyse von Lockdowns – Datenanalyse ohne Theorie?

Eine der größten Herausforderungen für die Medizin als Handlungswissenschaft besteht in der *Evaluation der Wirksamkeit* von Interventionsmaßnahmen wie beispielsweise einer Therapie oder eines Präventionsprogramms. Grundlegend ist bezüglich der Corona-Pandemie davon auszugehen, dass die *Zielvariable* – die tägliche Inzidenz oder abgeleitete Variablen – das *Resultat* der Einwirkung verschiedener *Bedingungsvariablen* ist. Dies entspricht der Heuristik eines *Stimulus-Response-Modells,* wobei auch die *Latenz der Reaktion* festgelegt werden muss, die als Folge der Intervention zu sehen ist (z.B. 10 Tage), also etwa die Reduktion der Inzidenzzahl als Folge eines harten Lockdowns.

Im Sinne dieses Modells ist es für die Bewertung des Umgangs mit COVID-19 zunächst schwer zu begründen, welche *Ziel-Indikatoren,* und zwar welcher Mix davon, als Response, das heißt als *Outcome-Variablen,* herangezogen werden soll: Die *Anzahl der Tests/Mio. Einwohner, die kumulierten Infektionszahlen, die Änderungsrate der täglichen Neuinfizierten, die Wochen-Inzidenz von < 50/100.000 Einwohner, die Hospitalisierungsrate, die Rate der COVID-Intensivpatienten, die Mortalität, die Letalität,* oder auch das *Bruttosozialprodukt,* da es um die gesamtgesellschaftlichen Effekte geht.

Dann ist zu klären, welche *Bedingungsvariablen des Outcomes,* wie beispielsweise das Ausmaß der Maskenpflicht, die Bewegungsfreiheiten, Regularien für öffentliche Räume, aber auch der Zugang zu medizinischen Versorgungsstrukturen usw. betrachtet werden sollen, und wie sie erhoben und gemessen werden können. Bei derartigen Analysen ist zwar davon auszugehen, dass die einzelnen Restriktionsmaßnahmen nur im Bündel zu sehen sind, und dass aufgrund der Inkubationszeit des Virus etwa eine Woche bis 10 Tage nach Setzen der Maßnahmen eine Minderung der Inzidenz zu erwarten ist. Aber dabei sind viele Unschärfen zu beachten. Vor allem ist zu bedenken, dass das bereits dargestellte Problem des *Zeitlaufs der Datenerfassung* (z.B. Meldeverzögerungen) zu einer Ungenauigkeit führt, die erheblich sein kann. Immer wieder mussten Behörden die Zahlen im Nachhinein korrigieren.

Nun soll dieses analytische Problem etwas vertieft werden.

2.5.1 Das Problem des Indikatoren-basierten Krisenmanagements – Inzidenz oder Reff als Outcome-Variable und Steuerungsparameter?

Es ist nicht nur wissenschaftlich, sondern auch politisch wichtig, dass ein reliabler und valider epidemiologischer *Indikator als Steuerungsparameter* für das Epidemie-/Pandemie-Management verwendet wird. Dazu eignen sich zunächst die Absolutzahl der *Tages-Inzidenz* und die (effektive) *Reproduktionszahl* Reff, die besagt wie viele Personen eine infizierte Person weiter ansteckt.

Insofern Epidemien sich wegen des Ansteckungsmechanismus ähnlich wie eine periodische Verzinsung gut über exponentielle Funktionen mathematisch beschreiben lassen, sind mathematische Indikatoren des exponentiellen Wachstums wie das *Verdoppelungsintervall* (3–4 Tage) oder die *Reproduktionszahl* zu Beginn der Epidemie (R_0) bzw. die effektive Reproduktionszahl im Laufe der Epidemie (R_{eff}) nützlich, um die Dynamik der Epidemie/Pandemie verständlich abzubilden. Die R_{eff}, soll höchstens 1 betragen, da dieser Wert bedeutet, dass eine infizierte Person (innerhalb eines zu definierenden Intervalls) nur eine weitere Person ansteckt. Bei größeren Werten beginnt wieder der exponentielle bzw. nichtlineare Anstieg der epidemiologischen Zahlen. Die besondere Schwierigkeit der Reproduktionszahl liegt aber darin, dass sie rückblickend auf mehrere Tage bezogen berechnet werden muss (Schrappe et al. 2020a[53], S. 33). Diese Problematik wurde bereits im Frühjahr 2020 in der kritischen Fachwelt diskutiert,sie blieb aber ohne Wirkung auf die praktische Pandemie-Politik.

Es geht daher um die zentrale Frage, wie der *Effekt der Maßnahmen deskriptiv* am besten erfasst werden kann – über die Inzidenzzahl oder R_{eff} oder andere Indikatoren? Dazu zwei Beispiele *zu Beginn der Pandemie in Österreich und Deutschland.*

2.5.1.1 Die Maßnahmen in Österreich

In Österreich wurde am Freitag, den 13. März 2020, über eine Pressekonferenz der Bundesregierung ein harter Lockdown angekündigt, der am Montag, den 16. März 2020, in Kraft trat (vienna.at 2020[54]). Betrachtet man die täglichen Inzidenzzahlen, dann ist bis etwa 26. März ein Anstieg und dann ein Wendepunkt erkennbar (Abb. 2.7). Das sind 10 Tage Latenz. Verwendet man die R_{eff} als Steuerungsindikator, dann zeigt sich, dass der Wert bereits *vor* dem 13. März zurückgeht! Die realistischere Inzidenzzahl klingt aber erst ca. 10 Tage nach Inkrafttreten der Maßnahme, also am 26. März, ab.

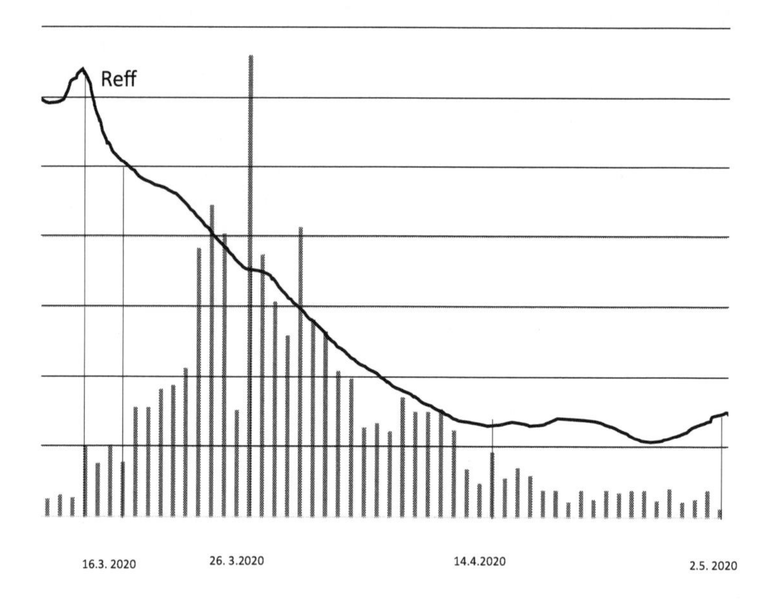

Abb. 2.7: Die schlechte Indikatorqualität der effektiven Reproduktionszahl R_{eff} als Steuerungsparameter für Präventionsmaßnahmen im Vergleich zu der täglichen Inzidenz der Test-Positiven (Kurve für Österreich): Die R_{eff} fällt bereits seit Freitag, den 13. März 2020, an dem der harte Lockdown angekündigt wurde, obwohl die Inzidenz (graue Balken) bis 26.3. ansteigt. Der danach auftretende Abfall der Inzidenz spiegelt sich nicht als verstärkter Abfall in der Kurve von der R_{eff}.
Datenquelle: AGES 2020[55], BMSGPK 2021[56], eigene Darstellung

2.5.1.2 Die Maßnahmen in Deutschland

In Deutschland erfolgte bereits am 9. März eine Absage von Großveranstaltungen, die Bund-Länder-Vereinbarung zu den Leitlinien wurde am 16.3. auf den Weg gebracht und das bundesweite Kontaktverbot wurde am 23. März implementiert. Auch in dieser Hinsicht besteht das Problem, dass die R_{eff} bereits unmittelbar nach dem 9. März abklingt, aber dann nach den weiteren Maßnahmen nicht „besser" wird (Abb. 2.8).

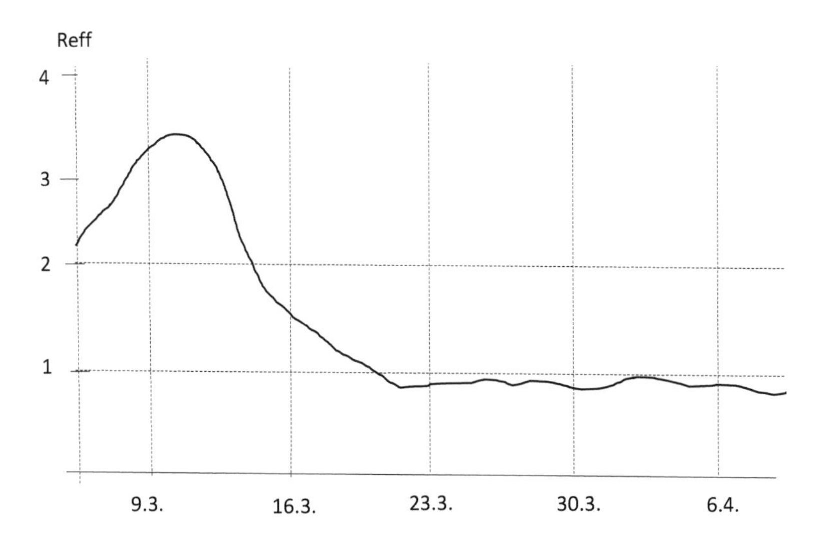

Abb. 2.8: Verlauf der effektiven Reproduktionszahl R_{eff} von Anfang März 2020 bis Anfang April 2020 in Deutschland. Die senkrechten gestrichelten Linien kennzeichnen die Absage von Großveranstaltungen (9.3.), die Verabschiedung der Leitlinien (16.3.) und das bundesweiten Kontaktverbot (23.3.20). Die R_{eff} zeigt nach Großveranstaltungen die entscheidende Wende, die anderen Maßnahmen spiegeln sich nicht in der R_{eff}.
Datenquelle: modif. nach Schrappe et al. 2020a[57].

2.5.2 Welcher Unterschied IST ein Unterschied?

Die oben dargestellte Inkonsistenz lässt sich auch für die Schweiz finden (Schrappe et al. 2020a[58]). Das kann nun im Wesentlichen dreierlei bedeuten:

a. Dass zeitlich vorgelagerte Maßnahmen wie das Veranstaltungsverbot, vor allem deren Ankündigung, bereits sehr wirksam waren.
b. Dass die R_{eff} ein nicht so guter Steuerungsparameter ist.
c. Möglicherweise ist beides richtig.

Für (a) spricht, dass in Österreich bereits etwa eine Woche vor dem 13. März Abstandsempfehlungen im öffentlichen Leben kommuniziert wurden. Vorsichtige Menschen haben sich bereits in der ersten Märzwoche mit Abstandhalten usw. vorsorglich verhalten. Auch stärkere Einreisekontrollen (z.B. Fiebermessen am Flughafen) erfolgten und ab 10. März 2020 galt das Verbot von Großveranstaltungen.

Für (b) spricht, dass die Inzidenz mit der plausiblen Latenz von etwa 10 Tagen abnimmt. Aus diesem Grund hat der Münchener Statistiker Helmut Küchenhoff vorgeschlagen, nicht die R_{eff}, sondern den Wendepunkt als „Bruchpunkt" der Zeitreihe der Inzidenzzahlen als Marker für Änderungen im Kurvenverlauf zu verwenden, was als guter Eckpunkt für Effekte einer Maßnahme dienen kann (Küchenhoff et al. 2021[59]): Dieser Kennwert, der als Abweichung des jeweiligen Erwartungswertes im Rahmen einer bestimmten statistischen Verteilung (Poisson-Verteilung) ermittelt wird, nutzt die Rohzahlen der Inzidenz (die natürlich geglättet werden müssen) und benötigt keine weiteren Berechnungen wie die Reff. Er ist damit unmittelbar nachvollziehbar, damit für die Politik praktisch und erlaubt auch Laien die Situation nachzuvollziehen. Allerdings bleiben die grundlegenden Noise-Faktoren als statistisches Rauschen in den Zahlen aufgrund der vorher genannten meldeorganisatorischen Variablen bestehen und müssen mitbedacht werden.

Für (c) sprechen eben die Indizien für die Treiber-Qualität der Großveranstaltungen und die schlechte Eignung der Reff als Steuerungsparameter.

Zur Frage der Indikatoren wurde zwar schon vorher deutlich, dass Defizite bei der Testung und *Meldeverzögerungen* zu einer Unschärfe der Daten führen. Dennoch ist die Zahl der täglich *Neuinfizierten* der wichtigste intuitiv verstehbare Indikator, der auch als gleitender *Mittelwert* über die letzten 7 Tage und als *Rate*, bezogen auf den letzten Tag, dargestellt wird. Wählt man diese Zahl als einen Leitparameter im Pandemie-Management, dann ist das wohl die beste Wahl. Die weiteren Steuerungsparameter, wie die Anzahl der täglichen Hospitalisierten und die Belegung der Intensivbetten, bergen ähnliche Probleme, haben aber auch Steuerungsrelevanz für das gesellschaftliche Setting, nämlich einen Lockdown zu verhängen oder nicht.

Damit entsteht der Eindruck, dass die technische Sensitivität des Corona-Managements nicht so gut fundiert ist, wie sie erscheint. Es gibt dazu allerdings kaum eine echte Alternative. Nachdem nun die Outcome-Variablen kritisch betrachtet wurden, geht es um die Effekt-Analyse der Regulierungs-Maßnahmen.

2.5.3 Erkenntnisprobleme der Datenempirie

In diesem Abschnitt wurde das grundlegend nützliche *Stimulus-Response-Modell* als Untersuchungsschema vorausgesetzt, etwa in der Form, *dass ein Lockdown* als Stimulus das Abklingen der Inzidenz bewirkt. Abgesehen von den Datenproblemen ist dieser Ansatz aber nur begrenzt passend, da die Bevölkerung nicht eine Masse von kleinen Maschinen, sondern ein Kollektiv *bewusst erlebender und antizipierender Wesen* ist. Das bedeutet wie erwähnt, dass die Menschen bereits auf Ankündigungen eines Lockdowns vorausschauend reagieren und nicht erst, wenn das betreffende Gesetz verabschiedet wurde, oder wenn der Tag der Gültigkeit eintritt. *Menschen sind* grundlegend sich *selbstorganisierende Wesen*! So wurde in Österreich beim ersten harten Lockdown am Freitag, den 13. März, diese Maßnahme für den Montag, den 16. März 2020, angekündigt, mit der Folge, dass am Samstag, den 17. März, die Supermärkte gestürmt wurden und es in der Folgewoche einige Tage Versorgungsprobleme gab. Auch bei der Lockerung des Lockdowns beobachten Menschen zunächst genau, wie sich die Situation in ihrem Lebensumfeld entwickelt: Als die Gastronomie im Juni 2021 wieder öffnen durfte, war die Auslastung zunächst weit unter 30 %. Ähnlich war die Situation in Deutschland.

Diese Verhältnisse kennt man als Forscher, der in dem jeweiligen Land wohnt, aber sie spiegeln sich nicht in den internationalen Datenbanken. Daher ist bei den Ländervergleichen der einzelnen Interventionen die zeitliche Lokalisation zwischen *Ankündigung* und Inkrafttreten und *Durchsetzung* nicht genau genug unterschieden worden, was bei großen Studien, die Dutzende von Ländern umfassen und bei Nutzung der offiziellen Datenbanken – auch von der WHO oder vom Center of Disease Control (CDC) und ähnlichen Organisationen – äußerst problematisch in Hinblick auf die Fehlerabschätzung und damit für die Resultate und deren Interpretation ist. Das betrifft die im nächsten Abschnitt erwähnten multivariaten und Big Data-Analysen.

Versucht man noch, den *Dynamik-Aspekt* zu berücksichtigen, nämlich dass sich sowohl die zumindest in ihrer Wirkstärke unbekannten Treiber verändern, wie auch die Präventionsmaßnahmen variieren, bzw. die Pandemie-Müdigkeit die Adhärenz der Bevölkerung verändert, dann wird die *Erkenntnissicherheit zur Effektivität der Maßnahmen* nochmals erschüttert. Gerade der Dynamik-Aspekt rät deshalb zu einer später ausgeführten systemtheoretisch begründeten Rahmenperspektive, welche die Epidemie und deren Kontrolle in einem *Regelkreis*, also einem operationell geschlossenen System, abbildet. Eine der wichtigsten Aufgaben der Modellierung besteht nämlich in der Vorhersage der Pandemie-Dynamik.

Schlechte Daten sind in Krisen unvermeidlich, das sollte allseits akzeptiert werden, aber so sind „vernünftige“ Maßnahmen angreifbar.

2.5.4 Multivariate Analyse – Welcher Unterschied MACHT einen Unterschied?

Das Problem der zeitlichen Lokalisation der Reaktion der Epidemie auf eine Ordnungsmaßnahme wird verschärft durch die Notwendigkeit, die Wirksamkeit *vieler Einzelmaßnahmen* zu beurteilen. Dabei hilft die *multivariate Analyse.* Sie kann in Hinblick auf die differentielle Wirksamkeit der Maßnahmen nur im Ländervergleich durchgeführt werden, etwa wenn die *Differenz der Outcome-Indikatoren* (Inzidenz) zwischen den Ländern auf die *Differenz im jeweiligen Maßnahmenbündel* (harter versus weicher Lockdown) als Input kausal zurückgeführt werden kann.

Bereits zur Frage nach der *Wirksamkeit von Einzelmaßnahmen* wie die Nutzung eines Mund-Nasen-Schutzes (MNS) bestand lange Unklarheit, sowohl statistisch als auch atemphysiologisch. Einerseits sind Masken bei Infektionskrankheiten über hundert Jahre in Verwendung und werden als Schutz in der Chirurgie genutzt. Demnach hat Masken-tragen beim Einkaufen und bei sonstigen Aktivitäten mit hoher Personen-Dichte und vor allem in kleinen Räumen bereits augenscheinlich Schutzeffekte. Allerdings ist die wissenschaftliche Basis, die Kriterien der evidenzbasierten Medizin erfüllt, für die COVID-19-Pandemie schwächer, als man glaubt, denn es existieren nur Bruchstücke an Evidenz, die den Nutzen der Masken *plausibel machen,* wie Simulationsstudien, Labortests mit COVID-19-Kranken usw. zeigen (EbM-Netzwerk 2020a[60]).

Eine besonders kontroverse Maßnahme betrifft die Schließung von Kindergärten und Schulen: Die Kinder sind *Spreader,* aber sie werden selber kaum krank, manche Studien zeigen positive Effekte von Schul-Schließungen, manche nicht.

Interessant war aber bereits zu Beginn der Pandemie die Grundfrage, welche der verschiedenen Maßnahmen der Pandemie-Dämpfung, wie sie die verschiedenen Länder praktizieren, wie stark wirksam sind. Daher wurde versucht, aus vorliegenden Datenbanken durch *multivariate Korrelationsanalysen* die relevanten Variablen „herauszurechnen“ (Flaxman et al. 2020[61]). Allerdings konnten dies offensichtlich auch Big Data-Analysen nicht realisieren, wie sie von einigen Instituten publiziert wurden, zumal sie über die vorher genannten methodischen Mängel hinwegsehen und außerdem weitgehend ohne inhaltlich-theoretische Fundierung erfolgen (Antes 2020[62]). Das war zwar Anfang 2020 sicher ein guter Weg zur Erkundung der Optionen, er hat aber zu einer Vielzahl von Fehleinschätzungen geführt, die, wenn die Analysen *theoriegleitet* und *nicht datengeleitet* gestaltet worden wären, vermeidbar gewesen wären: Es hätte dann bei der retrospektiven Realitätskontrolle der Forschungsergebnisse eine *hypothesengeleitete und inhaltliche Fachdiskussion* stattfinden können und nicht nur eine *datenzentriete Diskussion.* So war nur der stereotype Satz zu hören: „Die Daten sagen, dass ...". Leider argumentieren wir noch immer datenzentriert und theoriebefreit statt theoriezentriert und datenbasiert.

Hilfreich wäre also eine Art *theoretisch begründete hypothetische multivariate Master-Gleichung* gewesen, auf die man Bezug nehmen könnte, die es aber so noch immer nicht gibt. Eine derartige Theorie- bzw. Hypothesen-zentrierte Diskussion wäre hilfreich gewesen, da sie ein Konvergenzpunkt hätte sein können*: Welche Daten sprechen dafür, welche dagegen?*

Eine derartige Gleichung würde beispielsweise die Zahl der Neuinfizierten y als Ergebnis der Wirksamkeit von *Risikofaktoren* (z.B. Großveranstaltungen) minus *Schutzfaktoren* (z.B. Impfung) definieren, die anders formuliert als die Pandemie *treibende Faktoren und dämpfende Faktoren* verstanden werden können. Diese treibenden Faktoren sind beispielsweise eine hohe Kontaktdichte der Menschen, dämpfende Faktoren sind Maskentragen, hohe Außentemperaturen, da die Menschen sich stärker im Freien aufhalten und auch das Virus eine geringe Resistenz gegenüber der Temperatur und der UV-Strahlung durch die Sonne hat. Allerdings ist die Luftfeuchtigkeit wieder ein externer fördernder Faktor. Interkorrelationen dieser Variablen sind dabei zu beachten.

In ihrer Grundform entspräche diese Gleichung dem Muster von *multiplen Regressionsgleichungen* (Backhaus et al. 2016[63]):

$$Y = a_0 + (a_1{}^*X_{R1} + a_2{}^*X_{R2} + ... + a_n{}^*X_{Rn}) - (b_1{}^*X_{S1} + b_2{}^*X_{S2} + ... + b_n{}^*X_{Sm}) + \text{Error}$$

Dabei steht die abhängige Variable Y für die Inzidenzzahlen der untersuchten Populationen, und a und b sind die Koeffizienten der einzelnen unabhängigen Variablen X. Die Variablen X_R stehen für Risikofaktoren bzw. Treiber wie hohe Kontaktdichte und die Variablen X_S als Schutzfaktoren bzw. Dämpfer wie hohe Außentemperaturen. Sie bestimmen in ihrem Verhältnis zueinander inklusive der Error-Variable für die Zufallsstreuung im Prinzip die resultierende Inzidenz. Die Variablen müssten aus einer *inhaltlichen Theorie* abgeleitet werden, die wohl in geeigneter Form nicht vorhanden ist.

Unter Nutzung entsprechender *Datenmatrizen* könnten dann im lokalen, regionalen und internationalen Vergleich kausale Hypothesen generiert werden. Diese bilden mit den *Spalten* die hypothetischen Wirkgrößen ab (Kontaktdichte, Temperatur, Mobilität usw.) und mit den *Reihen* die Inzidenzen der einzelnen Länder oder Städte. Auf diese Weise können die Varianzen und Kovarianzen dieser Variablen untersucht werden. Bei kleineren Matrizen dieser Art können auch Kasuistiken mit Extremwerten qualitativ diskutiert werden: Warum sind in Israel oder in Portugal im Sommer immer wieder hohe Inzidenzzahlen aufgetreten, was wegen der Temperatur-Sensitivität des Virus und der Neigung der Menschen, sich im Freien aufzuhalten, unplausibel ist? Spielt die hohe Luftfeuchtigkeit eine erklärende Rolle? Oder insuffiziente Klimaanlagen? Dazu müssten diese Messungen in die Matrix eingefügt werden usw. So ließe sich die Konsistenz der aus den Daten gefundenen Hypothesen steigern: Welcher Befund widerspricht der Hypothese und wenn ja, warum? Es müsste also von der pragmatischen Datenanalyse ausgehend eine hypothetische Gleichung formuliert werden, die wieder an neuen Datensätzen getestet werden müsste, mit der Folge der Optimierung dieser Gleichung, die dann verschiedenste Datensätze besser erfassen ließe und dann schließlich als Leitkonzept für Interventionen dienen könnte.

Mit dieser Vorgehensweise, die allerdings von einer adäquat multidisziplinär zusammengesetzten Gruppe an Forschern vorangetrieben werden müsste, könnten systematisch neue Hypothese gewonnen werden und nach einiger Zeit könnte induktiv eine differenzierte systematisch aufgebaute *Theorie der Pandemie* entwickelt werden. Das wird gleich detaillierter ausgeführt. Im Bereich der Epidemiologie der Drogensucht haben wir derartige stadtbezogene Analysen nach transdisziplinärer Methodik (Praktiker und Forscher) vorgenommen, weil die typischen Methoden der Epidemiologie dafür ungeeignet sind, da sie beispielsweise repräsentativen Stichproben erfordern, die bei inhomogenen Verteilungen der Drogenkonsumenten (geografische und schichtbezogene Cluster) nicht passend sind (Tretter 2004[64]).

Wenngleich zwar solche Gleichungen ansatzweise in datengetriebenen Modellierungen *formal vorkommen*, sind sie nicht systematisch *inhaltlich* weiterentwickelt worden und wurden auch nicht in dieser Weise öffentlich diskutiert. Auf der Basis einer derartigen Gleichung könnte die fachliche und auch die öffentliche Debatte mit großer Wahrscheinlichkeit in geordneteren Bahnen verlaufen. Die Corona-Forschung und ihre Diskussion funktioniert derzeit anders, sie ist nämlich vorwiegend durch verfügbare Daten angetrieben.

Datenanalysen ohne Theorie sind also unzulänglich, sie bedürfen einer Fundierung durch stratifizierte mechanistische sozialepidemiologische Modelle, die die Epidemie-Dynamik auf der Basis sozialstruktureller Variablen (Schicht, Lebensstil, Milieu usw.) passend wiedergeben. Kurzum: Es fehlt eine Theorie der Pandemie.

2.6 Theorie der Pandemie - Empirie ohne Theorie ist blind!

Die vorherigen Ausflüge in die Datenanalysen der Corona-Statistiken zeigen bereits ein Grundproblem: Daten alleine, ohne differenzierten theoretischen Hintergrund führen immer wieder in das Problem von Ad-hoc Interpretationen. Dabei werden die Interpretationen meist nicht als (erklärende) Thesen oder Hypothesen formuliert, die wieder getestet werden, sondern nahezu jedes Forschungsinstitut verfolgt sein Forschungsparadigma und nutzt verfügbare Daten und analysiert sie nach den vorhandenen mathematisch-analytischen Instrumenten. Konvergenzen sind schwer ausmachbar. Die gemeinsame Annahme der Forscher besteht darin, dass durch *Datenmaximierung* eine *Wissensmaximierung* eintritt, was nur begrenzt zutreffend ist. Dieser Forschungsstil ist sicher zum großen Teil der Dynamik der Pandemie geschuldet, aber er findet auch auf dem Boden eines *neuen Empirismus* in Form des *„Dataismus"* statt, von dem in den Kapiteln 3 und 4 noch die Rede sein wird.

Um ein *Phänomen zu verstehen*, benötigt es also einer *Theorie* (bzw. eines *theoretischen Modells*), die als *Orientierungsschema* für die Empirie (Daten) und auch als Leitkonzept das praktische Handeln dienen kann. „Theorie" bedeutet dann eine Konstruktion, die auf allgemeinen Strukturen zur Beschreibung des empirischen Phänomens (z.B. die Epidemie) beruht, deren Ausgestaltung auf Prinzipien fußt (z.B. Replikationsmechanismus der Viren) oder durch empirische Gesetze (z.B. exponentielles Wachstum) begründet ist.

Es wurde auch in der Wissenschaftsphilosophie mehrfach herausgearbeitet, dass die Idee, dass „Daten für sich sprechen", implizit eine Theorie oder eine Hypothese über die Adäquatheit des Messinstruments voraussetzt, die erst wieder spezifisch verifiziert werden muss: Ein Virentest muss bezüglich seiner Validität empirisch untersucht werden. Daher gilt verkürzt gesagt: *Empirie ohne Theorie ist blind*!

2.6.1 Modellierung der Epidemie-Dynamik – heuristisch gut, theoretisch schwach, prognostisch schlecht

Die reine Messwert-getriebene mathematisch-statistische Analyse – also die Datenanalytik – weist etwa auf der Basis von Zeitreihenanalysen eine lange Tradition auf, und so steht eine Vielzahl an formalen Methoden zur Datenanalyse zur Verfügung. Dies wurde anhand der Inzidenzzahlen der Test-Positiven bereits erläutert. Allerdings ist es für die gesundheitspolitischen Maßnahmen wichtig, die Zahlen in einen *Funktionszusammenhang* zu stellen, das heißt in ein theoretisches epidemiologisches Modell einzubinden.

Dieses grundlegende mathematische Modell ist ein *Kompartiment-Modell*, das auch für die Vorhersage der Epidemie-Dynamik verwendet wird. Es handelt sich um das SIR-Modell, bei dem das Verhältnis der Infizierbaren, also der Suszeptiblen (S), der Infizierten (I) und der Remittierten (Recovered, R) berechnet wird (Abb. 2.9 A; Tretter 2020[65]). Aufgrund der Messungen und der Parameterschätzungen kann anhand von Differentialgleichungen die Zunahme und die Abnahme der Zustandsgrößen der einzelnen Kompartimente errechnet werden und die Gesamtdynamik der Epidemie über computerbasierte Simulationen exploriert werden, nach dem Prinzip „Was wäre, wenn ..." (Abb. 2.9 B).

Insofern diese Modelle sehr komplex sind, soll hier nur kurz das Prinzip erörtert werden, weil die Simulationen, vor allem von möglichen „Zukünften" ein immer wichtigeres methodisches Instrument werden. Allerdings gibt es zu Computersimulationen sehr polare Meinungsbilder, nämlich die Befürworter, die – wie der Autor – diese Methodik als hilfreich für Entscheidungen halten, wie auch Gegner, die diese Methodik als „Spekulation" abtun.

Das SIR-Modell lässt sich zunächst – hier didaktisch vereinfacht – in Gleichungen und Koeffizienten ausformulieren:

$$S'(t) = - a*S(t)*I(t)$$
$$I'(t) = a*S(t)*I(t) - b*I(t)$$
$$R'(t) = b*I(t)$$

Bei der folgenden in Abb. 2.9 dargestellten Simulation werden die Änderungsraten a und b, und die Anfangszustände der Suszeptiblen und der Infizierten wie folgt quantifiziert:

$$a = 0.0000001; b = 0.05; S_0 = 8.000.000; I_0 = 1; R_0 = 0$$

Es ergibt sich ein Verlauf, bei dem das Reservoir der Suszeptiblen rasch abnimmt, die Zahl der Infizierten zügig ansteigt und die Zahl der Remittierten langsam zunimmt, die auch als Resistente eingestuft werden können, eine Variable, die für die Diskussion der sogenannten *Herdenimmunität* relevant ist.

Das SIR-Modell wurde in verschiedene Modellvarianten, wie beispielsweise in ein SECIHURD-Modell, transformiert, wobei zusätzlich die Exponierten (E), die Virus-Träger (Carrier, C), die Hospitalisierten (H), die Intensiv-Unit-Patienten (ICU; U) und die Toten (Deaths, D) als Kompartimente definiert werden, die die Dynamik der Pandemie prägen (Khailaie et al. 2020[66], Abb. 2.10).

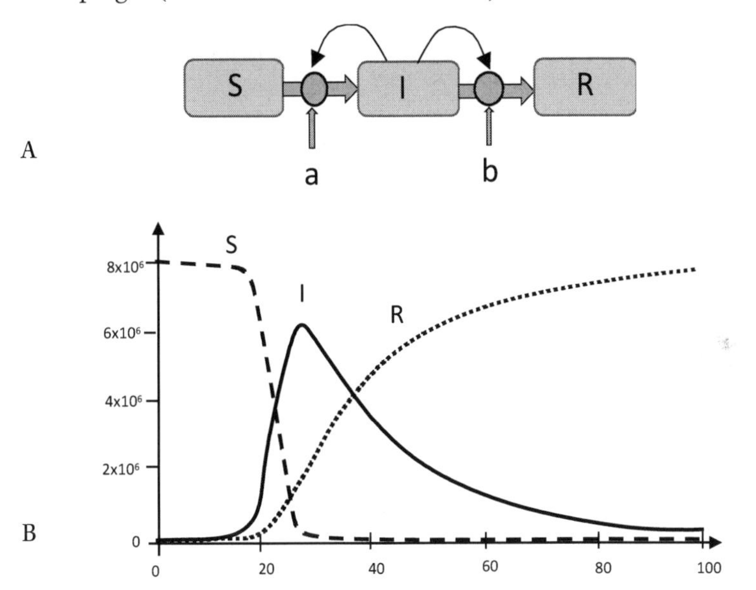

Abb. 2.9: Das SIR-Grundmodell der Epidemiologie.
A) In der Notation der Systems Dynamics Methodologie: S = Suszeptible, I = Infizierte, R = Recovered (Remittierte); a = Zuwachs-Rate, b = Abkling-Rate;
B) Plot der Kurven der Anzahl der Personen der einzelnen Kompartimente
Quelle: Tretter 2020[67]

Im Regelfall werden diese Kompartiment-Modelle durch *Agenten-basierte Modelle* (ABM) ergänzt, insofern die *raumzeitliche Komponente* des Kontaktverhaltens anschaulich modelliert werden kann. Auch graphentheoretische Erweiterungen als Netzwerkmodelle (z.B. Für die Bundesrepublik) verfeinern die konzeptuelle Basis der mathematischen Epidemie-Modelle.

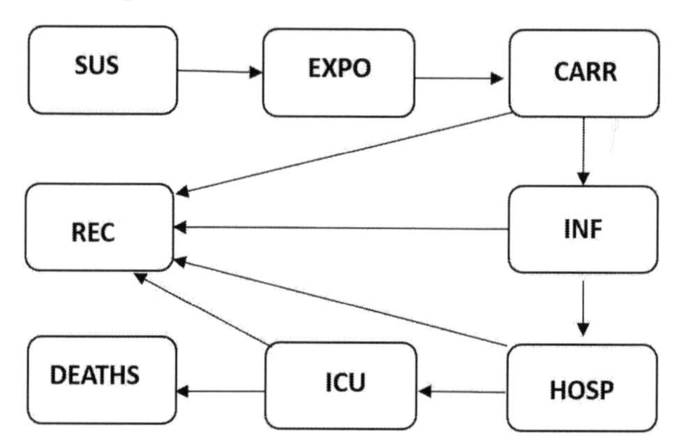

Abb. 2.10 Das SECIHURD-Modell als erweitertes SIR-Modell mit Verlaufspfaden.
Erläuterung: SUS = Suszeptible, EXPO = Exponierte, CARR = Carrier (Träger), INF = Infizierte, HOSP = Hospitalisierte, ICU = Intensive Care Unit (Intensivpatienten), DEAHS = Tote, REC = Recovered (Remittierte).

Auch wenn diese Modelle bei Wissen um die methodologischen Einschränkungen als allgemeine qualitative Heuristik hilfreich dafür sind, eine Intuition zum epidemischen Geschehen zu entwickeln (Pueyo 2020[68]), so werden sie von Dritten für politische Steuerungsprozesse überschätzt, denn die Ehrfurcht erzeugende Mathematik und die Zahlen suggerieren bereits eine solide Rationalität der Entscheidungen, obwohl bereits die vorher genannten Datenprobleme dies einschränken und Mathematik ohne fachliche Interpretation der Variablen und Koeffizienten inhaltlich „leer" ist.

2.6.2 Defizite einer Theorie der Epidemie

Die Aussagekraft der Epidemiologie zu COVID-19, und vor allem ihr Prognosepotential, ist nicht sehr überzeugend. Die dazu verwendeten Modelle sind, wie bereits mehrfach betont, meist nur „daten-getriebene" Modelle, die nicht Hypothesen-getrieben oder Theorie-getrieben sind, also beispielsweise nicht auf hypothetischen bzw. theoretischen Prinzipien der Verhaltenssteuerung der Bevölkerung aufbauen. Daher zeigt – trotz vielfältiger konzeptioneller Differenzierungen (vgl. SECIHURD-Modell) – die Vorhersage bereits nach einer Woche ein meist sehr breites Vorhersage-Intervall (95 % prediction interval). Das wird verschärft durch die genannten Probleme der Datenqualität und ihrer Analysen, sodass auch die Aussagekraft der *Modellierungen* geschwächt wird (Ioannidis et al. 2020[69]).

Der wesentliche Schwachpunkt der Modelle liegt also darin, dass die Epidemiologie nicht über eine fundierte „naturalistische" Theorie kollektiven Verhaltens verfügt, die ökologisch valide ist, also die real gegebenen Situationen und ablaufenden Prozesse und generischen Mechanismen, insbesondere was das Verhalten der Menschen betrifft, zutreffend abbildet. Das müsste noch gezielter, etwa im Rahmen einer erwähnten "regionalen Epidemiologie", die lokale und regionale Variationen mit abbildet und die Cluster-Phänomene besser modelliert, bedacht werden (Stadt-Land-Differenz; Tretter 2004[70]). Auch müsste die Bevölkerung detaillierter erfasst werden: Alter, Geschlecht, Erwerbsstatus, Familienstand, Einkommensverhältnisse, geographische Wohngegend, ethnische Zugehörigkeit, Religionszugehörigkeit, usw. können leicht erhoben werden, und selbst wenn es diese Daten in einigen Studien gibt, finden sie kaum Eingang in den gesellschaftlichen Diskurs: Sie sind möglicherweise „politisch nicht korrekt", insofern etwa in Wien, bezirksweise variierend, etwa 30 % – 70 % der Bevölkerung und insbesondere jüngere Menschen nicht die Muttersprache Deutsch haben und daher die Gesundheitskommunikation zu COVID-19 nicht ausreichend verstehen können (Vienna.at 2020[71]). Würde man darüber öffentlich reden, könnte allerdings dieser Personenkreis im lebenspraktischen Umfeld von bestimmten ausländerfeindlichen Personenkreisen beschuldigt werden, „Pandemie-Treiber" zu sein, wie man es aus anderen Themenkomplexen bereits kennt. Diese Problematik der *spezifischen Prävention* (und auch Impfaufklärung) wird selbst in Fachkreisen zu wenig diskutiert.

In Hinblick auf die mangelnde theoretische Tiefe dieser Epidemie-Modelle muss man nur an die *Meteorologie* denken, die aufgrund von *Daten und theoretischen Prinzipien*, welche die Wetterdynamik valide abbilden, Modellrechnungen vornimmt, die wenigstens über einige Tage hindurch eine hohe Trefferquote haben. Die Meteorologie stützt sich allerdings auf physikalische Gesetze und Theorien der Bewegungsphänomene, der Gasdynamik, der Thermodynamik usw. und kalkuliert auf dieser Basis die Daten der Lufttemperatur, der Luftdichte, des Luftdrucks, der Windgeschwindigkeit, der Windrichtung usw. (Malberg 2007[72]). Derartige Qualitätskriterien einer guten theoretischen Fundierung kann die gegenwärtige Corona-Epidemiologie nicht erfüllen: Es tritt in der Realität plötzlich ein anhaltender Anstieg oder ein Abfall der Inzidenzkurve auf, Verläufe also, die das genaue Gegenteil der Modellprognosen darstellen.

Diese Kritik steht im Einklang mit den in vorherigen Abschnitten bereits mehrmals dargelegten grundsätzlichen Feststellungen, dass der Medizin – im Gegensatz zur Physik – der Bereich *„theoretische Medizin"* fehlt. Das betrifft nicht nur die *Ebene kollektiver Phänomene* der Epidemiologie, Sozialmedizin und der Public Health, sondern vor allem die *Individualebene* der Pathologie. Dieser Aspekt wird gleich anschließend betrachtet.

Die epidemiologische Perspektive muss aber ausdrücklich um die Perspektive des Systems der *Gesundheitsversorgung* erweitert werden (Versorgungsepidemiologie).

Die wissenschaftlichen Grundlagen zur Pandemie sind schwächer als man vermuten würde.

2.6.3 Ein einfaches relationales Rahmenmodell zur Pandemie

Die vorher genannten Ansprüche an eine – noch fehlende – Theorie der Pandemie, die sachbezogen ist, die bereits erhobene Zahlen in einem konzeptionellen Rahmen erfasst und dabei auch Versorgungsaspekte berücksichtigt und darüber hinaus auch praktisch ist, weil sie Orientierungen stiftet, könnte ein einfach strukturiertes Grundmodell erfüllen. Es handelt sich um ein bewährtes Modell, das die Krankheitsentwicklung semiquantitativ trichterförmig, also als inverse Pyramide, abbildet. Ein derartiges *versorgungsepidemiologisches Modell* wurde für *Suchtkranke* in Anlehnung an den „Versorgungstrichter“ von Wienberg und Driessen (Wienberg u. Driessen 2001[73]) über Jahrzehnte hin für die strukturelle und funktionelle Optimierung des Suchthilfesystems genutzt (Tretter 2000[74], Tretter 2008[75], S. 69–71).

Hier wird versucht, dieses Grundkonzept einer „systemischen Versorgungsepidemiologie“ für die Corona-Versorgungsepidemiologie in Deutschland von Anfang 2020 bis Ende 2021 zu verdeutlichen, um *Patientenströme* abzuschätzen: Zunächst ist festzuhalten, dass die geeigneten Zahlen dafür fehlen, weil, wie erwähnt, nur theoriefreie Zahlensammlungen existieren, insofern eine untersuchungsleitende Rahmenvorstellung – etwa in Form eines Systemmodells – fehlt, um die Datenerhebung zu strukturieren. Es können daher im Folgenden die Zahlenverhältnisse für Deutschland nur als grobe Schätzwerte dargestellt werden, vor allem weil die Zahlen aus verschiedensten Erhebungen und Datenbanken stammen und hier auch teilweise geschätzt werden müssen. Als Bezugsperiode dient 2020 bis 2021.

Es gibt folgende Komponenten, die abgebildet werden müssten: die Zahlen (auch als Zeitreihen) zur Größe der *Bevölkerung*, zu den *Tests*, den *Infizierten*, den *Erkrankten*, den *Hospitalisierten*, den *Intensivpatienten* und den *Verstorbenen* (Abb. 2.11 A). Dazu einige Details:

1. Die *Bevölkerungszahl* für Deutschland als Referenz wird hier zur Vereinfachung mit 84 Mio. gewählt (Worldometers2021[76]). Dabei müssten in einem weiteren Schritt vor allem die Altersgruppen berücksichtigt werden.
2. Die Zahl der *Tests* beträgt – über jedes Jahr fluktuierend – kumulativ ca. 90 Mio. (Worldometers2021[77]). Dabei muss berücksichtigt werden, dass die Testanlässe unterschiedlich sind, wie auch das Freitesten nach Quarantäne usw. Trotzdem wird diese Zahl der „Testungen“ in den offiziellen Statistiken verwendet, statt die Zahl der „getesteten Personen“ auszuweisen. Das ist ähnlich wie die “Anzahl der Impfungen“ versus der „Anzahl der Geimpften“, was noch angesprochen werden wird. Diese Kategorisierung ist aber ein altbekanntes Problem der Amtsstatistiken („Fälle“ versus „Personen“).
3. Die Zahl der *Infizierten* wird mit 7 Mio. Personen angegeben und beinhaltet auch falsch Test-Positive (Worldometers2021[78], Ourworldindata 2021[79]).
4. Die Zahl der *Erkrankten* ist so gut wie nicht in den Statistiken ausgewiesen, vor allem, was die asymptomatischen, milden und die mittelschweren, jedoch nicht krankenhauspflichtigen Patienten betrifft. Sie wird hier mit Blick auf die erwähnten serologischen Studien mit ca. 50 %, also 3,5 Mio. Personen angenommen und bezieht sich vor allem auf die Delta-Variante.

5. Die Zahl der *Hospitalisierten* wird von manchen Ländern als „Aufnahmen" (Inzidenz) und in anderen Statistiken als „hospitalisierte" (bzw. stationäre) COVID-Patienten (Prävalenz) geführt. Diese Zahl wird offiziell mit etwa 370.000 Personen angegeben, was etwa 11 % der Kranken ausmacht (RKI 2021[80]).
6. Die Zahl der *COVID-Intensiv-Patienten* ist ebenfalls schwer zu eruieren. Sie beträgt 147.948 „abgeschlossene Behandlungen" auf Intensive Care Units (ICU) (statista 2021[81]). Hier wird aufgerundet von 150.000 Personen ausgegangen, was etwa 40 % der Hospitalisierten beträgt.
7. Die Zahl der *COVID-Toten* umfasst „an" und „mit" COVID-19 Verstorbene, was nur durch Obduktionen sicher unterschieden werden kann. Es wird die Zahl 100.000 gewählt, bei genau 110.000, was eine Quote der ICU-Patienten von 68 % ausmacht, die allerdings, auf die letzte Zeit bezogen, zu hoch erscheint (23.12.2021; Ourworldindata 2021[82]).

Es bestehen also vielfache Datenlücken, um zu einem umfassenden und Zusammenhänge darstellenden Rahmen zu gelangen, der – falls er vorhanden ist – bedauerlicherweise nicht offiziell dargestellt wird. Und wenn dieser Rahmen vielleicht irgendwo in der Literatur publiziert wurde, dann sollte er auf die Dashboards der Gesundheitsbehörden gelangen.

Unter diesen Einschränkungen wird also dieses Modell dargelegt (Abb. 2.11. B).

Es zeigt sich unter anderem klar der Bedarf an Therapie, insofern zwar ein beträchtlicher Teil der Infizierten nicht krank wird, aber wer als erkrankte Person in das Krankenhaus muss, der ist – trotz der Behandlungen, die derzeit leider nur unspezifisch sein können – einem erheblichen vitalen Risiko ausgesetzt. Eine Vielzahl an Variablen – z.B Übergewicht, Diabetes mellitus, Herz-Kreislauferkrankungen – bestimmen dieses Risiko. Eine derartige Modellierung ist im Prinzip verständlich und lässt auch Laien Größenordnungen verstehen. Auch ist der Anschluss an die SIR-Modelle leicht gegeben. Unverständlich ist der Verzicht auf derartige visualisierte Darstellungen.

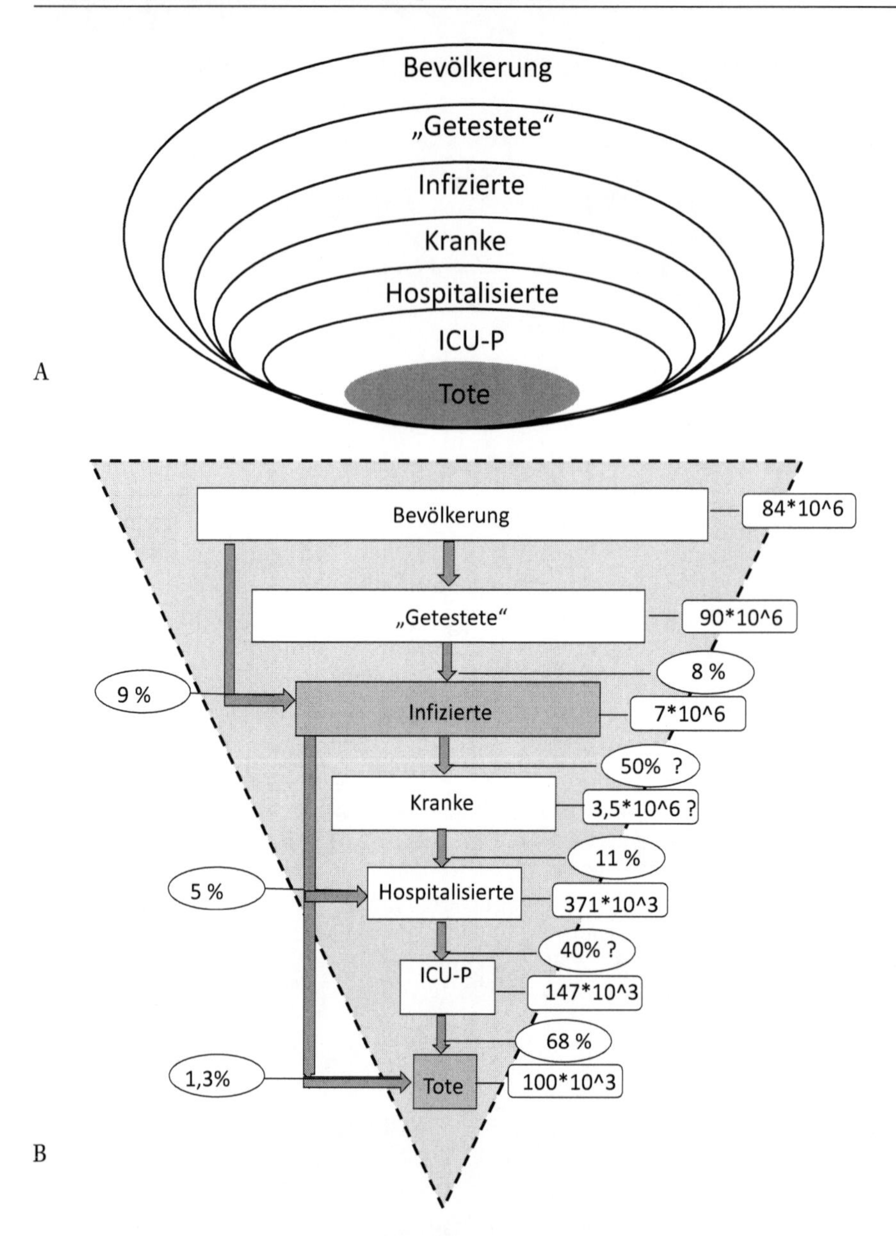

Abb. 2.11: Fiktive deskriptive Versorgungsepidemiologie bei COVID-19.
A: Konzeptuelles Rahmenmodell für wichtige Daten der Pandemie
B: Ein hypothetisches semi-quantitatives Modell als versorgungsbezogene *umgekehrte Krankheitspyramide* für die Periode Anfang 2020 bis Ende 2021 mit Dominanz der Delta-Variante. Zustandsbezogene „Personenströme".
Erläuterung: KH = Krankenhaus, ICU-P = Intensiv Care Unit-PatientInnen

2.7 Das medizinische Versorgungssystem als Dämpfer der Epidemie-Dynamik – viel kontraproduktive Eigendynamik!

Ein weiterer – latenter – Aspekt der Pandemie-Dynamik betrifft, wie erwähnt wurde, die *salutogene Wirksamkeit des Gesundheitswesens*, was explizit in die Modellierung der Epidemie/Pandemie integriert gehört (*Versorgungsepidemiologie*, Abb.2.12): Die Versorgungsstrukturen ko-determinieren die Übergangswahrscheinlichkeiten von Suszeptiblen zu Infizierten und von Infizierten zu den Erkrankten usw. Wie erwähnt ist die Anzahl der COVID-Krankenhausbehandlungen als punktuelle Prävalenz das Resultat des Zustroms der Infizierten und des „Abfließens" der Geheilten und auch der Toten zu sehen. Wenn neuerdings die Prozentzahl der belegten Intensivbetten als weiterer, ja oberster, kritischer Steuerungsparameter des Pandemie-Managements herangezogen wird, ist dies zwar ein guter Schritt in die richtige Richtung, aber nach wie vor versorgungstheoretisch und -praktisch unzulänglich und darüber hinaus nicht adäquat in die Modellierung der Pandemie integriert. Der versorgungsepidemiologische Parameter der Intensivbetten auf 100.000 Einwohner beträgt 2020 für Deutschland 33 (Italien: 3), und nun im Herbst 2021 unverständlicherweise nur mehr 27 (Deutsches Ärzteblatt 2021[83]). Die Belegung der Intensivbetten wurde für Deutschland mittlerweile als oberste Zielvariable der Maßnahmen gewählt, insofern ein gewisser Prozentsatz freier Betten gewährleistet sein muss. Wäre das in Italien auch so, dann wären dort deutlich früher als in Deutschland Lockdown-Maßnahmen anzuordnen.

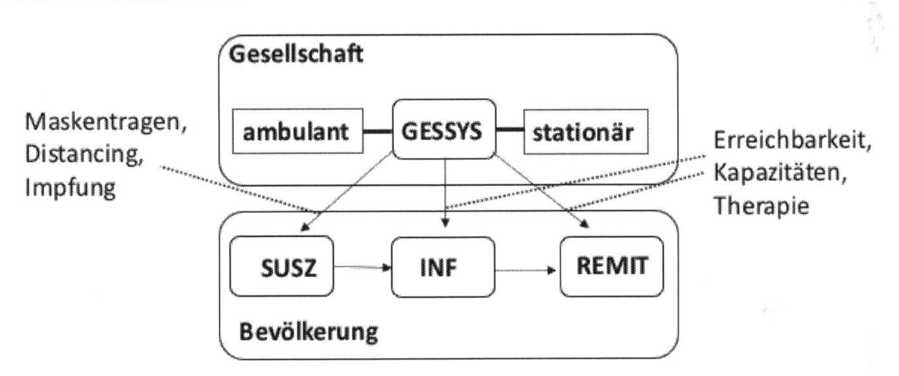

Abb. 2.12: Die Epidemiologie muss bei der Modellierung die Wirkung des Gesundheitssystems (GESSYS) im Sinne der *Versorgungsepidemiologie* explizit mit berücksichtigen, denn die Struktur und Funktion des Gesundheitswesens moduliert generell als Variable die lokale, regionale und nationale Inzidenz und Prävalenz von Krankheiten.

Dazu einige Details: Jede Erkrankung wird heute in modernen Gesellschaften durch das funktional differenzierte System von *Versorgungseinheiten*, in *ambulanten und stationären Organisationsformen*, entgegengewirkt. Dieses System wird hauptsächlich über Versicherungen und durch die öffentliche Hand finanziert. Für die Effektivität der Vorbeugung und Frühintervention von Krankheiten ist vor allem der Ausbau und die Niederschwelligkeit der Einrichtungen, vor allem des *ambulanten*

Sektors, und letztlich die tatsächliche Inanspruchnahme der Dienste relevant. In skandinavischen Ländern ist der ambulante Sektor – etwa über Gemeindeschwestern (Community Nurses) – stärker ausgebaut, sodass auch bei einer mittelschweren COVID-19-Erkrankung stationäre Aufnahmen vermieden werden können. Diese internationalen Differenzen der die Krankheitsprogression hemmenden Effekte des Versorgungssystems sind in den typischen Inzidenzzahlen – auch in Studien – versteckt und müssten a priori als Rahmenmodell bereits dem Erhebungsmodus der Zahlen zugerechnet werden.

Hier sollen deshalb noch einige versorgungsrelevante Aspekte der Organisation des Gesundheitswesens angesprochen werden.

2.7.1 Organisation und Management

Die Prävalenz und Inzidenz von COVID-19, das im stationären Bereich in seiner gefährlichsten Form in Erscheinung tritt, ist also in seinem epidemischen Ausmaß, vor allem was das Sterberisiko betrifft, durch die *operative Effektivität des Versorgungssystems* mitbeeinflusst. Das betrifft nicht nur die genannten *Strukturen,* sondern vor allem die *Prozesse* (Prozessmanagement).

Das Prozessmanagement der Versorgung bei Corona (z.B. Testungen) wurde hauptsächlich vom *öffentlichen Gesundheitsdienst* realisiert, der allerdings in großen Teilen den Kreisverwaltungsbehörden nachgeordnet ist. Die effektive Versorgungsqualität hängt daher in Hinblick auf die Organisation im Sinne einer Top-down-Kausalität von der *Aufbaustruktur,* und zwar insbesondere von der *Leitungsstruktur* auf den verschiedenen Ebenen, vom Ministerium bis zu den einzelnen Betrieben, ab. Dies ist letztlich abhängig vom *Einrichtungsträger* (z.B. Pflegeheime) und dessen Zielorientierung: Geht es eher um das Ziel der Gesundheitssicherung oder eher um die Gewinne oder um die öffentliche Ordnung, oder wird das Gesundheitsunternehmen explizit nach dem Qualitäts-Management ausgerichtet, mit einer komplexeren Zielematrix, die auch die Prozessqualität neben der Patienten- wie auch der Mitarbeiterzufriedenheit ausgewogen berücksichtigt (Tretter 2011[84]).

Für das Funktionieren der Einrichtungen im Gesamtsystem haben auch die inneren und äußeren Organisationsstrukturen in den ambulanten Einrichtungen, wie es auch Praxen von niedergelassenen Allgemeinärzten bzw. von Fachärzten oder Gemeinschaftspraxen sind, eine wesentliche Rolle. Sie sollen im Fall von Epidemien/Pandemien rasch die Diagnosen stellen und den Behandlungsplan managen. Auch soll auf dieser Systemebene niederschwellig, z.B. durch mobile Teams, geimpft werden. Die Corona-Pandemie hat aber zumindest punktuell gezeigt, dass kaufmännische Träger oft weder die Anliegen der Patienten noch jene der Mitarbeiter als oberstes Ziel verfolgen, sondern weiterhin die betriebliche Ökonomie priorisieren.

Allerdings ist sogar in Deutschland mit einem stark von der öffentlichen Hand und/oder von gemeinnützigen Organisationen getragenen Gesundheitswesen die angestrebte formalisierte Organisations- und Operationsform an dem „New Public Management" der Institutionen-Ökonomik ausgerichtet (Schedler u. Pröller 2011[85]). Es ist dringendst nötig, diese Markt-orientierte Ökonomisierungs-Ideologie im öffentlichen Sektor zu revidieren. Allerdings wird erst ansatzweise über die „New Governance" als Führungsprinzip nachgedacht, die stärker mitarbeiterzentriert orientiert ist (Tretter u. Welpe 2018[86]). Dies ist für die Führung von Strukturen, deren Funktion darin besteht, Menschen zu helfen, also für „lebende Systeme" da ist, unabdingbar. Viele junge Menschen, die in den Gesundheitsberufen tätig sind, oder sein wollen, werden trotz hoher Motivation durch die strukturellen Arbeitsbedingungen abgeschreckt, während die Älteren sich zu einem hohen Prozentsatz nahe dem Burnout befinden (Deutsches Ärzteblatt 2020b[87]). Es ist daher unfassbar, wie wenig das Personal, das an der „Front" der COVID-19-Patienten gearbeitet hat, konkret gewürdigt und gefördert wurde. Die Mitarbeiter der Kliniken und deren Intensiveinheiten mussten bis zur Erschöpfung arbeiten und kamen bisher viel zu wenig zu Wort. Sie dienten häufig als Illustration für die Gefahren-Signale der Medien. Nach dem öffentlichen Lob über die Arbeit kam aber wenig konkrete Verstärkung des Systems durch Politik und Staat zustande. Gerade in Hinblick auf weitere Wellen dieser (oder anderer) Pandemien wäre hier dringlichster Handlungsbedarf. Ob politische Ebenen der Organisationen des Gesundheitswesens in diesem Sinne „lernende System" sind, wird sich erst erweisen.

Im operativen Gesundheitsmanagement von COVID-19 wäre die *transdisziplinäre Methodik*, also die konstruktive Einbindung der Praktiker wie auch von Patienten und Angehörigen, für die Planer und Administratoren hilfreich gewesen.

Das Versorgungssystem hat also im Gesamten, zumindest was die Verhinderung tödlicher Verläufe betrifft, eine wichtige positive Rolle gespielt. Es beginnt im ambulanten Bereich, bei Telefondiensten (z.B. Corona-Hotline), dann bei Testzentren, den Apotheken und den niedergelassenen Allgemeinmedizinern/Hausärzten/Praktikern. Sie sind die Gatekeeper des Versorgungsystems. Vor allem Einrichtungen wie die *Corona-Info-Telefone*, die dann ggf. ambulante Testungen veranlassen, sind Neukonstruktionen, deren *Effizienz* noch dringlich zu klären ist. Sie haben entscheidende Effekte auf die Patientenströme. Auch die Effizienz der Test-Organisation hat essentielle Effekte auf die Epidemie-Steuerung. Allerdings wurde anfangs in den ersten Wellen von Seiten der Behörden nicht ausreichend darauf geachtet, genügend qualifiziertes Personal zu rekrutieren bzw. ausreichend viele Stellen zu schaffen. Finanzierungsschübe reichen nicht aus, denn das Gesundheitsversorgungssystem wird zunehmend nach betriebswirtschaftlichen und weniger nach medizinischen Gesichtspunkten organisiert und gesteuert, was sich vor allem auf eine schlechte Prozessqualität auswirkt (Tretter 2000[88], Tretter 2005[89], Tretter 2011[90]).

Corona lässt Insuffizienzen in allen gesellschaftlichen Bereichen transparent werden. So beruhen heutige Defizite der Versorgung auf erheblichen Veränderungen, die in Deutschland im Versorgungsystem bereits bis 2019 im Sinne einer *Ökonomisierung* erfolgten (Tretter & Adam 2017[91], Tretter et al. 2019[92]). So ist bereits aus der Vor-Pandemie-Zeit bekannt, dass es einen Mangel an Gesundheitspersonal gibt, und dass die Burnout Quote um die 50 % beträgt (Marburger Bund 2019[93]).

Ein wichtiger Faktor für die Versorgungsqualität ist aber die *Führung und Leitung* der Gesundheitsbetriebe auf allen Organisationsebenen, vom Ministerium bis zur Krankenstation. Dies ist eine weitere komplexe, aber latente Variable, die die Effektivität der Gegenmaßnahmen gegen Corona bestimmen. Die teilweise kontraproduktive zentralistische Rolle der Führung und Leitung von verschiedenen Gesundheitsbetrieben (z.B. bei Testungen, Inzidenzmeldungen und im Informationsmanagement) machten diese Organisationsinsuffizienz und deren epidemiologische Relevanz sichtbar. Man denke nur an die Notstands-bedingte Übernahme eines Pflegeheims durch die Bundeswehr in der Steiermark (ORF 2020[94]). Diese Wirkgrößen werden beim „großen Bild“ des Pandemie-Managements ebenfalls nicht ausdrücklich berücksichtigt, wenngleich in der Impfdiskussion neben dem Selbst- und Fremdschutz auch oft vom „Gesundheitssystemschutz“ die Rede ist.

Im Gegenspiel zu der Top-down-Organisation wäre die Nutzung von stadtbezogenen Gesundheitsräten, wie sie im Rahmen der Projekte zu Healthy Cities eingerichtet wurden, für das Corona-Management hilfreich gewesen (Fehr u. Hornberg 2018[95], Fehr u. Trojan 2018[96], Westenhöfer, et al. 2021[97]). Zu denken ist dabei vor allem an Bürgerforen ab einer Quartiersgröße von etwa 100.000 Einwohnern. Auf diesen Plattformen könnten transdisziplinäre Diskurse – auch in Video-Format bei Lockdowns – abgehalten werden. Allerdings ist deren Neugründung in der Pandemie äußerst schwierig aufgrund der vorbestehenden *Vertrauensdefizite.*

2.8 Wo bleibt der Mensch in der Corona-Medizin?

Die bisherigen Darstellungen und die gesellschaftliche Thematisierung von COVID-19 erfolgte vor allem auf der *kollektiven Ebene*, also mit Menschen, verstanden als Bevölkerung, mit der Zielgröße „Bevölkerungsgesundheit“, die ja auch politisches Kapital ist. Es wird demnach vom statistischen Durchschnittsmenschen ausgegangen, wodurch alle Menschen gleichgestellt werden und nur gelegentlich – für Worst Case Szenarios – die altersbezogene Sterberate auf Gruppen hin differenziert wird. Folglich wird das Virus – gut begründet – unter Generalverdacht gestellt.

Aus fachlicher Sicht haben sich allerdings großteils *Nicht-Humanmediziner* als Experten zu Wort gemeldet bzw. waren von der Politik autorisiert, ihre Erkenntnisse auf die Pandemie anzuwenden: Statistiker, Mathematiker, Chemiker, Physiker, Biologen und Veterinärmediziner prägten die Diskussion. Verhältnismäßig wenig Allgemeinmediziner und Public Health Experten kamen zu Wort. So ist beispielsweise der Direktor des Robert Koch Instituts und einer der Hauptkommunikatoren zur Pandemie in Deutschland Veterinärmediziner. Das ist hier kein personalisiertes Werturteil über die Qualifikation der durchaus empathischen und selbstverständlich kompetenten realen Person, sondern nur ein fachlicher Hinweis auf die vielfältigen und signifikanten Grenzüberschreitungen, wenn von „Experten“ die Rede war. Warum nämlich kann nicht auch ein kluger und lebenserfahrener Handwerker als betroffener Laie über die ökologische Validität zur Effektivität von Maskentragen im Schulunterricht oder zum weiteren Verlauf der Pandemie-Kurve spekulieren? Oder sind vielleicht die Erkenntnisse zum Tierwohl bei der Massentierhaltung als Richtschnur für die Führung von Menschen besonders gut geeignet, etwa in Hinsicht auf die Herdenimmunität?

Realistischerweise sind aber bereits aus *biologischer Sicht* Ältere, Erwachsene, Jugendliche und Kinder, ebenso wie Frauen und Männer zu unterscheiden. Weitere Differenzierungen ergeben sich durch *Schichtung* und durch *Milieuzugehörigkeit,* also nach Unterscheidungen, die in den Sozialwissenschaften üblich sind. Allerdings bleibt der *einzelne Mensch*, das Individuum, in all diesen Perspektivierungen des Corona-Managements mit seinen Bedürfnissen und Gefühlen weitgehend ignoriert und standardisiert. Das wird zur Frage der Adhärenz der Menschen gegenüber den Public Health- und Public Order-Maßnahmen relevant. Auch Public Health Experten sehen den Menschen als Kollektiv und so ist die Frage zu stellen, welche medizinische Disziplin den einzelnen Menschen – und zwar ganzheitlich – sieht, also welches Menschenbild vorausgesetzt wird Das betrifft auch die Perspektiven der *Verhaltensökonomik* im Public Health-Bereich, wenn beispielsweise Strategien zur Steigerung der Impfbereitschaft wie Incentives oder Lotterien vorgeschlagen werden. Sie greifen zu kurz, denn Menschen kooperieren vor allem auf der Basis von Vertrauen und wenn sie als Person wahrgenommen werden (Betsch u. Böhm 2015[98]).

Hier wird demnach klar die Meinung vertreten, dass eine *humane Humanmedizin* auf der Basis des bio-psycho-sozialen Modells (Engel 1977[99]) der Orientierungsgeber für sachgerechte und menschgerechte Pandemie-Maßnahmen sein müsste, denn dieser Ansatz sieht den Menschen auch mit seinen individuellen Bedürfnissen und Gefühlen. Aber welche medizinische Spezialität kann diese Rolle aktuell übernehmen?

Es muss wohl eine medizinische Disziplin sein, die den ganzen Menschen als „situiertes Subjekt" in den Mittelpunkt stellt, also den Menschen als emotionales und willensfähiges Wesen im Kontext seiner Umwelt sieht. Es handelt sich demnach grundlegend um eine Frage an die *medizinische Anthropologie* oder um eine *anthropologische Medizin*, wie sie noch Viktor von Weizsäcker (von Weizsäcker 1948[100]) im Auge hatte. Auch die *Psychosomatik*, wie sie Thure von Uexküll konzipiert hat, wies eine derartig umfassende Sichtwiese auf (Uexküll u. Wesiack 1988[101]). In der medizinischen Praxis ist es am ehesten die *Allgemeinmedizin*, deren Grundthema der kranke Mensch in seinem Lebensfeld ist. Es geht somit aus theoretischer Sicht um eine bio-psycho-soziale Medizin, ja letztlich um eine „humanökologische Perspektive" (Tretter u. Löffler-Stastka 2019[102]). Darauf aufbauend, aber auch autonom, kann eine *Public Health Perspektive*, welche die gesamte Bevölkerung mit ihren wesentlichen Differenzierungen – Schicht, Milieus, Geschlecht, Alter, ethnische Gruppen usw. im Blick hat, wesentliche Aussagen machen. Wie schon im ersten Kapitel dazu ausgesagt wurde, mangelt es allerdings in Forschung und Praxis an einer derartigen menschzentrierten, aber auch deren Lebenslage berücksichtigende Perspektive.

Grundlegend ist dazu festzustellen, dass der Blick auf die einzelnen Menschen zeigt, dass zunehmend durch die Lockdowns und Quarantänisierungen bedingt, eine „Singularisierung" der Menschen erfolgte. Das trifft mit besonderer Härte für Menschen in Heimen und alleine Lebenden zu. Nicht zu vergessen ist auch das singularisierte Sterben von COIVD-19-Patienten auf Intensivstationen. Das mit den Lockdowns für die einzelnen Menschen verbundene soziale Vakuum konnte zwar durch eine allmählich immer stärker werdende Digitalisierungs-Welle mit Home Office, Video-Kommunikation und e-Commerce immerhin, aber nur oberflächlich, gemindert werden. Gerade was die einzelnen Menschen betrifft, ist auch zu betonen, dass selbst stärkste Digitalisierungsgegner kein schöneres Bild zeichnen können, was geschehen wäre, wenn es keine digitalen Instrumente der Information und Kommunikation gegeben hätte.

Darüber hinaus hat aber auch auf der *informationellen Ebene eine Überforderung* des *Individuums* stattgefunden („Infodemie"; PAHO 2020[103]), zusätzlich zum Verlust der Alltagsordnungen der Lebensführung. In derartigen anhaltenden, vor allem kognitiv bedingten, Stresssituationen neigen Menschen zu den seit Sigmund und Anna Freud bekannten Abwehrreaktionen in jeglicher Art, vom Verdrängen bis zum Rationalisieren: Das Ich ist von den Realitätsansprüchen überfordert, ein schwaches Über-Ich bietet zu wenig Orientierung und die affektiv-kognitive Verarbeitung der Situationen wird unbewusst durch die anhaltenden ergotropen Ängste und Aggressionen in einen einfachen, schematisierten Modus übergeführt. Dieser ist dadurch gekennzeichnet, dass er durch Schwarz-Weiß-Wahrnehmungen und -Ordnungen weniger mentale Energie kostet als die üblicherweise stattfindenden Berücksichtigungen von Grautönen im Bild von der Welt – es erfolgt eine Regression in elementare Schwarz-Weiß-Verarbeitungsmodi der frühen Kindheit, die „Sinn ergeben", also ein höheres Konsistenzerleben ermöglichen. Diese Mechanismen zeigen sich auch über interpersonelle Verstärkungen als ein kollektives Phänomen, vor allem in gesellschaftlichen Umbruchsituationen, wie es die Corona-Krise zu sein scheint.

Doch zurück zur Perspektive der COVID-Pathologie: Insofern das Virus die Lebenswelt der Menschen änderte, stellt sich die Frage, welche individuellen *bio-psycho-sozialen Merkmale Risiken für* und *Schutz vor COVID-19* bieten.

2.9 Theorie der COVID-19-Pathologie

Die gesamte Epidemie/Pandemie von Corona muss in einen theoretischen Rahmen gestellt werden, der nicht nur die Epidemie bzw. Pandemie auf *kollektiver Ebene* „erklärt", sondern vor allem auch auf der *individuellen Ebene* der *Pathologie/„Orthologie"/„Salutologie"* verstehen lässt, warum jemand als infizierte Person krank ist und eine andere infizierte Person gesund bleibt, trotzdem einer hohen Expositionsintensität. Die Aufgabe, diese Erklärungen zu leisten, hat in der Medizin die *Pathologie*. Dieses Fach ging von der *Makroanatomie* aus, bei der die Struktur des gesamten Organismus des Menschen von den Organsystemen ausgehend die Organe untersucht wurden und bis zur *Gewebspathologie* (Histopathologie) und schließlich die Zellularpathologie des Rudolf Virchow reichte. Die Zellularpathologie entwickelte sich bis heute über die molekulare Medizin zur *Molekularpathologie*, allerdings mit dem Nebeneffekt, dass gegenwärtig der Blick für das Ganze im Sinne einer *Organismus-Pathologie* verloren gegangen ist. Das betrifft die Anatomie ebenso wie die Physiologie, und zwar die „Orthologie" als Lehre von der „richtigen" Struktur und vom „richtigen" Funktionieren ebenso wie die Pathologie als Lehre von den krankhaften Strukturen und Prozessen des Organismus.

2.9.1 Das einfache Stimulus-Response Modell

Die bei COVID-19 vorherrschende implizit pathologische Theorie ist eindimensional in der *Virologie* verwurzelt und geht von einem deterministischen bzw. probabilistischen *Stimulus-Response-Modell* aus, das besagt, dass in erster Linie die Pathogenität des Virus bestimmt, ob jemand krank wird. Das lässt sich kurz so formulieren (Abb. 2.13): COVID-19 (C) ist eine Funktion des Virus (V), also C = f(V).

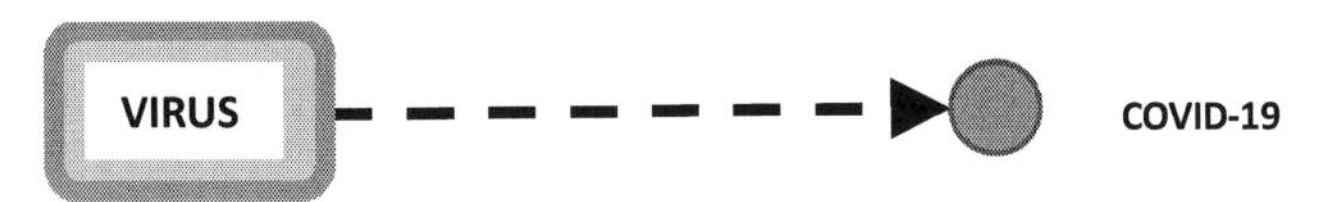

Abb. 2.13 : Das einfache Stimulus-Response-Modell (SR-Modell).
Das Virus erzeugt COVID-19, ist also seine (monokausale) Ursache.

2.9.2 Der Organismus, das Multi-Kompartiment-Modell und die multifaktorielle Kausalität

Insofern aber nicht alle Infizierten krank werden, muss der Organismus (O) mit seiner Immunkompetenz, dem Boy Mass Index, der Blutdrucklage usw. explizit berücksichtigt werden, sodass sich das Modell C = f(V,O) ergibt (Abb. 2.14). In diesem Sinne gelten als potenziell letale Risikofaktoren Übergewicht, Diabetes mellitus, Bluthochdruck usw., womit sich eine *multifaktorielle Kausalität* ergibt. Das wird in der öffentlichen Kommunikation bedauerlicherweise ignoriert. Dennoch ist die *COVID-19-Prä- oder Ko-Morbidität* nur eine *korrelative Erklärung*, denn für ein stringentes physiologisch-mechanistisches Verständnis wäre ein entsprechendes Krankheitsmodell erforderlich, das im Falle der Erkrankung *explanatorische und prädiktive Aussagen* ermöglicht, und das vor allem Interventionsoptionen begründen ließe. Außerdem sind diese Variablen interkorreliert und daher – zumindest was das Übergewicht betrifft – als versteckte *Confounder* zu sehen.

Hier würde nur eine systemische Pathologie mit einem entsprechenden *Kompartmentmodell* weiterhelfen. Es ist nämlich weiterhin ungeklärt, welche differenzielle Rolle die lokalen *Abwehrfunktionen* des Organismus haben (lokale Schleimhautreaktionen, Immunzellen, Zytokine usw.), denn ca. 50–70 % der Infizierten - z.B. Kinder - scheinen kaum Symptome zu haben. Besser wäre es in diesem Kontext auch, ausdrücklich von dem *Entzündungssystem* oder dem *(körperlichen) Abwehrsystem* zu sprechen, da hier eine *Funktion* angesprochen wird Auch wird das *Immunsystem* nur als ein ubiquitär verteiltes *lymphatisches System* mit histologischen, zytologischen und biochemischen Elementen beschrieben, ohne deren vernetztes Zusammenspiel als *nichtlinear operierendes selbstorganisierendes System* zu modellieren. Diese umfassendere Sichtweise wird dadurch bekräftigt, dass bekanntlich schon bei Traumata wie bei Prellungen Merkmale wie *Schmerz* (Nerven), *Schwellung* (Gewebsflüssigkeit), *Rötung*_(Durchblutung) usw. als Automatismus auftreten, was als Entzündung eine *lokale Multi-System-Reaktion* bedeutet. Bei der Abwehrreaktion von invasiven Noxen müssen also das *(autonome) Nervensystem*, das *endokrine System* und das *Immunsystem* gemeinsam betrachtet werden, und zwar auf das jeweilige *lokale Funktionsgewebe* hin (Nase, Lunge, Gefäße, Leber, Niere, Gehirn usw.) wie auch auf das *Stützgewebe* bezogen (Tretter et al. 2021[104]). Immerhin wurde bei an COVID-19 Verstorbenen nicht nur ein Organbefall der *Lunge*, sondern auch des *Gehirns*, des *Herzens*, der *Blutgefäße*, der *Leber* und der Nieren nachgewiesen, und zwar teilweise auch nach der „Gesundung" der Erkrankten (Wichmann et al. 2020[105]). Bei einigen *postakuten Verläufen* wurden außerdem von *Radiologen* vor allem schwere anhaltende Lungenveränderungen nachgewiesen, die sich schlecht rückbilden und für latente nicht-sistierende pathogenetische Mechanismen sprechen. Das wird derzeit als „Long-COVID" bezeichnet und bereitet neue Probleme (Universität Innsbruck 2020[106]). COVID-19 ist daher jenseits einer einfachen Grippe potentiell eine *Multi-Organ-Erkrankung mit Langzeit-Risiken.* Die mangelnde Diskussion der *Pathophysiologie* bei COVID-19 zeigt auch ein drastisch abnehmendes Theorie-Interesse in der Gegenwartsmedizin, wovon noch die Rede sein wird. Auch wurde von den *klinischen Aspekten* – außer zu Illustrationszwecken – zu wenig öffentlich aufgeklärt.

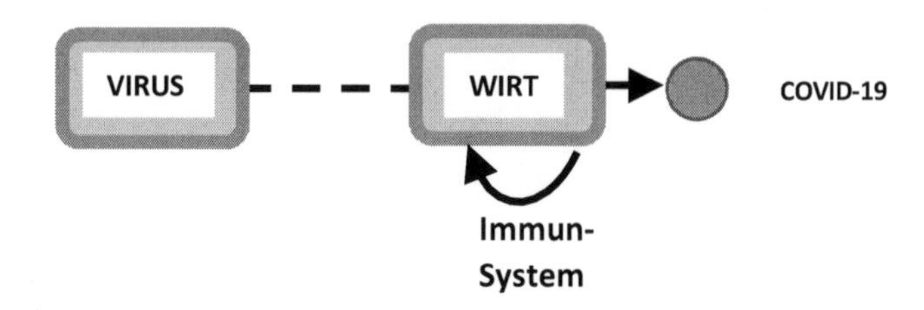

Abb. 2.14: Das Stimulus-Organismus-Response Modell (SOR-Modell). Das Virus kann COVID-19 bewirken, wenn u.a. das Immunsystem des Wirtes relativ zu schwach ist.

> Nicht das Immunsystem alleine, sondern das gesamte Abwehrsystem – also das Immunsystem mit dem endokrinen System und dem Nervensystem – schützt vor Infekten.

2.9.3 „Ökologische Modelle"

Das Krankheitsrisiko und den Verlauf bestimmen im Allgemeinen auch die Umwelt (U), im Falle von COVID-19 etwa als Umgebungstemperatur, welche die Wirkung des Virus und das Verhalten der Menschen (Aufenthalt im Freien) beeinflusst, sowie auch sozioökonomische Faktoren auf die Pandemie-Dynamik einwirken, womit sich das Rahmenmodell als $C = f(V, O, U)$ darstellen lässt (Abb. 2.15). Diese Formel entspricht dem infektionsepidemiologischen Dreiecksmodell „Agens-Wirt-Umwelt", das auf John Snow zurückgeführt werden kann (Snow 1855[107]). Es müsste durch das bio-psycho-soziale Modell von George Engel ergänzt werden (Engel 1977[108]). So weiterdenkend könnte der Anschluss an die vorher dargelegte fiktive hypothetische „Master-Gleichung" für eine systemische Pandemie-Theorie geleistet werden (Tretter 2020[109]).

Die besondere Rolle, welche die Umwelt hat, geht in den meisten Krankheitstheorien zu wenig explizit ein. Grundschema für Infektionskrankheiten ist das vorher erwähnte Drei-Faktoren-Modell von John Snow, der bei der Analyse der Cholera in London herausfand, dass die Trinkwasserversorgung relevant für diese Erkrankung ist.

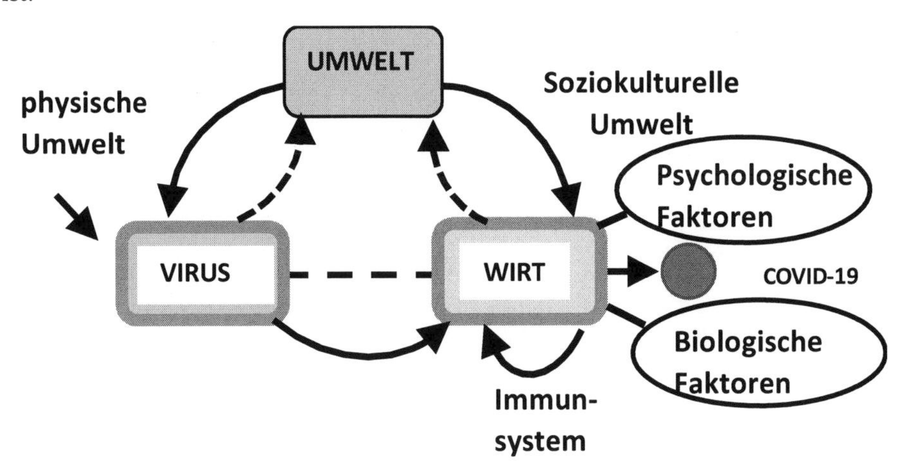

Abb. 2.15 Das ökologische Grundmodell
Das Virus kann COVID-19 bewirken, wenn es durch Umweltfaktoren begünstigt ist und die Umweltbedingungen für den Wirt riskant sind und dessen Immunsystem insuffizient ist und chronischer psychosozialer Stress und andere Erkrankungen vorliegen.

Wenn man den Faktor Umwelt konzeptionell weiter ausdifferenziert, etwa indem man *physikalische, chemische, klimatische, geografische, technische, biotische, soziale und kulturelle Faktoren* als Wirkgrößen für die Disposition zu erkranken oder gesund zu bleiben vorsieht, dann kann von einem *ökologischen Krankheits-/Gesundheitsmodell* gesprochen werden. Die Kategorie Umwelt kann aber auch nach *Nutzungsformen* bzw. *Lebensbereichen* unterschieden werden, wie etwa Arbeit, Wohnen, Familie, Freizeit, Mobilität (Abb. 2.16). Ein derartiges Modell hat eine hohe „ökologische Validität". Es wird allerdings nicht in der laborzentrierten Corona-Wissenschaft genutzt. Dieses Modell hätte aber integratives Potenzial für eine psychosozial verstanden Medizin (Tretter u. Löffler-Stastka 2019[110]). Davon wird noch im Kapitel 4 die Rede sein.

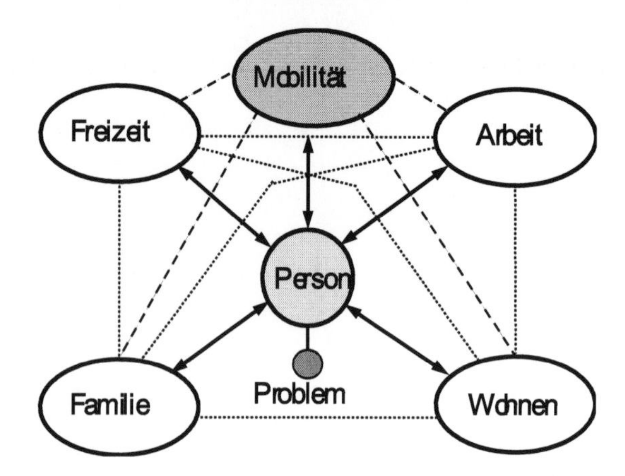

Abb. 2.16: Die „Ökologie der Person" als Modell vom Beziehungshaushalt der Person in seiner Lebenswelt und Corona als Problem. Das Verhältnis der Person in ihrer Lebenswelt, insbesondere zur eingeschränkten Mobilität (Doppelpfeile) und die Querbeziehungen der Mobilität zu anderen Lebensbereichen (gestrichelte Linien), die ihrerseits miteinander verbunden sind (gepunktete Linien). Eine Aktion hat mehrere Nebeneffekte und erfordert auch veränderte Bedingungen für ihr Zustandekommen.

> Die SARS-CoV-2-Vulnerabilität der Bevölkerung ist nicht nur durch das Virus, sondern auch durch individuelle biologische (und vermutlich auch psychosoziale) Faktoren bedingt – ca. 50 % der Infizierten haben keine Erkrankung!

2.10 Massenmediale Kommunikation der Gesundheitsrisiken

Die Grenzen meiner Sprache
bedeuten die Grenzen meiner Welt
Ludwig Wittgenstein1921/1963[111]

Anknüpfend an die Ausführungen zur Problemstellung für den einzelnen Menschen, der im Sine von Martin Heidegger in die Corona-Situation nahezu „geworfen" ist und hilfreiche Informationen über die Krankheit wie auch deren Bekämpfungsmöglichkeiten benötigt, und dieses Bild auf die gesamte Bevölkerung ausdehnend, gelangt man wieder auf die Ebene des Bedarfs an *qualitätsgesicherter massenmedialer Kommunikation* zu Corona. Es besteht dabei die Herausforderung, auch die Schwachstellen des Wissens, das von der Medizin generiert und im „großen Regelkreis" transportiert wird, optimal zu vermitteln: Es sind Prozessstufen von der Testung mit ihren Unschärfen, über die Schwächen der Datenanalytik, den Problemen der politischen Entscheidung unter Unsicherheit und der Implementierung von behördlichen Regulierungen, deren lebenspraktische Passung zu wünschen übrig lässt und auch damit zu geringer Akzeptanz bzw. Adhärenz in der Bevölkerung führt, was sich wieder in „schlechten Zahlen" spiegelt usw. (vgl. Abb. 2.1).

Dieser Informationsfluss soll hier ganz konkret untersucht werden, wobei allerdings nur wenige Aspekte der Kommunikation angesprochen werden, nämlich hauptsächlich Fragen der Mediengestaltung, als ein Beispiel dient die Impfkommunikation. Hier wird teilweise auf eine Tagung des Bertalanffy Centers for the Study of Systems Science Bezug genommen, die der Autor ausgerichtet hat (BCSSS 2021b[112]).

Aus dieser Sicht stellt sich im Rahmen des kybernetischen Systemmodells die Kommunikation über die Corona-Pandemie als *Kommunikation von Gesundheitsrisiken* dar.

Um Missverständnisse zu vermeiden, soll vor dem Weiteren gleich festgestellt werden, dass der Autor kein Impfgegner ist, sondern er ließ sich, sobald es organisatorisch möglich war, impfen. Der Autor ist auch froh, dass es der molekularbiologischen Medizin, der Industrie, der Politik und den Behörden gelungen ist, mehrere Impfstoffe in kurzer Zeit der Bevölkerung zur Verfügung zu stellen. Die Impfkommunikation verlief allerdings teilweise schlecht, denn es kam in breiten Bevölkerungsschichten zu einem deutlichen Vertrauensverlust.

„Conflicts of interest": Der Autor ist kein Corona-Leugner und kein Impfgegner; Corona ist gefährlich, die Impfung ist recht wirksam und auch ziemlich sicher.

2.10.1 Kommunikation von Risiken

Risiken werden durch Schadensereignisse bezogen auf die Ereignisse im Möglichkeitsraum quantifiziert: In der Regel sterben in Deutschland, abgerundet ausgedrückt, mehr als 800.000 Menschen im Jahr, was auf ca. 80 Mio. Menschen ein Sterberisiko von etwa 1 % ausmacht. An COVID-19 starben von den ca. 100.000 bisher als Corona-Tote klassifizierten Verstorbenen auf ein Jahr bezogen ca. 55.000 Menschen, was ein populationsbezogenes Sterberisiko von etwa 0,07 % ausmacht. Aber was „sagen" diese Zahlen?

Insofern Lebensversicherungen an Sterberisiken interessiert sind (Zweifel u. Eisen 2003[113]), hat die Risikoforschung von dieser Seite starke Impulse bekommen. Ganz grundlegend sind dabei Probleme, wie man das Risiko misst. Das wurde im Bereich der zu versichernden *Verkehrsrisiken* mittlerweile zu einem eigenen Forschungsgebiet. Hier stellt sich beispielsweise das Problem, die *Anzahl der Betriebsstunden* des jeweiligen Verkehrsmittels oder die *Anzahl der Passagiere* oder *der Kilometer* oder gar das Produkt als *Passagierkilometer* bzw. *Passagierstunden* als Maß zu wählen. Die Wahl des jeweiligen Maßes ergibt, dass das *Flugzeug* durch die hohe Kilometerzahl im Vergleich zur Bahn gut abschneidet, die *Bahn* aber über die Anzahl der vielen Betriebsstunden sicherer erscheint. Dies wird hier illustriert, um die Differenz des *objektiven Risikos* und *subjektiven Risikos* zu erläutern, ein Aspekt, der auch bei Impfungen relevant ist (Tab. 2.5).

Tabelle 2.5: Sicherheit von Verkehrsmitteln in Deutschland mit Risikovergleich Flugzeug, Auto und Bahn nach unterschiedlichen Maßen (ADAC 2010[114], Vordran 2010[115]).

(a) Tote Personen pro Jahr (Auto-/Flugverkehr)
Auto:
- 3.368 Verkehrstote / 80 Mio Einw.
=> 1: 24.000 (ca. 130 Tote innerhalb von 14 Tagen)
Fliegen:
-Annahme: 5–50 Tote pro Jahr im deutschen Flugverkehr
=> etwa 1:16.000.000 bis 1: 1.600.000
Vergleich: Totenzahl im Autoverkehr entspricht einem Flugzeugabsturz / 14 Tage, bei dem jeweils 130 Menschen sterben.

b) Tote bezogen auf Personenkilometer (Pkm)
- Fliegen: 3 Tote auf 10 Mio. Pkm,
- Bahn: 9 Tote auf 10 Mio. Pkm.
=> Fliegen ist 3 x sicherer.

c) Tote bezogen auf Personenstunden (Ph) bezogen:
- Fliegen: 24 Tote auf 100 Mio. Ph,
- Bahn: 7 Tote auf 100 Mio. Ph.
=> Bahn ist 3 x sicherer.

d) 1 Toter bezogen auf Pkm: Das Sterberisiko beim Auto ist 16-mal höher als mit dem Bus, 17-mal höher als in der Straßenbahn, 72-mal höher als in der Eisenbahn und 839-mal höher als im Flugzeug.

Derartige Gegenüberstellungen der Zahlen – auch wie hier nur im groben numerischen Vergleich – zeigen, dass gewohnte Risiken (Autoverkehr) unterschätzt und ungewohnte Risiken (Flugverkehr) überschätzt werden. Darüber hinaus spielt die Anzahl der Todesfälle pro Unfall eine wesentliche Rolle bei der Schadensbewertung, wie etwa tägliche Autounfälle mit wenigen Personen, die zu Schaden kommen, oder gelegentliche katastrophale Unfälle mit Bahn oder Flugzeug mit einer Vielzahl an verstorbenen Personen.

Das jeweilige numerische Resultat kann dann politisch je nach Interessenslage unterschiedlich genutzt werden. Nur bleibt wieder offen, ob ein zweifach oder 10-fach höheres Sterberisiko vor der Wahl des jeweiligen Verkehrsmittels abschreckt, denn die Menschen entscheiden aus ihrer individuellen allgemeinen Lebenssituation heraus. Das ist analog zur Situation bei der Impfentscheidung – wie ist das Sterberisiko bei COVID-19 und wie bei der Impfung? Gerade zu dieser Frage kommt dem subjektiven Faktor eine große Rolle zu, da es viele Studien zu „kognitiven Verzerrungen" gibt, die in der mentalen Verarbeitung die objektivierten Risiken an die subjektive Abwehr anpassen lassen (Kahnemann 2012[116]). Allerdings ist es gerade die erlebte Individualität, die derartige statistisch belegten Entscheidungen erschweren („Warum gerade ich?"). Darauf wird später in diesem Kapitel noch eingegangen.

Insofern unsere Gesellschaft zunehmend mit umfänglichen Risiken konfrontiert ist, ist sowohl das Thema *„Risikogesellschaft"* (Beck 1986[117]), wie auch das *Thema „Risiko-Philosophie"* (Nida-Rümelin 2008[118]) relevant, wobei die bekanntere „Risikopsychologie" bereits viele empirische Grundlagen bietet (Gigerenzer 2013[119]). Bei der wenig bekannten Risikophilosophie geht es um die Bedeutung des Konstrukts „Risiko", v.a. im Kontext der Wissensgesellschaft (objektiv/subjektiv), und um die ethischen Konsequenzen. Im Folgenden wird vor allem die Risikokommunikation thematisiert.

2.10.2 Grundstruktur und Mikroebene der Risiko-Nutzen-Kommunikation

Unter Rückbezug auf das dreigliedrige kommunikationstheoretische Grundmodell, wie es in Kapitel 1 dargestellt wurde, ist zwischen *Kommunikator, Medium („Text") und Rezipienten* zu unterscheiden (Abb.2.17). Diese Systemkomponenten stehen in einer systemischen Beziehung zu anderen Aspekten, wobei hier die personale und weniger die institutionelle Kommunikation betrachtet wird.

Vom Text ausgehend zeigt sich, wie es im Kapitel 1 dargelegt wurde, dass es nicht nur um die *Sachinformation* geht, sondern auch um *Appelle* in allerlei Variationen wie „Haltet Abstand", „tragt Masken", „desinfiziert Euch", „bleibt womöglich zu Hause" oder „Lasst Euch impfen". Es finden sich auch *Ausdrucksmomente* wie die Hoffnung, dass die alte Normalität wieder zurückkehrt, und auch *Beziehungsaspekte*, es besser zu wissen als der Adressat der Kommunikation.

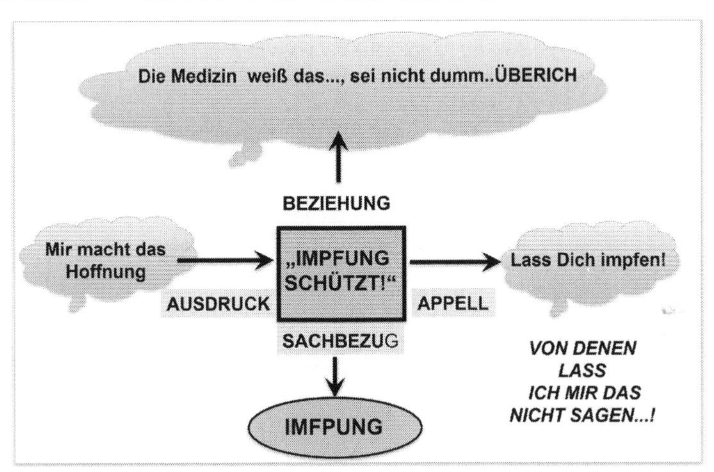

Abb. 2.17. Das Grundmodell der Kommunikation zum Thema Impfen (vgl. Kapitel 1).

Zu Beginn der Kommunikation muss der Bevölkerung vermittelt werden, dass das Virus „gefährlich" ist, vor allem weil es keine kausale Therapie gibt, und dass es jeden gefährdet, denn nur auf diese Weise haben ja die kollektiven generellen Restriktionsmaßnahmen – wie auch das *Impfgebot* – einen relevanten Sinn. In diesem Fall handelt es sich also um eine spezielle Form der *Risikokommunikation.* Und somit besteht grundlegend der erwähnte Unterschied zwischen dem *intuitivem Erleben* des Empfängers (subjektives Risiko) und der *wissenschaftlich-systematischen Erforschung* der sogenannten Realität des *epistemischen Objekts* wie „Gesundheitsgefährdung der Bevölkerung" (objektives Risiko), das Bezugsobjekt der Kommunikation ist. Die faktische *Information*, die letztlich durch das Medium repräsentiert wird, hat einen gewissen Grad an „Wahrheit" und musste aber im Falle der Corona-Pandemie nach und nach modifiziert werden: Nach der Zulassung von Impfungen und deren Einsatz, also im Frühjahr 2021, könnte die „alte Normalität" zurückkehren (Nutzen-Kommunikation), aber neue Mutanten, wie die Delta-Variante, kamen als neue Treiber der Dynamik ins Spiel. Diese unvermeidbaren Inkonsistenzen wurden aber bei der gesamten Risiko-Kommunikation von den Autoritäten in Wissenschaft und Politik zu wenig beachtet, was allerdings nicht leicht in klarer Form zu kommunizieren ist: Wird nämlich gesagt, dass bei der Pandemie „alles im Fluss" ist, dann stiftet man keine Orientierung, sagt man hingegen klar „wo es lang geht", dann macht man wegen der inhärenten chaotischen Dynamik der Pandemie mittelfristig ebenfalls sicher Fehler. Dazu einige Vertiefungen.

Risiko-Kommunikation: So differenziert wie nötig, aber so einfach wie möglich!

(1) Der Kommunikator

Der *Kommunikator* sendet Informationen zu einem Thema über ein – in der Regel audiovisuelles – *Medium* an den *Empfänger*. Zunächst geht es um die *Sachinformation* („Die Impfung ist wirksam"). Auch Momente der *Ausdrucksfunktion* der Kommunikationen wie „Ich bin froh, dass es die Impfung gibt", wie auch die *Beziehungsfunktion*, wie „Lass Dir das von mir sagen, ich bin Experte", „Du verstehst davon nichts", spielen im realisiertem Kommunikationsakt eine wesentliche Rolle, was den Effekt beim Rezipienten betrifft. Letztlich ist die *Appellfunktion* mit „Lass Dich impfen!" zu beachten. Diesbezüglich hat vor allem Schultz von Thun wichtige praxisbezogene Einblicke gezeigt (Schulz von Thun 2014[120]).

Vor allem der Beziehungsaspekt, der sich manchmal in der Textgestaltung, aber auch in der nonverbalen Ebene ausdrückt, macht den Rahmen der Kommunikation aus. Elternartige „Über-Ich-Botschaften" des Besserwissens oder implizite Botschaften des kindhaften kollektiven Es, mit dem impliziten Wunsch, dass endlich die Lockdown-Situation zu Ende ist, sind beides Signale, die den Rezipienten reflexartig in eine kindliche „Es-Situation" der Opposition versetzen können, was aber hier nur erwähnt wird.

Das Gestalten und Senden dieser Informationen durch den Kommunikator wird letztlich durch dessen inneren psychischen Bedingungen wie Motive, Empathie und Kompetenz moduliert. Abhängig von diesen impliziten Faktoren kann der Rezipient schließlich auf der Beziehungsebene *Ängste* oder *Vertrauen* entwickeln. Positive Akzeptanz scheint also bei seit Monaten 40 % Ungeimpften bei der Impfkommunikation durch „Experten" oft nur „halbherzig" zu gelingen.

Das Glas ist halb voll oder halb leer?

(2) Der Text und seine Gestaltungen
Kommunikationen sind also Austauschprozesse von Texten. Texte können im allgemeinen Sinn wörtlich, numerisch als Zahlen, symbolisch bzw. grafisch verfasst sein. Die Gestaltung des Textes wird durch das Bild, das der Kommunikator vom Empfänger im Kopf hat, geprägt.

Dazu ganz knapp ein paar Präzisierungen: Ein Text ist ein System von Sätzen, ein Satz ist ein System von Worten, ein Wort ist ein System von Zeichen, ein System ist eine geordnete Menge. Dass bereits ein Satz mit 6 Worten bzw. 9 Silben, der vielleicht 2–3 Sekunden Sprechzeit benötigt, je nach Betonung der Worte unterschiedlichste Bedeutung haben kann, sei nur als Beispiel aus dem Bereich einer alten Werbung für Humanic—Schuhe für den Reichtum der Wortsprache angeführt (Anmerkung: Es bestehen keinerlei Beziehungen des Autors zu dieser Firma):

Man kann nie genug Schuhe haben.
Man **kann** nie genug Schuhe haben.
Man kann **nie** genug Schuhe haben.
Man kann nie **genug** Schuhe haben.
Man kann nie genug **Schuhe** haben.
Man kann nie genug Schuhe **haben.**

Dieses Beispiel im Kopf habend stellen sich gerade auf der *Mikroebene* der gesundheitsbezogenen *Nutzen-Risiko-Kommunikation* zu Corona, also auf der konkreten Ebene der Mediengestaltung, einige Detail-Fragen:

1. Wie werden Text-Bild-Zahlen-Relationen gestaltet?
2. Sollten bei der Darstellung von Zahlen deren Streuung (z.B. Vorhersageintervalle in Prognosen) weggelassen werden?
3. Wie sollen Indikatoren als Kennzahlen verwendet werden: Was ist der Nutzen der Reproduktionszahl Reff? Wer versteht bei der Charakterisierung der Wirksamkeit von Impfungen die Aussage „95 % Schutz", und wenn ja, wie?
4. Wie sollen seltene Ereignisse (z.B. Impfkomplikationen) in Zahlen dargestellt werden (1:10.000 oder 0,0001?).

Ein Beispiel sind Texte, die die Notwendigkeit des Impfens betonen und mit tabellarischen und/oder diagrammatischen Zahlenvergleichen begründen. Texte müssen zunächst eine innere Begründungsstruktur haben und sie beruhen auch auf ungenannten, impliziten *Annahmen*, die bei Text- und Kommunikationsanalysen expliziert werden, wie das hier beim „Impf-Imperativ" verdeutlicht werden soll, wobei an dieser Stelle eine in den letzten Monaten von medizinischen Experten verwendete typische Argumentation gewählt wird, deren Richtigkeit hier nicht zur Debatte steht, sondern nur deren kommunikative Problemstruktur:

a. Weil das Virus so gefährlich für die Bevölkerung ist, und weil durch die Impfung ein Schutz möglich ist, müssen sich alle Menschen impfen lassen.
b. Wenn das nicht der Fall ist, müssen alle wieder in den Lockdown.
c. Das wollen wir doch nicht! Oder?

d. *Wer sich daher nicht impfen lässt, ist eine Gemeingefahr. Er /sie kostet auch Ressourcen des Gesundheitswesens und er /sie soll dann im Erkrankungsfall auch nicht behandelt werden, denn die Behandlung bezahlt ja die Gemeinschaft, und er / sie nimmt auch anderen Kranken ein Intensivbett weg. Am besten ist eine Impfpflicht für alle über 18 Jahre!*

In solchen Texten, die das Impf-Narrativ umreissen, ist eine Vielzahl von impliziten Annahmen verborgen, und es gibt eine Vermischung von Sachinformation, appellativen Momenten und paternalistischen Beziehungsdefinitionen. Zur Optimierung solcher Texte sind einige Empfehlungen von verschiedenen Organisationen vorhanden, die allerdings nicht empirisch im Sinne der *Medienwirkungsforschung* untersucht sind (Tab. 2.6). Diese Empfehlungen geben Anregungen für die konkrete Mediengestaltung (z.B. zur Mortalität oder zur Reproduktionszahl), sie sind aber teilweise selbst unklar (z.B. Unterschied von Prävalenz als Bestandsgröße und Inzidenz als Änderungsgröße) und widersprüchlich (Wegwarth et al. 2020[121]). Auch das *Netzwerk Evidenzbasierte Medizin* kritisiert in ähnlicher Weise die Massenmedien, wobei nur wenige positive Beispiele dargestellt werden (EbM-Netzwerk 2020[122]). Beispiele aus der Impfkommunikation im November und Dezember 2020 – von der Freiwilligkeit bis zum Impfzwang – zeigen auch, dass bestimmte Empfehlungen einer optimalen Gesundheitskommunikation in der Praxis kaum umsetzbar scheinen (WHO 2013[123], Public Health COVID-19 2020[124], Harding Center for Risk Literacy 2020[125], Österreichische Plattform Gesundheitskompetenz 2020[126] , Medizin Transparent 2020[127]).

Tabelle 2.6: Einige Kriterien guter Risikokommunikation (nach EbM-Netzwerk 2020[128], Public Health COVID-19 2021[129], Gesundheitsinformation Österreich 2021[130]):

- Zahlen sollen mit einer sinnvollen Bezugsgröße dargestellt werden: z.B. sollte die Sterblichkeit auf 100.000 Einwohner bezogen werden;
- Für Nutzen und Schaden sollen gleiche Bezugsgrößen verwendet werden.
- Veränderungen von Wahrscheinlichkeiten sollen als absolute Risikoänderung dargestellt werden, die Darstellung der relativen Risikoänderung kann zusätzlich hilfreich sein;
- Nicht Sicherheiten suggerieren, insofern wissenschaftlich noch Unsicherheiten bestehen;
- Risiken in niedrigen Prozentbereichen sind oft verständlicher, wenn sie auf 1: 100.000 u. dgl. bezogen werden, statt mit 0,001 % ausgedrückt werden;
- Visualisierung: Säulendiagramme sind meist besser als Kuchendiagramme;
- Kommunikation muss an die Zielgruppe angepasst werden, muss deren Gefühle und Bedürfnisse akzeptieren;
- Trennung von Information, Bewertung und Empfehlung beachten;
- Transparenz zu den Quellen und den Verantwortlichen herstellen;
- Gelegenheit zu Rückfragen bieten;
- Darlegung von Interessenskonflikten.

Grundlegend kann speziell bei der *Impf-Kommunikation* die Impfakzeptanz gesteigert werden, wie Studien von Cornelia Betsch (Heinemeier et al. 2021[131]) zeigen: Förderung des Risikowahrnehmung, Organisationsaspekte, Nutzen und Nutzen-Risiko-Abwägung und Aufbau von Vertrauen sind wichtige Aspekte der Gestaltung derartiger Risikokommunikationen. Es sind also die fachlichen Kommunikatoren selbst, die durch die Gestaltung ihrer Kommunikationen zur Polarisierung bzw. Entpolarisierung einen wesentlichen Beitrag leisten (Bitzer 2020[132]).

Allerdings besteht die Grundfrage, welche randomisierten kontrollierten Medienwirkungsstudien die jeweiligen Mediengestaltungen begründen, insbesondere was die Kommunikationen zu Corona betrifft. Die Schwierigkeiten einer derartigen praktischen „evidenzbasierte Mediengestaltung" wird am Beispiel der Kommunikation der Gefährlichkeit des Virus deutlich, die im Prinzip bereits in der Suchtprävention ausführlich behandelt wurde (Tretter et al. 1983[133]).

Als zentrales Beispiel sei auf den in vorherigen Abschnitten dieses Kapitels dargestellten *kategorischen Zahlenvergleich* zur Sterblichkeit – Mortalität, Infektionssterblichkeit, Fallsterblichkeit – hingewiesen. Er macht deutlich, dass durch die Wahl des jeweiligen Indikators und des damit quantifizierten Risikos schon allein durch die Zahl der Eindruck geringen oder großen Risikos entsteht. Darauf aufbauend sind in der Folge die regulativen Maßnahmen unverhältnismäßig oder eben verhältnismäßig: Je nach pragmatischen Interesse des jeweiligen Risiko-Kommunikators, etwa aus der Führungsebene der Politik (Bagatellisierung oder Dramatisierung), wird die *beruhigend geringe Mortalität (M)* oder die *erschreckende* Information der *hohen Letalität (CFR)* gewählt: Eine *CFR* von 3 % kann darüber hinaus mit 1 Todesfall unter 30 Infizierten veranschaulicht werden, was leicht vorstellbar ist, während die *Mortalität* von 0,01 % mit 1 Todesfall auf ca. 10.000 Personen kaum anschaulich vorstellbar ist. Diese kategorischen Unterschiede zum Sterberisiko und deren Kommunikationseffekte werden sogar innerhalb der Medizin nicht gut auseinandergehalten und beachtet, was es – wenn es an die Öffentlichkeit kommt (ORF 2020[134]) – dann letztlich auch für die Öffentlichkeit erschwert, das Corona-Risiko zu „verstehen" und danach zu handeln. Es zeigt sich also, dass zu der Frage nach der „Gefährlichkeit" des Virus bei intradisziplinären und dann auch bei „extradisziplinären" Kommunikationen der Medizin vorher (!) begriffliche Klarheit hergestellt werden muss, etwa durch fachliche „Konsistenz-Konferenzen", bei der komplexere Zusammenhänge interdisziplinär auf Schlüssigkeit überprüft werden.

Im nächsten Schritt der Gestaltung muss entschieden werden, welche Quantifizierung man wählt: Absolutzahlen, Relativzahlen, Änderungen, usw. Bereits dazu ist die Regel wichtig: keine Prozentzahlen ohne Absolutzahlen! Auch muss geklärt werden, ob dies in Textform erfolgt oder tabellarisch oder durch Diagramme usw. verdeutlicht wird. Hier ist für manche offizielle und institutionelle Corona-Kommunikatoren selbstkritisch an das Buch „So lügt man Statistiken!" des Statistikers Walter Krämer zu denken (Krämer 2003[135]).

Wichtig zu Gestaltungsfragen wäre es aber auch, *Künstler* – beispielsweise Filmemacher – ausdrücklicher für Orientierungen zur optimalen Mediengestaltung einzubeziehen, denn das ist deren tägliches Handwerk, und sie verfügen über eine gute Intuition darüber. Manche können ihre Mediengestaltungskompetenz auch theoretisch fundiert vermitteln und eigene Beiträge zu medizinischen Themen verfassen.

Wir haben dies im Bereich der *Suchtprävention* und für die Kommunikation über psychische Krankheit eine Zeitlang vielschichtig praktiziert (Tretter et al. 1989[136], Tretter u. Bender 1994[137], Tretter 2017[138]).

Mediengestaltung von Wissen braucht Wissenschaft UND Kunst.

(3) Die Disposition der Rezipienten

Jedes Ergebnis einer Kommunikation „findet im Kopf des Rezipienten statt", wie das der Filmemacher und Kommunikationstheoretiker Alexander Kluge formulierte (kluge-alexander.de 2021[139]). Das bringt mit sich, dass auch eine minimal-missverständliche Mediengestaltung auf Text-, Bild- und Tonebene beim Rezipienten ganz anders als gedacht „ankommen" kann. Das hängt vor allem von den Einstellungen (Dispositionen) der Empfänger (Rezipienten) ab: Zu der Einstellung passende Information wird aufgenommen, unpassende Information wird nach allen Regeln der Psychoanalyse abgewehrt, sie erzeugen ja sonst „kognitive Dissonanzen". Im Falle von Corona gibt es eben *Corona-Überzeugte*, *Corona-Skeptiker* und *Corona-Leugner*, die sich – nach entsprechend genauerer Definition – jeweils als Punkte auf einer gedachten Skala abbilden und, bei polarer Position, bei Dissonanzen defensiv agieren und ihre Einstellung kaum ändern. Ebenso gilt das bezüglich der Impfung (Abb. 2.18): es gibt I*mpf-Überzeugte*, ja sogar Fanatiker, die zwangsartig das Impfen als Gebot der Stunde kommunizieren und kritisch abwägende *Befürworter* (Protagonisten), *Skeptiker*, die sich zögerlich verhalten und Leugner, die positive Effekte der Impfung negieren und schließlich *Gegner*, wie sie bereits bezüglich der Masern-Impfung bekannt sind, und von denen sich auch einige militant äußern.

Eine weitere Skalierung der Meinung muss klären, ob man „sehr stark", „ziemlich stark" oder „stark" für bzw. gegen die Impfung ist.

Empirisch bemerkenswert dazu ist die internationale Studie zu der Meinung der Bevölkerung in Österreich im Jahre 2020, und zwar im Vergleich der Meinung vom Frühjahr bis Dezember (Universität Wien 2021[140]): Die Corona-Maßnahmen wurden im Frühjahr als Erleichterung empfunden, doch bereits im Sommer sorgten Ungereimtheiten im gesundheitspolitischen Regelwerk zunehmend für Unzufriedenheit, und im Herbst zeichnete sich eine Polarisierung der Meinungen über Zustimmung und Ablehnung der Maßnahmen ab. Die Polarisierung in der Impffrage zwischen Impfwilligen und Impfverweigerern nahm zum Jahresende hin zu. Im Allgemeinen gewann die Wissenschaft wieder mehr an Bedeutung für die Steuerung des öffentlichen Lebens.

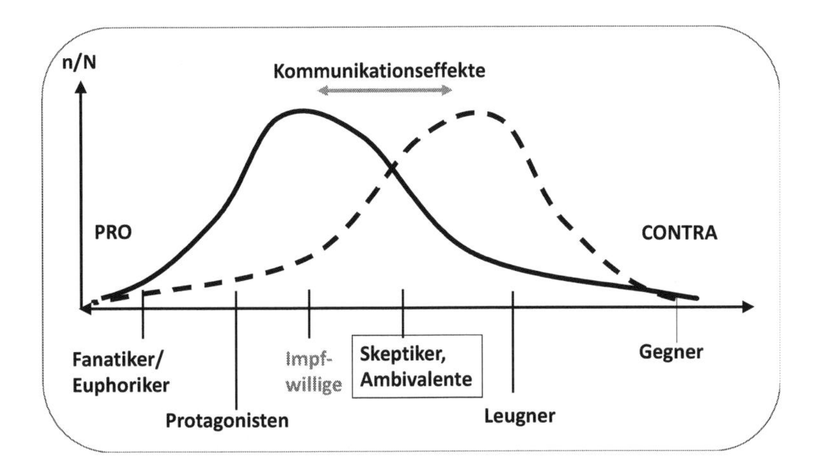

Abb. 2.18: Hypothetische Verteilung der Einstellung gegenüber der Corona-Impfung (siehe Text). Durch überlegt gestaltete authentische, empathische und kompetente Kommunikation kann sich die Häufigkeitsverteilung zwischen einer rechtssteilen Form (gestrichelte Kurve) zu einer linkssteilen Form (durchgezogene Kurve) verändern. Überhebliche Kommunikatoren verschieben die Kurve nach rechts.
Ordinate: Prozentsatz der Bevölkerung (n/N)

2.10.3 Zur Kommunikation und Ethik des Impfens

Die aktuelle Kontroverse um die adäquate Wissens- bzw. Risikokommunikation dreht sich – im wahrsten Sinne des Wortes – um die Corona-Impfung. In Deutschland und Österreich war im Herbst die Impfquote der Gesamtbevölkerung bei knapp über 60 % und das schon Wochen lang seit etwa 1. September 2021 (Ourworldindata 2021[141]). Es wurde daher von den Regierungen mit allen Mitteln versucht, auf eine Impfquote der Gesamtbevölkerung von ca. 90 % zu gelangen, um die „Herdenimmunität" zu erreichen: Freibier, mobile Impfbusse, Gutscheine, usw. Auch Israel, das weltrekordartig schon Mitte März die 50 %-Marke an Vollgeimpften erreichte und Mitte Juli an die 60 %-Grenze herankam, ist anschließend nur mehr langsam vorangekommen. In Europa hatten Portugal und Spanien mit um die 80 % Geimpften bereits Mitte Oktober das Ziel erreicht, und so praktizierte man dort bald danach starke Lockerungen im öffentlichen und privaten Leben. Warum die Geimpfenquote so unterschiedlich ausfällt, kann hier nicht weiter untersucht werden, der Fokus soll vielmehr auf die Kommunikation gerichtet bleiben.

Im Sommer 2021 kam schließlich in den gesellschaftlichen Diskursen zunehmend ein *kategorischer Impf-imperativ* auf, der sich mancherorts bereits Ende 2020 mit einer bestimmten „Tiefensemantik" artikulierte: „Wer sich nicht impfen lässt ist ungut, wenn nicht sogar böse!" Diese *exkludierende Beziehungsdefinition* in den kommunizierten Texten ist, nach allem was man, wie oben erörtert, kommunikationswissenschaftlich weiß, per se kontraproduktiv und trug dazu bei, dass sich eine tiefe Ablehnung gegenüber den Vorschlägen der gesundheitspolitischen Autoritäten entwickelt hat. Diese Ablehnung ist oft nicht manifest. Die manifesten und mutmaßlichen Impfskeptiker aber wurden Ende 2021 exkludiert, marginalisiert und diskriminiert: Man soll sich mit ihnen nicht einlassen und soll sich distanzieren! Gegenwärtig werden sogar renommierte Wissenschaftler, wie der Mathematiker und ehemalige Direktor des Cochrane Instituts in Freiburg, Gerd Antes, der sich mit kategorisch Andersdenkenden („Querdenker") in den kritischen Dialog begibt, von Massenmedien und vor allem von Akteuren der Social Media fälschlich als Zugehörige dieser Bewegung klassifiziert (Süddeutsche Zeitung 2021[142]).

Bezugnehmend auf diese Aspekte wird hier zusammenschauend das System Wissenschaft – Politik – Medien – Bevölkerung zum Thema Impfen dargelegt.

2.10.4 Impfforschung

Impfungen scheinen die beste Möglichkeit zu sein, die Pandemie zu dämpfen und vielleicht sogar zu stoppen. Allerdings scheint die Pandemie mit Virusmutationen eine erhebliche Eigendynamik zu haben, wobei die Treiber und Bremser des Pandemie-Verlaufs noch nicht ausreichend verstanden sind. Somit ist die Impfung eine der reellsten Bedingungen der Möglichkeit, zur alten Normalität einigermaßen wieder zurück zu kommen. Da auch Geimpfte erkranken können, müsste allerdings zusätzlich zur Impfung – wie schon ausgeführt wurde – eine *kausale und/oder suffiziente symptomatische Therapie* entwickelt werden.

Die Impfung soll in erster Linie die geimpfte Person schützen, sie soll auch in zweiter Linie verhindern, dass eine gegebenenfalls infizierte geimpfte Person zu einem „Spreader" wird und auf diese Weise die Epidemie antreibt. Impfung soll also *Selbstschutz und Fremdschutz* zugleich leisten. Darüber hinaus ist der *Systemschutz* des Gesundheitswesens zunehmend zu einem Impfziel geworden. Gerade zum zweiten Punkt passt es, dass das gesundheitspolitische Ziel im Erreichen einer „Herdenimmunität" besteht, die bei SARS-CoV-2 zuletzt bei 90 % der Bevölkerung liegen soll und daher auch mit einer Impfung der Kinder verbunden ist.

Was den Nutzen und die Risiken der Impfung betrifft, sind allerdings noch einige Fragen gegenüber der Wissenschaft offen, deren zufriedenstellende Beantwortung äußerst bedeutsam ist. Die im Herbst 2021 in Deutschland und Österreich bestehenden etwa 35 % Nichtgeimpften zur Impfung zu motivieren, ist offensichtlich äußerst schwierig und ohne fundierte Kenntnis der quantifizierten Sachlage kaum möglich. Dazu einige Orientierungen zur Lage im Spätherbst 2021:

a) Impfwirksamkeit: Die Impfung ist sehr wirksam, aber nicht so sehr bei der Delta-Variante, und sie verliert offensichtlich nach wenigen Monaten deutlich an Wirkung, sodass deutlich mehr als 10 % der wegen COVID-19 Hospitalisierten auch geimpft sind, in Israel sogar in einer Untersuchung 58 % (Abb. 2.19). Bei dieser Zahl tritt allerdings wieder das Problem der nur aspekthaften und oberflächlichen Darstellung und Interpretation von Statistiken zu Tage. Tatsächlich hat auch das israelische Gesundheitsministerium die Relativierung der veröffentlichten Zahlen zu wenig beachtet, denn 80 % der impfbaren Bevölkerung (60 % der Gesamtbevölkerung) sind voll geimpft. Daher korrigiert sich die augenscheinliche Schieflage auf Ebene der *Klinikstichprobe*, die zunächst anscheinend zuungunsten der Impfung ausfällt, wenn man die Zahlen auf die *Grundgesamtheit der Impfbaren* bezieht: Ungeimpfte kommen 3,1-mal häufiger wegen COVID in die Klinik (0,0164 %) als Geimpfte (0,0053

%)! Anschaulicher gesagt: 16,4 /100.000 ungeimpfte Personen kommen wegen COVID-19 in das Krankenhaus, das aber nur 5,3 / 100.000 geimpfte Personen aufsuchen müssen. Dieses tiefergreifende Zahlenverhältnis wurde erst durch einen Twitter-Beitrag des Statistikers Jeffrey Morris für die interessierte Öffentlichkeit klargelegt, der auch die Primärstatistik aus dem Dashboard des israelischen Ministeriums nutzte, die nach Altersgruppen differenziert ist (Morris 2021[143]). Auf dieser Ebene konnten für jüngere Altersgruppen besonders starke protektive Impfeffekte belegt werden. Daher ist die zusätzliche Darstellung der geschlechts- und altersspezifischen Wirksamkeit (und Sicherheit) äußerst hilfreich für den Sachbezug der Kommunikation.

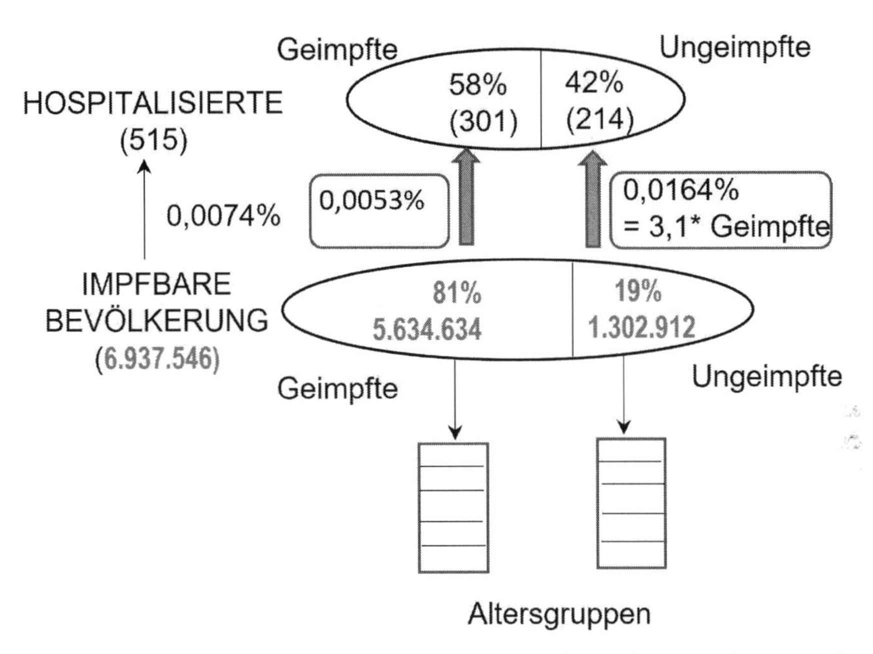

Abb. 2.19: Die Hintergründe der hohen Quoten an geimpften Infizierten, die ein Krankenhaus aufsuchen mussten: Wegen COVID-Manifestation kommen Ungeimpfte mehr als dreimal häufiger in das Krankenhaus als Geimpfte (graue Pfeile).

b) *Impfsicherheit:* Die Impfung ist sicher, aber es gibt in Deutschland nach dem Bericht des Paul Ehrlich Instituts (PEI) bis 31.8.2021 zu Nebenwirkungen bzw. Impfkomplikationen 156.360 Meldungen bei 101.877.124 Impfungen, was in der Größenordnung von etwa 0,15 % (1,5: 1000) liegt (Paul Ehrlich Institut 2021[144]). Impfassoziierte Todesfälle sollen nach verfügbaren Statistiken in der Größenordnung von 1 bis 3 Todesfälle auf 100.000 „Impfungen" vorkommen. Zu beachten ist bei dieser Aussage, dass Impfungen und nicht „Geimpfte" d.h. geimpfte Personen gemeint sind! Das PEI gibt für Deutschland in seinem aktuellen Sicherheitsbericht 1254 mögliche Todesfälle an, was eine Relation von etwa 1,3: 100.000 Impfungen bedeutet, wobei das Institut nur 48 Fälle für plausibel ansieht, was dann ein Sterberisiko von etwa 0,5 Toten auf 1 Mio. (oder 1 Toten auf 2 Mio.) Impfungen bedeutet.

Da die Basis für die Kalkulation nur die Anzahl der Impfungen betrifft und Menschen, aber nicht Impfakte, relevant sind, müsste der Nenner wegen der meist zweifachen Impfung halbiert bzw. der Zähler verdoppelt werden, wenngleich unter der Kategorie „Impfung" 1-mal bis 3-mal Geimpfte und Impfstoffe, für die nur eine Impfdosis erforderlich sind, subsummiert sind. Das ist, hier und jetzt, mangels detaillierterer Datenlage nicht klärbar. Diese für Vergleichszwecke vereinfachende Korrektur hier nutzend, wären dann nach obenstehenden Zahlen des PEI für Deutschland etwa 3 Nebenwirkungen auf 1000 Geimpfte (etwa 1: 330) oder mutmaßlich maximal 2,6 impfassoziierte Tote auf 100.000 Geimpfte (etwa 1: 38.000) oder wenigstens 1 Toter auf 1 Mio. Geimpfte zu veranschlagen.

Letztlich gilt: „Impfrisiken sind nicht ausgeschlossen, aber auch nicht bewiesen"! Aber darüber lässt sich trefflich streiten!

c) *Infektionsrisiko:* Das Risiko infiziert zu werden, ist im Herbst 2021 unter den gegenwärtigen Teilrestriktionen in Österreich nahezu 10 % pro Jahr, wenn man von der in dieser Periode anhaltenden monatlichen Inzidenz von aufgerundet etwa 75.000 neuen Fällen pro Monat (ca. 2600/Tag) ausgeht (Ourworldindata 2021[145]). Das wären ca. 900.000 Fällen bei nahezu 9 Mio. Einwohnern im Jahr. Die Notwendigkeit für eine Krankenhausbehandlung ist im Fall der Infektion bzw. der Erkrankung aktuell durchschnittlich etwa 3% (3:100). Das Sterberisiko ist – wie im vorigen Abschnitt ausgeführt – bezogen auf die Test-Positiven (Corona-Fallsterblichkeit, CFR) etwa 1,5 % und als Mortalität liegt es bei 0,01 % (1: 10.000).

In der Zusammenschau ist also prinzipiell eine *Risiko-Risiko-Kalkulation* vorauszusetzen, das heißt die Annahme einer Aversions-Aversions-Situation in der Bevölkerung ist passender und weniger eine *Nutzen-Risiko-Kalkulation,* die von verschiedenen Impf-Befürwortern dargelegt wurde und als Appetenz-Aversions-Situation zu interpretieren wäre.

Zusammenfassend bedeutet das also zunächst folgendes:

- Das Risiko an COVID-19 schwer zu erkranken beträgt im Herbst 2021 etwa 3: 100, aber eine akute Impfreaktion, die in der Regel nicht schwerwiegend und nach wenigen Tagen vorüber ist, tritt zu etwa 1,5: 1000 auf (entspr. 3: 2000). Das bedeutet letztlich, dass das Risiko, an COVID-19 *schwer zu erkranken* mindestens *20 x so hoch* ist wie leichte Impfnebenwirkungen zu erleiden. Derartige Verhältniszahlen sollten für die Impfung sprechen. Aber ab welchem Risiko bevorzugt wer welches Risiko? Und lässt sich das wirklich quantifizieren?

- Die Sterberisiken könnten personalisiert und auf das allgemeine Sterberisiko für COVID-19 als Mortalität mit 1: 10.000 geschätzt werden und mit dem Sterberisiko als geimpfte Person von maximal 1: 30.000 verglichen werden: Es besteht nach dieser groben Kalkulation mindestens ein *3-fach größeres Risiko,* an COVID-19 *zu sterben* als an der Impfung. Das sollte ebenfalls für die Impfung sprechen. Nach der Einschätzung des Paul Ehrlich Instituts wäre das Risiko an COVID-19 zu sterben (1: 10.000) 100 mal höher als das Risiko für einen Impftod (ca. 1: 1.000.000).

Nun kann man an diesen Zahlen vieles kritisieren, wie beispielsweise, dass das individuelle Risiko für die COVID-19-Erkrankung geringer oder höher ist oder dass die Impfreaktionen wegen eines Underreporting und/oder wegen Klassifikationsfehlern nicht ausreichend berichtet werden und dass die Langzeiteffekte der Impfung auf das Immunsystem nicht bekannt sind usw. Es scheint aber „objektiv", das heißt zahlenbasiert und rational, schwer möglich zu sein, die *Impfung definitiv als nachteilig* gegenüber dem Status des Ungeimpftseins darzustellen. Hier setzt allerdings der subjektive Faktor an: Man kann sich intuitiv gegenüber der neuen Impfung abwartend verhalten, und diese Sorge um die körperliche Integrität ist im Prinzip ja ein dem Menschen „eingebauter" Selbstschutz, der nicht kritisiert werden sollte. Allerdings wirken kognitive Verzerrungen bei dem subjektiven Bild von der Impfung offensichtlich mit, wie Diskussionen zwischen Impfbefürwortern und Impfgegnern zeigen können.

Aufgrund der Situation des „Known Unknown" interferiert verständlicherweise „der Staat" in die Lebenswelt der Menschen, um mögliches Schlimmstes zu verhindern, und verlangt über die 2G-Regeln (Geimpft oder Genesen) als Zutrittbedingung für das öffentliche Leben mehr oder weniger direkt die Impfung, weil er die Tests als Eintrittskriterium für die Teilhabe an gesellschaftlichen Leben nicht mehr als adäquat einstuft. Wie sieht aber hier dann die individuelle Lebenssituation der Ungeimpften aber nicht Erkrankten aus? Wie begründet kann eine Autorität über das Individuum verfügen? Warum soll man also, um ein freies selbstgestaltetes Leben führen zu können, indirekt zur Impfung verpflichtet werden, wenn die Impfung gar nicht vollständig vor einer krankmachenden Infektion schützt, außerdem auch die Übertragung nicht sicher verhindert und auch das Risiko, als Ungeimpfter bei typischen Prophylaxe-Praktiken schwer zu erkranken, nicht sehr groß ist? Es besteht der Verdacht, dass die offiziellen Antworten, die kommuniziert werden, inhaltlich einseitig aufbereitet werden, indem kategorisch („Die Impfung ist sicher!") statt skaliert (mehr oder weniger) und punktuell kasuistisch statt statistisch („Es gibt aber Corona-kranke Kinder auf der Intensivstation!") argumentiert wird. Das ist im Informations-Panaroma, das man sich täglich anhören und anschauen muss, auffällig und nicht vertrauenswürdig und kommunikationswissenschaftlich bedenklich.

2.10.5 Institutioneller Umgang mit Impf-Komplikationen

Die Risiken der Corona-Impfung sind nach wie vor Gegenstand heftigster Kontroversen. Da es ein Beispiel für die Spannungen in einer Wissensgesellschaft ist, wird es hier kurz angesprochen, obgleich die Diskussion gegenwärtig (Ende 2021) nicht abgeschlossen ist und es so voraussichtlich auch lange bleiben wird.

Hier wird vor allem von einem aktuellen umfassenden Bericht vom 14.10.2021 ausgegangen, der sich faktenbasiert und ausgewogen mit den Vorteilen und Nachteilen des AstraZeneca-Impfstoff befasst. Er ist von dem Medium „Euronews" verfasst, mit Sitz in Lyon, einem Medium, das sich in seinem Selbstprofil als Europa-treu und der Diversität verpflichtet sieht. Der Artikel berichtet über die verschiedenen Aspekte dieses Impfstoffs (Euronews 2021[146]). Sicher kann man diese Sichtwiese wieder diskutieren, aber das muss speziellen Diskursen überlassen werden.

Im Wesentlichen geht es in der Sache zunächst darum, dass Anfang März 2021 einige Impf-assoziierte Todesfälle im Rahmen der Impfung mit dem Impfstoff Vaxzevira® von AstraZeneca aufgrund eines sehr seltenen Blutgerinnsels im Gehirn (Sinusvenenthrombosen; SVT) vor allem bei jüngeren Frauen gab (FAZ 2021[147]). In Norwegen waren bei etwa 130.000 Impfungen 3 Todesfälle vorwiegend bei Frauen mittleren Alters aufgetreten, was einem Sterberisiko in der Größenordnung von etwas über 2: 100.000 entspricht (PZ 2021[148]). Es folgten unterschiedliche offizielle nationale Reaktionen: Die *norwegische* und die *dänische Gesundheitsbehörde* stoppte sofort die Verimpfung dieses Impfstoffs. Das Ziel war eine genauere Untersuchung der möglichen Ursachen. Das *deutsche Paul Ehrlich Institut* brachte zunächst eine quantitative Risiko-Einschätzung durch einen Vergleich der Meldung von SVT des Vorjahrs mit der in Frage stehenden Periode im Jahr 2021. Das Institut fand keinen signifikanten Unterschied und ließ daher in Deutschland weiterimpfen. Wenig später kam aber zur Frage nach den Bedingungen der Möglichkeit von Thrombosen als Impfreaktion durch die Arbeitsgruppe um den Greifswalder Transfusionsmediziner Andreas Greinacher der empirisch belegte Hinweis auf, dass durch die Impfung erzeugte Antikörper die Verklumpung von Thrombozyten bewirken können und somit die Grundlage für Mikrothromben gelegt wäre. Es handelt sich um eine Sonderform der laborchemisch feststellbaren Reduktion der Blutplättchen („Thrombozytopenie"), bei der sowohl Mikro-Thromben als auch Blutungen auftreten können. Danach stoppte auch das Paul Ehrlich Institut die Impfung mit diesem Impfstoff und wartete auf die Einschätzung durch die Europäische Arzneimittelkommission (EMA). Hier kollidierte offensichtlich die Statistik mit der Pathophysiologie! In *Österreich* hielt man mittlerweile durch und impfte mit diesem Impfstoff weiter, obwohl auch dort eine junge Frau an einer SVT gestorben war. Nachdem die EMA das Risiko als tolerabel eingeschätzt hatte, wurde europaweit wieder – bis auf Einschränkung der Indikation für jüngere Altersgruppen in einigen Ländern – weitergeimpft.

Was ist daraus zu lernen? Es gibt offensichtlich europaweit eine unterschiedliche Risikoeinschätzung, was nicht gerade vertrauensbildend ist, wobei möglicherweise die klare sicherheitsorientierte Haltung der Gesundheitsbehörden der Länder Norwegen und Dänemark wesentlich dazu beigetragen hat, dass die dortige Bevölkerung das Vertrauen hatte, sich in einem europaweit besonders hohen Grad impfen zu lassen, übertroffen nur von Portugal und Spanien. Unsensible Reaktionen der Experten auf Berichte über Komplikationen steigerten die Ablehnung bei den Nicht-Experten, und das öffentliche Vertrauen nahm ab.

Nach der Erörterung der Sach-Ebene geht es nun um die Appell-Ebene, mit anderen Worten: um das Moralisieren.

2.10.6 Impf-Ethik und Impf-Kommunikation

Vorauszuschicken zum Thema Impf-Ethik ist, dass die Ausdrücke „Ethik" und "Moral" meist undifferenziert verwendet werden, obgleich fachsprachlich die Ethik die (philosophische) *Untersuchung der Moral* ist, die gewissermaßen als Alltagsethik unser Verhalten prägt. Hier wird zur Vereinfachung meist ebenfalls der saloppe Sprachgebrauch praktiziert. Die Grundlagen der europäischen Moral sind also geschichtlich betrachtet Formen der *Gesinnungsethiken* und erst mit der Entwicklung des Rechtssystems ausdrückliche *Verantwortungsethiken.* Sie sind von Autoritäten positioniert und damit *paternalistische Ethiken.* Philosophische Analysen ergeben aber, dass die Letztbegründungen der Moral prinzipiell in Zirkelschlüssen enden, weil sie in der Begründung lückenhaft und vor allem in multikulturellen Gesellschaften schwerlich herleitbar, zu rechtfertigen und umsetzbar sind. Damit ist die Frage auch aufgeworfen, wer „Experte für Ethik" ist. Es sind zweifelsohne vor allem Philosophen, auch Religionsphilosophen. Allerdings hat die Entwicklung einer Ethik als Wissenschaft, etwa im Rahmen der Philosophie, nicht zu dem Ergebnis geführt, das gewünscht und erwartet war: Eine Letztbegründung moralischen Handelns, so hat es bereits Kant zuletzt in ausgeklügelter Weise klargestellt, geht nur „relational", im Sinne von „Was du nicht willst, dass dir man tu, das füge keinem anderen zu!" oder nach der Regel, dass „meine Freiheit dort endet, wo die Freiheit von Anderen beeinträchtigt wird". Aus diesen prinzipiellen und pragmatischen Gründen haben vor allem die Philosophen Karl-Otto Apel und Jürgen Habermas die *Diskursethik* entwickelt, die alle wesentlichen Problembeteiligten zu Teilhabern der Definition der konkreten moralisch-ethischen Prinzipien erheben (Apel 1973[149], Habermas 1991[150]).

Auch wäre in diesem Kontext der Unterschied von Ethik (Sollen) und Recht (Müssen) zu beachten. Das zu beleuchten wäre aber Gegenstand der *Metaethik.* Viele dieser Aspekte kommen leider bei der „Corona-Ethik" von der Seite der „Offiziellen" und „Autoritäten" – also Ethikkommissionen, Regierungen, Behörden usw. – nicht zur Berücksichtigung und werden mit einer Alltagsmoral / Alltagsethik vermengt. Das wäre eine ausführlichere „transdisziplinäre" Analyse wert, bei der alle wesentlichen am Corona-Problem beteiligten Experten einbezogen sein müssten! Das geht aufgrund des Handlungsdrucks wohl kaum. Eigentlich müssten auch all diese Aspekte in der Impf-Ethik, die über die allgemeine Ethik und Moral in der Kultur einer Gesellschaft verankert ist, zur Corona-Impfung mit berücksichtigt werden. Das ist aber nicht zu erkennen. Die Impf-Ethik ist zwar mittlerweile zu einem ausgearbeiteten interdisziplinären Gebiet mit Medizinern, Philosophen und Theologen geworden, allerdings kommen (analytische) Philosophen relativ wenig zu Wort.

In pragmatischer Hinsicht, unter dem Pandemie-Druck, müssen die hier interessierenden *Impfgebote* als Vorstufen der *Impfpflicht* betrachtet werden. Bevor die Bevölkerung über die guten (und auch schlechten) Seiten der Impfung informiert wird, müssen die wissenschaftlichen Grundlagen explizit gemacht werden und es müsste auch die ethische Bewertung der appellativen Dimension der dann kommunizierten Texte erfolgen: Offiziell von der „Pandemie der Ungeimpften" zu sprechen, ist bereits im Herbst 2021 sachlich unrichtig, da auch Geimpfte krank und zu „Spreadern" werden können, allerdings in deutlich geringerem Ausmaß. Eine Hegemonie einer hermetisch abgeriegelten, angeblich evidenzbasierten Politik und ihrer Organe und Vertreter, die Top-down kommuniziert, birgt bei inhaltlichen Inkonsistenzen das Risiko der *Dissoziation der Bevölkerung* und *Gesellschaft.*

Bereits die Ergebnisse der gesellschaftlichen Diskussion der Pflicht zur Masernimpfung könnten heute als Grundlage der aktuellen Impfdebatte gelten. Grundsätzlich geht es um die *ethisch-moralische Legitimation* von Impfgeboten, insofern das fiktive Wohl der Bevölkerung (*Sozialethik*) gegenüber den Individualpflichten (*Individualethik*) und den damit verbundenen Einschränkungen der Individualfreiheiten in Beziehung gesetzt wird oder werden müsste. Der Impf-Imperativ wird von der staatlichen Autorität, nämlich letztlich durch die amtierende Politik als Regierung, gegenüber dem Bürger vertreten. Bei Nicht-Mitwirkung wird der (oder die) Betreffende vom gesellschaftlichen Leben ausgeschlossen oder sogar rechtsrelevant sanktioniert.

Was die Impfung betrifft, soll nun nach Ansicht von *Medizinethikern*, die oft keine Philosophen sind, bei der impfethischen Bewertung Kriterien wie Wirksamkeit, Nutzen-Schadens-Analysen, Kosten-Nutzen-Analysen, Fairness, Transparenz und minimale Restriktivität gewährleistet werden, was bei dem Masern-Impfgebot erfüllt zu sein scheint (Marckmann 2010[151]). Ein explizites *Stufenschema* wäre dabei auch zu beachten, wie Stufe 1, bei der von der Impfung abgeraten wird, Stufe 2, bei der die Impfung angeboten wird, Stufe 3, bei der auch eine Empfehlung ausgesprochen wird, Stufe 4, bei der zusätzlich Angebote gemacht werden wie bei der Corona-Impfung und Stufe 5, über die wir hier diskutieren, bei der eine Impfpflicht angeordnet wird (Marckmann 2008[152]). Ähnlich gestuft ist die Systematik des Nuffield Bioethik Rats, die von der reinen Beobachtung bis zur gesetzlichen Pflicht reicht (Nuffield Council on Bioethics 2007[153]).

Die aktuelle Debatte der Corona-Impfpflicht, die in Frankreich und Italien bereits im September und Oktober 2021 für bestimmte Berufsgruppen gesetzlich besteht, wird in Deutschland und Österreich noch vorsichtig geführt, obwohl die Impfquote vollständig Geimpfter zu jener Zeit bei nur etwa 65% lag. Christiane Woopen, ebenfalls medizinische MedizinethikerIn wie Georg Marckmann ist im Sommer 2021 gegenüber der Impfpflicht noch skeptisch, insofern „keine Pflicht, kein Risiko für andere zu sein" besteht (Woopen 2021[154]). Auch Amelia Buyx, Medizinethikern mit Medizin und Philosophie als Hintergrundqualifikation, steht einer Impfpflicht skeptisch gegenüber (ZDF 2021[155]). Das kann sich aber bei einer stärkeren Dynamik der Pandemie ändern, wodurch das Gesundheitssystem anhaltend überlastet wird (Systemschutz).

2.10.7 Struktur der Texte der Argumentation für Impflicht

Die wissenschaftliche Rationalität für einen kategorischen Impf-Imperativ für die Bevölkerung ist recht dünn. Allerdings hat die Österreichische Bioethikkommission bereits im Herbst 2020 zwei Botschaften zum Sollen und Müssen des Impfens mitgeteilt. Es geht hier nur um Kritik am Text und nicht um Personen, denn es ist bekanntlich schwierig, Konsens bei 25 Personen einer Kommission zu erzielen (Bioethik-Kommission 2020[156]). Allerdings geht es grundlegend um die Frage zur „Empirisierung" der Aussagen, das heißt um die Korrespondenz zwischen Textkategorien und empirischen Befunden der Corona-Forschung:

Botschaft 1 (sinngemäß): ***Der harmlose Eingriff in die Integrität des Einzelnen ist bei hoher Gefahrenlage für die Bevölkerung und hohem Nutzen des Eingriffs gerechtfertigt.***

Diese Festlegung besteht genau genommen im Original aus mehreren latent semiquantitativen relationalen Teilaussagen, die allerdings kategorisch formuliert sind:

a "Je harmloser der Eingriff für die einzelne Person ist",
Es gehört wohl in den Bereich der Metaphysik zu klären, wie vor der Zulassung bzw. dem Start der Impfungen (November 2020) bereits solche Risiko-Abschätzungen empirisch-wissenschaftlich möglich gewesen sein sollen. Abgesehen von Definitionsfragen zu Impf-Nebenwirkungen und -Schäden ist deren Quote schwer festzustellen, zumal es keine politisch unabhängige Institution gibt, die diese Ereignisse registriert. Die Corona-Impfungen sind auch nach fast einem Jahr der Anwendung verhältnismäßig zu neu, als dass man in Hinblick auf Langzeitschäden hinreichend gesicherte Kenntnisse – auch aus der Praxis – hat (siehe oben). Dieses Wissensdefizit kann aber ignoriert werden, wenn die akute Pandemielage stringentes Impfen erforderlich macht.

b „je 'gefährlicher' die Krankheit für die Gesundheit der Bevölkerung ist"
Eine Gesundheitsgefahr hängt – wie vorher im Theorieabschnitt dieses Kapitels gezeigt – vom individuellen bzw. kollektiven bio-psycho-sozialen Bedingungsgefüge von Risikofaktoren und Schutzfaktoren ab, also von den individuellen Host-Variablen, von den kollektiven sozialökologischen Rahmenbedingungen der Menschen, der Funktionalität des Versorgungssystem und von den institutionellen Maßnahmen der Gegenregulation und der Maßnahmen-Adhärenz bei der Bevölkerung, die als *dynamisches, selbstorganisierendes System* zu verstehen ist. Es fehlt – v.a. angesichts der gegebenen Multi-Organ-Pathologie – ein adäquates differenziertes Krankheitsmodell. Die Probleme der Indikatorenwahl für "Gefahr" in Form des Sterberisikos sind bereits besprochen worden.

Somit wäre auch diese Aussage empirisch zu untermauern, was nicht geschehen ist.

An dieser Stelle ist auch an den vorherigen Abschnitt zur Abschätzung von „Gefahren" zu erinnern: Soll die Mortalität, die Infiziertenletalität oder die Fallletalität als Referenzgröße gewählt werden? Wie gezeigt wurde differieren diese Indikatoren um das x-fache!

c „und je größer der Nutzen einer Impfpflicht insgesamt ist,"
Der kollektive „Ist"-Nutzen konnte zu jener Zeit, im Herbst 2020, also vor der Zulassung nicht genau genug bestimmt werden, es konnte damals nur der Soll- und Kann-Nutzen geklärt werden. Der kollektive Nutzen an verhinderten Todesfällen ist methodisch bei Szenario-Simulationen fragwürdig wie im Theorie-Abschnitt gezeigt wurde. Auch eine umfassende (nicht nur) ökonomische Betrachtung erscheint extrem schwierig.

Problematisch ist hier auch die Abschätzung des impfepidemiologischen „Präventionsparadox" (BZGA 2021[157]), das im Wesentlichen darin besteht, dass das Absinken von Infektionen durch die Impfung in der Folge die Impfbereitschaft senkt und auch mit der gesteigerten Bewertung von Impfnebenwirkungen einhergeht. Rechnerisch kann der kollektive Nutzen als abgewendeter Schaden bestimmt werden, indem etwa die Extrapolation von Todesfällen für das Szenario ohne Massenimpfung mit jenem Szenario mit der Impfung verglichen wird. Aber auch hier gibt es grundlegende methodische Probleme der Szenarien-Technik (siehe Kapitel 4).

d „*desto eher erscheint der Eingriff in die körperliche Integrität des Einzelnen gerechtfertigt.*“
Die deutsche Ethik-Kommission formulierte zu jener Zeit in ihrer Schlussfolgerung zur Impfpflicht eine Einschränkung, „wenn das mit weniger einschneidenden Mitteln nicht erreicht werden kann.“

In der zusammenfassenden Betrachtung dieses Textes muss erkenntnistheoretisch festgestellt werden, dass eine prinzipielle Priorisierung der *statistischen „Objektivität“* (3.-Person-Perspektive) gegenüber der *individuellen Subjektivität* (1.- Person-Perspektive) gegeben ist. Das ist, was die Erkenntnistheorie und Wissenschaftstheorie der Humanwissenschaften betrifft, unzufriedenstellend. Auch scheint ein fragwürdiges Bild vom Menschen /der Person (Anthropologie!) und dem gelungenen Leben (allgemeine Ethik) auf. Darüber hinaus müsste der wichtige Begriff der „Verhältnismäßigkeit“ empirisch interpretiert werden, etwa was die Transmissionsstärke bei Geimpften im Vergleich zu Ungeimpften beträgt (Brown et al. 2021[158]): Reduktion der Übertragung um beispielsweise 50 % oder 70 %?

Dieser Text zum Impf-Imperativ ist daher aus philosophischer Sicht, sowohl was den empirischen Gehalt wie auch die intrinsische Logik und ihrer Fundamente betrifft, recht zweifelhaft. Man könnte fast den Eindruck gewinnen, dass hier vorauseilend regierungskonforme Feststellungen vorgenommen wurden, zumal ja die Kommissionen von der jeweiligen Regierung bestellt und bestätigt werden. Das wirft Fragen zur Unabhängigkeit der Forschung auf, die bereits in diesem Buch mehrmals angesprochen wurden und gleich noch vertieft werden. Mangelnde Transparenz und Unabhängigkeit der Kommunikatoren beschädigt aber das Vertrauen der Rezipienten.

2.10.8 Impf-Kommunikation

Angesichts der angeblich verhältnismäßig niedrigen Quote von 70 % Ende 2021 statt 90 % an Geimpften hört man allseits, offensichtlich unter der kategorischen Prämisse „wirksam“ und „sicher“, dass man nur „richtig kommunizieren“ müsse, dann werde die *Impf-Adhärenz* der Bevölkerung die nötigen 90 Prozent Immunen bringen. Kann es sein, dass hier *Rhetorik* als Kunst der Rede mit *Kommunikation* als Informationsaustausch verwechselt wird?

Zunächst müsste nämlich im Sinne des Kommunikationsmodells der Primärtext „der“ Wissenschaft konsistenter sein (zuerst „Inkonsistenz-Konferenzen“ zur Differenzen-Klärung, dann Konsensus-Konferenzen!). Was geschieht nämlich, wenn die wissenschaftliche Basis der – weitgehend unidirektionalen – Kommunikation recht dünn ist, argumentative Konsistenzschwächen vorliegen, die möglichst verschwiegen werden sollen, damit die Bevölkerung nicht „verunsichert“ wird usw., und wo auch ein wesentlicher Teil der Bevölkerung offensichtlich anders denkt? Das wäre genau der Schwachpunkt, den Impfgegner nutzen werden.

Der erste Hauptpunkt ist also: Die sogenannte „ökologische Validität“ des von den Offiziellen verwendeten impliziten analytischen Prozessmodells vom „Großen Ganzen“ der Pandemie erscheint unzulänglich zu sein. Es fehlt dazu eine geeignete „theoretische Medizin“ als Rahmen, in dem so ein Modell kultiviert entwickelt werden kann!

Der zweite Hauptpunkt ist, dass die Impfkommunikation als Text einen grundlegender Webfehler hat, der (a) in dem Ebenensprung von *Gesellschaftsinteressen* (Fremdschutz, Systemschutz) und *Individualinteressen* (Selbstschutz) geprägt ist und darüber hinaus (b) von dem Spannungsfeld von *Fremdbestimmung* und *Selbstbestimmung* gekennzeichnet ist:

- Mein Interesse an der Unversehrtheit des Körpers kollidiert mit den Interessen des Umfeldes, nicht infiziert zu werden und Krankenhäuser funktional zu halten.
- Meine Autonomie, das zu tun, was ich für richtig finde, hat Vorrang gegenüber der Meinung einer fachlichen und/oder politischen Autorität.

So wurden einige Narrative nicht hinreichend konsistent kommuniziert, sodass entsprechende Gegenargumente hervorgebracht werden können:

1. „Die Ungeimpften sollen geschützt werden!" Aber: Wenn sich jemand vorsichtig verhält, hat er ein geringes Infektionsrisiko von wenigen Prozent im Jahr (s.o.).
2. „Die Ungeimpften dürfen nicht Andere gefährden und/oder belasten, deswegen müssen sie sich impfen lassen." Aber: Sie gefährden nur Ungeimpfte (denn sonst wäre die Impfung ja unwirksam).
3. „Wer sich impfen lässt bekommt Privilegien!" Oder: "Die Ungeimpften dürfen an bestimmten gesellschaftlichen Ereignissen nicht mehr teilnehmen!" Aber: Wie sieht die spezifische Evidenzlage aus, beispielsweise bezüglich der Virus-Transmission in qualifiziert geführten Kaffeehäusern?

2.10.9 Legitimation einer Impfpflicht durch Pflichtenvergleiche

Die österreichische Bioethik-Kommission plädierte in ihrem genannten Positionspapier für eine *Impfpflicht für Gesundheitsberufe*, die sich aus dem Berufsethos dieser Berufsgruppe ableite. Es wird behauptet, dass man sich „frei entscheiden" könne, ob man sich impfen lassen könne. Eine „Impfpflicht" sei nur eine „verengte Freiwilligkeit" sich impfen zu lassen. Es bestünde nämlich ein „Berufsausübungserfordernis" für Gesundheitsberufe. Aber: Dieses Erfordernis ist nicht belegt. Auch die Regel, nicht zu schaden („Nihil nocere"), lässt sich nicht anwenden, weil keine individuelle Schadenserzeugung durch Maskentragen statt Impfung nachweisbar ist. Wenn man sich als Angehöriger von Gesundheitsberufen nicht impfen lässt, führt das allerdings in ein de facto-Berufsverbot, denn Patientenkontakt ist damit untersagt. Diese Forderung, sich als in einem Gesundheitsberuf tätige Person impfen lassen zu müssen, ist seit Herbst 2021 in immer mehr Staaten in Europa Realität. Die Reaktionen darauf sind zur Zeit noch nicht bekannt.

In der Nähe einer Paradoxie durch mangelhafte Kommunikation:

„Ungeimpfte gefährden Mitmenschen, daher müssen sie sanktioniert werden". Aber: Wenn Geimpfte geschützt sind, dann stecken sich nur Ungeimpfte an. Warum dann aber die Ungeimpften zum Impfen verpflichten, wenn sie es nicht wollen?

Oder sind die (guten) Geimpften vor den (bösen) Ungeimpften doch nicht geschützt, sodass Geimpfte vor Ungeimpften geschützt werden müssen, weswegen die Ungeimpften geimpft werden müssen!"

Hier wäre eine konsistente Argumentations-Linie nötig gewesen!

Als Begründung dieses starken Impf-Imperativs für Gesundheitsberufe führt die Kommission aus, dass er mit dem Führerschein als Erfordernis zum Autofahren vergleichbar sei. Dieser Vergleich ähnelt – philosophisch betrachtet – einem *Kategorienfehler* zwischen notwendigen und hinreichenden Bedingungen (vgl. Ryle 1970[159]), denn der Führerschein bestätigt die notwendige Fahrkompetenz, aber der Impfpass bestätigt eine für die Fachkompetenz nicht notwendige Immunkompetenz. Auch besteht eine signifikante Differenz der lebensweltlichen Relevanzbereiche, denn Autofahren ist in der Regel nicht notwendig, arbeiten aber schon. Zwischen ethischen und legistischen Bereichen wird ebenfalls nicht unterschieden. Eine Relativierung dieser Aussagen der Kommission ist nicht bekannt. Diese autoritative Positionierung war vermutlich kontraproduktiv für die Impfmotivation jener, die in Gesundheitsberufen tätig sind. Auch könnte die Umsetzung der Impfpflicht sogar zum Berufswechsel motivieren.

Gerne wird auch ein Impfgebot mit der Anordnung der Sicherheitsgurte bzw. Sturzhelm (Selbstschutz) legitimiert. Weiter wird eine Impfpflicht mit dem Rauchverbot (Fremdschutz) gleichgesetzt.

Die Argumentationsfiguren sind also moralisierend und nicht im Sinne einer analytischen evidenzbasierten Ethik auf Konsistenz geprüft. Berits intuitiv erscheinen diese Vergleiche unpassend und dürften daher vermutlich von Zweiflern bis Gegnern abgelehnt werden und sie sogar in ihrer Ablehnung verstärken. Dazu einige Details:

(a) Sturzhelm-Pflicht (Selbstschutz)

Der Unterschied zu einer Impfung ist, dass man jederzeit entscheiden kann, mit oder ohne Sturzhelm zu fahren (z.B. am Sandstrand), während die Impfung wie ein aufgeschweißter Sturzhelm wirkt, also nicht situativ modulierbar ist und grundsätzlich einen Eingriff in die personale/körperliche Integrität bedeutet – ich kann ja nicht „Blutwäsche" machen, wenn ich mich nicht in einer Corona-Risikosituationen befinde oder sie so erlebe; die Datengrundlage ist zu kurzzeitig bei der Corona-Impfung, auch besteht das Recht auf Selbstgefährdung usw.

(b) Rauchverbot (Fremdschutz)

Das Rauchverbot als Fremdschutz ist unpassend, da beim Rauchen unmittelbar beobachtbare Schadstoff-Emissionen vorliegen – man raucht oder nicht. Bei Ungeimpften emittieren im Gegensatz dazu nur die Untergruppe der Infizierten das Virus, die aber erst positiv getestet sein müssen, damit der Sachverhalt und damit der Tatbestand gegeben ist, wobei das Emissions-Risiko der Viren von der Atemaktivität der Person wesentlich abhängt. Folglich wird eine ungeimpfte Person unter Generalverdacht gestellt, dass sie ein „Transmitter" ist. Das wäre ähnlich, wie wenn man jemanden deswegen, weil er vor Ort eine Zigarettenschachtel dabei hat, als potentiellen Raucher bestraft.

Das wäre gegenwärtig juristisch eine „abstrakte" Gefahr, die beispielsweise im deutschen Ordnungsrecht keine imperativen Präventionsmaßnahmen zulässt (s. Gewalttäter u. psychische Krankheit). Die zunehmenden Befunde, dass auch Geimpfte infiziert sein können, machen die Debatte noch schwieriger, vor allem in Hinblick auf das Konstrukt „Verhältnismäßigkeit", das nicht empirisch interpretiert ist.

Zu diesem Punkt ist die zeitnahe Position der deutschen Ständigen Impfkommission (STIKO) am Robert Koch Institut vom 9.11.2020 interessant (STIKO 2020[160]): „... eine bereichsspezifische Impfpflicht im Kontext von Impfstoffen gegen COVID-19 (kommt; *der Autor*) insbesondere erst dann in Betracht, wenn eine zeitlich ausreichende Beobachtung der Wirkweise des Impfstoffs stattgefunden hat." Man kann erkennen, dass es in diesem Fall eine größere Feinkörnigkeit der Individualethik in Deutschland als in Österreich gibt.

Ein relativ neues Argument in der Impfdebatte ist auch die Belastung der Krankenhäuser durch ungeimpfte Corona-Kranke. Das ist der Aspekt des „Systemschutzes". Dieses Risiko hängt aber wieder von der Effektivität des Gesamtsystems des Corona-Managements ab und nicht zuletzt von der Sensitivität des epidemiologischen Monitorings zur Früherkennung exponentieller Inzidenz-Anstiege und auch von der Ausstattung des Versorgungssystems.

Anzumerken ist, dass es zur Frage der „Freiwilligkeit", die auch ein forensisch-psychiatrisches Kernthema ist, seit der Gehirn-Geist-Debatte interessante Resultate gibt, insofern der Aspekt des Wollens/Nicht-Wollens in den Kontext einer Handlungstheorie gestellt werden muss, damit die nötige Realistik in die Debatte kommt (Tretter u. Grünhut 2010[161]). Die Impfung-Nichtwollenden müssen daher differenzierter betrachtet werden. Maßnahmen, die auf einem Stimulus-Response-Modell beruhen (Impf-Incentives), ohne affektiv-kognitive intervenierende Variablen zu berücksichtigen, wird nur bei wenigen Menschen wirksam sein.

Die Debatte ist aber zu kompliziert und offensichtlich schon zu politisiert wie auch polarisiert und in die Alltagsdiskurse eingebettet, um sie derzeit (Ende 2021) analytisch differenziert diskutieren zu können.

Zusammenfassend muss festgestellt werden, dass die vielfach geforderte Impfkommunikation noch immer viele Inkonsistenzen aufweist, von Unsicherheiten der *Impfforschung* („Vakzinologie") über Merkmale der *Kommunikatoren* (Kompetenz, Vertrauenswürdigkeit, Empathie usw.), der *Texte* (Verständlichkeit, Transparenz, adäquater Risikovergleich usw.) und der Berücksichtigung der *Rezipientendispositionen* (bisherige Erfahrungen mit Impfungen, Bildung, Vertrauen, politische Orientierung usw.) bis zur paternalistischen *Beziehungsdefinition* in der Kommunikation. Für Verbesserungen wäre es hierbei auch sehr sinnvoll, beispielsweise Erfahrungen aus der Suchtprävention mit zu nutzen (Tretter u. Erbas 2017[162], Tretter 2017[163]).

Eine konsistente Argumentationskette wäre besser kommunikabel als kategorisch-inadäquate Risikovergleiche, das erkannte und lernte man bereits in der Suchtprävention und auch in anderen Feldern der Risikokommunikation, wie es vorher beim Risikovergleich der Verkehrsmittel dargestellt wurde, insofern die Todesfälle auf Passagierkilometer oder Betriebsstunden bezogen werden können. Darüber hinaus wäre es hilfreich, die allgemeine Risikoforschung stärker zu berücksichtigen, die ja in der Versicherungswirtschaft feste Wurzeln hat. Aber auch bei der Kernkraftdebatte-Debatte und in der Umwelttoxikologie gibt es wichtige Erkenntnisse dazu, unabhängig davon, welche Position man in der jeweiligen Debatte vertritt – Ziel ist es, einen möglichst gewaltfreien Diskurs zu führen.

Der an dieser Stelle aufscheinende *Beziehungsaspekt* ruft auch noch etwas Grundlegendes auf, nämlich dass in den letzten Jahrzehnten die *Arzt-Patient-Beziehung* neu definiert wurde: Statt einer paternalistischen Haltung wurde von einem mündigen und aufgeklärten Patienten ausgegangen, der nach aller Information über Nutzen und Risiken schließlich über seine Behandlung *selbst* entscheiden muss. Das scheint verloren gegangen zu sein.

2.10.10 Ein Fallbeispiel

Interessant und kommunikationswissenschaftlich lehrreich ist die Reaktion der Autoritäten in Medien, Politik und Wissenschaft zu der Positionierung des Fußball-Stars Joshua Kimmich, der sich zwar für Anti-Corona-Maßnahmen engagiert, aber selber noch *ungeimpft* war und am 26.10. 2021 in bild.de dies eigentlich nur im Nebenbei begründen konnte (bild.de 2021[164]):

„Weil ich einfach für mich warten will, was Langzeitstudien angeht."

Einige Reaktionen dazu sollen angeführt werden, wobei hier nur die Kerninformation und nicht die moralisierenden Randbemerkungen berücksichtigt werden:

- Der Virologe Carsten Watzl schließt Langzeitfolgen aus, „... also, dass mir dann in einem Jahr was passiert, das ist ausgeschlossen (zdf.de 2021[165])."

- Die Vorsitzende des Deutschen Ethikrats, Alena Buyx, kommentiert im Sender Sky, dass Kimmich „Falschinformation aufgesessen" sei, und er sei „ganz schlecht beraten" (tagesschau.de, 2021[166]).

- Auch der Regierungssprecher Steffen Seibert betonte, dass es zu allen Aspekten wie Art und Wirkung der Impfstoffe oder möglichen Impffolgen „klare und überzeugende Antworten" nationaler und internationaler Experten gäbe (tagesschau.de, 2021[167]).

Kommunikationsanalytisch ist zu jenem Zeitpunkt allerdings festzuhalten, dass *„Langzeitstudien"* zu einem Impfstoff, der gerade ein Jahr zugelassen und im Verkehr ist, nicht vorhanden sind und es auch nicht sein können, es sei denn man versteht unter „Langzeit" ein paar Monate. Daher kann man nichts „ausschließen" und es gibt folglich auch keine „Falschinformation" und „keine schlechte Beratung" und auch keine „klaren und überzeugenden Antworten" dazu.

Es handelt sich also von Seiten der Autoritäten um eine „persuasive Kommunikation", die eher nicht geeignet ist, Andersdenkende aus innerer Überzeugung doch zur Impfung zu bewegen. Man ist offensichtlich froh darüber, dass man wieder etwas Positives zur Impfung massenmedial sagen kann. Darüber hinaus erfolgt eine abwertende Beziehungsdefinition, die zur Abgrenzung von Wissenden und Nichtwissenden führt und die Polarisierung verstärken kann, denn auch die Öffentlichkeit verfolgt diese Kommunikation zu dem Statement von Joshua Kimmich. Die intensive institutionelle Reaktion drückt auch aus, dass pandemiepolitisch extrem auf die Impfung gesetzt wird. Es wäre auch sinnvoll gewesen, die *Kommunikationspsychologie der Beratungspraxis* zu berücksichtigen. Das betrifft das Vermeiden paradoxer bzw. paternalistischer Interventionen („Sei nicht dumm!") und die Nutzung der Prinzipien des motivationalen Interviews, das bei süchtigen Störungen entwickelt wurde und sich weit darüber hinaus in vielen Situationen, in denen Einstellungs- und Verhaltensänderungen sinnvoll sind, bewährt hat (Miller u. Rollnick 2015[168], DiClemente et al. 2018[169]). Bei diesen Ansätzen sollen Kommunikationen grundlegend auf gleicher Augenhöhe und mit ausdrücklichem *Respekt vor dem Subjekt* erfolgen, anstelle paternalistischer Haltungen. Abwertende Ausdrücke wie „Irrlichter", „Blödsinn", usw. sind kontraproduktiv, *empathische Authentizität* und *authentische Empathie* ist erforderlich – die Persönlichkeit des Kommunikators muss also seinem Gegenüber erfahrbar sein. Der Subjekt-zentrierte Kommunikator praktiziert dabei *offenes reflexiv-fragendes Zuhören* und drückt, was die entsprechende Auffassung betrifft, am besten seine persönliche Überzeugung von der Gültigkeit der Wissenschaft aus und versucht dann Diskrepanzen bzw. Ambivalenzen beim Gegenüber herauszuarbeiten. Es ist hilfreich, auch den Grad der Überzeugung des Gegenübers abzuschätzen, weil ein Meinungswandel in Phasen stattfindet: Von der Ahnung, dass etwas zu ändern ist, bis zu expliziten Überlegungen im Sinne eines Pro-und-Contra, dann über die Ambivalenz und weiters zum Ändern der Meinung und schließlich zu handeln sind das Stufen, bei denen man Geduld haben und auf „Rückfälle" gefasst sein muss. Wichtig ist auch die Suche nach Gemeinsamkeiten, wie etwa die Sorge um die Gesundheit. Konfrontatives Argumentieren ist kontraindiziert. Dieses konstruktive Setting einer dyadischen Kommunikationssituation ist zwar eine Technik, die Elemente der humanistischen Psychologie beinhaltet, aber sie ist für Menschen mit Sinn für das Interpersonelle intuitiv und auch aus der Selbsterfahrung heraus ableitbar. Sogar bei starren Gegnern ist, wenn Gespräche noch möglich sind, dieser Kommunikationsstil empfehlenswert, wie es auch aus dem gerichtspsychiatrischen Praxisbereich bekannt ist. Der sinnvolle Einsatz eines entsprechenden Kommunikationsstils könnte die gesellschaftliche Polarisierung reduzieren und einen vermutlich großen Teil der aktuellen Impfskeptiker überzeugen.

Übrigens wurde bei Joshua Kimmich am 24.11.2021 eine Corona-Infektion festgestellt, er meldete sich am 10.12. wieder gesund zurück, aber mit einer Lungenstrukturveränderung, die ihn angeblich bis Ende 2021 hindern wird, am Spitzenfußball aktiv teilzunehmen. (Bei Drucklegung, Anfang 2022, spielte er aber wieder!)

2.11 Vergleiche mit der Erforschung und Kommunikation der Klimakrise

Die Corona-Krise ist nur *ein* globales Problem der Gegenwart. Es wurde hier nur beispielhaft besonders detailliert behandelt. Viele andere Probleme stehen an, wie die Wirtschaftskrise als Folge der Corona-Krise, die bekannte Migrationskrise, die Energiekrise usw., vor allem aber die Klimakrise (Brand 2009[170]). Es fragt sich, welche Parallelen und welche Unterschiede es gibt, und vor allem, was wir aus der Corona-Krise für die Klimakrise lernen könnten. Als Rahmen für derartige Überlegungen kann das Wechselspiel von Wissenschaft, Politik, Medien, Wirtschaft, Staat, Recht usw. und Bevölkerung dienen, wie es im Kapitel 1 gezeigt wurde.

Unterschiedlich ist in dieser Hinsicht, dass die Corona-Krise für die Menschen unmittelbar gefährlich ist, und die medizinische Wissenschaft war, was die intra- und interdisziplinäre Kommunikation betrifft, nicht gut vorbereitet. Corona kann durch Biotechnologien wie die Impfung bekämpft werden, und es braucht der Lebens- und Konsumstil über die akute Krise hinaus nicht wesentlich geändert werden, zumindest wenn man den offiziellen Impfregeln folgt. Bemerkenswert ist allerdings die Rolle der Politik, die rasche Gesetzesänderungen vornahm, mit dem Ziel, Verhaltenseinschränkungen für die Menschen zu erwirken und mit dem obersten Ziel, die Pandemie durch Verhaltens- und Verhältnisprävention (z.B. Lockdowns) zu stoppen. Darüber kann man natürlich viel diskutieren.

Was die Klimakrise betrifft, so ist die unmittelbare Gefahr zwar nur punktuell durch Extremwetter erlebbar, die Wissenschaft hat allerdings das Thema Klima wesentlich besser ausgearbeitet. Die politische Resonanz ist jedoch ungleich schwächer und auch die Bereitschaft der Bevölkerung zu signifikanten Verhaltensänderungen ist deutlich geringer als bei der Corona-Krise.

Dazu sollen einige Aspekte im zügigen Rückblick dieses Kapitels 2 angesprochen werden, die im Kapitel 3 und 4, was die Wissenschaft betrifft, nochmals detaillierter diskutiert werden sollen.

2.11.1 Die Struktur und Qualität der Klimaforschung

Die Klimawissenschaft hat – ähnlich wie die Virologie – empirisch fundiert schon früh auf Trends zu gefährlichen Klimaveränderungen hingewiesen. Besonders gewichtig hat dies das seit 1988 existierende und global agierende Intergovernmental Panel for Climate Change realisiert, einer wissenschaftlich-politischen Brücke zwischen dem Umweltprogramm der Vereinten Nationen und der Weltgesellschaft für Meteorologie (IPCC 2021[171]). Dabei steht zunächst die internationale und interdisziplinäre Erforschung und im nächsten Schritt die transparente Kommunikation der Ergebnisse zum Klimawandel im Vordergrund. Etwas in seiner öffentlichen Wirksamkeit Vergleichbares wie das IPCC existiert zu Pandemien der Infektionserkrankungen nicht. Das wäre allerdings sehr hilfreich.

a) Interdisziplinäre Klimawissenschaft
Es besteht zunächst rein wissenschaftlich kein Zweifel, dass das IPCC den Goldstandard der Klimaforschung repräsentiert. Dieses Wissen wird durch die Sichtung vorhandener Klimaforschung in entsprechenden Fachgremien generiert. Diese Gremien publizieren auch die entsprechenden Erkenntnisse in umfangreichen Berichten. Eine Arbeitsgruppe des ICPP sondiert die *naturwissenschaftlichen Grundlagen*, eine andere untersucht die *sozioökonomischen Folgen* des Klimawandels und eine dritte entwickelt *politische Maßnahmen*. Eine derartige integrierte Arbeitsteilung vermisst man in der Corona-Forschung, die noch weitgehend unorganisiert ist.

- Daten: Ein besonderes wichtiger Bereich für die Klimaforschung war von Anfang an die Auswahl signifikanter *Indikatoren* wie die CO_2-Belastung der Atmosphäre und die Klärung der Qualität jener *Daten*, die für die reliable und valide Beobachtung der Klimaentwicklung erforderlich sind. Die Temperatur hat dabei eine zentrale Rolle. Ein solider Befund der Klimaforschung ist nämlich, dass Indikatoren wie das sogenannte „1,5° Ziel" als maximale Zunahme der globalen Erdtemperatur bis 2100 bezogen auf den Wert von 1850 als Sollwert fungiert, der nicht überschritten werden soll. Damit wird der Weg von den Daten zum Modell und vom Model zu den Indikatoren deutlich: Die Temperaturzunahme korreliert mit der Zunahme der CO_2-Konzentration, und durch mechanistische physiko-chemische Modelle wird die Zunahme der Temperatur durch den Treibhaus-Effekt des CO_2 erklärt. Diese Themen sind allerdings – auf fachlich hohem Niveau – Gegenstand der Analysen und der anschließenden Empfehlungen für die Organisation der Messstrategien.

Die Corona-Forschung hat im Gegensatz dazu mit dem Zielwert von 50 Neuinfizierten als 7-Tagedurchschnittswert auf 100.000 Einwohner bezogen einen teilweise sogar epidemierechtlich festgelegten Wert, der in seiner Validität und Aussagekraft mehr als problematisch ist, zumal die Konsequenzen für die Bevölkerung in gravierenden Restriktionen resultieren. Dieser Indikator ohne theoretischen Hintergrund und entsprechende Relativierungen ist damit sehr problematisch.

- Modellierung: Ein weiterer Bereich von größtem Interesse ist die *Modellierung*, da es ja darauf ankommt, möglichst valide Szenarien der zukünftigen regionalisierten Klimaveränderung zu prognostizieren. Das hat immense politische und ökonomische Konsequenzen und muss daher auf höchster Qualitätsebene realisiert werden.

Die wissenschaftlichen Grundlagen von Wetter und Klima als das Langzeitwetter sind schon lange bekannt: Es sind vor allem die Mechanismen der Thermodynamik, die von der Physik entdeckt wurden und in Kausalmodelle der deskriptiven und prädiktiven Klimamodelle eingearbeitet sind. Die gute Datenlage erlaubt aufgrund der Großrechner dann auch eindrucksvolle Prognoseleistungen. Aus der Klimaforschung ist auch bekannt, dass bei der Studie von Naturphänomenen nichtlineare Phänomene mit Schwellenphänomenen bzw. Kipppunkten beachtet werden müssen, die ja die Essenz der Naturphänomene ausmachen.

Dies steht im Gegensatz zur Corona-Forschung, die nur Daten ohne vergleichbaren theoretischen Hintergrund aufweist.

b) Politische Empfehlungen

Auch im Bereich der *Anpassungsstrategien* müssen etwa Empfehlungen zur Energiewende möglichst genau durchkalkuliert werden, damit die öffentliche Akzeptanz von Veränderungen hoch genug ist. In diesem Sinne besteht das Problem, ein integratives systemisches Rahmenmodell zu propagieren, das – zum Beispiel was die CO_2-günstige Elektromobilität betrifft – die Bedingungen der Möglichkeit und auch unerwünschte Nebenwirkungen erfassen lässt. Hier besteht noch deutlicher Entwicklungsbedarf, der vor allem die Kluft zwischen Natur- und Sozialwissenschaft überwinden muss. Gerade die Psychologie und Soziologie der Bevölkerung im Klimawandel und das damit erforderliche Transformationspotential der Gesellschaft ist ein noch unzulänglich aufgeklärtes Gebiet (Götze 2017[172]). Das zeigt sich bei konkreten politischen Umsetzungsversuchen, beispielsweise von ökologischen Bepreisungen, etwa des Treibstoffes, die starke Widerstände in der Bevölkerung hervorrufen. Interessensneutrale Wissenschaft ist in diesem Bereich erforderlich, die auch ein Fehler-Risiko des Wissens mit einräumt, da zu wenig gesamtgesellschaftlich gedacht wird.

Die Corona-Forschung ist hier schon im Ansatz zu fokal ausgerichtet, was vor allem dem reduktionistischen medizinischen Denken geschuldet ist.

2.11.2 Kommunikation der Ergebnisse der Klimaforschung

Regelmäßig werden Berichte des IPCC publiziert und der medialen Öffentlichkeit vorgestellt. Diese Berichte werden mit zunehmendem Interesse von Medien, Politik, Wirtschaft und Bevölkerung aufgenommen. Allerdings äußern sich dazu auch organisierte wissenschaftlich kompetente Klimaleugner, die regelmäßig die Berichte des IPCCC angreifen. Dies sind Parallelen zu Corona-Gegnern, die jede Gelegenheit nutzen, Argumente für die Stützung ihrer Gegenposition zu finden, statt nur einzelne Aspekte zu kritisieren, ohne gleich und immer wieder darüber hinaus eine kohärente Weltverschwörung zu konstruieren.

2.11.3 Die Maßnahmen

Eine ambitionierte modellgestützte Umsetzung der Klimaschutzziele durch finanzielle Anreize im Sinne von Besteuerungen und Subventionen emissionsarmen Verhaltens ist in der letzten Zeit von einzelnen Staaten immer wieder versucht worden. Es gab allerdings nur ähnlich suboptimale Effekte, wie sie durch Impfkampanien erreicht wurden. Auch hier entsteht der analytische Verdacht, dass die CO_2-Problematik nur *eindimensional,* also auf die Emissionen zentriert, durchdacht wurde: Die Ausrichtung auf die Anzahl der emittierten Tonnen CO_2 pro Jahr ist ähnlich vereinfachend wie die Ausrichtung auf die Inzidenzzahl bei Corona. Offensichtlich werden immer noch größere gesellschaftliche Zusammenhänge einer Klimaschutz-Politik im Bereich Energie, Wirtschaft, Verkehr und Soziales unzulänglich bedacht bzw. kommuniziert.

Im Vergleich dazu gibt es bezüglich des eindimensionalen Denkens auch beim Corona-Management Parallelen, insofern eine Zero-COVID-Zielsetzung eine unrealistische idealisierende Orientierung ist. Darüber hinaus beruht dieser Parameter auf nicht sehr verlässlichen Messungen wie auch auf Interpolationen und – im Falle von Prognosen – auf fragwürdigen Extrapolationen.

Letztlich sieht man in der Umsetzung der Klimaziele wenig Bewegung in der Bevölkerung, trotz „Incentives" die Nutzung von aufwändigen Umrüstungen in der Energieversorgung in Angriff zu nehmen. Auch das Beharren bestimmter Teile der Bevölkerung auf energieintensive Lebensstile erschwert die Umsetzung von Maßnahmen zur Einhaltung der Klimaziele.

2.12 Fazit – Corona und lessions learned

Das Corona-Virus hat die Gesellschaft in allen Bereichen in eine schwere Krise gebracht. Vieles im Krisenmanagement ist gut gegangen, manches war aber auch *suboptimal.* Wie lässt sich dies aber kritisch diskutieren?

(1) Hier wurde zunächst vorgeschlagen, das *gesellschaftliche Corona-Management* schematisch im Modell eines *„großen Regelkreises"* abzubilden. Aus dieser Sicht ist das Virus die „Störgröße" der Bevölkerungsgesundheit, die ihrerseits als „Regelstrecke" zu sehen ist und deren Zustand über die Wissenschaft als „Sensor" erhoben wird und dann an die Politik als der große „Regler" weitergleitet wird. Die Politik verfügt über Regulations-Maßnahmen, die über den Staat und seinen Organen als „Effektor" wieder in die Bevölkerung eingebracht werden, mit der Folge, dass durch das geänderte Verhalten der Bevölkerung das Virus weniger Menschen infizieren kann, was wieder durch die Wissenschaft dokumentiert wird usw.

Die hier vorgenommene gestufte Analyse dieses Regelkreises lässt erkennen, dass das *Krisen-Management* an mehreren Stellen suboptimal abgelaufen ist. Dieses Modell dient daher hier als zentrales Denkschema, um die Informations- und Kommunikationsprobleme der Corona-Krise der Gesellschaft besser zu verstehen. Einige Differenzierungen dieses Modells wurden angesprochen. Das betrifft beispielsweise die sichtbare Wirkung der *Kultur* in Form der Verpflichtung fast aller Politiker der Welt zu dem obersten moralisch-ethischen Ziel der Gesundheitssicherung für die Bevölkerung. Dieser Wert wurde zeitweise durch Lockdowns auch gegenüber wirtschaftlichen Interessen priorisiert, wobei aber auch individuelle Rechte eingeschränkt wurden. Leider wurde ein derartiges Modell von der Politik bisher noch nicht zur *Selbstreflexion* aufgegriffen.

(2) Die Medizin und ihre inneren Strukturen bekommen in diesem Regelkreismodell, vor allem in Form der Forschung, eine zentrale Rolle als „Sensor" und müssen daher genauer betrachtet werden: Obwohl das Corona-Problem nämlich in der Klinik entdeckt wurde, haben – weil es keine suffiziente Therapie gibt – die *Virologie* und die *Epidemiologie* als *medizinische Randfächer* eine *Führungsrolle* für die Gesundheitspolitik bekommen. Das wird hier – trotz der enormen Hilfestellung dieser Fächer – kritisch gesehen, da sich zeigt, dass die technologie- und datengetriebene *medizinische Forschung über die klinische Kompetenz dominiert,* ohne dass die Krankheit besser verstanden wird, zumal keine suffiziente Therapie bereit gestellt werden

konnte. Demnach hat die klinische Medizin – trotz der sachlich berechtigten Relevanz von Virologie und Epidemiologie – eigentlich eine zentrale und unabweisbare Definitionsmacht, was Gesundheitsprobleme betrifft. Dabei spielt die klinische Erfahrung mit ihrem eher *qualitativen Wissen*, das den ganzen kranken Menschen umfasst, im Prinzip eine wesentliche Rolle. Die *quantitativen Spezialdisziplinen* der Medizin, wie es im Fall von Corona die *Virologie* und die *Epidemiologie* waren (und auch bleiben), verlieren im Gegensatz dazu das große Ganze leicht aus den Augen. Diese Bruchstelle zwischen Forschung und Praxis ist auch einer *Hyper-Diversifizierung der Medizin* wegen der mangelnden inneren Integration geschuldet. Sie beruht auch auf einer zunehmenden Spaltung der Medizin in die ausführende *klinische Praxis*, die sich auch auf den Bereich der niedergelassenen Ärzte erstreckt und die *Forschung*, die sich ihrerseits auf das Messbare beschränkt, aber mit dieser Einschränkung nicht zurecht kommt: Die Forschung kommt nämlich in die Versuchung, fachüberschreitend zu angrenzenden gesellschaftlichen Problemen, scheinbar aus Expertensicht, Stellung zu beziehen, und zwar derart, dass man als Bürger und Bürgerin glaubt, dass hier eine besondere Kompetenz vorliegt. Wie gesagt: Virologen müssen in ihrer Ausbildung gar nicht mit Kranken in Berührung gekommen sein, aber manche deklassieren öffentlich Impfskeptiker, indem sie eine Intensivbehandlung für sie in Frage stellen und damit die Auflösung der Solidaritätsverpflichtung in den Raum stellen. Hierbei werden offensichtlich einfache deterministische Kausalmodelle von Krankheit vertreten, ethisch-moralische Grenzen überschritten und überhaupt von einem Menschen- und Gesellschaftsbild ausgegangen, das paternalistisch begründet ist. Es entspricht auch nicht einer *medizinischen Anthropologie* und *medizinischen Psychologie bzw. medizinischen Soziologie*. Diese Fächer sind jedoch kaum mehr in der Mediziner-Ausbildung präsent. In dieser Form kann grenzüberschreitende Monodisziplinarität der erforderlichen Interdisziplinarität schaden!

Am Corona-Problem zeichnet sich also Reformbedarf für die *akademische Medizin*, wie sie sich auf den Universitäten zeigt, ab, indem innermedizinisch die Human-, Geistes- und Sozialwissenschaften aufgewertet werden müssten. Die zentrale Rolle der Immunologie für das Verständnis der klinischen Manifestationsformen von COVID-19 wurde ebenfalls vernachlässigt. Auch müsste die *Allgemeinmedizin* wissenschaftlich aufgewertet werden und auch als eine Art theoretischer Rahmen als I*ntegrativmedizin* – etwa im Sinne des bio-psycho-sozialen Krankheitsmodells – weiterentwickelt werden, um das große Ganze bei Gesundheit und Krankheit in den Blick von Praxis und Forschung zu bekommen. Das wären Verbesserungs-Aufgaben für die Fakultäten wie auch für die zuständigen Politikbereiche. Bemerkenswert ist, dass der *Mensch aus der Perspektive der Humanmedizin geraten ist.*

(3) *Wissenschaftlich-methodologisch* zeigt sich, dass ein Zahlen- und Daten-fixiertes Krisen-Management problematisch ist, wenn nicht bedacht wird, für welche Systemzustände diese Zahlen als reliable und valide Indikatoren stehen, sodass sie als Steuerungsparameter des Gesamtsystems des „großen Regelkreises" dienen können. Datenanalytik ohne *Pandemie-Theorie* ist grundlegend nur begrenzt aussagekräftig, weswegen eine fundierte und systematische Theorieentwicklung von höchster Wichtigkeit ist. Sie steigert auch die Transparenz der Wissenschaft und so kann Theorie praxisrelevant für die Politik und die Menschen sein. Ein Schritt in diese

Richtung wäre ein explizit multivariates Modell der Bedingungen des Corona-Problems und der Pandemie-Dynamik, statt immer wieder irgendeinen Faktor ins Spiel zu bringen, sodass die Verwirrung steigt. Eine gute Theorie der Pandemie würde die kognitive Ordnung steigern und adäquatere Steuerungsmaßnahmen ermöglichen. Ein differenziertes theoretisches Kausalmodell der Pandemie könnte auch gut begründet ein *differentielles Lockdown-Management* erlauben und wäre durch Vereinfachungen auch an Laien kommunikabel.

(4) Die *Risiko-Kommunikation* der wissenschaftlichen Befunde und der Gegenmaßnahmen zur Pandemie-Dämpfung war deutlich suboptimal und hätte bei mehr Konsistenz-Prüfung bereits innerhalb der Medizin wie auch in den Wissenschaftsredaktionen der Medien vor allem den Spaltungen in der Bevölkerung gut entgegenwirken können. Bei all diesen Kommunikationen – vor allem bei der Darstellung der Daten-Kurven – ist eine ausgeklügelte Visualisierung bedeutsam, sowohl für die Forschung, als auch für die Massenmedien.

Das betrifft in besonderem Masse die *Nutzen-Kommunikation* der Impfung, die durch den scheinbar ethisch begründeten Impf-Imperativ bereits seit Ende 2020 rasch belastet war. Gerade in dieser Hinsicht zeigt sich der Bedarf für eine *neutrale Ethik* (der Medizin), die mehr philosophisch fundiert ist, als dass sie dem Pragmatismus der praktischen bzw. forschenden Medizin und/oder gar der Politik folgend agiert. Es ist traurig, aber immer noch wahr, dass nur jeweils der Regierung nahestehende Experten in die jeweiligen Berater-Kommissionen berufen werden. Kompetente Kritiker werden draußen gehalten und damit ist schon eine erste Stufe der Spaltung in der Bevölkerung vorprogrammiert.

Das Kapitel abschließend werden auf der Basis des Regelkreis-Modells des Corona-Krisenmanagements auch die Herausforderungen auf das Management des Klimawandels kritisch diskutiert, denn eine Demokratie im (multiplen) Krisenmodus ist sehr vulnerabel.

3. Wissenschaft als Wissensproduzent

Zusammenfassung

Die vorherige Analyse des gesellschaftlichen Corona-Problems auf dem Hintergrund von Fragmentierungen der medizinischen Wissenschaft verweisen auf Grundprobleme der gegenwärtigen Wissenschaftsentwicklung, die einer gesonderten Betrachtung bedürfen: Es zeigt sich in der Medizin eine zwar notwendige, aber unrelativierte und nahezu Theorie-freie Technologie-Affinität und Fixierung auf die mathematisch-statistische Datenanalytik, die sich grundlegend als „naiver Empirismus" in Form des „Dataismus" (z. B. Big Data-Ideologie) darstellt. Evidenz wird vor allem durch Analytik hochkomplexer Datenbanken gewonnen, die durch High Biotechnology aufgebaut werden. Hinzu kommt, dass Wissenschaft in ihrer Organisationsform ein industrieller Komplex wird, der durch Forschungsorganisationen ohne Bildungsauftrag die Universitäten in ihrem Einfluss als Wissensproduzenten überragen. Die heute erforderliche pragmatische Ausrichtung auf themenzentrierte interdisziplinäre Forschungsprogrammatiken – Corona-Forschung, Umweltforschung, Klimaforschung, Hirnforschung, Krebsforschung usw. – kollidiert teilweise mit der fakultären Struktur der Universitäten. Deren Vorteil liegt wiederum in der soliden und geschichtsbewussten methodischen und theoretischen Fundierung dieser Grunddisziplinen – z. B. Mathematik, Physik, Chemie, Biologie, Psychologie, Soziologie, Ökonomik und Philosophie.

Die Technologie-Fixierung der neueren Wissenschaften – z. B. „Digitalisierung" – überlagert allerdings in all diesen Wissenschaftsbereichen die Frage nach dem Welterkenntnispotential der Wissenschaft an sich, also die Frage nach der Erkenntnistheorie und Wissenschaftstheorie, ja der Philosophie der Wissenschaften überhaupt. Damit eng verbunden ist die klassische Frage nach den Grenzen zwischen Wissen, Meinen und Glauben und vor allem nach der Qualität wissenschaftlichen Wissens: Wenn bedacht wird, dass Wissenschaft ständig neues Wissen schafft, also ein dynamisches System ist, ist die Frage nach dem Umgang mit Inkonsistenzen essentiell. Gerade Corona zeigt, dass nicht-konforme Hypothesen, die von Fachwissenschaftlern stammen, von „Fakten-Checkern" als „Fakes" bezeichnet werden, wodurch dann jene Experten – vor allem über Massenmedien und Social Media – in die Kategorie der „Querdenker" gestellt werden. Das ist unzufriedenstellend, denn damit werden auch gesellschaftspolitische Prozesse der Ausgrenzung und in der Folge eine allgemeine gesellschaftliche Polarisierung in Befürworter und Gegner der jeweiligen Maßnahmen vorangetrieben.

Hier wird unter Bezug auf die neuere Wissenschaftsphilosophie vorgeschlagen, den Ausbau der Bereiche der Theorie (z. B. bei der Medizin) zu forcieren, um Hypothesen, Spekulationen und Meinungen genauer auseinanderzuhalten, aber dennoch Verbindungen aufzuzeigen: Prüfhypothesen als Vermutungen bei Nichtwissen stimulieren und gestalten empirische Forschung, die ihrerseits die Weiterentwicklung von Erklärungshypothesen ermöglicht. Auch sollte klar zwischen Korrelation und Kausalität unterschieden werden. Aber dennoch sind Hypothesen auf der Basis von Korrelationen heuristisch wertvoll. Man muss die Hypothetizität der Aussagen nur deutlich machen. Und so lässt sich zwischen Wissen und Nichtwissen ein Unterschied, aber auch eine Brücke für mögliche Wissensevolutionen schlagen. Dieses Wissen aus der Wissenschaftsphilo-

sophie über die Architektur des wissenschaftlichen Wissens zu nutzen, ist vor allem in Hinblick auf eine interdisziplinäre Integration der wissenschaftlichen Betrachtungen eines Problems wie Corona zweckmäßig. Eine kategorische Abgrenzung von Pseudowissenschaft ist nicht so leicht möglich und nur beschränkt hilfreich. Stattdessen muss von einer graduierten Abstufung der Gewissheit der Evidenz ausgegangen werden.

„Wir fühlen, daß selbst, wenn alle möglichen
wissenschaftlichen Fragen beantwortet sind,
unsere Lebensprobleme noch gar nicht berührt sind.
Freilich bleibt dann eben keine Frage mehr;
und eben dies ist die Antwort."
Ludwig Wittgenstein [1]

„Räsoniert, so viel ihr wollt,
und worüber ihr wollt;
nur gehorcht!"
Immanuel Kant [2]

3.1 Wissenschaft – Gesellschaftlicher Wirklichkeitsdetektor und Wahrheitsgenerator

Wie im Kapitel 1 dargelegt wurde, wird *Wissen in modernen Gesellschaften* vor allem von der *Wissenschaft* generiert, etwa nach dem Motto „Follow the Science". Wie auch gezeigt wurde ist *Wissen*, philosophisch betrachtet, *Gewissheit* über das Zutreffen eines Modells von der Wirklichkeit eines interessierenden „epistemischen Objekts". Von dem Modell wird mit Überzeugung angenommen, dass es die Wirklichkeit passend abbildet (Korrespondenzprinzip): „Ich bin mir sicher, dass x der Fall ist"! Das bezieht sich als kollektives Wissen auf alle Bereiche, die als „Welt" bezeichnet werden, also nicht nur die äußere Welt betreffend, sondern auch auf den einzelnen Menschen bezogen. Allerdings kann dazu die Wissenschaft nur ausschnittsweise das erforderliche Wissen liefern. Das hat sich in Corona-Zeiten nahezu umgedreht, denn nur Weltbilder der Corona-Forschung aus „anerkannten" Institutionen gelten als adäquat und daher handlungsleitend. Dieser Anspruch verdient eine genauere Betrachtung.

Dabei ist als Bezugspunkt davon auszugehen, dass die Modellierung der Welt, wie sie uns unmittelbar erscheint und wie sie physiko-chemisch „wirklich" ist, am ehesten von den Klimamodellen, die von Satellitendaten gespeist sind, erreicht wird (Royal Society 2021[3]). Diese Modelle sollen helfen, den Klimawandel über die qualitative Welterfahrung hinausgreifend auf Datenebene und über physikalische Gleichungen genau zu erfassen und auch zu managen. Dieses Ziel für das Gemeinwohl legitimiert das Sammeln aller verfügbarer Daten, auch von sozialen Daten. Das erscheint *demokratiepolitisch*, und auch was die *Datenautonomie* der einzelnen Menschen b*etrifft*, allerdings *eher problematisch, zumal offensichtlich eine höhere Ethik des Gemeinwohls und des „Systemwohls" die Ethik des Individualwohls dominiert*, wie es bei COVID-19 und beim Thema Impfen im Kapitel 2 bereits angesprochen worden ist.

Wissen und Handeln sind eng verknüpft, bedingen sich auch wechselseitig.

Wissen aus der alltagsweltlichen Erfahrung, wie auch im wissenschaftlichen Bereich, beruht vor allem auf *wiederholten identischen Erfahrungen,* insbesondere von gleichen und/oder ähnlichen Beobachtungen. Auch das wissenschaftliche Wissen beruht in hohem Maße auf *kontrollierten systematisierten Wiederholungen* als „gut bestätigtes Wissen". Dies alleine als Kriterium von sicherem zutreffendem Wissen zu verwenden, ist allerdings nicht zufriedenstellend, denn auch wiederholte Täuschungen können zur Gewissheitserfahrung führen und sollten daher prinzipiell vermieden werden, und es sollte auch klar sein, *wie* das vermieden werden kann.

Identität von Beobachtungen bei Wiederholung bringt also „Verlässlichkeit" (Reliabilität) für die Wahrheitsfindung, muss aber auch die „Gültigkeit" (Validität) bzw. der *Bereich der Gültigkeit* des Wissens, also letztlich seine aktuellen und prinzipiellen Grenzen, geklärt sein. Allerdings ist bei einem sich immer wieder *wandelnden Untersuchungsgegenstand* wie einer Pandemie die Wissensbestätigung durch Messwiederholung kaum möglich.

Es stellt sich daran anschließend die schon eingangs aufgeworfene Frage, wie denn *Wissen von Pseudowissen* unterschieden werden kann, beispielsweise was die Ausbreitung und Gefährlichkeit der Pandemie betrifft. Dabei hilft grundlegend die *Erkenntnistheorie* als philosophische Spezialdisziplin (Gabriel 2012[4], 2020[5]). Es muss aber auch daran gedacht werden, dass in Hinblick auf die Handlungsrelevanz der Erkenntnisse – also Lockdowns anzuordnen – Prinzipien der *Ethik* im Sinne der Vermeidung von *individuellen Schäden* in Hinblick auf die *kollektiven Schäden* zu beachten sind. Gerade die Pandemie zeigt, dass ein neues Wissenschaftsverständnis nötig ist, was zunächst ganz zutreffend mit dem Begriff der „postnormalen Wissenschaft" charakterisiert werden kann, insofern die *Fakten nicht so gut gesichert* sind, wie man es sich wünscht, eine *Vielzahl an Betroffenen* existieren, *zentrale Werte* wie Menschenleben und wirtschaftliches Wohlergehen beansprucht werden, und ein starker *Entscheidungsdruck* für die Politik besteht (Funtowicz u. Ravetz 1990[6]). Das wurde bereits im Kapitel 1 angesprochen. Hier soll aber grundlegender die *Philosophie* als akademische Disziplin angesprochen werden, insofern drei miteinander verwobene Bereiche – *Wissenschaftstheorie, Erkenntnistheorie* und *Ethik* – zu betrachten sind.

3.1.1 Philosophie als reflexive Metaebene zu Wissen und Handeln

Philosophische Aspekte eines Themas anzusprechen, ist im wissenschaftlichen Kontext – und insbesondere in der Medizin – zwar unüblich geworden. Hier allerdings soll die Bedeutung von *Philosophie* als Meta-Ebene für Reflexionen deutlich gemacht werden, insofern eine bereits immer stärker emotionalisierte Diskussion der COVID-19-Pandemie in Hinblick auf ihr Gefahrenpotenzial wie auch zur Frage der passenden Maßnahmen aufgekommen und kaum analytisch zu durchdringen ist. Zunächst ist aber zu klären, was unter Philosophie verstanden werden soll.

Grundsätzlich kann Philosophie in Anlehnung an Immanuel Kant (1724–1804) als Arbeitsgebiet zu fundamentalen Fragen charakterisiert werden (Kant 1998[7]): Was kann ich *wissen*? (Epistemologie). Was muss ich *glauben*? (Metaphysik). Was soll ich *tun*? (Ethik). Und: Was *ist die Welt*? (Ontologie). Damit stellt sich *Philosophie* als *Dis-*

ziplin des grundlegenden Reflektierens über verschiedene Aspekte des Seins bzw. der Welt dar (Breitenstein u. Rohbeck 2016[8]). Sie hat ähnlich wie die Wissenschaft spezifische *Gegenstände* (Natur, Gehirn, Geist, Soziales), *Begriffe* (Wesen, Sein), *Methoden* (Logik, Dialektik, Gedankenexperimente), *Ergebnisse* (Begriffsklärungen) und *Theorien* (Emergenztheorie) bzw. *Modelle* (Handlungstheorie, Seins-Ordnungen).

Hier geht es vor allem um die Frage der Möglichkeit des Erkennens, also um die Spezialdisziplin *Erkenntnistheorie* (Epistemologie), aber auch um die Frage nach der *Logik* der aus den verschiedenen Beobachtungen abgeleiteten Aussagen und Strukturen der Weltbilder und der *metaphysischen Dimension* dieser Weltbilder - also um deren Letztbegründungen - und schließlich um die *Ethik* mit der Frage danach, was wir tun sollen. Letztlich geht es aber auch um die *Ontologie*, als jener Bereich, in dem nach der Art der Struktur der Welt und ihren Objekten gefragt wird, also was die Essenz der Materie „ist“ (Breitenstein u. Rohbeck 2015[9], Tretter u. Grünhut 2010[10]). Dieser philosophische Bereich ist immer dann von Bedeutung, wenn es um eine pragmatische *Ordnung der Dinge* (Taxonomien) geht, also hier interessierend in der *Systemwissenschaft* und auch in der *Humanökologie* als Untersuchung von Natur-Gesellschafts-Systemkomplexen. Wichtig in dem hier betrachteten Kontext ist die *Verschränkung all dieser philosophischen Bereiche*, vor allem wenn man sie in ein *zirkuläres Handlungsmodell* einbindet, denn *Wissen* beruht zu großen Teilen auf *Handeln* und das Handeln beruht wiederum auf Wissen in Form von Modellen bzw. *Theorien von der Welt* und es verändert die *Beobachtungen* (Abb. 3.1).

Abgesehen von der *Erkenntnistheorie* und der *Wissenschaftstheorie* ist die *Ethik* ein besonders wichtiger Bereich der Philosophie. Allerdings kann darauf hier weniger eingegangen werden. Medizinische Ethik war bereits zum Thema „Impfen“ im Kapitel 2 kurz angesprochen worden, allerdings wäre das Thema Ethik und Wissenschaft eine eigene Betrachtung wert.

Gemäß diesem Kreislaufmodell des handelnden Erkennens und erkennenden Handelns beginnen wir hier mit der Erkenntnistheorie (Epistemologie).

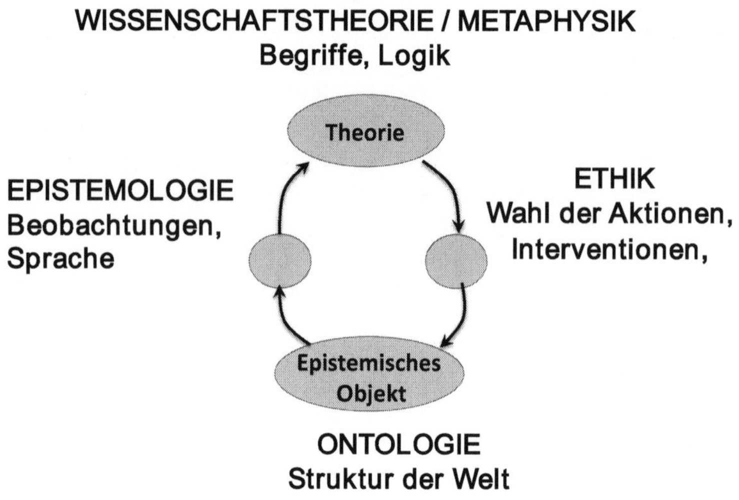

WISSENSCHAFTSTHEORIE / METAPHYSIK
Begriffe, Logik

Theorie

EPISTEMOLOGIE
Beobachtungen,
Sprache

ETHIK
Wahl der Aktionen,
Interventionen,

Epistemisches
Objekt

ONTOLOGIE
Struktur der Welt

Abb. 3.1: Struktur wichtiger Spezialgebiete der *Philosophie*. Erkenntnis und Handeln als epistemischer Funktionskreis: Beobachtungen, ihre sprachliche Erfassung und ihre Zusammenschau im Sinne einer Theorie (in weiteren Sinne) ergeben die Basis für das Handeln gegenüber dem Erkenntnisobjekt (epistemisches Objekt), über das implizite Annahmen getroffen werden und dessen Untersuchung zu ontologischen Betrachtungen führen: Wie ist die Welt aufgebaut, mit der Umwelt als unbelebte und belebte Natur, was ist das Bewusstsein und was ist das Wesen der Kultur?

3.2 Erkenntnistheorie als Wissensphilosophie – wie wirklich ist die Wirklichkeit?

Eine Grundvoraussetzung von Wissenschaft liegt darin, dass es prinzipiell möglich ist, hinter den beim ersten Anschein gegebenen Phänomenen der Welt mögliche dahinter stehende *Mechanismen* zu erkennen. Es geht daher um die Frage, wie es sich der Mensch grundlegend einrichten kann, dass er zuverlässiges Wissen produziert, das die Welt zutreffend abbildet, die grundlegenden Mechanismen erfasst und erlaubt, die Welt zu verstehen und gegebenenfalls auch zu beeinflussen. Damit stiftet Wissenschaft *Orientierungsleistungen* für kollektives Verhalten.

Zur grundlegenden Frage nach der *Wirklichkeit* dessen, was wir für die *Wirklichkeit halten*, gibt es seit der griechischen antiken Philosophie, durch Platon angestoßen (Ebert 1974[11]), den philosophischen Fragenkreis der heutigen *Erkenntnistheorie* und seit Aristoteles, was die *Wahrheit* von Aussagensystemen betrifft, die *Logik* (Detel 2005[12]).

Es ist ja durch die Wissenschaftsgeschichte deutlich geworden, dass die menschliche Erfahrung auch zu irrtümlichen, allzu einfachen Modellen über die Welt führen kann. Das zeigt bereits die Geschichte der Diskussion, ob die Erde eine Scheibe oder eine Kugel ist: Von dem unmittelbaren Eindruck und die für das tägliche Leben ausreichende unmittelbare sinnliche Erfahrung, dass die Erde eine Scheibe sei, bis zur heute durch Satellitenfotos alltäglichen, auch bei der Wetteransage im Fernsehen nachvollziehbaren und stabilen Erkenntnis, dass die Erde sphärisch gewölbt ist und somit eine Kugel sein dürfte, gab es wichtige Erkenntnisschritte. Wenngleich in der Antike in vielen Erzählungen und religiösen Weltbildern die Erde als Scheibe angesehen wurde, haben bereits Seefahrer aus ihrer Praxis heraus vermutet, dass die Erde wenigstens gekrümmt ist und Pythagoras, Platon und Aristoteles gingen aufgrund vorliegender genauerer Messungen und theoretischer Überlegungen bereits davon aus, dass die Erde eine Kugel sei. Schließlich berechnete Eratosthenes den Erdumfang mit 40.000 km (Plantet Wissen 2021 [13]). An diesem Beispiel lässt sich zeigen, dass durch das Wechselspiel von Beobachtung, Messung und gedanklicher Abstraktion und Konstruktion (Theorie) ein Bild von der interessierenden Welt gewonnen wird, das weiteren Tests unterworfen werden kann, wobei das Modell der Kugelgestalt weitere Schlussfolgerungen zulässt und auch neue Beobachtungen widerspruchslos in einen konzeptuellen Rahmen einzufügen erlaubt.

Diese kurze Wissensgeschichte zur Gestalt der Erde – Scheibe oder Kugel – verdeutlicht den gestuften und zyklischen Erkenntnisprozess also besonders gut: Das stabile Wissen ergibt sich aus dem *Wechselspiel von beobachtender Praxis, messender Empirie und reflektierender Theorie*. Es fragt sich daher, wie die *Prozeduren zuverlässiger und wahrer Wissensproduktion* idealtypisch gestaltet sein müssen.

Damit ist der Bereich der philosophischen Erkenntnistheorie tangiert, der leider universitär, was Gegenwartsfragen der Wissenschaft betrifft, nicht sehr agil zu sein scheint. Wenngleich die Wissenschaft heute in modernen Gesellschaften scheinbar wie selbstverständlich über Messtechniken und Datenanalysen die Rolle der Wissensproduktion übernommen hat, stellt sich die Frage, ob diese Methodik zur Wahrheitsfindung ausreichend ist. Das interessiert gegenwärtig aber die Wissenschaftler kaum, wie man am relativen Desinteresse der Neurowissenschaften an den erkenntnistheoretischen Arbeiten des Biologen und Philosophen Humberto Maturana, der immerhin in den 1950er und 1960er Jahren selber in der Neurobiologie aktiv war, und dem Neurobiologen Francisco Varela, der ebenfalls bis zu seinem Tod als Neurobiologe arbeitete, erkennen kann (Maturana u. Varela 1987[14]). Es herrscht weiterhin ein objekthafter Bezug zum Untersuchungsgegenstand Gehirn vor. Anders war die Situation in der Physik, wo bereits vor etwa 100 Jahren philosophisch orientierte und einflussreiche Physiker wie Albert Einstein oder Werner Heisenberg die Bedeutung der philosophischen Erkenntnistheorie für die Wissenschaft hervorgehoben haben: Von Albert Einstein stammt die Einsicht, dass „... Wissenschaft ohne Erkenntnistheorie primitiv und verworren (ist) ...". Und auch Werner Heisenberg hat die Konsequenzen der menschlichen Erkenntnisprogramme, die die Unbestimmtheitsrelation aufzeigt, herausgestellt: Ort und Impuls können zumindest in der submikroskopischen Welt nicht zugleich beliebig genau, sondern nur begrenzt genau bestimmt werden. Damit sind die Grenzen vom empirischen Wissen zur theoretischen Vermutung und dann zum Glauben beispielhaft verdeutlicht.

Insofern also die erkenntnistheoretischen Grundlagen der heutigen Wissenschaft sehr wenig über Fachkreise hinaus thematisiert werden, sollen hier mehr Details des Themas betrachtet werden.

Es ist nämlich grundlegend zu klären, ob man voraussetzt, dass:

a. eine tatsächliche *Wahrheit* von Aussagen über die Beschaffenheit der „*Wirklichkeit*" möglich ist, der sich beispielsweise die Wissenschaft approximativ nähert, oder dass
b. die „Wirklichkeit" nur in Form einer *Konstruktion* des Menschen existiert und keine Entscheidbarkeit über die empirische Wahrheit einer Aussage bezüglich der Wirklichkeit besteht. Letztlich sind dann die Weltbilder der Wissenschaft eine Form der Wirklichkeit.

Die Grundfrage der Erkenntnistheorie ist, ob das Wahrgenommene bzw. bewusst Erlebte „wirklich" ist, und ob es beispielsweise eine Außenwelt gibt, die unabhängig vom Beobachter bzw. dem Wahrnehmenden existiert, ob dies nur eine Produktion des Beobachters ist oder ob beides zutrifft.

Diese fundamentalen Probleme hat, wie schon im Kapitel 1 erwähnt, bereits Platon mit dem *Höhlengleichnis* beschrieben, das die Grundpolarität erkenntnistheoretischer Positionen, nämlich den *Empirismus* und den *Idealismus* spiegelt: Wie können Menschen, die in einer Höhle gefesselt sind und nur das Spiel von Schatten an der Höhlenwand sehen, die Schatten als Abbilder einer anderen Realität (z. B. sich vor der Höhle im Sonnenlicht bewegende Menschen) begreifen? Es finden sich dazu viele unterschiedliche Antworten (Blumenberg 1996[15]). Der *Empirismus* wählt die – auch apparativ verstärkte – Wahrnehmung und Beobachtung, etwa der Schatten in der Höhle, als Ausgangspunkt der Wirklichkeitserfahrung, während der *Idealismus* das Geistige und das Denken als Grundlage der Wirklichkeitserfahrung ansieht und – so könnte man sagen – hinter den Schatten eine andere Welt vermutet. Viele weitere Positionen – insbesondere Hybrid-Positionen – wurden entwickelt. Heute wird allerdings in der Wissenschaft weitgehend der *Empirismus* praktiziert, der im Wesentlichen davon ausgeht, dass Daten die Wirklichkeit sind, und in Form des „Dataismus" die Wirklichkeit auf die Datenebene bezieht.

Zur Frage der Grundlagen der Erkenntnis existieren im Prinzip seit der griechischen Antike die folgenden polaren Positionen:

a. Die *Dogmatiker*, wie Zenon von Elea, gingen von der unmittelbaren Evidenz des *Empirischen* aus, jedoch wurde der Ausdruck Dogma später vor allem für Aussagen verwendet, die ohne empirische Evidenz als wahr angesehen wurden.
b. Die *Skeptiker* sahen im Faktum der Sinnestäuschung Grund am Zweifel, ob es eine „Wirklichkeit" gibt und ließen bestenfalls das Subjektive als Faktum gelten (z. B. die Idee, vgl. Idealismus).

Corona-Medizin heute – Dominanz der Dogmatiker über die Skeptiker?

Die empiristische Position ist für weite Bereiche des Lebens ausreichend und sie hat auch die Wissenschaft vorangebracht, als sie sich noch von der Philosophie abgrenzen musste, die sich in ihrer Entwicklung nicht nur gelegentlich, sondern zunehmend in den Bereich abstrakter Konstruktionen entwickelte. Die empiristische Vorgehensweise der Wissenschaften hat aber auch ihre Grenzen, denn immer wieder ist zu klären, ob das Gemessene die „wirkliche“ Wirklichkeit ist oder nur das „Grundrauschen“ der Zufälle der Welt abbildet. Dies kann durch Überlegungen, aber vor allem durch die Weiterentwicklung der Messtechniken erfolgen, die das *Signal-Rausch-Verhältnis* zu maximieren hilft.

In Hinblick auf dieses Beispiel sei hier die polare Unterscheidung von *Empirikern* und *Theoretikern* betont, weil sie den realen Diskurs der heutigen Forschung zwar einfacher, aber zutreffender abbilden. Es wird aber hier diese Polarität in das Konzept einer *Dialektik zwischen Empirie und Theorie* transformiert.

Empirismus

Der Empirismus geht davon aus, dass wir nur über die sinnliche Erfahrung und ihre technologische Verstärkung durch Instrumente wie das Fernrohr oder das Mikroskop usw. die Wirklichkeit erkennen können. Die historischen Wurzeln des Empirismus in der westlichen Geistesgeschichte sind schwer zu identifizieren, denn in der griechischen Antike kann bei allen Philosophen, die ja meist Universalgelehrte waren, nur ein modifizierter Empirismus gefunden werden. So wird Aristoteles ein Empirismus unterstellt, vor allem wegen seiner Affinität zur detaillierten und systematisierten Naturbeobachtung und damit der Grundlegung der Naturwissenschaften. Aber das kann eher als Abhebung von der vorherigen vorsokratischen, deutlich theoretischen Philosophie verstanden werden. Aristoteles war nämlich auch ein eindrucksvoller Theoretiker, und daher war er wohl beides – Empiriker und Theoretiker.

Der heute in den Wissenschaften genutzte Empirismus geht vor allem auf Francis Bacon, John Locke und David Hume zurück (Bacon 1990[16], Locke 1997[17], Hume 1989[18]). Eine besondere und aktuelle Form des Empirismus sind die *Szientisten*, die in diesem Sinne Wirklichkeit als das definieren, was die Wissenschaft weiß, alles andere sei Illusion der sinnlichen Alltagswahrnehmung und Ausdruck trivialer Spekulation und von Aberglauben und durch sprachlich-begriffliche Unschärfen bedingt. Diese Position korrespondiert gut mit dem Selbstverständnis der meisten (Natur-) Wissenschaftler, also auch der meisten *Mediziner*: Die von den Messmaschinen generierten Daten sind die Wirklichkeit!

Ideengeschichtlich ist hinzuzufügen, dass der *Empirismus* zunächst im *„Positivismus“* seine Fortsetzung fand. Der „Wiener Kreis“, als Ausgangspunkt der modernen Wissenschaftsphilosophie ergänzte den Empirismus mit dem Begriff „logisch“, sodass eine treffende Kurzbezeichnung für diese Position der „logische Empirismus“ ist (Stadler 2015[19]). Er dient als *eine* Grundreferenz für die hier vertretene wissenschaftsphilosophische Position.

Idealismus

Die Kritik am Wirklichkeitsbezug der sinnlichen Wahrnehmung hat vor allem Platon mit dem erwähnten *Höhlengleichnis* verdeutlicht. Platon vertrat dazu die Auffassung, dass wir über angeborene Kategorien der Wahrnehmung verfügen, die es uns erlauben, die Räumlichkeit und Zeitlichkeit der Welt zu erkennen, d.h. dass es nicht die Reizumwelt ist, die wir erkennen, sondern dass unser Wahrnehmungsapparat über angeborene Kategorien die *Bedingungen der Möglichkeit von Wahrnehmungen* festlegt und sie auch prägt.

Diese Auffassung charakterisiert die Position des *Idealismus*, der sich mit Variationen durch die westliche Geistesgeschichte bis heute, allerdings mit deutlich abnehmender Intensität, durchzieht. Er führt über in den *Konstruktivismus*, insofern diese Position die Bedeutung mentaler Verarbeitungsprozesse hervorhebt und zusätzlich die Schwierigkeit der Klärung, was die Wirklichkeit „eigentlich ist", grundlegend anerkennt und als nicht lösbare Frage ausklammert, was gleich noch ausführlicher erörtert wird.

Zur Verdeutlichung der Tatsache, dass der Wahrnehmungsapparat eigenständig die Welt konstruiert, denke man nur daran, dass drei Punkte am Papier als ein virtuelles Dreieck wahrgenommen werden, obwohl objektiv keines da ist. Auch gibt es einen blinden Fleck im Gesichtsfeld, den wir nur durch systematische Untersuchung entdecken - dort zieht in der Netzhaut der Sehnerv zum Gehirn. Demnach konstruieren das Gehirn und seine Nerven auch das, was wir als „Realität" erleben und bezeichnen. Da die meisten Menschen - mit leichten interkulturellen Variationen - solche optischen Täuschungsphänomene zeigen, kann man einerseits von der Universalität der Mechanismen im Sehsystem bzw. in der Wahrnehmung ausgehen, andererseits ist es offensichtlich so, dass - wie bereits die Gestaltpsychologie gezeigt hat - vor allem höhere Wahrnehmungsakte *Konstruktionen* des Wahrnehmungsapparates auf der Basis von Elementen der Außenwelt sind.

Dafür sprechen auch Befunde der neueren neurobiologischen Grundlagenforschung, die „Detektoren" in den Gehirnregionen nachwies, die mit der aktiven - und nicht nur passiven - Extraktion und Kombination der optischen und akustischen Sinnesdaten befasst sind (Tretter 1974[20]).

Solche neuropsychologischen Befunde verallgemeinernd nutzte in den 1990er Jahren der heute noch dominierende *Konstruktivismus*, mit der zentralen Aussage, dass die Realität eine (kollektive) Konstruktion sei (Maturana u. Varela 2009[21], von Foerster 1985[22], von Glasersfeld 1992[23]).

Auch die Systemtheorie im Bereich der Soziologie (Luhmann 1984[24]) und der Familientherapie (Simon 1988[25]) hat den Aspekt der Konstruktion von Wahrnehmungen besonders stark hervorgehoben. Im Rahmen der konstruktivistischen Debatte ist übrigens von der „Beobachtertheorie" die Rede, die begrifflich ähnlich der „Erkenntnistheorie" (Epistemologie) ist, aber nicht explizit in Verbindung mit ihr steht, was im Folgenden noch ausführlicher erörtert wird. Die Epistemologie ist eine spezielle traditionsreiche Disziplin innerhalb der Philosophie, die sich mit Erkenntnisprozessen befasst und die Frage nach den Bedingungen von Wissen untersucht.

Wiederum im Gegensatz zu diesen impliziten Mechanismen der Wahrnehmungsorganisation hat aber vor allem Rene Descartes die Bedeutung der Verstandesleistung bei Erkenntnisprozessen betont. Er wird somit als Begründer des *Rationalismus* angesehen, der Denkprozessen beim Erkennen eine zentrale Rolle zuspricht. Darauf kritisch aufbauend hat sich der aktuelle *„kritische Rationalismus"* entwickelt, der vor allem von Popper (Popper 1984a[26]) und von Lakatos (Lakatos 1979[27]) herausgearbeitet wurde und der als hybride Position verstanden werden kann. Der kritische Rationalismus wurde vielfach kritisiert (davon später), er dient aber im Folgenden als *eine weitere* Referenz für das hier zugrunde gelegte Wissenschaftsverständnis.

Hybride Positionen
Abgesehen von verschiedenen Mischpositionen zwischen *Idealismus* und *Empirismus* und deren Derivaten hat bereits Aristoteles eine derartige hybride Form der Erkenntnisproduktion praktiziert. Detaillierter und für heute wichtig ist aber die Synopse von Immanuel Kant mit seiner „Kritik an der reinen Vernunft", welche die unabweisbare, dialektische Verknüpfung von *empirischer Erfahrung* und *Vernunft* (bzw. Theorie) betont. Seine Kernaussage lautet, dass „Anschauungen ohne Gedanken blind" und „Gedanken ohne Anschauungen leer" sind. Auch in diesem Buch wird diese klassische duale, ja *dialektische Position* grundlegend bevorzugt.

Die komplizierte Diskussion, ob es eine Wahrheit oder eine Wirklichkeit gibt, bzw. ob man die Existenz einer solchen Wirklichkeit postulieren muss, ist in spezifischen epistemologischen Diskussionen zu verfolgen (vgl. z. B. Popper 1984a[28], 1984b[29], v. Glasersfeld 1992[30], Gabriel 2021[31]). Die Fundamente von Weltbildern (Theorien, Modellen, Konzepten) sind allerdings meist implizit bleibende *Annahmen*, die weder Bausteine noch Gegenstand der Weltbilder sind. Sie können nicht im Rahmen der Theorie, für die sie Begründungen liefern, bewiesen werden, wie bereits Kurt Gödel mit seinem Unvollständigkeitstheorem für mathematische Theorien bewiesen hat (Gödel 1931[32]).

Auch die Ausführungen in diesem Buch sind Konstruktionen, die teilweise *Korrespondenzen* zu empirischen Sachverhalten haben. Diese epistemische Selbsteinstufung korrespondiert mit dem „konstruktiven Empirismus" (van Fraasen 1980[33]) bzw. dem „konstruktiven Realismus" (Wallner u. Klünger 2016[34]) und dem „wissenschaftlichen Realismus" (Stillos[35]), Ansätze, die aber immer noch mit einer kontroversen Diskussion verbunden sind.

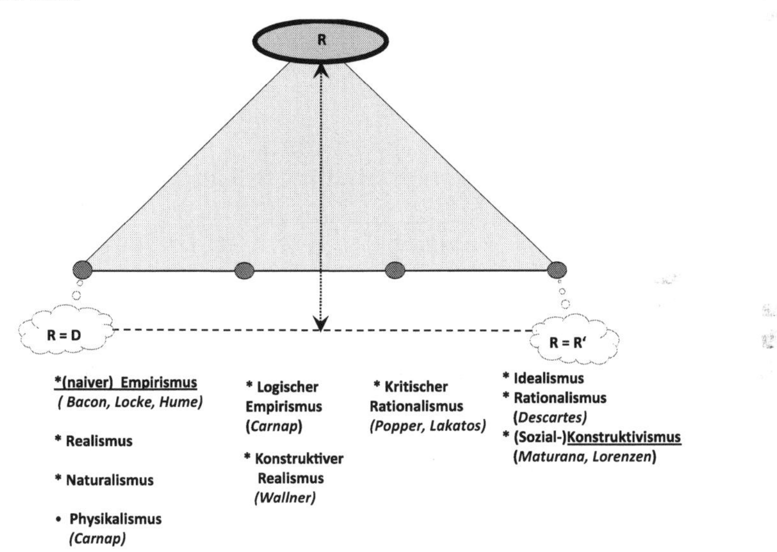

Abb. 3.2: Schema erkenntnistheoretischer Positionen zum Verhältnis von Realität und Abbild. Von Formen des Empirismus, der davon ausgeht, dass die Realität (R) den (Sinnes-) Daten (D) entspricht bis zu Formen des Idealismus, der die Realität als Konstruktion (R') ansieht, mit wichtigen hybriden Positionen mit einigen Vertretern und den Polen des (naiven) Empirismus und des Konstruktivismus.

„Wahrheitsfindung“

Um eine weitere detailreiche Erörterung der Geschichte der Erkenntnistheorie hier abzukürzen, soll gleich die hier vertretene Grundposition klar gestellt werden, die sich einerseits auf die erwähnte duale Grundkonzeption von Empirie und Theorie bezieht und sich, was die Wahrheitsfindung anbelangt, stark auf die Arbeiten von Ludwik Fleck (Fleck 1980[36]) und Jürgen Habermas (Habermas 1968[37]) stützt, allerdings auch darüber hinausgeht:

- Wahrheit kann nur diskursiv über Kommunikationen im Denkkollektiv ermittelt werden, sie ist „konsentiert“ und damit auch für Andere gültig, und zwar nicht nur für die Vergangenheit und Gegenwart, sondern auch für die Zukunft (transtemporal). Unkonventionelle Denkstile tun sich daher im Kontext der Forschergemeinschaft und im institutionellen Kontext schwer, Wahrheitsansprüche geltend zu machen.
- Wahrheit begründet sich durch wiederholte Bestätigung. Wem es als Forscher mit seiner Arbeit nicht gelingt, Folgeforschungen auszulösen, hat einen wesentlichen Nachteil in der wissenschaftlichen Wahrheitsfindung.

Das sind enttäuschende Einsichten, die wissenschaftliche Aussagen relativieren: Wahrheit ist durch Konsens innerhalb der wissenschaftlichen Gemeinschaft begründet, die sich Erkenntnissen von Außenseitern widersetzen. Und – das hat der Wissenschaftshistoriker Thomas Kuhn gezeigt – die abweichenden Meinungen setzen sich *nicht durch den rationalen Diskurs* aufgrund der besseren Argumente durch, sondern durch das „Aussterben“ der Protagonisten der alten Ansichten. Dieser enttäuschende machttheoretische Befund der empirischen Wissenschaftsforschung (Metascience, Science Studies) ist in vielen Disziplinen wie der Medizin noch nicht recht aufgenommen und reflektiert worden.

3.2.1 Erfolgsmodell „Konstruktivismus“ – Systeme in Systemen erkennen Systeme

Wie wirklich ist die Wirklichkeit?
(Paul Watzlawick [38])

Der *„Konstruktivismus“* als Spielform des Skeptizismus und des *Idealismus* geht davon aus, dass es keine Wirklichkeit gibt und dass menschliche Erfahrung eine durch das Gehirn und durch kollektive Interaktionsprozesse produzierte Konstruktion ist (Piaget 2015 [39], v. Glasersfeld 1992, vgl. Gumin u. Meier 1992). Dieser Ansatz hat vor allem in psychologisch-psychotherapeutischen Kreisen, aber auch in der Soziologie (Luhmann 1984[40]) Kritik an einem einfachen Wirklichkeitsverständnis geübt (Maturana u. Varela 2009[41]).

Diese konstruktivistische Position geht also davon aus, dass wir nicht entscheiden können, ob das, was wir für die Welt halten, auch die Wirklichkeit ist, oder ob es eine dahinterliegende Wirklichkeit gibt usw., ob also die Welt geschichtet aufgebaut ist.

> **Alle Relativierungen haben ihre lebenspraktischen Grenzen: Um eine Tasse Kaffee im Zug sitzend erfolgreich zum Mund zu führen, sind nicht Berechnungen auf Basis der relativistischen Physik erforderlich.**

(a) Individuelle, subjektive Wirklichkeit

Die erkenntnistheoretische Schwierigkeit zu entscheiden, was die Realität ist, betrifft uns als einzelne Subjekte ebenso wie auch in der Gemeinschaft. Insofern Wissenschaftler Subjekte sind, bleibt also immer ein subjektives Moment in der mentalen Verarbeitung der wissenschaftlichen Daten übrig, das Variationen des Erkennens bewirken kann. Das betrifft u.a. den Bereich der Sozial- und Verhaltenswissenschaften. Allerdings bekommt der Konstruktivismus Probleme bei der Frage, was das Subjekt konstituiert, denn es wird nur als „Beobachter" und nur schwach als Akteur konzipiert.

Die klinisch-psychologische Praxis der Negierung einer „wahren" Wirklichkeit durch den Konstruktivismus wurde grundlegend durch die Kommunikationspsychologie von der Stanford-Schule durch Paul Watzlawick und Mitarbeitern (Watzlawick et al. 1971[42], Watzlawick 1991[43]), durch Ernst von Glasersfeld und Heinz von Förster als einer Gruppe von US-Österreichern herausgearbeitet (vgl. Gumin u. Meyer 1992[44]).

Eine der populären generellen Thesen der Konstruktivisten ist, dass, zumindest im Rahmen einer radikalen konstruktivistischen Position, eine Unterscheidung zwischen *Landschaft und Landkarte* nicht mehr getroffen werden kann, denn die kategoriale Unterscheidung zwischen Landkarte und Landschaft impliziert wieder eine Entscheidbarkeit über die Qualität der Landkarte, ob sie die Landschaft gut oder schlecht abbildet, was bereits wieder eine Eich-Landkarte voraussetzt und die Begründung der Entscheidung darüber, welche die bessere abbildende Landkarte ist. Eine praxisnahe, aber prinzipielle Klärung ist bei diesen Fragen nicht leicht möglich.

Klinische Beobachtungen von interpersonellen Konflikten, wie sie beispielsweise in der Paartherapie gemacht werden, legen in der Praxis im Einzelfall sogar nahe, das *Kausalitätsprinzip* und das *Objektivitätsprinzip* aufzugeben: die Unmöglichkeit etwa, bei einem Alkoholiker sicher anzugeben, ob er ursächlich wegen seiner „bösen" Frau trinke, oder ob die Frau nur so böse zu ihm sei, weil er trinke. Diese zumindest in der Praxis gegebene, Unentscheidbarkeit des „wahren" Grundes führt aus pragmatischer Sicht zu Beschränkungen der Aussagekraft und, vor allem darüber hinaus, auch der Erkenntniskraft und der prinzipiellen therapeutischen Handlungskompetenz der Experten.

Es ist in diesem Fall also weder eine *Ursache vom beobachtenden Experten her sicher nachweisbar*, noch kann die *intersubjektive Gültigkeit*, also „Objektivität", *begründet beansprucht werden.* Diese epistemologischen Unsicherheiten machen auch deutlich, dass Theorien und Modelle im Wesentlichen Konstruktionen sind.

(b) Pluralismus, Multiperspektivität, Dissens und Konsens

Für die innerhalb eines kommunikativen Zusammenhangs mögliche und notwendige Konsensbildung über das Gegebensein einer bestimmten Umwelt ist also ein interpersonelles Aushandeln der individuellen Wahrnehmungen bzw. *Bilder der Umwelt* möglich und auch erforderlich. Im Regelfall lassen sich immer wieder

„Ankerreize" (Referenzreize) ausmachen, über die Einigkeit hergestellt werden kann und durch die eine Verständigung über die Außenwelt hinreichend möglich ist. So sind Fotos von Urlaubsorten in Südeuropa mit Sonne und blauem Himmel ein Bild, das häufig der „Realität" entspricht und worüber rasch Konsens hergestellt werden kann. Radikale Konstruktivisten sehen allerdings, wie erwähnt, keinen prinzipiellen Unterschied zwischen der vor Ort wahrgenommenen Landschaft und einer Ansichtskarte. Die einfache Identifikation der Landschaft durch eine Ansichtskarte ist noch unproblematisch, die individuelle Ausgestaltung der Bedeutung und *Bewertung* der wahrgenommenen Umwelt (Sonne=Hautkrebs/Sonne=Hautbräunung) ist allerdings dann wesentlich schwieriger intersubjektiv zu vergleichen und zu „verstehen". Es ist auch nicht zu bestreiten, dass beispielsweise über das Meer gemeinsam geredet werden kann. Der „Objektbereich Meer" wird zwar von einem Fischer anders gesehen, als von einem Maler, einem Taucher, einem Geophysiker, einem Biologen, einem Urlauber oder einem Seemann. Keiner von den verschiedenen Betrachtern wird jedoch vermutlich, wenn von den Gefahren des Meeres die Rede ist, hauptsächlich vom ebenso blauen Himmel sprechen.

Diese Differenz zwischen *Realität* und *transformiertem Abbild* wird allerdings durch die digitale Produktion von virtuellen Realitäten um eine weitere Stufe problematischer.

Eine weitere Dimension betrifft die *Beobachtungssprache*, mit der Befunde kommuniziert werden: Ein 10 cm hohes Glas, in dem sich nur eine 5 cm hohe Wassersäule befindet, kann als „halb voll" oder als „halb leer" bezeichnet werden. Hier verbindet sich die intersubjektiv verträgliche optische Wahrnehmung mit einer differierenden sprachlichen Kennzeichnung. Auch spielt die Motivation des Kommunikators eine Rolle: Ist er durstig, ist das Glas „schon" halb leer, muss er ein schlecht schmeckendes Medikament einnehmen, dann ist es „noch" halb voll.

Ist das Glas „halb voll" oder „halb leer"?

(c) Relativismus

Die durch den Konstruktivismus hervorgehobene letztendliche Unentscheidbarkeit über die „Richtigkeit" von Konzepten führt somit zu einer *pluralistischen, subjektivistischen Erkenntnistheorie*, denn – so von Glasersfeld – „... es kann (vom konstruktivistischen Standpunkt aus) auch nie ein bestimmter gangbarer Weg, eine bestimmte Lösung eines Problems oder eine bestimmte Vorstellung von einem Sachverhalt als die objektiv richtige oder wahre bezeichnet werden" (v. Glasersfeld 1992[45], S. 32).

Ein zentraler Punkt des Konstruktivismus ist somit die Kritik an einer *abbildtheoretischen Erkenntnistheorie* – die Konzepte von der Welt werden nach Ansicht des Konstruktivisten durch internale (selbstbezügliche) Prozesse und nicht durch externale Bausteine der Wahrnehmung konstituiert. Dennoch bleibt unklar, aus welchen Bausteinen diese Konstruktionen erfolgen. Man könnte experimentell-wissenschaftlich wohl gut begründet annehmen, dass wir unsere Welt aus einer Topologie von Lichtpunkten konstruieren, teils unbewusst, wie dies die Gestaltpsychologie gezeigt hat, teils bewusst, indem interpretative Prozesse unter Einbezugnahme von gelernten Inhalten und gespeicherten Erfahrungen über die Welt genutzt werden (vgl. Gibson 1982[46]).

(d) subjektive versus objektive Umwelt

Die Subjektgebundenheit von Erkenntnis führt nun in der Folge im konstruktivistischen Konzept dazu, den zentralen Begriff „Umwelt“ als Quelle bzw. Träger von Inputs in das System als nicht objektivierbare Kategorie einzuordnen. Das konstruktivistische Konzept von Umwelt als Konstrukt des jeweiligen Lebewesens zeigt damit starke Parallelen zu dem Umweltkonzept von Jakob von Uexküll (Uexküll u. Kriszat 1970[47]), das die Vereinigungsmenge von „Merkwelt“ (über die Sinnesorgane aufgebautes Bild der Außenwelt) und „Wirkwelt“ (über die Motorik beeinflussbare Außenwelt) umfasst (Abb. 3.3). Damit ist eigentlich nur ein *rein subjektivistischer Umweltbegriff* tragfähig. Nachdem Konsens zwischen zwei Subjekten über die umgebende Außenwelt hergestellt wurde, können weitere umweltbezogene Kommunikationen stattfinden.

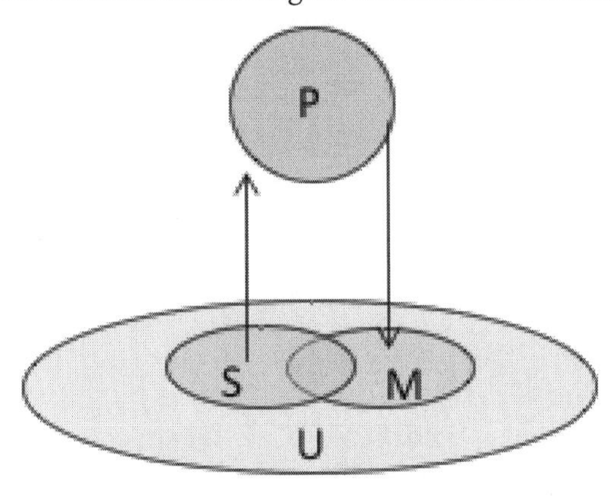

Abb. 3.3: Die Person (P) und die sie umgebende Umwelt (U) mit der subjektbezogenen sensorischen Welt (S) und motorischen Welt (M) mit Überlappungen.

Diese Einschränkung auf die subjektive Wirklichkeit ist angesichts der kollektiven Bedeutung der Viren-Pandemie nicht akzeptabel. Darüber hinaus ist in der klinischen Praxis immer wieder festzustellen, dass Menschen eine intra- und intersubjektiv teilweise ziemlich gleiche (aber sicher auch unterschiedliche) Welt wahrnehmen und ihr Verhalten danach ausrichten. Diese Einsicht ist alt, daher sei Platon zitiert: „Wenn ich etwas wahrnehme, nehme ich Etwas wahr; es ist unmöglich, wahrzunehmen, ohne dass da etwas wäre, das wahrgenommen wird, der Gegenstand, sei er nun süß, bitter oder von anderer Eigenschaft, muss Beziehung haben zu einem Wahrnehmer ...“ (Platon zit. nach v. Glasersfeld 1992; S. 12).

Die Voraussetzungen der praktischen Anwendung konstruktivistischer Konzepte müssen also in ihren Einschränkungen expliziert werden, sie sind nicht selbstverständlich, denn sonst müsste wenigstens ein Teil der Teilnehmer eines Kongresses über Konstruktivismus zur Mittagspause statt der Speise die Speisekarte essen.

Die lebenspraktische Relevanz ist klar: Es kann zwischen Individuen als Subjekte nur ausgehandelt werden, wer „recht“ hat, aber Individuen als Zugehörige einer Institution – der Wissenschaft, der Politik, des Staates, usw. – beanspruchen „mehr Recht zu haben“ als das individuelle Subjekt bzw. es wird ihnen diese besondere Kompetenz zugeschrieben. Dieses *Spannungsfeld* zwischen *Gesellschaft* und *Individuum* ist von praktischer Relevanz, gerade auch bei der Implementierung der regulatorischen Anti-Corona-Maßnahmen. Strategien der Wahrheitsfindung bei Anerkennung der Relativität der Erkenntnis sind daher von konstitutiver Bedeutung für die moderne Gesellschaft.

(e) Konstruktivismus und Rationalismus

Ein radikaler Konstruktivismus führt zu einem Relativismus, der im Prinzip nahezu unaufhebbar erscheint. Von manchen Autoren wird allerdings der *radikale Konstruktivismus* abgeschwächt, sodass Ähnlichkeiten mit dem *kritischen Rationalismus* hergestellt werden können. Als Beleg für diese These kann das Beispiel von v. Glasersfeld (1992, S. 19[48]) gelten, der das Prinzip der konstruktivistischen Erkenntnistheorie an einem blinden Wanderer erläutert, der durch einen dichten Wald zu einem Bach kommen will: Der Wanderer erfährt den Wald nur dadurch, dass er beim Gehen mit Hindernissen kollidiert, indem er gegen die Bäume läuft, die er aber als solche nicht erkennen kann. Der Wald besteht für den Blinden nur aus der Menge der erfahrenen Hindernisse. Von Glasersfeld meint, dass auch hier Parallelen zum kritischen Rationalismus bestehen, insofern es sich um Falsifikationen seiner sogenannten „Da-geht´s-lang"-Hypothesen handelt. Auch betont von Glasersfeld hiermit den *Nützlichkeitsaspekt*, den *Konstruktionsaspekt* und den *Wirklichkeitsbezug* von Erkenntnis durch Scheitern im Handeln. Von Glasersfeld schlägt in Hinblick auf den kritischen Rationalismus beispielsweise vermittelnd den Begriff der *„Viabilität"* von Konzepten vor, der im Sinne des kritischen Rationalismus sehr eng mit der Eigenschaft von Hypothesen zu tun hat, bei Falsifizierungsversuchen zu widerstehen. Es handelt sich gewissermaßen um die begriffliche Hervorkehrung der Idee, dass unsere mentalen Konstruktionen über die Wirklichkeit ein gewisses Überlebenspotential zeigen, also unterschiedliche Survivor-Qualitäten haben (v. Glasersfeld 1992, S. 29[49]):

„... ‚viabel' aber nennen wir (...) in diesem Zusammenhang eine Handlungs- und Denkweise, die an allen Hindernissen vorbei (...) zum erwünschten Ziel führen."

Diese Gedanken hat er weiter ausgebaut (v. Glasersfeld 1992, S. 34[50]):

„Indem es den Fluss seines Erleben segmentiert und Teilstücke aufeinander bezieht und verkettet, schafft sich das Subjekt Modelle von den 'Dingen' und kategorisiert das Erlebensfeld, in dem sie isoliert wurden, als 'Umwelt'. Insofern diese Dinge sich dann als mehr oder weniger dauerhaft erweisen und ihrerseits aufeinander bezogen und verkettet werden können, erwächst die Konstruktion einer kohärenten Wirklichkeit. Hand in Hand mit dieser Konstruktion schafft der Erlebende ein Modell von dem, was er oder sie 'sich selbst' nennt. Auch dieses Selbst wird aus dem Erleben abstrahiert und nach und nach schreibt das handelnde Subjekt ihm bestimmte Eigenschaften, Fähigkeiten und Funktionen zu. Ein Wissen, das es uns ermöglicht, in der Welt unseres Erlebens Ziele zu erreichen, die wir uns selber setzen, reicht vollauf aus, um Wissenschaft, Philosophie und Kunst zu rechtfertigen."

„Wirklichkeit" als Begriff ist daher als maximal gut bestätigte Referenz (Bezugsgröße) in spezifischen Handlungszusammenhängen konstruierbar. Allerdings ist die Bedeutung von *Systemmodellen* im Erkenntnisprozess erheblich. Bei diesem Typ von Modellen lassen sich auch mehrere Ebenen und Sektoren der Wirklichkeit definieren, die in diesem Buch im Kapitel 4 noch diskutiert werden.

3.2.2 Kritik am Konstruktivismus

Es gibt einen Unterschied
zwischen Landkarte und Landschaft.

Aus der Sicht der Psychologie ist der *Konstruktivismus* mit seinen Aussagen prinzipiell nicht neu. Er wurde in Form des „Kognitivismus" Mitte der 70er Jahre von Neisser (Neiser 1967[51]) bereits vorweggenommen. Auch die Theorie der *kognitiven Dissonanzen* von Festinger (Festinger 1957[52]) hat die Bedeutung mentaler Konstrukte, ihren systemischen Zusammenhang und ihre Dynamik überzeugend dargestellt, was viele Konstruktivisten zu übersehen scheinen.

Die Konstruiertheit der Bilder von der Welt, die philosophisch und psychologisch belegbar sind, muss durch eine soziologische Perspektive ergänzt werden: Die gesellschaftliche Realität – etwa Gerechtigkeit oder Ungerechtigkeit beim Handeln – wird interpersonell bzw. auf Makro-Ebene institutionell ausgehandelt. Hiermit wird, wie vor allem die Soziologen Alfred Schütz, Thomas Luckmann, Peter Berger, Jürgen Habermas und der Philosoph John Searle betont haben, die Realität nicht nur zu einer individuellen Konstruktion, sondern auch zu einer sozialen Konstruktion, also letztlich zu einer psychosozialen Konstruktion (Schütz u. Luckmann 2003[53], Berger u. Luckmann 1972[54], Habermas 1968[55], Searle 1997[56]). Das trifft im Prinzip auch für die Wissenschaft zu. Allerdings sind diese Aushandlungsprozesse hochgradig technisiert und methodisch ausgestaltet und sie konstituieren soziale Objektivität.

Es sollen an dieser Stelle noch weitere wichtige Einschränkungen des Geltungsbereiches einer radikal-konstruktivistischen Position vorgebracht werden.

3.2.2.1 Grenzen der Konstruierbarkeit

Die Kraft der *Imagination und Konstruktion* ist begrenzt. Man stelle sich dazu einen obdachlosen Alkoholiker vor, denn gerade bei Alkoholikern ist das Schicksal der Obdachlosigkeit, der Verlust der Arbeit und dgl. eine Dimension materieller, sozialer Realität, die zwar in der Verarbeitung dieser Ereignisse umgedeutet, jedoch nicht total negiert werden kann: Wer keine Arbeit hat, kann sich keine Arbeit wirksam halluzinieren, wer keine Wohnung hat und im Obdachlosenheim wohnt oder unter einer Brücke schläft, kann sich kein Einzelzimmer mit Heizung und Dusche wirksam vorstellen.

Generell kann man auch sagen, dass es einen *weiten transkulturellen Konsens* über Schadfaktoren (z. B. Feuer, Waffen, Raubtiere usw.) oder „Defizite" (Armut, Obdachlosigkeit usw.) gibt, der die Grenzen der Beliebigkeit des mentalen „Konstruierens" verdeutlicht. Differenzen überbrückende *Umkonstruktionen* sind zwar bei Meinungsdifferenzen und Konflikten nützlich (vgl. Simon 1988[57]), sie sind aber bisher in zu wenigen Bereichen auf ihre Wirksamkeit hin untersucht worden. Es besteht daher auch im Bereich der interpersonellen Differenzen, bei Konflikten in der Familie, aber auch auf institutioneller Ebene Fragen zu den Grenzen der konstruktivistischen Metaebene und den Lösungsoptionen von Wahrnehmungs- und Auffassungsdifferenzen. Aus klinisch-medizinischer und Beratungs- Perspektive ist die Position *des radikalen Konstruktivismus* kaum generell praktikabel – die kognitive Umkonstruierbarkeit der Vorstellungen und der Verhaltensprogramme von Klienten ist begrenzt. Das gilt auch für die Kommunikation mit Impfgegnern, worauf im Kapitel 2 hingewiesen wurde.

3.2.2.2 Landschaft und Landkarte

Für die hier notwendigen *metatheoretischen Überlegungen* wird davon ausgegangen, dass *die Unterscheidung von Landschaft und Landkarte pragmatisch nützlich* ist. Wenn man annimmt, dass die Landschaft wieder eine Konstruktion ist, also beispielsweise eine Konstruktion erster Ordnung, die durch die unmittelbare Anschauung gewonnen wird, kann man auch von einer *Wirklichkeit der 1. Ordnung* und einer *Wirklichkeit der 2. Ordn*ung. sprechen.

Diese konstruktivistische Perspektive ist nur in Form des philosophischen Theorems der prinzipiellen Konstruiertheit von „Weltbildern" praktisch relevant. Es muss in der Praxis von einer *Hierarchie „harter" (objektiv-kollektiver)* und *„weicher" (subjektiv-individueller) Konstruktionen* ausgegangen werden, die die physische Realität bzw. die soziale Realität betreffen. Es wird deshalb im Folgenden pragmatisch von der Existenz einer physischen Realität ausgegangen, die den Horizont möglichen Verhaltens einschränkt.

Diese Konzeption passt gut zu der 3-Welten-Theorie von Popper, die von einer physisch-materiellen Welt, einer biologischen Welt psychischer Phänomene und einer Welt der sprachlichen und ideell-kulturellen Systeme ausgeht (Popper u. Eccles 1982[58]). Im Rahmen einer Systemkonzeption kann dieses Modell auch als 3-Ebenen-Konzeption der Welt gelten, die noch weiter differenziert werden kann und muss. So muss methodenbedingt eine Vielfalt der Welt angenommen werden, die nicht ohne Weiteres auf wenige oder gar nur eine Sichtweise zufriedenstellend reduziert werden kann (vgl. Miller 1978[59]). Gerade was das Gehirn betrifft ist bereits zwischen der physikalischen Beschreibung der neuronalen Aktivität (z. B. Spikes) und der chemischen Beschreibung der Neurotransmitter (z. B. Konzentration) in der Synapse eine theoretische Bruchstelle gegeben, welche eine geschlossene Theorie der neuronalen Informationsverarbeitung erschwert (Tretter 2018[60]).

3.2.2.3 Kulturinvarianz

Zum Thema der „Wirklichkeit" gibt es, wie bereits erwartet, auch *kulturvergleichende Studien zur menschlichen Wahrnehmung*, die kurz zusammengefasst zeigen, dass z. B. im Bereich „unbewusster" Wahrnehmungssteuerung (geometrisch-optische Täuschungen), eine recht geringe interkulturelle Variabilität festzustellen ist. Dies scheint dafür zu sprechen, dass voll funktionstüchtige Wahrnehmungssysteme kaum kulturspezifische Funktionsveränderungen aufweisen. Die sensorischen Mechanismen scheinen sich sehr ähnlich zu sein. Damit ist es neben *entwicklungspsychologischen Befunden* (z. B. Leehey et al. 1975[61]) plausibel, dass es angeborene Mechanismen der Wahrnehmung gibt, wie sie auch für emotionale Ausdrucksmechanismen nachgewiesen sind.

Selbst wenn es also keine „Wirklichkeit" gibt, so scheinen Menschen und ihr Erkenntnisapparat relativ ähnlich gebaut zu sein und somit interindividuell ähnliche Bilder zu konstruieren, so dass die Menschen sich über lebenspraktisch Elementares recht erfolgreich interkulturell verständigen können.

3.2.2.4 Innen-/Außen-Differenz

Die Innen-/Außen-Differenz ist essentiell: Jeder Mensch hat nach der Geburt im Rahmen der Mutter-Kind-Interaktion die Erfahrung, dass es ein von einem Selbst abgrenzbares Etwas gibt, das allmählich als Mutter identifiziert wird. Damit ist in der Erfahrung bereits die System-/Umwelt-Differenz bzw. die Person/Umwelt-Differenz verankert. Dass dieser Prozess, der zu einer zunehmend differenzierten, aber stabilen kognitiven Struktur führt, „innerhalb" der Person stattfindet, entbindet nicht vom weiterhin bestehenden funktionellen Wert der mentalen und permanenten Unterscheidungsleistung von Selbst und Nicht-Selbst. Die fruchtbarste Konzeption ist jene, die Erkennen als Ergebnis eines sensomotorischen Kreisprozesses ansieht, wie es im „Funktionskreis" von Jakob von Uexküll modelliert ist, von dem gleich noch die Rede sein wird (Uexküll u. Krizat 1970[62]).

3.2.2.5 Neurobiologie der Wahrnehmung

Die aktuellen Ergebnisse der neurobiologischen Wahrnehmungsforschung werden bei Konstruktivisten zu wenig berücksichtigt. So hat – entgegen der allgemein verbreiteten Meinung – *der Konstruktivismus* im Bereich *der Neurobiologie der Wahrnehmung keineswegs neue Erklärungsleistungen* vollbracht. Seit der Entdeckung der kortikalen Detektoren bei Säugetieren und ihrer hierarchischen Verschaltung (vgl. Hubel u. Wiesel 1988 [63]), über die die Merkmalsextraktion stattfindet, wurde eine begrenzt sinnvolle Beschreibung neuronaler Detektiermechanismen im Bereich der Wahrnehmung entwickelt. Auch die künstliche Intelligenz ist auf der Suche nach entsprechenden Detektions-Algorithmen. Andere Entwicklungen, wie z. B. das Konzept von der parallelen Organisation der Informationsverarbeitung, erscheinen hingegen ausbaufähiger. Überspitzt ist auch die Aussage von v. Glasersfeld (v. Glasersfeld 1992, S. 21[64]): „... unsere Sinnesorgane nehmen Unterschiede wahr, nicht aber Dinge, die als solches von anderen unterscheiden ließen". Die experimentelle Neurobiologie des Sehsystems zeigt nämlich beispielsweise, dass es bereits in der Netzhaut, im Thalamus und im Cortex Nervenzellen gibt, die selektiv auf nicht bewegte („stationäre") Lichtbalken oder Lichtpunkte anhaltend elektrische Entladungen zeigen, während andere Nervenzellen tatsächlich nur auf Veränderungen reagieren, also auf Licht nur mit einer kurzen Entladungssalve reagieren und dann ruhig sind. Es wurden in Tierexperimenten also „Licht-an-Nervenzellen" identifiziert, die anhaltende (d.h. „tonische") Entladungsraten zeigen und damit sozusagen neuronale „Existenzindikatoren" sind, die sagen, dass da etwas ist und noch immer da ist, und andere Nervenzellen, die nur kurzzeitig, d.h. „phasisch" aktiv sind und somit eher als neuronale „Ereignisindikatoren" fungieren (z. B. da „war" etwas, da ist etwas neu aufgetreten). Es wäre sehr fruchtbar, wenn diese Erkenntnisse der Neurobiologie in der Konstruktivismus-Debatte stärker berücksichtigt und danach korrigiert würden (vgl. Tretter 1974[65]).

Auch die strukturell bedingte Konvergenz und die funktionell bestehende Synergie der einzelnen Sinnessysteme wurde in der erkenntnistheoretischen Debatte zu wenig bedacht: Mit zwei unterschiedlichen Erfahrensweisen – beispielsweise visuell und taktil – kann ein Objekt, wie beispielsweise eine Stechmücke, als „externe Realität" gut identifiziert und eventuell erfolgreich verscheucht werden.

3.2.2.6 Extrapolierte Konstruktion der Wirklichkeit

Hier wird von der gut bestätigten Annahme ausgegangen, dass es *eine Wirklichkeit* gibt, die *umfassender* ist *als unser jeweiliges aktuelles Bild von der Wirklichkeit.* Retrospektiv lässt sich durch den Vergleich zwischen der fiktiv-hypothetischen Wirklichkeit (als Konstruktion) und neuer empirischer Daten (oder auch von Sinnesdaten) das Erfordernis der Ausweitung der Konstruktionen belegen. Ob das wahre Wesen der Welt dabei gerade erkannt wird oder in Zukunft erkannt werden kann, ist zumindest hier nachgeordnet.

Auch die Kombination von *sinnlicher Erfahrung* mit *instrumenteller Erfahrung* – beispielsweise mit dem Fotoapparat – lässt eine immer exaktere Beschreibung der externen Umwelt (und auch der Person selbst) zu.

Der philosophisch reflektierende Familientherapeut Ludwig Reiter hat schon früh in der konstruktivistischen Debatte in der psychologischen Medizin darauf hingewiesen, dass eine Widersprüchlichkeit gegeben ist, insofern Konstruktivisten empirische Argumente aufbringen, um zu zeigen, dass es keine Wirklichkeit gibt (Reiter 1992[66]). Das bedeutet, dass man von einer „höheren Erkenntniswarte" aus betrachtet, sozusagen die Leiter, auf der man hinaufgestiegen ist, umwirft. Auch Niklas Luhmann führte zu der Realismus-Antirealismus-Debatte, die von Konstruktivisten angestoßen wurde, aus: „Was immer seine Anhänger sagen mögen: selbstverständlich ist der Konstruktivismus eine realistische Erkenntnistheorie, die empirische Argumente benutzt." (Luhmann 1990, S. 15[67]).

Reiter resümiert in heute noch weiterhin gültiger Weise: „Die gegenwärtige Situation in der systemischen Therapie ist unbefriedigend. Es hat den Anschein, als hätte sich das systemische Feld mit dem Radikalen Konstruktivismus und der Autopoiese-Konzeption arrangiert, ohne ernsthaft Alternativen aus dem Bereich des Kritischen Rationalismus geprüft zu haben. Dies führt m.E. zur Abschottung gegenüber Kritik und in der Folge zur Ritualisierung und Dogmatisierung" (Reiter 1992, S. 28–29[68]).

Der Konstruktivismus hat daher bis heute in theorie- und reflexionsschwachen Bereichen, wie sie vor allem in der Medizin, aber auch in der Betriebswirtschaft (Organisationsberatung) gegeben sind, eine gewisse Faszination ausgeübt und daher auch eine weite Verbreitung erfahren. Die tatsächlichen Anregungen liegen sicher in einer Auflockerung des gerade in der Medizin verbreiteten *naiven Empirismus.* Letztlich bestehen aber Zweifel an der Adäquatheit des Konstruktivismus, der sicher im Bereich der sozialen Systeme, also interpersonell konstituierter Regelsysteme, eine gute Erklärungskraft hat, insofern eine gewisse Beliebigkeit der Sinnhaftigkeit von sozialen Systemen gegeben zu sein scheint. Aber bereits die interkulturell vergleichende Ethnologie zeigt verblüffend viele Ähnlichkeiten in der sozialen Organisation unterschiedlichster ethnischer Gruppen. Insbesondere der ethnografische Strukturalismus hat transkulturelle Universalien aufgedeckt (Levi-Strauss 1971[69]). Auch im Bereich des Rauschmittelkonsums lassen sich sowohl die negative Sanktionierung von profanem Rauschmittelkonsum mit Berauschungseffekten, wie auch die sakral-rituelle Einbindung von Berauschungen in interkulturellen Vergleichen nachweisen (Völger et al. 1981[70]).

Die Vehemenz, mit der der Konstruktivismus von manchen Therapeuten und Organisationsberatern gefeiert wird, ist teilweise unverständlich: Vergleicht man die Fortschritte der Medizin, wie der Infektionslehre, mit der Identifikation mikroskopischer

Krankheitserreger und die Vorstellung, die mit den Pestursachen noch im Mittelalter verbunden waren, so wird deutlich, dass der Versuch über das reine Denken die Welt zu verstehen, äußerst begrenzt ist und offensichtlich zu beliebig vielen „Weltmodellen" führt. Das Faktum, dass es bessere Theorien über die Welt gibt, die die Erkennbarkeit oder gar die Beeinflussbarkeit von Krankheiten ermöglichen, ist ein gewichtiger Hinweis auf die Grenzen konstruktivistischer Wissenschafts- und Erkenntniskritik.

Beim Konstruktivismus lässt sich daher viel Aufregung ohne fundierte Widerlegung des kritischen Rationalismus feststellen. In dieser Arbeit wird daher Popper, trotz bestehender Kritik an dem kritischen Rationalismus, weitgehend noch als wissenschaftstheoretische Basis genützt.

Welterkenntnis benötigt einen Trialog von Praxis, Empirie und Theorie.

3.2.3 Praktische Relevanz des Konstruktivismus – Autopoiesis

Wenn Menschen glauben,
dass Ereignisse real sind,
dann sind sie real.
(nach Ulrich Beck 1986[71])

Eng mit der Diskussion des Konstruktivismus verbunden ist die Annahme, dass lebende Systeme als Gegenstand der Beobachtung nach einer *Eigenlogik* operieren und eine *Eigendynamik* aufweisen, die mit dem Begriff der *„Autopoiesis"* als Konzept der materiellen Selbstherstellung, *Selbstreproduktion* oder der ideellen *Selbstbezüglichkeit* (*Selbstreferentialität*) der Aktionen des Lebewesens bzw. des Menschen erfasst wird (Maturana u. Varela 1980[72], von Foerster 1993[73], Luhmann 1985[74]). Der Mensch ist somit nicht (nur) „Reaktor" auf die Umwelt, sondern im Gegenteil, er ist eher „Macher" seiner Umwelt, also „intentional Handelnder", aber auch spontan Agierender. Damit sind theoretische Grundannahmen der Selbststeuerung des Verhaltens an den Untersuchungs- und Behandlungsgegenstand Mensch angelegt, die die Unvollständigkeit von „objektiven" Beobachtungen, Erklärungen und Prognosen implizieren. Systemtheoretisch gesprochen ist der Mensch mehr als eine stimulusdeterminierte Black-Box, denn er zeigt eine erhebliche Eigendynamik. Daher kann der Therapeut auch nicht auf den Patienten (korrekt: „Klienten") einwirken, sondern er kann nur *unspezifische Impulse zur Veränderung* geben. Experte des Lebens des Patienten ist der Patient selbst und nicht der Therapeut.

Diese Sichtweise hebt sich von der „Kybernetik erster Ordnung" der „trivialen" Maschinen ab, die inputdeterminiert sind und kein Innenleben zeigen (Black Box). Sie stützt sich vielmehr auf die „Kybernetik zweiter Ordnung" der nichttrivialen Maschinen mit Lernen, Zufallsfluktuationen des Zustands, Spontaneität u. dgl. (v. Foerster 1985[75]). Das impliziert das „Paradigma der Autonomie", welches das „Paradigma der Kontrolle" ablösen oder zumindest ergänzen soll. Diese Unterscheidung korrespondiert auch zum Teil mit jener von *Kybernetik* im Sinne von Norbert Wiener als nachrichtentechnische Regelungstheorie und *Systemtheorie* der lebenden Systeme im Sinne von v. Bertalanffy.

Nach dieser Unterscheidung wird der (psychisch) *kranke Mensch* nicht als jemand verstanden, der oder dessen Organismus die *Kontrolle verloren* hat, sondern als jemand, bei dem sich neue, andersartige *Autonomieprozesse* des Psychischen und/oder Körperlichen zeigen. Dies trifft auch auf das Selbstverständnis der Therapeuten zu, die nicht Kontrolle verstärken können oder sollen, sondern Autonomie anregen können, bzw. bei den Versuchen der Selbstregulation nur mitwirken (noch sanfter formuliert: „teilnehmen") können. Der Therapeut kann daher letztlich auch nur reflektieren bzw. *kommentieren* und nicht effektorientiert *intervenieren.* Der Therapeut ist nach Ansicht der Konstruktivisten nicht Experte, sondern bestenfalls Kommunikationsexperte, beispielsweise im „Anders-Beleuchten" von Problemdarstellungen, derart, dass sich dann eine Lösung (konsistentere Sichtweise) ergibt. Dieser Aspekt wäre auch bei der Frage nach der optimalen Kommunikation mit sogenannten Impfgegnern relevant.

Nach diesem ausführlichen Exkurs in neuere Facetten der interdisziplinären Erkenntnistheorie sollte deutlich geworden sein, dass auch Wissenschaft als eine anscheinend solide Erkenntnisform auf meist unhinterfragten erkenntnistheoretischen Prämissen aufbaut, die weniger solide sind, als man durch den technischen Apparat der Forschung und ihrer Organisationen vermuten würde. Nur selten werden die erkenntnistheoretischen Voraussetzungen der Wissenschaft, insbesondere der Medizin, explizit thematisiert, obwohl die Wissensphilosophie und die Wissenschaftsphilosophie darauf aufbaut.

Im Folgenden werden einige Problemkreise der Wissenschaften, die teilweise historisch verständlich sind, beleuchtet.

3.3 Geschichte der Wissenschaften

Die Suche nach sicherer Erkenntnis, wie sie die Wissenschaft anstrebt, hat – so wird hier angenommen – zunächst eine *anthropologische Basis,* d.h. ihr Antrieb liegt im Neugierde-Erleben des Menschen, das zum Erkunden der Welt und des Menschen selbst anregt. Wissenserwerb per se, also *epistemisches Wissen,* unabhängig vom praktischen Nutzen, ist auf diese Weise eine Art systematisierte Orientierungsreaktion des Menschen auf kognitive Unsicherheit oder Inkonsistenz hin.

Bereits Max Scheler als Vorläufer der Wissenssoziologie hat verschiedene Wissensformen unterschieden, wie Heils- oder Erlösungswissen, das Bildungswissen und das Leistungswissen (Scheler 1972[76]). Wissen ist aber auch als *instrumentelles Wissen* nötig und zweckmäßig, sodass es auch im Nebenschluss des jeweiligen Handelns zustande kommt. In diesem weiten Sinne wird auch gesagt, dass im Prinzip *alle Menschen Wissenschaftler sind,* wenn sie neugierig sind und dadurch auch *Wissen schaffen.* Diese Charakterisierung ist allerdings inklusiv gemeint, aber unzulänglich, denn erst durch Etablierung einer spezifischen Methodik und durch die Institutionalisierung und durch Organisation wird das „Wissen-Schaffen" zur Wissenschaft im modernen Sinn.

Zwar ist der einsame Forscher, der außeruniversitäre Geheimgelehrte, vor Jahrhunderten tatsächlich in der Wissensevolution der Menschen oftmals ein Vorreiter gewesen, doch hat sich das heute nahezu verunmöglicht – Wissenschaft ist ein hoch komplex organisiertes System, das sich über alle Fächer weltweit aufspannt und in manchen Bereichen von Industriebetrieben nicht zu unterscheiden ist. So finden sich heute zunehmend mehr Studien in der Physik, bei denen über hundert Wissenschaftler beteiligt sind, und das setzt sich nun in der Biologie, vor allem in der Molekulargenetik, weiter fort.

Ein Blick zurück zu den historischen Wurzeln der institutionalisierten Wissenschaft, um die heutige Situation besser verstehbar zu machen, richtet sich vor allem auf die Antike und dabei auf die Naturwissenschaften wie die *Physik* und die angewandte *Mathematik*, die hinter dem real beobachtbaren Weltgeschehen neue Ebenen erschlossen. Wie anhaltend in der Geschichte der Wissenschaften erkennbar ist, haben auch die Frühformen der Wissenschaft nicht nur die reine Erkenntnis zum Ziel gehabt, sondern sich auch im gesellschaftlichen Verwertungskontext wie Landwirtschaft, Architektur, Seefahrt oder Militär bewegt.

3.3.1 Antike

Das Weltbild der griechischen Antike war zu großen Teilen auf der Mythologie aufgebaut und so wurde versucht, die Gesetze des Weltenlaufs in Natur und Gesellschaft als das Wirken von Göttern zu verstehen. Der Weg zur Wissenschaft wird daher gerne ganz eingängig als ein Weg vom Mythos zum Logos charakterisiert. Dabei spielten Philosophen eine zentrale Rolle. Die damalige griechische Naturphilosophie als Vorstufe der Wissenschaften griff bereits vorhandene mesopotamische und ägyptische Kenntnisse auf, wobei die *Mathematik* eine zentrale Rolle bei der exakten Naturbeschreibung spielt, und zwar sowohl als *Numerik*, bei der gerechnet wird, wie auch als symbolische Mathematik, bei der mit Formeln argumentiert wird. Das wird deutlich bei Thales von Milet, aber auch bei der *Geometrie* eines Pythagoras oder der *Mechanik* des Archimedes. Selbstverständlich schließt aber die Entdeckung physikalischer Kategorien, wie sie die Schwerkraft ist, nicht die Möglichkeit des Wirkens eines oder mehrerer Götter in einer noch tiefer liegenden Seinsschicht aus. Daran knüpfen manche theologische Weltbilder an, die auf der jeweils geltenden Metaphysik aufbauen. Im Gegensatz dazu scheint die aufgeklärte Gesellschaft davon auszugehen, dass irgendwann das gesamte Weltgeschehen schlüssig und zusammenhängend durch ein wissenschaftliches Weltbild erklärt werden kann.

Zurück zur Antike: Als die Philosophie aus unserer europäischen Sicht ihre ersten Höhepunkte erreichte, finden sich bei Platon bereits viele Grundsätze der Möglichkeit der Erkenntnis und vor allem zur prominenten Rolle der Mathematik als letztes prozedural-kognitives Schema, das alle Erfahrungen letztlich in eine Ordnung zwingt, eine Sichtweise, welche die Idealisten, Rationalisten, Konstruktivisten und ähnliche Positionen in der gesamten europäischen Geistesgeschichte prägte. Platon wird auch die *erste Institutionalisierung akademischer Kultur* zugeschrieben, indem er 388 v. Chr. die Platonische Akademie bei Athen gründete.

Mathematik war seit jeher ein zentrales Merkmal von wissenschaffendem Denken.

Wenig später, bei Aristoteles, lässt sich bereits der Übergang von der Philosophie zur Wissenschaft finden, indem das Sammeln und Ordnen von Naturbeobachtungen erfolgte, das unter anderem die Grundlagen der Biologie und Psychologie schuf. Die Bedeutung der Logik für eine vernünftige und tragfähige Wissenschaft hat Aristoteles ebenfalls systematisch herausgearbeitet.

3.3.2 Mittelalter und Renaissance

Mit dem Niedergang des antiken Griechenlands erfolgte die Pflege und Fortführung der philosophisch-wissenschaftlichen Erkenntnisse in Byzanz, im arabischen Raum und in europäischen Klöstern. Dies brachte die Voraussetzungen der Weiterentwicklung der Wissenschaften in unserem Kulturraum mit, wobei vor allem der Wissenserhalt in den Klöstern eine zentrale Rolle spielte (Ecco 1982[77]).

Allerdings tat sich zunehmend ein Spannungsfeld zwischen Religion und der neu erwachenden Wissenschaft auf. Hier liegt auch der Kern des sozialpsychologischen Konfliktes, nämlich zwischen autoritativen „Eminenzen“ und „Exzellenzen“, in diesen Fall der Religion, und den wissenschaftlichen „Evidenzen“, bei denen systematische Beobachtungen und logisches Argumentieren Vorrang hatten. Dabei hat die experimentelle Physik, vor allem von Galileo Galilei, die „harten“ Grundlagen eines wissenschaftlichen Weltbildes gelegt. Diese Form des Beobachtens, Denkens und Argumentierens setzte sich in ähnlicher Weise auch in der Medizin des 20. Jahrhunderts fort – insofern die *Evidenz-basierte Medizin* den Wissensanspruch der ärztlichen Fachexzellenzen und -eminenzen relativierte.

Vom Hochmittelalter an erfolgten schließlich erste Institutionalisierungen der Wissenschaft in Form der Universitäten im Kontext von politischen Strukturen. An den damals neu gegründeten Universitäten wie sie in Bologna (1088), Paris, (ca. 1150) oder Oxford (ca. 1150) eingerichtet worden waren, studierte man fachübergreifend im heutigen Sinne eines Studium generale. Es erfolgte auch eine kritische Auseinandersetzung mit wissenschaftlichen Erkenntnissen der Naturbeobachtung mit den Aussagen der Bibel.

Eine besondere Rolle spielte dabei, wie schon seit der Antike, die *Kosmologie* bzw. die *Astronomie* und die damit verbundene *Wissensevolution.* So hat bekanntlich Nikolaus Kopernikus (1473–1543) das theologisch präferierte *geozentrische Weltbild,* das von Claudius Ptolemäus (ca. 100 – 160 n. Chr.) stammte, verworfen und das *heliozentrische Weltbild* auf eine solide Basis gestellt. Dieses Modell wurde weiter gestützt durch die Arbeiten von Johannes Kepler (1571–1630), der Beobachtungsdaten von Tycho Brahe (1546–1601) aus Prag nutzte. Insbesondere Galileo Galilei (1564–1641) hatte mit der Verwendung des Fernrohrs die beobachtende Astronomie revolutioniert. Die sich daran anschließende experimentelle Methode ermöglichte der Physik eine rasche Entwicklung, die bereits im 17.Jh. und durch Isaac Newton einen ersten Höhepunkt erreichte, in dem zwischen *instrumenteller Naturbeobachtung, experimenteller Modellierung* und *mathematischer Theoriebildung* ein ausgewogenes Wechselspiel aufkam.

3.3.3 Aufklärung

Die Wissenschaftler im 18. Jahrhundert waren noch gewissermaßen Handwerker, aber im neunzehnten Jahrhundert begann bereits die physische Institutionalisierung, insofern in Universitäten auch umfangreiche *Experimentallabore* eingerichtet wurden. Ein signifikanter Wandel der universitären Wissenschaft trat durch die Einrichtung der Berliner Universität im Jahre 1810 ein, die sich seit 1949 Humboldt Universität nennt. Damit verbunden setzte sich auch international das Humboldt'sche Konzept der *Einheit von Forschung und Lehre* durch, wodurch Forscher auch die Ausbildung zu akademischen Berufen gewährleisten mussten. Dies hat allerdings, vor allem durch die Einrichtung von Lehrstühlen, auch zur Zentrierung der Forschung um *Exzellenzen* und *Eminenzen* geführt, die heute nicht mehr funktional ist, insofern die Hierarchisierung des nachgeordneten Personals eine innovative Wissenschaftskultur behinderte. Auch verhinderte diese Struktur die gesellschaftliche Entfaltung der Frauen in der Wissenschaft. Die personenzentrierte hierarchische Struktur der Universitäten hat in der westlichen Welt in den 1960er Jahren allerdings eine zunehmende Kritik erfahren. Vor allem konnten aktuelle gesellschaftliche Probleme durch derartige Strukturen nicht zufriedenstellend behandelt werden. Auch zeigte sich, dass die *Fakultäten-Struktur der Universitäten* zu unrealistischen Abgrenzungen führten, was in den letzten Jahren als sogenannte „Silo-Struktur" kritisiert wurde. In der Folge wurden zunehmend Abteilungen mit temporären Arbeitsfeldern geschaffen. So wurden die strukturellen Merkmale der universitären Forschung durch die heute zunehmende *Department-Struktur* der Universitäten verändert, die wesentlich flexibler auf neue Forschungsfragen reagieren kann. Allerdings erfolgte organisatorisch auch eine zunehmende *Industrialisierung* und nicht zuletzt auch eine *Ökonomisierung*. Diese Struktur-Reform der Universitäten wurde auch in Deutschland seit etwa den 2000er Jahren stellenweise und schrittweise vorgenommen, ohne dass jedoch heute das kreative Potenzial der amerikanischen und auch englischen Forschung erreicht wurde. Die durch den Bologna-Prozess erreichte europaweite Standardisierung der Studiengänge erleichterte zwar die internationale Anschlussfähigkeit der universitären Ausbildung, sie führte jedoch auch zu einer Reduktion der Pluralität und einer Standardisierung der Organisation und des Managements der Universitäten, zumal die Arbeitsmarkt-Orientierung der Studiengänge diese Ausrichtung verstärken.

Eine weitere Veränderung des bildungspolitischen Programms der Aufklärung, nämlich dass Wissenschaft eine *res publica* ist und dass die Ergebnisse der Wissenschaft nicht nur privilegierten Personen zugänglich sind, sondern auch der gesamten Bevölkerung, ist durch die zunehmende Privatisierung des wissenschaftlichen Wissens durch Datenkonzerne gegeben. Zwar wird dieser klassische Bildungsauftrag, der ein emanzipatorischer Gedanke ist, bis heute zumindest noch von einem Großteil der Wissenschaftler getragen, er kollidiert allerdings mit der gegenwärtig, vor allem in den USA, präferierten Idee einer *Privatisierung* des Bildungswesens und der Forschung. Auf diese Weise erfolgt auch eine *Privatisierung des Wissens*, und es entsteht eine *Informationsasymmetrie zwischen öffentlichem und privaten Wissen*. Das spielt sich seit einigen Jahren im Bereich der *Datenökonomie* der *Digitalkonzerne* ab, die alle verfügbaren Daten sammeln und damit private Informationsmonopole aufbauen. Es stellt sich die Frage, wie dieser Entwicklung zugunsten einer funktionierenden Demokratie mit gebildeten Bürgern entgegengewirkt werden kann.

3.3.4 Wissenschaft der Gegenwart und ihre Ökonomisierung

Heute werden nach der UNSESCO und der OECD nahezu 8 Mio. Forscher in der Welt geschätzt, die jährlich deutlich mehr als 1,3 Millionen Publikationen produzieren, wobei über 30 % aus der EU stammen und 25 % aus den USA (Ahne u. Müller 2016 [78]). Es sind also etwa 1 ‰ der Weltbevölkerung dieser Berufsgruppe zuzuordnen! Etwa 480.000 Forscher sind in Deutschland und etwa 80.000 sind in Österreich tätig. Sie sind in Universitäten, Hochschulen, Fachhochschulen, Forschungsinstituten und in der Industrie beschäftigt.

Was die ökonomische Ebene betrifft, werden beispielsweise für Österreich mit etwa 9 Mio. Einwohnern etwa 10 Mrd. € Ausgaben für die Forschung geschätzt, das sind etwa 3 % des Bruttoinlandsprodukts. Damit liegen Österreich (und auch Deutschland), bezogen auf den OECD-Durchschnitt, im oberen Mittelfeld. Großforschungsprojekte, wie das in der Schweiz lokalisierte kernphysikalische Labor CERN oder das europäische Human Brain Project umfassen heute über Dutzende von Staaten mit Hunderten oder Tausenden von beteiligten Forschern, bei einem Jahresbudget in der Größenordnung von 1 Mrd. €. Wissenschaft ist daher ein wesentliches Merkmal und Abbild moderner Gesellschaften geworden.

Mit Blick auf die gegenwärtige Situation der Wissenschaften ist allerdings zu beachten, dass fast alle Wissenschaften im zweiten Weltkrieg als *Kriegswissenschaften* eine besondere Entwicklung erfuhren. Vor allem für die *Kybernetik* als Informations-, System- und Regulationswissenschaft wurde gerade in jenen Zeiten die Grundlage geschaffen. Der *Reset* der Wissenschaften nach dem Krieg ist nur teilweise gelungen, zumal der kalte Krieg zwischen den USA und der damaligen UdSSR auf allen Ebenen und Bereichen der Forschung eine militante Atmosphäre erzeugte. Das betrifft auch herausragende Forscher des nationalsozialistischen Regimes, die bemerkenswerterweise von den Siegermächten übernommen wurden.

Allerdings hat sehr rasch nach dem Krieg eine Entwicklung eingesetzt, die sich als Industrialisierung in Richtung *Big Science* mit hohen Organisationsgraden beschreiben lässt (Price 1974[79], Gibbons et al. 1998). So haben sich verschiedene Fächer, Bereiche und Spezialgebiete, die an den Universitäten geschaffen wurden, in die Industrie verlagert, wie beispielsweise die elektronischen Labors, die chemischen Labors und zuletzt die biologischen Labors. Damit haben sich neben den Universitäten die verschiedenen Industriezweige eigene Forschungslabors geleistet, die teilweise überragende Forschungsergebnisse erbrachten, was allerdings wegen der Geheimhaltungsregeln der Industrie nur sporadisch öffentlich wurde. Als Beispiel ist die Pharmaindustrie zu nennen, die unter anderem im Gebiet der Gehirnforschung exzellente Ergebnisse erbracht hat (persönl. Beobachtung). Allerdings hat auch die Industrie die Strategie verfolgt, durch Förderung der universitären Forschung auf teure eigene Forschungsabteilungen verzichten zu können. Durch entsprechende rechtliche Regelungen konnte die Industrie aber auch die Publikation der Ergebnisse erfolgreich kontrollieren. Ein aktuelles positives Beispiel sind die kleinen privaten biotechnologischen Labors wie Biontech, die rasch neue Technologien wie den Corona-Impfstoff entwickeln können und dann im Joint Venture mit der Großindustrie diese Produkte in Serienreife und auf den Markt bringen. Passend zu diesen Trends hat sich die Entwicklungspolitik der Universitäten dahingehend entwickelt, dass Lehrstuhlbewerber einen beträchtlichen Etat an sogenannten Drittmittel mitbringen müssen, um erfolgreich zu sein. Das ist grundlegend der Idee des „schlanken Staates" und damit der „schlanken Universität" geschuldet. Studiengebühren an öffentlichen Universitäten waren wohl die letzte große Antwort auf die betriebswirtschaftliche Rettung der öffentlichen Universitäten. Die Ökonomisierung der Wissenschaft nimmt nun weiter ihren Lauf.

Durch die zunehmende Ausrichtung auf das System Wirtschaft erfolgt auch eine thematische Ausrichtung und Schwerpunktsetzung der Forschung nach Wirtschaftsinteressen, was ja auch stimmig ist, denn wo sollen die Studenten später arbeiten? Damit verliert aber die Wissenschaft auch zunehmend an Autonomie und an Bindung an die Interessen der Bevölkerung. Auch die innere Ökonomisierung an den Universitäten, mit den Streichungen der „Orchideen-Fächer", wie Disziplinen der Geisteswissenschaften gerne genannt werden, ist ein Zeichen dafür, dass sich zunehmend mehr Staaten eine breite Wissenschaft, die auf ihrer eigenen Sinnsetzung beruht und die auch ihre historischen Wurzeln pflegt, nicht mehr finanzieren wollen und dies vielleicht auch nicht mehr können.

Auf diese Problematik wissenschaftsexterner Einflüsse auf die gesellschaftliche Wissensproduktion hat bereits Karl Mannheim als einer der ersten Wissenssoziologen hingewiesen, insofern er grundlegend die Bedeutung der Ideologie als Bestimmungsfaktor der Erkenntnis betonte und auch die Notwendigkeit erkannt hatte, sich über die „frei schwebender Intelligenz" ein neutrales Wissen zu erwerben (Mannheim 1964[80]).

Die Ökonomisierung der Wissenschaft zeigt sich aber auch in der „phänotypischen" Übernahme ihrer Produktionsformen. Das betrifft zunächst ihre „Marktpräsenz" über die Fachmedien und die Kongresse: Es ist ein eigenes Geschäftsmodell geworden, mit dem beispielsweise neu gegründete Journale durch bezahlte Beiträge der Wissenschaftler ganz gut Geld zu verdienen scheinen. So zahlt der Autor etwa 500,- Euro bis über 3000,- Euro und auch die Leser müssen unter Umständen sogar in „Open Access"-Journalen noch um die 50,- Euro pro Artikel zahlen. Auch Kongresse mit möglichst 10.000 Besuchern ab etwa 500,- Euro Teilnahmegebühr können den Organisatoren mehrere Millionen Euro Gewinn bringen, vor allem wenn die Teilnehmer dann Fortbildungs-Zertifikate erwerben können. Durch die Eigenfinanzierung von Publikationen durch die Autoren entsteht ein Geschäftsmodell, das durch hohe Akzeptanzraten gute Geschäfte zu machen erlaubt und nicht durch hohe Ablehnungsraten der eingereichten Manuskripte eine hohe Qualität sichert. Diese Entwicklung hat durch die Corona-Krise und die damit verbundene Digitalisierung eine neue Dynamik erfahren, die nicht absehbar ist.

Früher konnten arme Jungforscher es sich kaum leisten, Journale zu lesen, heute können sie es sich kaum leisten, dort zu publizieren.

3.3.5 Strukturwandel von der Little Science zur industrialisierten Big Science

In Deutschland hat sich um ca. 2000 unter der Regierung von Gerhard Schröder die Wissenschaftspolitik signifikant geändert: Unter dem Vorsitzenden des Wissenschaftsrats, dem Neurologen Karl Einhäupl, wurde von 2001 bis 2006 die Strategie der pluralen Forschungsförderung eingestellt und stattdessen die Förderung der Großforschung und Exzellenz-Zentren forciert. Faktisch wurden die Großen noch größer gemacht und die Kleinen wurden kleiner und mussten schließlich aufgeben. Umwidmungen von Großforschungszentren waren bereits seit Jahren nach den gesellschaftlichen Problemstellungen vorgenommen worden, denn es war klar, dass dann Tausende Forscher arbeitslos geworden wären, wie dies beispielsweise bei der völligen Ablehnung der Kernenergie als Energiequelle der Fall war, als Kernforschungszentren allmählich zu Zentren für Umwelt und Gesundheit umgestaltet wurden und man – verständlicherweise – versuchte, so viele Forscher wie möglich zu behalten. Allerdings waren die Spitzenkräfte, das Top-Management, das häufig mit Physikern besetzt war, aufgrund deren Management-Erfahrungen nicht ausgewechselt worden, wobei sich die Frage auftut, ob hier, beispielsweise was die Gesundheitsforschung betrifft, zielgerecht optimal gemanagt wurde.

Gerade die Gestaltung von Leitungsstrukturen von Universitäten und Forschungsinstituten und deren personelle Besetzung ist nämlich trotz zunehmender Ausschreibungs- und Anhörungsprozeduren eine Black Box, wobei zu vermuten ist, dass nicht gerade moderne Management-Konzepte sondern eher traditionelle Konzepte zur Anwendung gelangen (Hanft 2000[81], Kohmann 2011[82]): Die Ideologie des New Public Managements, der gemäß Institutionen des öffentlichen Dienstes nach Prinzipien des Industriemanagements gestaltet werden sollen, hat Einzug in die Universitäten gefunden, die nach Art einer Firma beispielsweise nach Kriterien des industriellen Qualitätsmanagements geführt werden sollen (Schedler u. Pröller 2011[83]).

Der Datenhunger der Wissenschaften führt nun zu Zusammenschlüssen von Instituten, die sich selbst wieder international organisieren, um mit Hunderten von Wissenschaftlern Forschung zu betreiben. Damit sind besondere Managementaufgaben gestellt, und der Bereich des Wissenschaftsmanagements bekommt eine eigenständige und immer gewichtigere Bedeutung.

Verschiedene Forschungsorganisationen wie die Max Planck Gesellschaft oder die Helmholtz Gesellschaft, die Leibniz-Gesellschaft usw. haben jeweils eine Vielzahl von international renommierten Forschungsinstituten aufgebaut. Vor allem die Max Planck Gesellschaft (MPG) ist prominent und sieht sich zurecht als Elite der Wissenschaft in Deutschland mit 86 Instituten, fast 24.000 Forschern und etwa 2 Mrd. Finanzvolumen (MPG 2021 [84]). Die MPG ging 1948 aus der 1911 gegründeten Kaiser Wilhelm Gesellschaft hervor und bemüht sich darum, besonders erfolgreichen Forschern eigene Institute zu widmen, so dass sie dann unter günstigsten Bedingungen auch den Nobelpreis bekommen können. Diese personenzentrierte Strategie der Förderung der internationalen Spitzenforschung ist erfolgreich (2021: 2 Nobelpreisträger), sie führt allerdings dazu, dass mit der Pensionierung der Forscher oft auch die Institute geschlossen werden, wie dies beim eigentlich sensationellen Starnberger „Max Planck Institut zur Erforschung der Lebensbedingungen der wissenschaftlich-technischen Welt" der Fall war, das 1970 dem Physiker und Philosophen Carl Friedrich von Weizsäcker und dem Sozialphilosophen Jürgen Habermas als Direktoren gewidmet war. In der Tat waren dies außergewöhnliche Forscherpersönlichkeiten, die in ihren Fachgebieten damals bereits Bemerkenswertes geschaffen hatten und die in ihrem Zusammenwirken hilfreiche ideelle Orientierungen für die damals zukünftige und heute gegenwärtige Gesellschaft hätten schaffen können. Nach der Emeritierung von Carl Friedrich von Weizsäcker gab es eine Destabilisierung des Instituts, und so trat auch wenig später Jürgen Habermas zurück. So wurde das Institut 1981 geschlossen und stattdessen 1984 das Max Planck Institut für Gesellschaftsforschung in Köln von der Soziologin Renate Mayntz gegründet (MPIFG 2021[85]).

Die epochale Bedeutung des Starnberger Instituts und die traditionelle Haltung des Max Planck Präsidiums zur Institutsschließung („Es wurde kein geeigneter Nachfolger für Carl Friedrich von Weizsäcker gefunden") ist wissenschaftsgeschichtlich angesichts der anstehenden Zukunftsprobleme und der erforderlichen Transformation disziplinärer Wissenschaft höchst interessant und auch sehr bedauerlich (Laitko 2010[86]).

> Es wird keinen Einstein in den *Nachhaltigkeitswissenschaften* geben, sondern nur eine Gruppe Einstein.

Die hier kurz angesprochene Konzernierung der Forschungsinstitute folgt der intrinsischen Logik der Effizienzsteigerung und dem Wachstumsparadigma der Gegenwartsgesellschaft, und sie impliziert Hindernisse für Variationen der Forschungsthemen und -formen, und so strukturiert sich die Forschung anti-evolutionär, da „Mutanten" es schwer haben, nicht frühzeitig bereits selektioniert worden zu sein: Selbst *Initiativen zur Innovation* werden sehr oft von Gutachtern evaluiert, die nicht gerade Beispiele innovativen Denkens und kreativer Interaktionsstile verkörpern.

3.3.5.1 Digitalisierung und Big Data

Gegenwärtig ändert sich daher nicht nur die funktionelle Struktur der Wirtschaft durch Wissenschaft in Form neuer Technologien – Beispiel Industrie 4.0 – sondern auch das System Wissenschaft passt sich den Strukturen der Wirtschaft an bzw. wird selber zu einem Wirtschaftsbereich: Die Multi-Center-Studien, die global organisiert werden – beispielsweise CERN, das Human Genome Project, das Human Brain Project oder das Human Connectome Project – setzen auf *Big Data* als ultimative Erkenntnisstrategie. Big Data bedeutet vor allem, dass Milliarden von Daten laufend gewonnen werden, die extrem umfängliche Datenbanken zur Folge haben, die kein menschlicher Geist, sei es auch eine fiktive Gruppe „Einstein", mehr „verstehen", und in der Folge auch nicht damit ein interessierendes Phänomen – Kosmos, Genom, Gehirn – „erklären" kann. Diese analytische Aufgabe ist weitgehend Computern überlassen, die nach dem Prinzip der „lernenden Algorithmen" operieren. Diese Form „digitalen Wissens" kann für *Diagnose-Aufgaben* jeder Art verwendet werden: Ist das ein guter Kunde? Ist das ein Terrorist? Ist das Krebs? Ist das ein schizophrenes Gehirn? Der kritische Punkt ist allerdings, dass das jeweilige Objekt des Interesses nur einem bestimmten Messprozess unterzogen werden muss, damit die nötigen Daten generiert werden, deren Passung zu den Typen der Datenstrukturen von dem Computer autonom kalkuliert wird. Die aus dieser Kalkulation („Computation") von definierten Nähe- und Distanzmassen resultierende Klassifikation führt zu Datenmatrizen, die in ihren Anwendungen als Referenz für Intervention dienen. Dieser Prozess kann etwa über eine Drohne erfolgen, die einen als Terroristen maschinell klassifizierten Menschen abschießt oder in Form einer computergesteuerten Operation ein Krebsgeschwür beseitigt usw. Unerkannte Selektivität der Datengewinnung bzw. -auswertung führt allerdings zu einer mangelnden Validität der Datenbanken und in der Folge – etwa in der medizinischen Diagnostik – zu fehlerhaften Entscheidungen.

Diese Transformation der *Wissenschaft in ein quasi-autonomes Technosystem*, dem die Menschen fast nur mehr assistieren, bedeutet in der Konsequenz, dass wir den Menschen als *Regelobjekt* den maschinellen Systemen überantworten. Diese gesellschaftliche Veränderung betrifft die Wissenschaft in der *Grundlagenforschung* ebenso wie in der *angewandten Forschung*, etwa in der Wettervorhersage: Die Messdaten über Messstationen werden in Supercomputer eingespeist, die auf der Basis geophysikalischer Modelle von Wetter und Klima die besten Beschreibungen selektieren und – darauf aufbauend – die Wetter-Prognosen abgeben. Die WetterexpertInnen in den Massenmedien interpretieren oder erläutern die Daten, und so sind die Journalisten, die jeden Abend im Fernsehen das Wetter für den nächsten Tag darstellen, fast nur mehr die Exekutive der Computer, also der maschinellen algorithmischen Kalkulatoren.

Noch ist man in einer der lebenswichtigsten wissenschaftlichen Disziplinen, der *Medizin*, nicht so weit, aber die Computer übernehmen schleichend und indirekt die *Handlungsmacht*, denn der Arzt muss verpflichtend zunehmend internationale Literatur- bzw. Datenbanken befragen, wenn er außergewöhnliche oder individuelle Problemlagen bei den Patienten erkennen und behandeln will. Sind die Datenbanken falsch, trifft er vielleicht falsche Entscheidungen, aber er hat sich hoch konform der norm*ativen Macht des Internets* untergeordnet. Auch wenn er vom klinischen Eindruck her meint, dass der Patient eine andere Krankheit hat, muss er der Wissenschaft und dabei der als „Wissen" deklarierten Information Folge leisten: Nur über randomisierte kontrollierte Untersuchungen wiederholt als signifikant klassifizierte Ergebnisse gelten als „sicheres Wissen" der höchsten Evidenzstufe (Metaanalysen). Alles andere ist weniger sicher, die klinische Erfahrung rangiert so ziemlich an unterster Stelle. Die Leitlinien der medizinischen Fachgesellschaften sind dabei für den praktisch handelnden Arzt eine Hilfe, sie beruhen aber ebenfalls auf Datenbanken.

An dieser Problemskizze erkennt man die Notwendigkeit, die von der Industrie getriebene Digitalisierung in der Medizin aus fachlicher Perspektive kritisch zu begleiten (Scholz et al 2021[87]).

3.4 Gebiete der Wissenschaft – klassische Disziplinen

Heutige Wissenschaftshistoriker wie Hans-Jörg Rheinberger sehen den Stand der Wissenschaften als „postdisziplinär“, insofern Fragestellungen beforscht werden, die beispielsweise Alltags-relevant sind, wobei mehrere Disziplinen involviert sind (Rheinberger 2021[88]). Hier wird aber die Position vertreten, dass methodisch begründete Disziplinarität ein unabweisbares Merkmal von Wissenschaft ist. Die Vielfalt der einzelnen Forschungsbereiche ist allerdings heute unübersehbar. Gerade deshalb wird hier zunächst davon ausgegangen, dass trotz – und auch wegen – der Komplexität der Wissenschaftslandschaft eine *disziplinäre Grundordnung* für das Verstehen von Wissenschaft sinnvoll ist.

Es wurde schon im Kapitel 1 gezeigt, dass wichtige klassische Wissenschaften von Aristoteles bereits grundlegend konfiguriert wurden, mit dem Merkmal, dass sie in Abgrenzung zur Philosophie eine empirische Systematik der Objekte ihres Gegenstandsbereichs anstreben. Von der Physik über die Biologie, Psychologie, Politologie, Soziologie und Ökonomik finden sich ansatzweise bei Platon, und vor allem bei Aristoteles, mehr oder weniger explizite Bereichsdefinitionen und detaillierte Ausarbeitungen, die sich vor allem in der Renaissance bei der Gründung der Universitäten neu etablierten und in Grundzügen bis heute in der Fakultätsstruktur der Universitäten ihre Fortsetzung finden.

Allerdings haben heute die Wissenschaften, was ihre Gebietseinteilung betrifft, eine unübersehbare Bereite und Spezialisierung erreicht, die eine Ordnung fast unmöglich macht. Man spricht von „Disziplinen“ oder auch manchmal von „Fachbereichen“, der Philosoph Gaston Bachelard sprach von „Bezirken“ (Bachelard 1949[89]), der Soziologe Pierre Bourdieu von „Feldern“ (Bourdieu 1975[90]).

Grundlegend können die Wissenschaften nach Art ihres *Gegenstandes* wie Natur, Technik, Mensch und Gesundheit, Landwirtschaft, Tiere, Soziales und Geistiges charakterisiert werden. In ähnlicher Weise hat beispielsweise die Österreichische Bundesanstalt für Statistik (Statistik Austria [91]) Fachbereiche definiert, in die sich Forschungsgebiete zusammenfassen lassen, nämlich die *Geisteswissenschaften*, die *Naturwissenschaften*, die *Technikwissenschaften*, die *Gesundheitswissenschaften*, die *Sozialwissenschaften* und die *Agrarwissenschaften* (Tab 3.1). Diese Systematik, wie andere auch, birgt allerdings erhebliche Einordnungsprobleme, die wir gleich genauer beleuchten (Ahne u. Müller 2016[92]). So ist die Psychologie – wie in vielen anderen Systematiken – den Sozialwissenschaften und nicht den Geisteswissenschaften zugeordnet. Wenn Bewusstseinszustände und -prozesse allerdings zentraler Gegenstand der Psychologie sein sollen – was ja der Fall ist – und das „Soziale“ das „Interpersonelle“ betrifft – worüber auch wenig Zweifel bestehen – dann ist nur die Psychologie des Interpersonellen, nämlich die *Sozialpsychologie*, den *Sozialwissenschaften* zuzuordnen.

3.4.1 Taxonomie der Wissenschaften nach ihren Zielrichtungen

Eine weitere Taxonomie der Wissenschaften lässt sich nach ihren Zielsetzungen bzw. Gegenständen gestalten: Grundlagen, Anwendungen, Handlungen/Praxis, Experiment, Empirie/ Theorie und Strukturen. Dazu einige Details.

- **Grundlagenforschung (Kernphysik, Neurobiologie)**
  Hier geht es um die Prinzipien der Systeme, die den Gegenstandsbereich der jeweiligen Disziplin ausmachen.

- **Angewandte Wissenschaft (Ingenieurwissenschaften, Geophysik)**
  In diesen Forschungsfeldern geht es um die Nutzung der wissenschaftlichen Erkenntnisse in lebenspraktischen Bereichen.

- **Handlungswissenschaft (Medizin)**
  In diesem Bereich soll Wissen für praktische Berufe wissenschaftlich begründet und vermittelt, sowie berufsbegleitend typische Erkenntnisse generiert werden.

- **Empirische Wissenschaften**
  Diese Form der Wissenschaften, insbesondere in den Sozialwissenschaften, stützt sich im Wesentlichen auf Experimente und/oder Feldforschungen.

- **Experimentelle Wissenschaften**
  In diesem sehr zentralen Bereich aller Wissenschaften, aber insbesondere der Naturwissenschaften, werden Alltagsfragen in Form von Laborstrukturen untersucht.

- **Theoretische Wissenschaften**
  Diese Wissenschaften, wie die Mathematik, nutzen Daten oder gar nur Formalismen, in die gegebenenfalls Daten eingefügt werden können. In diese Kategorie fallen auch Bereiche innerhalb von Disziplinen wie die theoretische Physik, theoretische Chemie usw.

- **Strukturwissenschaften (Mathematik, Systemwissenschaft)**
  In diesem Bereich werden formale Operatoren entwickelt, die helfen, Bereiche der Welt strukturell in ihren Zusammenhängen zu beschreiben, ohne dass per se konkrete inhaltliche Aussagen gemacht werden.

Tabelle 3.1: Eine aktuelle Systematik der Wissenschaften (Feilds of Science and Technology, FOST) gemäß der OECD (OECD 2007[93])

1 Natural Sciences (Naturwissenschaften)

- Mathematics (Mathematik)
- Computer and information sciences (Informatik)
- Physical sciences (Physik)
- Chemical sciences (Chemie)
- Earth and related environmental sciences (Geowissenschaften)
- Biological sciences (Biologie)
- Other natural sciences (Andere Naturwissenschaften)

2 Engineering and Technology (Technische Wissenschaften)

- Civil engineering (Bauingenieurwesen)
- Electrical engineering, electronic engineering, information engineering (Elektrotechnik und Informationstechnik)
- Mechanical engineering (Maschinenbau)
- Chemical engineering (Chemische Verfahrenstechnik)
- Materials engineering (Werkstofftechnik)
- Medical engineering (Medizintechnik)
- Environmental engineering (Umweltingenieurwesen)
- Environmental biotechnology (Umweltbiotechnologie)
- Industrial Biotechnology (Industrielle Biotechnologie)
- Nano-technology (Nanotechnologie)
- Other engineering and technologies (Andere Technische Wissenschaften)

3 Medical and Health Sciences (Humanmedizin und Gesundheitswissenschaften)

- Basic medicine (Medizinisch-theoretische Wissenschaften und Pharmazie)
- Clinical medicine (Klinische Medizin)
- Health sciences (Gesundheitswissenschaften)
- Health biotechnology (Medizinische Biotechnologie)
- Other medical sciences (Andere Humanmedizin und Gesundheitswissenschaften)

4 Agricultural Sciences (Agrarwissenschaften und Veterinärmedizin)

- Agriculture, forestry, and fisheries (Land- und Forstwirtschaft, Fischerei)
- Animal and dairy science (Tierzucht, Tierproduktion)
- Veterinary science (Veterinärmedizin)
- Agricultural biotechnology (Agrarbiotechnologie und Lebensmittelbiotechnologie)
- Other agricultural sciences (Andere Agrarwissenschaften)

5 Social Sciences (Sozialwissenschaften)
- Psychology (Psychologie)
- Economics and business (Wirtschaftswissenschaften)
- Educational sciences (Erziehungswissenschaften)
- Sociology (Soziologie)
- Law (Rechtswissenschaften)
- Political Science (Politikwissenschaften)
- Social and economic geography (Humangeographie und Raumplanung)
- Media and communications (Medienwissenschaften und Kommunikationswissenschaften)
- Other social sciences (Andere Sozialwissenschaften)

6 Humanities (Geisteswissenschaften)
- History and archaeology (Geschichte und Archäologie)
- Languages and literature (Sprachwissenschaften und Literaturwissenschaften)
- Philosophy, ethics and religion (Philosophie, Ethik und Religionswissenschaft)
- Art (arts, history of arts, performing arts, music) (Kunstwissenschaften)
- Other humanities (Andere Geisteswissenschaften)

3.5 Wissensphilosophie – Metaebene zur Analyse von „Wissen" und Wissensproduktion.

Nach dieser Darstellung der Diversität der heutigen Wissenschaften soll ein Schritt zurückgetreten werden und grundlegend die Funktion der Wissenschaft beleuchtet werden. Wie zu Beginn dieses Kapitels ausgeführt kann „Wissen" aus übergeordneter Ebene, nämlich aus Sicht der philosophischen Erkenntnistheorie (Epistemologie), als „gerechtfertigter wahrer Glaube" (justified true belief) begriffen werden (Baumann 2002[94], Ernst 2010[95]). Demnach ist auch Wissen, das von der Wissenschaft produziert wird, eine Form eines methodisch gerechtfertigten Glaubens.

Wesentlich ist nun die Frage, wie der Wahrheitsanspruch des wissenschaftlichen Wissens gerechtfertigt werden kann. Diese Rechtfertigung besteht vor allem in einem Begründungszusammenhang der getroffenen *fachsprachlich-begrifflich präzisen Aussagen* (z. B. mathematische Terme), die durch *Daten* belegt sind, die ihrerseits aus Beobachtungen durch systematisierte und technisierte *Methoden* gewonnen werden und die im *logischen Zusammenhang* gesetzt sind (Abb. 3.4).

Was aber bedeuten diese fundamentalen Begriffe genauer? Wie können wir nämlich „wissen", also gesichert glauben, dass unser Konzept oder *Modell von der Beschaffenheit der Welt,* die wir als Menge aller gegebenen und potenziellen Ereignisse vorfinden, aber auch teilweise selbst erzeugen, zutrifft, also „valide" ist?

Es ist vorher bereits geklärt worden, dass schon unsere Beobachtungen zu großen Teilen Konstrukte sind, dass außerdem unsere Bilder von der Welt nur näherungsweise zutreffende Konstruktionen sind und dass unser Handeln (z. B. ein Messprozess) das Verhalten des Untersuchungsgegenstandes mitbeeinflusst. All diese Komponenten der Erkenntnis – Gegenstand, Beobachtung, kognitives Schema und Handeln – sind zirkulär verknüpft und bilden einen „epistemischen Zyklus", was bedeutet, dass Wissen ein Standbild innerhalb des Erkenntnisprozesses ist und sich daher auch ändern kann (Abb.3.4). Das gesellschaftliche Wissen über die Welt ist also trotz der Wissenschaften fragil.

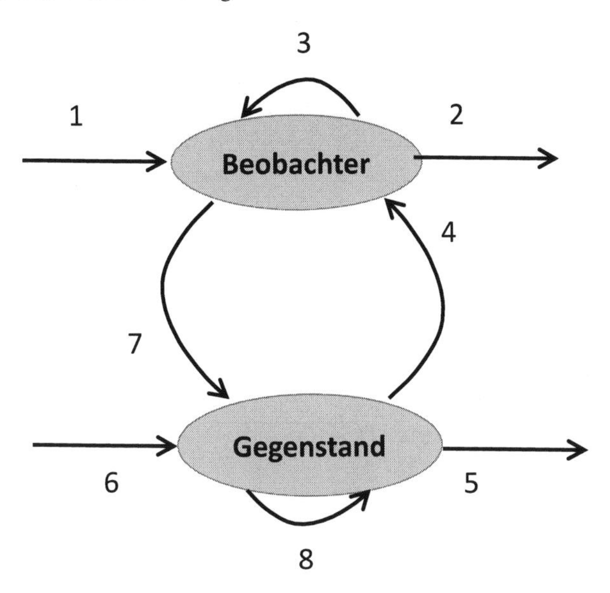

Abb. 3.4: Das zyklische Verhältnis von Beobachtung, Gegenstand und Methoden der Erkenntnis (Epistemischer Zyklus). Die auf Anfrage an einen Beobachter (1) gemachte Aussage des Beobachters (2) über einen Gegenstand hängen von den Überlegungen (3) zu Beobachtungen (4), die mit Blick auf das Verhalten des Gegenstands (5) und unter bestimmten externen Bedingungen des Gegenstands (6) und einem bestimmten Beobachtungsprozess (7) gemacht wurden, ab. Hinzu kommt als Einflussfaktor die – oft scheinbar zufällige – Eigendynamik der internen Bedingungen bzw. der Selbstorganisationsprozesse des Gegenstands (8). Der Gegenstand kann sich nämlich durch Selbstorganisationsprozesse nach der Beobachtung wieder geändert haben, sodass die Aussagen nicht nachvollziehbar sind (z. B. Pandemie-Dynamik). Nur Beobachtungen unter gut überlegten systematisch variierten Bedingungen lassen die einzelnen Faktoren identifizieren und damit näherungsweise die Wahrheit und die Wirklichkeit erkennen bzw. Fehlerabschätzungen vornehmen (nach Tretter u. Grünhut 2010 [96]).

3.5.1 Was ist „Wissen" der „Wissenschaft"?

Als *Ziel der Wissenschaft* gilt es, die *Wahrheit* über die *Wirklichkeit* zu finden. Dazu muss sie eine Vorstellung davon haben, ob es eine Wirklichkeit gibt und wie das Verhältnis des wissenschaftlichen Bildes dazu ist. Über diese selten beachtete philosophische Frage hinaus intendiert Wissenschaft, so präzise wie möglich ihren epistemischen Gegenstand zu *beschreiben,* zu *erklären* und zu *prognostizieren* und dabei ihre Befunde als „objektive", d.h. intersubjektiv überzeugende, *Wahrheiten* über die Wirklichkeit, darzustellen. Schlüsselworte solcher Aussagen sind „Wenn a, dann x" (Beschreiben) oder „Weil a, deshalb x" (Erklären), Satzstrukturen also, auf die bei der Corona-Debatte mehr geachtet werden müsste.

Dieses Wissenschaftsverständnis setzt, philosophisch betrachtet, die Existenz einer zu entdeckenden Realität voraus. Es entspricht der epistemischen Position des *wissenschaftlichen Realismus* bzw. *konstruktiven Realismus* (Psillos 1999[97], Jandl u. Greiner 2005[98]), der sich von dem, vor allem in den Sozialwissenschaften dominierenden, „sozialen Konstruktivismus" abhebt – letztere Position erkennt die Existenz einer Wirklichkeit nicht an. Sie geht vielmehr davon aus, dass alles Wissen nur ein Gefüge konsentierter Konstruktionen verschiedener geschachtelter Ordnungsgrade ist, die im Einzelnen letztlich eine gewisse „Gangbarkeit" (Viabilität) haben (Glasersfeld 1996 [99]). Trotz der weiterbestehenden Aktualität des Konstruktivismus scheint in diesem Text der Rückgriff auf den *kritischen Rationalismus* im Sinne von Karl Popper gerechtfertigt, da in diesem Konzept dem *Verhältnis von Empirie* und *Theorie* in der Wissenschaftspraxis mehr entsprochen und der Verifikation bzw. Falsifizierbarkeit von Pro- bzw. Contra-Thesen eine hohe epistemische Bedeutung zugemessen wird (Popper 1982[100]).

Durch die Wissenschaft gelingt eine *intersubjektiv nachvollziehbare* (objektive) *Produktion von Informationen über die Welt.* Ziel der Wissenschaft ist es also, die „Wahrheit" über die „Wirklichkeit" zu finden (Schurz 2014[101], Bartels u. Stöckler 2009[102], Tetens 2013[103]).

Die wissenschaftliche Erkenntnis entsteht also – vereinfacht gesagt – durch Beobachtungen (Daten), die gedanklich zusammengefasst werden (Hypothesen, Theorien) und durch neue Beobachtungen überprüft werden. Passen die Daten zu vorher gemachten Beobachtungen, dann sind die Aussagen *gut bestätigt* oder sie widersprechen sich und erzeugen beim Forscher kognitive Dissonanzen, mit der Folge, dass die theoretischen Konstrukte verändert werden müssen usw. Allerdings läuft die Forschungspraxis nicht so rational ab, sondern es gibt affektiv-kognitive Mechanismen, die zur Formulierung von *Hilfshypothesen* (oder Rettungshypothesen) führen, die es erlauben, die *Kernhypothese* noch aufrecht zu halten. Aber auch andere Reaktionen, wie das Leugnen oder Abwerten derartiger Befunde stabilisieren das durch abweichende Befunde irritierte Wissen. Diese Dynamik der Wissensproduktion hat bereits 1935 der Mikrobiologe Ludwik Fleck in dem Werk „Entstehung und Entwicklung einer wissenschaftlichen Tatsache" erkannt und darüber berichtet, indem er auf die Wirksamkeit von Denkstilen und Denkkollektiven bei der wissenschaftlichen Wahrheitsfindung kritisch hingewiesen hat (Fleck 1980[104]). Der Untersucher ist durch den Denkstil des Denkkollektives geprägt und es gibt eine „Beharrungstendenz" vorgegebener Meinungen, die Neues verhindert. In ähnlicher Weise hat

Thomas Kuhn die sozialen Mechanismen der *Wissensevolution* in der Geschichte der Wissenschaften kritisch beleuchtet (Kuhn 1973[105]).

Wissenschaft ist also, eigentlich „schon immer“, eine elaborierte Form des *Skeptizismus*, insofern – zumindest nach den Regeln des kritischen Rationalismus – vorausgesetzt wird, dass das aktuelle Wissen vorläufig ist und falsifiziert werden kann. Insofern Wissenschaft eine Institution der modernen Gesellschaft ist, kann Wissenschaft nach dem Wissenschaftssoziologen Robert Merton in ihrer Kerndisposition idealtypisch als *institutionalisierter Skeptizismus* charakterisiert werden.

Um den genannten Mechanismen der Abschwächung von Inkonsistenzen im Wissen entgegenzuwirken, betreibt die Wissenschaft zur Wahrheitsfindung ein *Qualitätsmanagement* durch interne Mechanismen wie *Peer Reviews* bei Publikationen, *Impact Faktoren* zur Bewertung der Publikationen usw. Damit ist zwar eine hochgradig *operationelle Geschlossenheit* (Selbstreferenzialität) der Wissenschaft gegeben, die sie auch gegenüber der Kritik von außen immunisiert. Andererseits ist sie zunehmend von externen wirtschaftlichen Interessen gesteuert. Die Gesellschaft hängt demnach vom internen Qualitätsmanagement der Forschung ab, wenn sie ihre Orientierungen und Entscheidungen – z. B. im Subsystem Politik bezüglich Corona – danach ausrichtet, denn in modernen Gesellschaften wird Wissen hauptsächlich vom Subsystem Wissenschaft produziert (Luhmann 1992[106], Weingart 2013[107]). Allerdings beruht *gesellschaftliches Wissen* zu wesentlich größeren Teilen auch auf nichtwissenschaftlichem Wissen, also beispielsweise auf „Praxiswissen“ von Experten der Praxis, die eben über besonderes Wissen für eine bestimmte Lebenspraxis verfügen. Das sind beispielsweise für unser zentrales Thema der Corona-Medizin hinreichend berufserfahrene, aber noch lernbereite und offene klinisch tätige Ärzte. Expertisen von solchen Experten beruhen nicht nur auf sprachlich explizierbarem und damit kommunikablem Wissen, sondern auch auf implizitem Wissen, etwa in Form einer Vielzahl von Kasuistiken, die bereits Vorformen von Statistiken darstellen. Es wäre im Zuge der Verwissenschaftlichung der Gesellschaft (und der Medizin) zweifelsohne ein großer Verlust, wenn derartiges Wissen im intergenerationalen Wandel und/oder durch die Digitalisierung verloren ginge. Diese Integration von Forschungswissen und Praxiswissen in einem verbindenden Erkenntnisprozess wird als *„Transdisziplinarität“* bezeichnet, vor allem wenn dieser Prozess auf ein Problem zentriert ist und mehrere wissenschaftliche Disziplinen beteiligt sind, wie das beispielsweise bei umweltrelevanten Projekten bereits Praxis ist. Davon wird im Kapitel 4 noch ausführlicher die Rede sein.

Evolution des Wissens: Mutationen vorherrschender Varianten an Wissenschaft sichern die Evolution des Wissens bei der sich verändernden Welt.

3.6 Wissenschaftsphilosophie als Reflexion zur Wissenschaftlichkeit der Wissenschaft

Die Bedeutung der Wissenschaft als Lieferant zuverlässiger und wahrer Weltbeschreibung führt letztlich irgendwann in der Zukunft zu einer wissenschaftlichen Weltauffassung, die in Abgrenzung zu religiösen und philosophischen Weltdeutungen steht. Die Frage stellt sich aber, ob dies prinzipiell möglich ist. Diese Frage verfolgte bereits die um 1900 aufkommende *Wissenschaftsphilosophie* als Begründungsversuch der Möglichkeit von Wissenschaft, ein Bereich der Philosophie, den vor allem der sogenannte „Wiener Kreis“ (1924) intensiv untersuchte (Stadler2015[108], Sigmund 2015[109]). Es ging dabei um die Frage, wie Wissenschaft als Erkenntnis-, Reflexions-, Informations- und Kommunikationsprozess gestaltet sein muss, damit sie diesen Anspruch realisieren kann. Es waren hautsächlich philosophisch orientierte Physiker, wie Ernst Mach, Moritz Schlick, Rudolf Carnap, Mathematiker wie Kurt Gödel, Philosophen wie Carl Hempel und Ökonomen wie Otto Neurath, die dieses Projekt initialisierten und vorantrieben. So wurden im Rahmen der analytischen *Wissenschaftstheorie* die Wissenschaften selbst zum *Gegenstand* der Reflexion.

Wissenschaftsphilosophie heute stellt de facto die Fortsetzung der *analytischen Wissenschaftstheorie* dar. Man spricht gegenwärtig darüber hinaus im internationalen philosophischen Kontext wieder häufiger von der *Epistemologie* (Erkenntnistheorie) der einzelnen *Wissenschaften* (Rheinberger 2006[110]). Besonders interessant ist in letzter Zeit die Wissenschaftstheorie der Interdisziplinarität geworden (Jungert et al. 2013[111]).

In Hinblick auf die *Medizin* als eigentlich interdisziplinäre, angewandte bzw. praktische Wissenschaft ist allerdings bemerkenswert, dass es zumindest in Deutschland so gut wie keine allgemeine akzeptierte und wirksame Wissenschaftstheorie bzw. Wissenschaftsphilosophie der Medizin gibt (Bunge 2013[112], Brock 2016[113], Sadegh- Zadeh 2012[114], Tretter 2017[115]).

Daher ist an dieser Stelle mit Blick auf Corona eine ausführlichere klassische Analyse der Grundlagen medizinischen Wissens zweckmäßig (Gross u. Löffler 1997 [116]). Insofern es auch um Wissensbestände der Praktiker (z. B. Corona-Beratungsstellen, Impfstationen, Krankenstationen) und anderer Problembeteiligter (Betroffene, Angehörige, Selbsthilfe) geht, ist auch die Perspektive der *Transdisziplinarität* bedeutsam, was letztlich zu dem Gebiet der umfassenderen, über die Wissenschaft hinausgreifenden *Wissensphilosophie* mit der Aufgabe der Integration heterogener Wissensbestände führt.

Merkmale und Prinzipien der Wissenschaften interdisziplinär:

- *Begriffe:* Sprachenvielfalt, beispielweise Bedeutung von „Energie" in verschiedenen Kontexten
- *Methoden:* („Diszipliniertheit") apparative und textuelle (semantische) Methoden im Sinne von Natur- und Sozialwissenschaften als zwei Kulturen
- *Daten-Analytik:* ist interdisziplinär verglichen das zentrale Merkmal der Gegenwartswissenschaft (Statistik und Mathematik)
- *Theorien u. Modelle:* dieser Bereich verliert an Bedeutung

3.6.1 Epistemologische Unterschiede und Verbindungen der Wissenschaften

Wissenschaftssystematisch wird hier zunächst von einer irreduziblen *methodologischen Differenz* der objektzentrierten *Naturwissenschaften* im Vergleich zu den subjektzentrierten *Geistes-* und *Sozialwissenschaften* ausgegangen (Bunge 1998 [117]). *Medizin* wird hier darüber hinaus als (angewandte) Naturwissenschaft verstanden, da sie sich um die physiko-chemischen Aspekte von Krankheiten und ihren Behandlungsoptionen bemüht und psychosoziale Aspekte nachrangig behandelt (Tretter 2017 [118]). Sie verfolgt grundlegend die Position des *Empirismus*, da sie sich in der Forschungslogik der evidenzbasierten Medizin (EBM) zunehmend auf das Messbare konzentriert. In dieser Evidenz-Taxonomie gilt die qualitative klinische Epistemik (z. B. Kasuistiken von COVID-19-Kranken) als niedrigstufige Evidenzstufe, randomisiert-kontrollierte Studien (z. B. zu COVID-19-Therapien) werden hingegen als höchste Evidenzstufe angesehen. Dabei wird allerdings vernachlässigt, dass *Theorien* eine ebenfalls wichtige Evidenzebene der prinzipiellen Zusammenschau von vorhandenen und neu erhobenen Befunden darstellen, wie man am Beispiel der Physik leicht erkennen kann (Gravitationstheorie, Relativitätstheorie, usw.). Auch wird in der Medizin die Forschungslogik der Naturwissenschaften gegenüber jener der Sozialwissenschaften überbewertet und übersehen, dass letztlich auch Naturwissenschaften nicht nur *messend* sondern anschließend auch *deutend* arbeiten: Was bedeuten diese Daten?

Anders ist es bei den *Rechtswissenschaften*, die als Geisteswissenschaften primär auf der *Hermeneutik* im Sinne der deutenden Textwissenschaft als Hauptmethode ihrer Erkenntnisse und Konstruktionen aufbauen (Kaufmann et al. 2004 [119]).

Es gibt allerdings trotz der Differenzen Gemeinsames in der Methodologie der Wissenschaften, nämlich das Streben nach G*esetzen*, oder auch das Problem der empirischen Forschung, aufgrund von Korrelationen *Kausalität* herzuleiten. Auch die Frage nach Charakteristika von fruchtbaren Erklärungen, die Möglichkeit von *Prognosen* usw. sind gemeinsame Gegenstände der Wissenschaften (Schurz 2014[120]). Neuerdings ist der analytische Umgang mit *Systemkomplexität*, *Nichtlinearität*, *Eigendynamik* und *Selbstorganisation* als übergreifendes Erkenntnisproblem der Wissenschaften, insbesondere der Bio- und Sozialwissenschaften, anerkannt worden (vgl. Midgley 2000[121], Tretter 2005[122], Kuhlmann 2009[123]). Das interessiert hier, weil die Bevölkerung Merkmale eines lebenden, sich selbst organisierenden Systems hat und sich damit einfachen mechanistischen Input-Output-Modellen ganz wesentlich entzieht.

Auch in Hinblick auf die Möglichkeit einer *integrativen Einheitswissenschaft* gibt es parallel zur Differenzierung der Wissenschaften Ansätze, derartige Grundlagen zu klären – dieses Projekt ist aber bisher gescheitert, insofern offensichtlich, beispielweise nach dem Philosophen Karl Popper, von drei ontologisch differenten und aufeinander irreduziblen Welten auszugehen ist (vgl. Popper 1972[124]): die Welt des Physischen (z. B. Gehirn), die Welt des Geistigen (z. B. Bewusstsein) und die Welt des Kulturellen (z. B. Gesetze). Dies spiegelt sich auch im *bio-psycho-sozialen Modell* der Krankheitsursachen und der Therapie in der *Medizin* und insbesondere in der *Psychiatrie*.

Allerdings scheint im Bereich der *Systemwissenschaft* über einen allgemeinen Begriffsapparat eine derartige Verbindung möglich zu sein, insofern auf abstrakter Ebene sowohl die methodologischen und begrifflichen Aspekte wie auch die ontologischen Differenzen eines Mehr-Welten-Modells funktionsanalytisch berücksichtigt werden (Bertalanffy 1968[125], Gray 1973[126], Tretter 2005[127], Mobus & Kalton 2015[128], Meadows 2015[129], Zimmermann 2015[130]). Das bedeutet, dass Begriffe wie Rezeptor, Regulator, Effektor, Aktivator usw. interdisziplinär funktionsanalytisch relevant sind (Tretter 1982[131]). Dazu dann mehr im Kapitel 4.

3.6.2 Wissenschaftsforschung

Der philosophische Bereich der Wissenschaftsphilosophie, der anfangs als Wissenschaftstheorie bezeichnet wurde, erfuhr in den 1970er Jahren bereits durch die empirische *Wissenschaftsforschung* bzw. *Wissenschaftswissenschaft* Kritik, aber sie kann auch als eine Ergänzung gesehen werden (Science of Science, Science Studies; Felt et al. 1995[132], Latour 1999[133]). *Wissenschaftswissenschaft* wird oft – was hier bevorzugt wird – auch als *Metawissenschaft* bezeichnet (Weingart 2013[134]). Sie beruht vor allem auf der empirischen *Wissenschaftsgeschichte* (Kuhn 1973[135], Latour 1999[136], Rheinberger 2006[137]) und der *Wissenschaftssoziologie* (Weingart 2013 [138]) und auch punktuell der *Wissenschaftspsychologie* (Feist u. Gorman 1998[139]). Gerade die empirische Wissenschaftsforschung hat bereits in den 1970er Jahren in Form von ethnografischen Labor-Studien die prinzipielle Kritik an dem kritischen Rationalismus beziehungsweise der Theorie des Fallibilismus belegt: Geht man davon aus, dass Wissenschaft die Welt über das Labor transformativ abbildet und im Experiment untersucht, dann wird aus der Sicht der Wissenschaftsforschung eine neue Welt erzeugt, über die dann Wissenschaftler berichten. Dabei geht es keinesfalls so zu, dass Hypothesen formuliert, getestet und gegebenenfalls verworfen werden, sondern dass wesentlich pragmatischer und auch salopper aufgrund der forschungsgruppenbasierten Denk- und Sprechkulturen vorgegangen wird.

3.7 Wissenschaft als Prozess – vom Qualitativen zum Quantitativen (und zurück)

Gerne wird empirisch nicht exakt Abgesichertes als „unwissenschaftlich" oder „pseudowissenschaftlich" bezeichnet. Vermutungen, Hypothesen und Theorieansätze werden folglich gerne als „Spekulation" oder als „zu abstrakt" oder als „Flug über den Wolken" bezeichnet. In der Medizin sind dies beispielsweise Überlegungen zu Praxisbeobachtungen bei neuen Erkrankungen oder neuen Medikamenten oder neuen Drogen. Derartige Engführungen des Wissenschaftsbegriffs sind Querschnittsbetrachtungen, die den Status quo der Wissenschaft nicht berücksichtigen. Tatsächlich hat sich die europäische bzw. westliche Wissensgeschichte, im Verlauf über Jahrzehnte hin betrachtet, von den *qualitativen Beobachtungen* und *Überlegungen* zu *quantitativen Beobachtungen* und *Überlegungen* entwickelt. Mit „qualitativ" ist allgemein in der Messtheorie eine Nominalskalierung gemeint, also Kategorien wie kalt oder warm, während mit „quantitativ" bereits ordinalskalierte Kategorien wie sehr kalt, kalt, warm, sehr warm im Sinne von Notenskalen gemeint sind, bis zu den Intervallskalen der üblichen Thermometer. Ebenso ist auf der Ebene der Theorien sinngemäß – auch bei formalen Theorien bzw. Modellen – eine derartige Formulierung, abhängig von dem Skalierungsniveau der zentralen Begriffe, gemeint (Abb. 3.5).

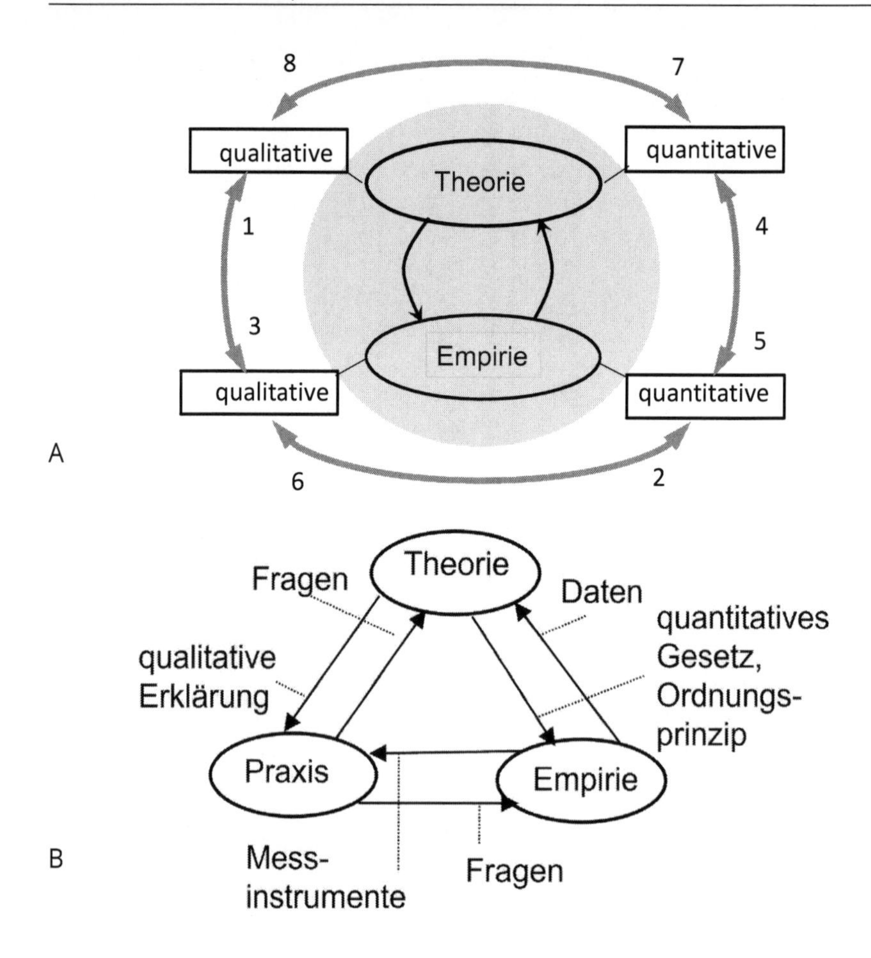

Abb. 3.5: Der Zyklus zwischen Empirie und Theorie und Praxis,
A: Vom Qualitativen zum Quantitativen und zurück: Qualitative Beobachtungen führen zu Anfragen bei der Theorie (1), die vorläufige Antworten gibt (3) und bei der empirischen Forschung (2), die Datenanalytiker benötigen (4), deren Ergebnisse die empirische Forschung informieren (5), die wieder exaktere Beobachtungsanweisungen an die qualitativen Beobachter geben (6). Mittlerweile haben Theoretiker ihre Hypothesen formal und quantitativ präzisiert (7) und können diese Konzepte wieder in eine qualitative Form zurückführen (8).
B: Beobachtungen in der *Praxis* führen zu Fragen an die *Theorie* mit qualitativen Antworten und an die *empirische Forschung*, die Daten an die Theorie liefert, die quantitative Gesetze zur Datenordnung anbietet und die letztlich zu handhabbaren Messskalen für die Praxis führt.

Am Beispiel der *Medizin,* mit teilweisem Bezug zu COVID-19, auf einen längeren Zeithorizont bezogen und schematisiert dargestellt, lässt sich die Wissensevolution in wissenschaftlichen Disziplinen, auf längere Zeitabschnitte bezogen, etwa so charakterisieren, wie es bereits in Kapitel 2 dargestellt wurde (vgl. Abb. 3.6):

1. Aufgrund von klinischen Symptomen besteht für *klinisch tätige Ärzte* (und niedergelassene Ärzte in Praxen) der Verdacht auf eine schwerwiegende Erkrankung (z. B. Atemnotsyndrom), wobei es vielleicht nur ein extremer Fall, also eine Kasuistik, zu sein braucht. Die informatorische Basis ist die klinische Phänomenologie, die auf. nur kategorischen („schwer", „leicht") bzw. nur impliziten („mehr oder weniger") Skalierungen beruht.

2. Durch längere Beobachtung von mehreren ähnlichen Kasuistiken können erste Statistiken erstellt werden, die meist in Klinikkonferenzen berichtet werden und zu ersten Einordnungen im Rahmen der *Pathologie* als theoretische Krankheitslehre führen können (2b), verbunden mit vorläufigen Therapieempfehlungen. Parallel dazu können in der Klinik tätige Forscher versuchen, die Krankheit genauer zu bestimmen (2a).

3. Allmählich fängt die hypothetische Einordung der Erkrankung an (z. B. interstitielle Pneumonie).

4. Die neue Betrachtung ergibt allerdings wieder neuen Erklärungsbedarf durch Vergleiche mit ähnlichen Erkrankungen bzw. deren Abgrenzung betreffend.

5. Die ersten Krankheitshypothesen führen zur Gestaltung von wissenschaftlichen Forschungsprogrammen, bei denen Laborparameter definiert bzw. getestet werden.

6. Passende Messtechniken (z. B. PCR-Tests) werden entwickelt und angewendet.

7. Dadurch entstehen neuen Datensätze.

8. Die Daten werden von Spezialisten in Hinblick auf die statistischen Merkmale detailliert analysiert (z. B. COVID-19-Epidemiologie).

9. Spezialisierte und standardisierte Messinstrumente wurden inzwischen entwickelt und werden der Praxis zur Verfügung gestellt, bzw. die Praxis wird in diese Forschungen einbezogen.

10. Hypothetische Modelle wurden zum besseren Verständnis der Erkrankung der Praxis zur Verfügung gestellt.

11. Dies führt zu präziseren klinischen Untersuchungen und ggf. auch zu spezifischeren Therapien in der klinischen Praxis.

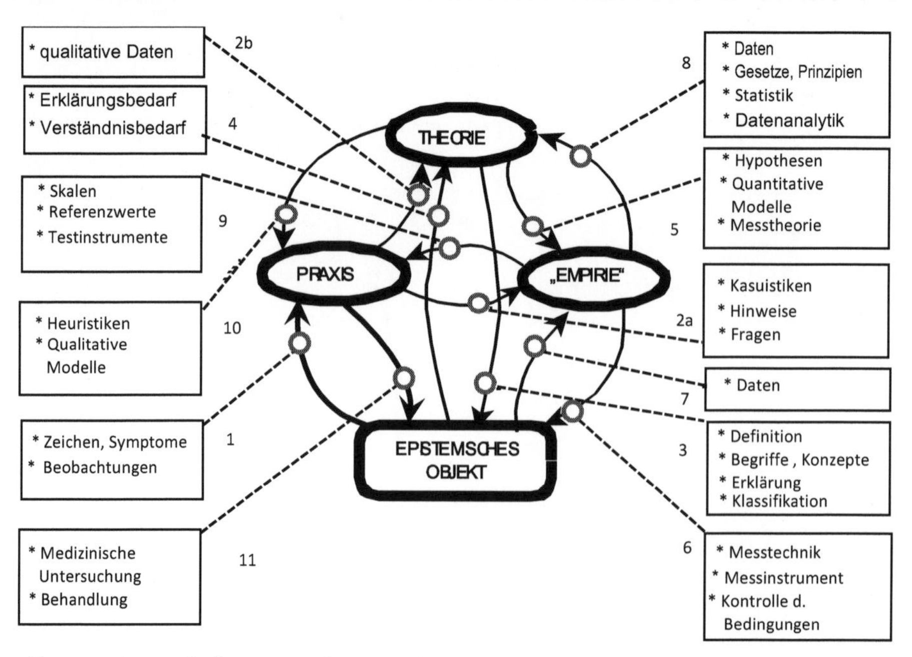

Abb. 3.6: Wissenschaft (z. B. Medizin) mit den Bereichen *Praxis*, *Empirie* und *Theorie* als zyklisches Prozessgefüge der Wahrheitsfindung, mit dem Iterieren zwischen Beobachten (Empirie), Ordnen (Theorie) und Intervenieren (Praxis).
Leseart für Relation 1 und 2a: A (z. B. epistemisches Objekt) liefert (bringt) x (Beobachtungen) für/nach B (Praxis); diese liefert y (Kasuistiken) für C (Empirie); B liefert nach z (qualitative Daten) nach D (Theorie) usw.

3.7.1 Methodologie der „Empirie" – Logik der Forschungspraxis

Wissenschaftsgeschichtlich ist – markant formuliert – die „Empirisierung“ von Überlegungen, wie etwa die Vermessung der Planetenbahnen, wie auch die „Theoretisierung“ von Beobachtungen, etwa durch mathematische Abbildung von Beobachtungsdaten, in enger Verschränkung zu sehen. Vor allem aber die Abbildung wissenschaftlich interessierender Weltausschnitte in eine *experimentelle Situation* und womöglich im geschützten Labor hat große Verständnisfortschritte von wichtigen Naturphänomenen erbracht. Es ist mittlerweile offensichtlich üblich, nur mehr von „Wissenschaft“ zu sprechen, wenn von Zahlen die Rede ist, die als Daten bezeichnet werden und als Fakten gelten. Wenn dann auch mathematische Funktionen diese Daten zusammenfassen bzw. „auf Linie bringen“, d.h. mittels einer mathematischen Funktion approximiert werden können, dann erscheint die wissenschaftliche Welt abgerundet. Weniger genau wird diskutiert, woher die Daten kommen, d.h. die Messmethodik vom Messinstrument bis zum Prozedere der Datenmitteilung ist selten Gegenstand kritischer Reflexionen. Besonders selten wird gefragt, welche „Erklärung“ im Sinne von Antworten zu „Warum“- oder „Wie“-Fragen zur Verfügung steht. Dieses Thema führt in den Bereich der Theorien. Für theoretische Publikationen stehen allerdings in der Medizin auch nur ganz wenige Journale zur Verfügung. Es dominiert im Gegensatz dazu ein Pragmatismus der Erforschung des „Was sollen wir tun?“ (Therapiestudien), also Forschungen, deren Zweck (z. B. Krebsheilung) die Mittel anscheinend „heiligt“.

Allerdings hat die empirische Forschung eine Vielzahl an forschungslogischen Problemen zu beachten. Die Empirisierung besteht darin, dass zentrale Begriffe beobachtbar bzw. messbar gemacht werden müssen und dementsprechend sind Instrumente zu entwickeln, die dies ermöglichen. Das waren beispielsweise das Mikroskop und das Fernrohr. Mit diesen Techniken konnten interessierende Phänomene genauer beobachtet werden. Grundsätzlich ist also das Streben der Wissenschaft nach möglichst präzisen Messungen, also nach Zahlen, ausgerichtet, aber es gibt mehrere Bereiche :

(1) Beobachten, Messen

Die Beobachtung eines Phänomens hängt von den Messtechniken ab, die ihrerseits bezüglich ihrer *Zuverlässigkeit* (Reliabilität) und ihrer *Gültigkeit* (Validität) eine möglichst hohe Qualität aufweisen sollen.

Auch die *Sensitivität* und die *Spezifität* von Messverfahren ist zu beachten, und zwar in Hinblick auf die Verteilung bzw. Häufigkeit des zu detektierenden Phänomens in der Grundgesamtheit, die getestet werden soll (Antigen-Tests vs. PCR-Tests). Das wurde im Abschnitt zu den PCR-Tests in Kapitel 2 behandelt.

Messen bedeutet grundlegend die Zuordnung von Merkmalen des Untersuchungsgegenstandes zu Zahlen, die auf ein Eichobjekt (z. B. Atomuhr) bezogen sind. Damit ist die Frage verbunden, wie genau gemessen werden soll. Die Annahme, dass es umso besser sei, je genauer gemessen wurde, täuscht, wie die Diskussion der „fraktalen Geometrie“ zeigte (Mandelbrot 1967)[140]: Wenn die Länge der West-Küste Englands für eine Küstenfahrt abgemessen werden soll, ergibt sich bei geraden Messabschnitten von etwa 10 km Länge eine Küstenlänge von ca. 3000 km. Haben die Messabschnitte etwa 30 km Länge so ergibt sich eine Küstenlänge von ca. 2000 km und ist der Messstab 200 km lang, dann beträgt die Küstenlänge 1500 km. Die Daten sind also zunächst stark abhängig von der Auflösung der Skalen der Messinstrumente, die zur Anwendung kommen. Hinzu kommt das Nutzungsinteresse an den Daten: Für Fußgänger sind eher Messungen in Metern bedeutsam, für Autofahrer eher Kilometerzahlen.

Das betrifft auch bei COVID-19 die Anzahl der PCR-Tests. Denn es ist nur unter Berücksichtigung der epidemischen Verhältnisse (z. B. lokale Cluster) und der Testanlässe richtig, dass „mehr Daten mehr Wissen bringen“. Das wurde unter dem Abschnitt „Testen, Testen, Testen“ im Kapitel 2 angesprochen.

Grundsätzlich ist bei der Gestaltung der Messung auch die *Messtheorie* zu beachten. Sie besagt unter anderem, dass sich der erhobene Messwert aus dem wahren Wert x_{true} und einer Störgrösse des Systems err_{sys} und dem Zufallsrauschen „noise“ zusammensetzt

$$x = x_{true} + err_{sys} + noise$$

Jede dieser Variablen kann sich aus mehreren Variablen zusammensetzen. Wichtig ist auch die Abschätzung der Effekte von Fehlern bzw. wie mit Verzerrungen umgegangen werden soll. Dazu gibt es eben Fehlerschätzungen, die oft untergehen.

Beispielsweise wird beim Messen des Blutdrucks der wahre Wert durch die Dicke des Oberarms, auf dem die Manschette aufgelegt ist, und mehrere Störgrößen beeinflusst, weswegen man auf Intensivstationen durch eine direkt in eine Arterie eingebrachte Sonde die bestmögliche und auch kontinuierliche Blutdruckmessung erreicht. Aber auch in diesem Fall kommt es auf die gewählte Arterie an – Armarterie oder Beinarterie usw.

(2) Forschungslogik

Jede Messung ist nur relevant, wenn sie auf ein Vergleichsobjekt bezogen wird (Eichung, Referenzwert). In diesem Sinne ist beispielsweise in der Medizin die Interventionsforschung gestaltet, etwa zur Frage nach der Wirkung von Medikamenten bzw. Impfungen. Die zentrale Frage dabei ist: Ist das *Outcome* bei Intervention bei *Verum-Gruppe A* im Vergleich zum Outcome ohne Intervention, bei der *Placebo-Gruppe B*, größer (vgl. Abb. 3.7)? Die Placebo-Gruppe ist dann die *Referenzgruppe*. Daher müssen auch die personalen Merkmale der Probanden gleich sein, was am einfachsten bei einer großen Zufalls-Stichprobe durch Zuweisung der einzelnen Probanden in eine der beiden Gruppen nach dem Zufallsprinzip erfolgt (randomisierte kontrollierte Studie; RCT).

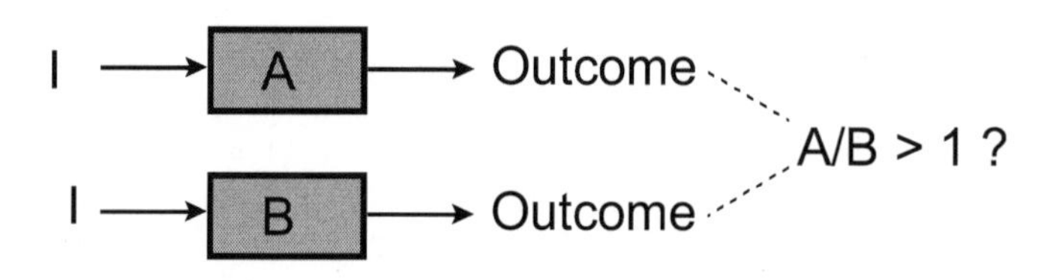

Abb. 3.7: Forschungslogik der kontrollierten Studien als Grundstruktur wissenschaftlicher Erkenntnis. Ist das Outcome der Gruppe A unter der Intervention größer als jenes der Gruppe B, beispielsweise als Placebo-Gruppe?

Probleme bestehen darin, dass diese Logik, die im Laborexperiment gut realisiert werden kann, im „Feld" aber schwerlich im Detail ohne Selektionsfaktoren (Rekrutierung von Probanden) mit einem generellen Anspruch auf Repräsentativität umgesetzt werden kann. Eine Tausende von Probanden umfassende Studie, um möglichst viele Variablen kontrollieren zu können, wirft die wissenschaftliche Grundfrage nach der „Kosten-Effektivität" auf. Die Vielfalt der Einflüsse in der Realität (Feldforschung) ist zu groß. Diesem Forschungsansatz liegt auch ein simples Input-Output-Maschinenmodell des Menschen zugrunde, das dem Selbstorganisationsphänomen der Menschen nicht gut entspricht. Das zeigt sich, wie erwähnt, besonders drastisch bei der Evaluation der Lockdown-Maßnahmen.

(3) Indikatoren - Zahlen zur Kennzeichnung von quantitativen Verhältnissen

Bei Human-Studien ist die Belastbarkeit der Befunde stark von der Stichprobengröße abhängig. Bei den Zulassungsstudien der Corona-Impfungen wurden beispielsweise zehntausende an Probanden untersucht.

Dennoch konnten viele Merkmale der Menschen nicht berücksichtigt werden, zumal einige Gruppen (z. B. Schwangere) ausgeschlossen werden mussten. Das schränkt die Basis für Verallgemeinerungen der Studienergebnisse ein. Auch in der Feldforschung der Sozialwissenschaften sind viel Variation und eine Vielfalt an kaum kontrollierbaren Einflussvariablen anzunehmen, so dass bei deren Berücksichtigung der Umfang der Studie organisatorische wie auch vor allem finanzielle Ressourcen übersteigt. Es stellt sich dann immer die Frage nach der Kosten-Effektivität der Studie.

(4) Datananalytik

Die Analyse von vorliegenden Daten obliegt der Kunst der Mathematiker und Statistiker. Es stellen sich dabei folgende zwei wichtige Fragen:

a. Der Wert der Variable (z. B. Temperatur): Ändert er sich oder nicht?
   Was ist die „Line of best fit", welche mathematische Inter-/Extrapolation ist optimal, etwa bei der Analyse von Zeitreihen wie den Inzidenzzahlen von Corona-Test-Positiven?

b. Beruht die Ursache der Fluktuation der Variable auf einem Zufall oder einem Wirkfaktor?

Hier sei nur das Prinzip erläutert (Abb. 3.8):

Trägt man zwei Merkmale der Daten (Körpergröße, Körpergewicht) gegeneinander in einem Koordinatensystem auf, so stellt sich eine Punktwolke dar, wenn es keinen Zusammenhang gibt, also Zufallsereignisse vorliegen. Wenn ein Ausprägungsmerkmal, wie die Inzidenz, über den Zeitverlauf hin gemessen wurde (Zeitreihe), dann stellen sich ähnliche Fragen, nämlich jene nach der Zeitabhängigkeit dieser Daten.

Die Güte des Zusammenhangs von zwei Datensätzen wird mit dem Korrelationskoeffizienten ausgedrückt, der – vereinfacht gesagt – durch einen Quotienten ausgedrückt wird, der aus der *Kovarianz der Variablen* besteht, die durch das *Produkt der Varianzen der Variablen dividiert* werden. Die Kovarianz errechnet sich aus den Abweichungen der einzelnen Messwerte jeder Variable (x bzw. y) von dem Mittelwert. Im nächsten Schritt werden diese Werte miteinander multipliziert und kommen so (mit einem Korrekturfaktor) als Produkt in den Zähler des Korrelationskoeffizienten. Der Nenner des Korrelationskoeffizienten besteht aus der Wurzel des *Produkts der quadrierten Varianzen* der beiden Variablen. In der Folge ist eine hohe Kovarianz bei niedrigen Einzelvarianzen ein starker Hinweis auf einen engen Zusammenhang.

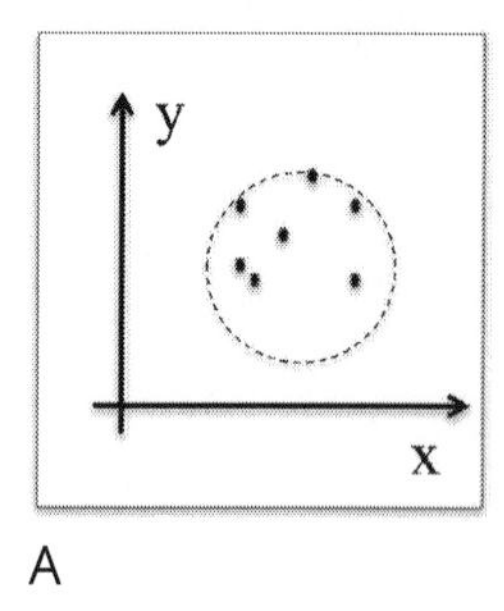

A

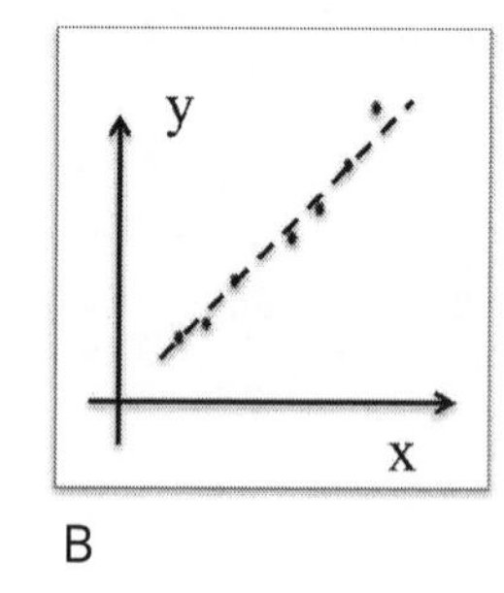

B

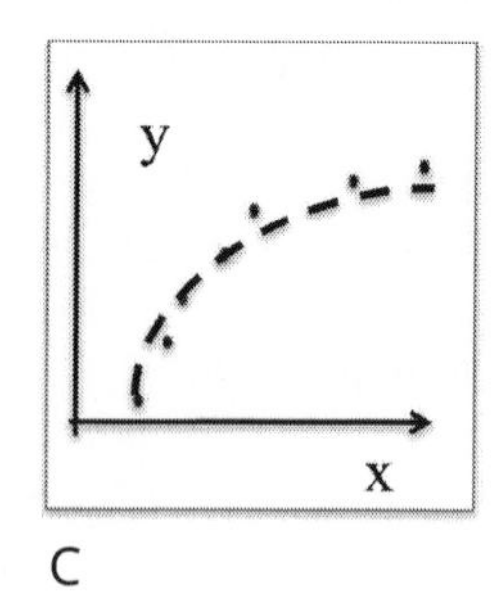

C

Abb.3.8: „Datenwolken" und optimale formale Zusammenfassung des Zusammenhangs von y = f(x) bei Input-Output-Analysen mit der Outputvariable y bei verschiedenen Prozessoren bzw. Wirkgrößen x („Aktoren"; Aktivatoren, Inhibitoren). A: kein Zusammenhang bei stochastischem System, B: linearer Zusammenhang bei linearem Prozessor, C: nichtlinearer Zusammenhang bei nichtlinearem Prozessor. Die Steigung der Geraden entspricht etwa dem Ausmaß der Korrelation.

Die *Streuung* von Messwerten wirft – vor allem bei Zeitreihen – die Frage auf, wie am besten der *Mittelwert* bestimmt werden soll. Die „Line of best fit", die auf *mathematischen Interpolationen* beruht und auch *Extrapolationen* ermöglichen soll, soll dieses Ziel erfüllen (Abb. 3.7). In der Regel wird ein *linearer Zusammenhang* gesucht. Bei lebenden Systemen ist dies aber nur in bestimmten Bereichen der bedingenden Variablen der Fall, in der Regel passen *sigmoide Funktionen* (logistische Funktionen) besser. Es gibt nämlich untere Grenzen als Schwellen und obere Grenzen, etwa bei natürlichen Wachstumsprozessen und bei *Dosis-Wirkungs-Relationen.*

Beispielsweise zeigen COVID-19-Zeitreihen der Infiziertenzahl einen *exponentiellen Anstieg*, allerdings mit dem Problem der richtigen und rechtzeitigen Früherkennung. Das Auf und Ab könnte ein statistisches Zufallsrauschen sein, es könnte aber auch ein linearer Anstieg mit Streuungen sein.

Dann stellt sich die Frage, über welche mathematische Funktion sich die Datenwolke bzw. die Säulendiagramme am besten annähern lassen: Neben linearen Funktionen, also einfachen Gleichungen vom Typ $y = b + ax$, können es nicht-lineare Funktionen sein, wie die Potenz- oder Wurzelfunktion, oder die Exponentialfunktion (s. Abb. 3.9).

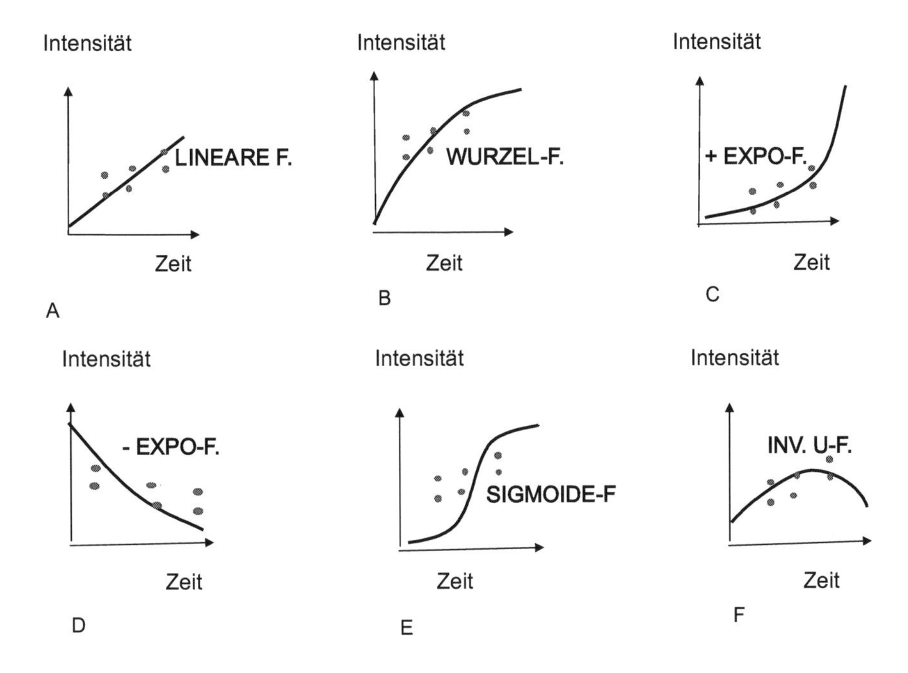

Abb. 3.9: Zusammenhänge in der „Datenwolke" einer Zeitreihe – „Lines of Best Fit". Bevorzugt wird die lineare Funktion (A), häufig sind einfache nichtlineare Funktionen (B, C, D), bei lebenden Systemen passen sigmoide Funktionen am besten (E), und häufig treffen inverse U-Funktionen mit einem Maximum / Optimum (F) zu.

Eine Vielfalt an Kurven als mathematische Funktionen steht also zum „Fitten" zur Verfügung. Die entsprechenden mathematischen Gleichungen können im Prinzip beliebig modifiziert werden und dann auch anhand bekannter Datenreihen retrospektiv validiert werden. Diese Gleichungen werden von Mathematikern gerne als „Modelle" bezeichnet.

Auf dieser formalen Basis kann dann die *Extrapolation* für Vorhersagen erfolgen, wobei die Streuung der Datensätze auch in die Prognosen eingehen und Zeitschritt für Zeitschritt das Vorhersageintervalll vergrößern. Diese Vorhersageproblematik sehen wir täglich bei den Wetterprognosen.

Corona-Inzidenz-Prognosen, oft nach Bauernregeln für das Wetter: Wenn der Hahn kräht auf dem Mist, ändert sich das Wetter, oder es bleibt wie es ist.

(5) Modellierung

Der Ausdruck „Modellierung" wird extrem breit verwendet. Im wissenschaftlichen Kontext der Medizin sind Tierexperimente Modelle für den Menschen, aber auch Mathematiker sprechen von Modellen, ja sogar bereits das Daten-Fitten wird oft als Modellierung bezeichnet. In diesem allgemeinen Wortsinne wird der Ausdruck Modell also als Repräsentation eines Realitätsausschnittes verstanden.

Hier soll ein engerer Model-Begriff verwendet werden, nämlich eher als Modell einer Theorie bzw. als ein „mechanistisches Modell", das unter Nutzung (hypothetischer) Wirkprinzipien kausale Mechanismen darstellt. Die Funktion derartiger Modelle ist es, Erklärungen für die Daten bzw. Beobachtungen zu liefern, also die „generischen (oder generativen) Mechanismen" zu explizieren, welche die Datenmuster produzieren. Damit ist der Übergang zum Bereich Theorie gegeben.

(6) „Komplexität" als Problem – Daten-Komplexität oder Systemkomplexität oder beides?

In den letzten Jahren ist der Begriff der „Komplexitätsforschung" aufgekommen, der sich scheinbar ausdrücklich vom klassischen Ziel der Wissenschaft entfernt, *Komplexität zu reduzieren* (Mainzer 1996[141]).

Gerne wird der Unterschied zwischen Kompliziertheit und Komplexität hervorgehoben, wenn etwa an einen U-Bahn-Plan von Tokio oder an einen elektrischen Schaltkries gedacht wird: Die Verbindungen sind unübersichtlich, aber nur „kompliziert", während die Unübersehbarkeit der Anzahl der Systemelemente oder deren Relationen als „komplex" bezeichnet wird. Das ist nur eine pragmatische Unterscheidung, die hier nur teilweise übernommen wird.

An dieser Stelle soll vielmehr zwischen *struktureller* Komplexität und *Prozess-Komplexität* unterschieden werden: Die Anzahl der unterschiedlichen Elemente und die Anzahl der unterschiedlichen Relationen ergibt die strukturelle Komplexität, während die Muster der Zustandsverläufe, wenn sie sich nicht in eine einfache Form zurückführen lassen, „komplex" sind.

- Für die *strukturelle Komplexität* ist vor allem die kombinatorische Anzahl der Möglichkeiten von Mustern, wie jene von *On-off Mustern* von Genen, als eine Anzahl von Möglichkeiten, die nach dem gegenwärtigen Stand der Technik nicht mehr ausrechenbar ist (Abb. 3.8). Diese Begriffsvariante bezieht sich häufig auf Big Data-Datenbanken, die komplex sind und daher augenscheinlich nicht mehr „verstanden" werden können, weswegen Instrumente der computerisierten Komplexitätsmathematik wie multivariate Statistik oder Graphentheorie und lernende Algorithmen zur Anwendung kommen.
- Für die *prozessuale Komplexität* ist die Chaostheorie in Form des Lorenz-Attraktors ein Beispiel dafür, dass sehr einfache Systeme – beispielsweise mit drei Differenzialgleichungen beschreibbar – zu komplexen Verhaltensmustern führen können, die als nichtlinear mit starken Niveausprüngen und Fluktuationen klassifiziert werden können (Abb. 3. 9). Dabei können kleine Änderungen der Anfangsbedingungen zu großen Unterschieden in den Zustandsverläufen führen.

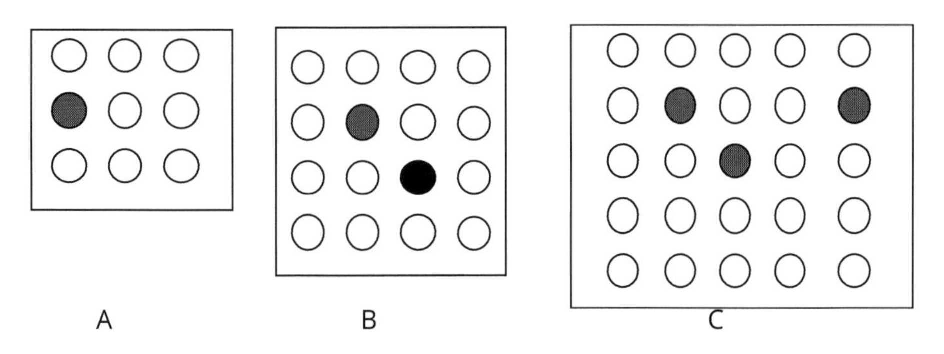

Abb.3.10 Strukturelle Komplexität. Für ein Repertoire von zwei Typen von jeweils 25 Elementen (schwarz, weiß) können in einer Matrix mit 9, 16 oder 25 Leerstellen eine Vielzahl verschiedener Muster generiert werden: A: 512, B: 65536, C: 33.554.432

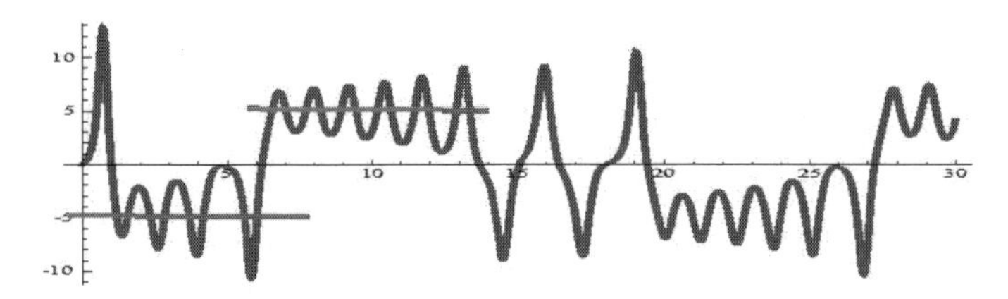

Abb.3.11 Prozess-Komplexität. Berechneter Zeitverlauf einer Variable des Lorenz-Attraktors mit anscheinend irregulärem Verlaufsmuster, mit „Tiefs" und „Hochs" (Linien). Bei geringen Differenzen der Anfangswerte der Simulation treten große Unterschiede in den Verläufen auf (nicht abgebildet). Die Gleichungen lauten (eigene Berechnungen; Signatur von Mathematica®):

x'[t] = - 3*(x[t] - y[t])
y'[t] = 27*x[t] - y[t] + x[t]*z[t]
z'[t] = z[t] + x[t]*y[t]

Insofern die Komplexitätsforschung das Phänomen Komplexität unabhängig von dem System, das dieses Phänomen zeigt, untersucht, hängt die Qualität der Analysen von der Datenqualität wesentlich ab. Damit besteht bei schlechter Datenqualität die Gefahr, die Charakteristik des zu untersuchenden Systems nicht zutreffend abzubilden.

3.7.2 Theoretische Forschung – Was ist eigentlich eine „Theorie" und was ein „Modell"?

Überlegungen, die über die Datenanalytik hinausgehen, sind grundlegend dem Bereich *Theorie* zuordenbar. Das beginnt bereits bei den erwähnten Extrapolationen von empirischen Datensätzen zum Zweck der Vorhersagen. So wäre die empirisch begründete Annahme, dass die Pandemie ohne Gegenkräfte exponentiell wächst, ein induktiv gewonnenes *empirisches Gesetz* mit Prognosepotenzial. Vor allem die Suche nach den *Ursachen* eines bestimmten *Verhaltensmusters* des untersuchten Systems kann als Bemühung um eine Theorie begriffen werden.

Nun soll zur Präzisierung eine definitorische Charakterisierung von *Theorien* vorgeschlagen werden (Schurz 2014[142]): Theorien sind *Aussagen über die Wirklichkeit*, die als *abstrakte Zusammenfassungen von Beobachtungen* (Daten) der Wirklichkeit formuliert sind und die den Charakter von *(empirischen) Gesetzen* oder *Prinzipien* haben. Die Prinzipien können auch als *generische Mechanismen* formuliert sein, insbesondere im Bereich der Biowissenschaften. Da wäre an den Replikationsmodus von Viren in der Zelle zu denken. Die Aussagen stehen in einem *logischen Zusammenhang* zueinander. Einzelne Aussagen innerhalb einer Theorie, aber auch ohne eine einbettende Theorie, können als *Hypothesen* gelten. Beispielsweise wäre die erwähnte Aussage, dass eine Epidemie gemäß einem exponentiellen Verlauf anwächst, ein theoretischer Satz, der auch als *Hypothese* verstanden werden kann, die an der Empirie der nächsten Daten getestet werden kann.

Nichts ist praktischer als eine gute Theorie (Kurt Lewin 1951[143]).

Von Theorien können auch *Modelle* abgeleitet werden, Modelle können aber auch ohne Theorien entwickelt werden (Stachowiak 1973[144]). Modelle bilden die Realität selektiv zu einem bestimmten Zweck ab. Modelle sind Konstruktionen, etwa in Form von Schemata, die helfen, *Beobachtungen bzw. Daten zu ordnen*, sie also beispielsweise nach Regeln zusammenzufassen, die es erlauben, die Daten zu *erklären* und auch *Prognosen* zu machen. In den Biowissenschaften werden eher Modelle verwendet, um *Erklärungen mittlerer Reichweite* zu leisten. Große Theorien, wie wir sie aus der Physik kennen, fehlen, abgesehen von der Evolutionstheorie, die interessanterweise durch die Molekulargenetik besonders gut bestätigt wird. Daher haben Modelle die Aufgabe, als *Theorien geringer Reichweite* zu fungieren. In der Praxis wissenschaftlicher Kommunikation wird allerdings zwischen Theorie und Modell nicht genau unterschieden, meist bleibt es bei dem anspruchsloseren Modellbegriff.

Die kognitive Funktion von Theorien und Modellen ist es folglich, Phänomene zu ordnen, also *abstrakter und ordnend zu beschreiben*, ihr Zustandekommen zu *erklären* und ihr Auftreten *vorherzusagen*. Von besonderer Bedeutung ist dabei die „Erklärung", da sich daraus auch eine Prognose ableiten lässt. Und nochmals: Eine Erklärung erkennt man als „Weil-Antwort" auf eine „Warum-Frage". Warum-Fragen werden in letzter Zeit zu selten gestellt!

Ein Beispiel ist die „Atomtheorie" von John Dalton, die erklärt, warum es kleinste Bausteine der Materie geben muss, die aber unterschiedlich sind bzw. sich unterschiedlich verhalten, und wie diese Bausteine aufgebaut sein müssen, damit sie bestimmte Phänomene erklären. Die heutige Atomtheorie ist allerdings quantentheoretisch fundiert. Für heuristische Zwecke ist das „Atommodell" von Niels Bohr nützlich, das auf der Basis des Schalenkonzepts der Elektronenbahnen ohne weitere Exkurse in die Atomtheorie verständlich ist, beispielsweise um chemische Reaktionen, etwa die Verbindung von Natrium und Chlorid zu Kochsalz oder die chemische Reaktionsarmut von Edelgasen, qualitativ zu verstehen.

Bei der Entwicklung von Erklärungen in Form von Theorien oder komplexen Hypothesen bzw. Modellen werden häufig Fehler gemacht, wenn der Gegenstand komplexe dynamische Systeme sind, wie es bei der Pandemie der Fall ist (vgl. Abb. 3.12):

- Der *Partikularismus:* Es wird angenommen, dass ein Teil für das Ganze verantwortlich ist (Pars-pro-toto-Problem), was mit dem klassischen Teil-Ganzes-Problem verknüpft ist und auch als „mereologisches" Problem bekannt ist (Lorenz 1996[145], Mittelstrass 2005[146]). So wird das Corona-Virus als ein Teil für das Ursachengefüge von COVID-19 gerne alleine als Ursache angeführt, obgleich ein entgleistes Immunsystem und andere Risikofaktoren des Wirtes die zweite wesentliche Wirkursache ausmachen, dass der Organismus so schwer erkrankt. Das partikularistische Denken steht in einem gewissen Gegensatz zum holistisch-ganzheitsorientierten Denken. Multivariate systemische Analysen sind ein guter Mittelweg zur Lösung dieses Problems (siehe Kapitel 4).
- Der *Reduktionismus:* Es wird angenommen, dass die *Makro-Phänomene* durch die *Mikro-Ebene* vollständig erklärbar sind. Es wird die Emergenz als Ebenen-spezifisches, qualitativ unterschiedliches Phänomen und vor allem als systemisches Phänomen ignoriert. Dabei nimmt man an, dass ein Faktor „multieffektiv" ist: Die Hirnforschung zeigt beispielsweise, dass Dopaminmoleküle Lust bewirken, das Denken und die Bewegungen beschleunigen, Rauschzustände und Psychosen erzeugen können. Allerdings wird mit solchen interdisziplinären Aussagen das Gehirn-Geist-Problem ignoriert, weil die „innere Struktur" von Systemen wie Kognition, Motorik, usw. nicht ausreichend modelliert ist, insofern es sich bei diesen psychischen Funktionen um Netzwerke mit Eigenlogik handelt.
- Der *Monokausalismus*: In diesem Fall wird ein Faktor für ein komplexes Phänomen kausal verantwortlich gemacht. So hat man lange in der Genetik die These verfolgt, dass ein Gen eine Krankheit verursacht, obgleich die meisten Krankheiten von mehreren Genen (Schizophrenie: über 100 Gene) verursacht sind. Das Gegenteil ist also das Leitkonzept der *Multikausalität.*

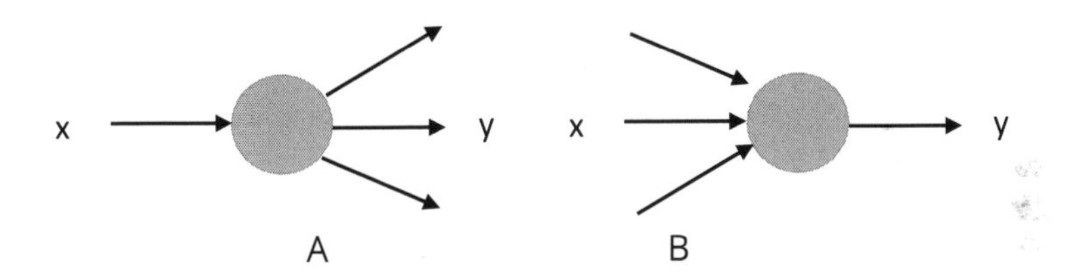

Abb. 3.12: Hypothetische Kausalstrukturen bei der Analyse von Multikomponenten-Systemen
A: Ein Faktor generiert viele Effekte (multieffektiver Faktor)
B: Mehrere Faktoren generieren einen Effekt (multifaktorielles Phänomen)

- *Lineares Denken:* Zwar hat die Pandemie gelehrt, dass die Vermehrung des Virus bzw. der Infizierten exponentiell erfolgen kann, aber meist wird ein einfaches lineares „je mehr A, desto mehr B" vorausgesetzt, statt von einem „je mehr A, desto *wesentlich* mehr (oder weniger) B" auszugehen. Bei biologischen Prozessen ist auch die erwähnte sigmoide Funktion zu beobachten, die alle drei Grundformen der Relationen beinhaltet.

Diese Vereinfachungen bei der Analyse komplexer Systeme führen leicht zu Fehlverständnissen. Es ist daher eine grundlegend andere Vorgehensweise erforderlich, nämlich das Systemverstehen über *Netzwerkanalysen*, die in ein Rahmenkonzept des *methodologischen Pluralismus* eingebettet sind, was in Kapitel 4 zur Systemwissenschaft genauer ausgeführt wird.

3.7.2.1 Theorien in einzelnen Disziplinen

(a) Statistik und Mathematik als Strukturwissenschaften

In der Domäne der Mathematik und Statistik tut sich die Perspektive der *Strukturwissenschaften* auf, bei denen – gleichsam über den empirischen Wissenschaften stehend – die interdisziplinäre Erforschung von Strukturmerkmalen im Vordergrund steht. Diese Fächer genießen den Status höchster Wissenschaftlichkeit, den sie mit der Physik teilen. Vor allem Differentialgleichungen haben einen hohen Stellenwert, obgleich dieser Bereich der Mathematik bereits Jahrhunderte alt ist. Das gleiche trifft auf die derzeit im Rahmen der „Komplexitätsforschung" so im Rampenlicht stehende Netzwerkanalyse zu, die auf der *Graphentheorie* beruht, und die bereits vor etwa 270 Jahren von Leonhard Euler entwickelt wurde. Heute kann die Graphentheorie durch Einsatzmöglichkeiten über den Computer in der Praxis der Datenanalytik komplexe Strukturberechnungen realisieren.

In der Komplexitätsmathematik ist auch die *multivariate Statistik* relevant, die auf der mathematischen Wahrscheinlichkeitstheorie aufbaut. Sie ist gewissermaßen auch „ein alter Hut", hat aber im Rahmen der Sozialforschung eine unabweisbare Bedeutung bekommen.

Die heutige theoretische Mathematik ist – etwa als Beweistheorie – ein Bereich, den nur mehr Spezialisten beherrschen und der auch für eine theoretische Medizin nicht wesentlich ist.

In diesem Buch werden also Mathematik und Statistik vor allem als Instrumente der Abstraktion in den empirischen Wissenschaften verstanden. Wir beschränken uns hier auf die Sicht, dass Mathematik eine besonders effektive Sprache für die theoretischen Bereiche verschiedener Disziplinen ist. Wichtig ist dabei festzuhalten, dass Mathematik innerhalb der empirischen *Realwissenschaften* nicht per se eine Theorie ist, sondern dass eine wissenschaftliche Disziplin durch Formulierungen in mathematischer Sprache sie zu einer theoretischen Disziplin macht. Mathematik ist aber keineswegs das Kriterium für hohe „Theoretizität", denn es kommt auf die Konstrukte an. So ist die Bewegungsgleichung von Newton in der Form von $F = m*a$ zwar mathematisch formuliert, wobei F für die Kraft steht, m für die Masse und a für die Beschleunigung, die miteinander multiplikativ verknüpft sind. Allerdings ist der theoretische Kern die *Beschleunigung*, da sie als zweite Ableitung des Ortes über die

Zeit, also als Veränderung der Ortsveränderung und damit als Differenzialquotient zweiter Ordnung formuliert ist. Das Geniale an dieser Gleichung ist also die Verknüpfung der Masse mit ihrer Beschleunigung.

(b) Physik

Die „Königsdisziplin" Physik hat wohl das größte Repertoire an Theorien: Thermodynamik, Atomtheorie, Relativitätstheorie usw. Gerade die Physik zeigt die Nützlichkeit von Theorien. Ohne Theorien wäre es also aussichtslos, also allein mit den Wetterdaten, die vorhanden sind, *ohne die Gleichungen aus der Thermodynamik*, und nur durch Korrelationen der gemessenen Variablen eine wenigstens drei Tage gültige Wettervorhersage zu formulieren.

Der Forschungsfortschritt in der Physik ist durch das Wechselspiel von Theorie-Entwicklung und Datengewinn gekennzeichnet. Auch bietet der Raum-Zeit-Rahmen die grundlegende Basis physikalischer Gesetze und Modellierungen und auch ihrer Anwendungen. Im Anwendungsbereich der Wetter- und Klimaforschung haben sich die Prinzipien der Physik, die vor allem experimentell im Labor gewonnen wurden, bewährt. Ausgehend von dem Zusammenhang von Temperatur und CO_2-Konzentration in der Atmosphäre hat sich beispielsweise ein Theorie-Gebilde zu Klimamechanismen etabliert, das auch im Prinzip für Laien nachvollziehbar ist und es erlaubt, im praktischen Leben durch einige Übersetzungsschritte den eigenen Lebensstil in Hinblick auf die CO_2-Emissionen zu bewerten. Das kann zu besseren klimaschützenden Verhalten führen.

Ein besonderer Kompetenzbereich von Physikern ist die Modellbildung über Computersimulationen: Hier hat vor allem die Entwicklung der Klimamodelle wichtige Einsichten nicht nur in die Klimadynamik gebracht, sondern auch die Methodik der Modellbildung hat sich in diesem Bereich sehr differenziert.

Für die Corona-Epidemie ist allerdings ein nur geringfügiger theoretischer Beitrag gegeben: Das Abstandsgesetz, das besagt, dass die Intensität mit dem Quadrat des Abstands abnimmt, oder dass das Infektionsrisiko mit der Nähe mal Expositionszeit steigt usw., sind recht triviale Theoriebausteine einer epidemiologischen Modellierung von Infektionskrankheiten.

(c) Chemie

Die Chemie hat auch ihre eigenen Theorien, wenngleich diese in der Regel auf physikalischen Gesetzen aufbauen. Dabei gilt die einfache Regel, dass die Chemie die Physik der äußeren Elektronenbahnen ist.

(d) Biologie

Wenngleich die Biologie gegenwärtig in Hinblick auf die ökologischen Problemlagen der Industriegesellschaften mit globaler Auswirkung eine hervorgehobene Rolle zu haben scheint, ist der wissenschaftliche Status in der Regel von dem Grad der physikalischen bzw. chemischen Durchdringung der Fragestellungen abhängig. Eigenständige biologische Theorien sind nur rudimentär vorhanden, sieht man von der Evolutionstheorie ab, die eigentlich kein testbares Theorem aufweist, abgesehen von den molekulargenetischen Stammbäumen, die allerdings verschiedene Hypothesen der Evolutionstheorie bestätigen. Wissenschaftsphilosophen wie William Bechtel haben dennoch der Biologie einen guten Wissenschaftsstatus zugeschrieben, insofern philosophisch gezeigt wurde, dass „mechanistische Modelle“ ebenfalls als Erklärungsstrategien dienen können. Die gesetzesartigen Theorien, die als deduktiv-nomologische Erklärungen dienen, fehlten allerdings in der Biologie.

Die Biologie ist für die im Kapitel 1 gezeigte Hierarchie der Wissenschaften häufig ein Ansatz zur reduktiven Erklärung, indem psychologische Merkmale wie auch soziologische Phänomene durch biologische Mechanismen erklärt werden sollen.

(e) **Psychologie**

Der Beginn der wissenschaftlichen Psychologie wird gerne mit dem Aufkommen des Behaviorismus und dem Stimulus-Response-Modell (S-R-Modell) gleichgesetzt. Das Verhalten sei erlernt und diese Prinzipien, die das jeweilige Verhalten aufbauen, seien im Wesentlichen das *Lernen am Erfolg.*

Bei der COVID-19-Pandemie ist vor allem das unzulängliche Einhalten der Hygiene-Maßnahmen in die Kritik gekommen und daher wurde vorgeschlagen, „Anreize“ (Incentives) zu setzen, um die Menschen zu mehr „Adhärenz“ gegenüber den vorgeschriebenen und empfohlenen Maßnahmen zu motivieren. Diese Diskussion setzt sich nun in der Frage zur Möglichkeit einer 90-prozentigen Durchimpfungsquote der Bevölkerung fort. Lotto-Spiel, Gutscheine und andere Begünstigungen sollen die Impfbereitschaft erhöhen, niederschwellige Impfangebote sollen ihr Übriges beisteuern, damit sich weitere Personen impfen lassen. Interessanterweise werden kaum Interaktionstheorien angewandt, die allerdings aus der Mikrosoziologie stammen und die Aspekte wie Vertrauen, Nachvollziehbarkeit usw. als Einflussvariablen der Impfbereitschaft herausarbeiten.

Darüber hinaus scheint die *Psychoanalyse des Alltagsverhaltens* ein passender theoretischer Rahmen zu sein, der für mentale Überforderungen und die entsprechenden *Abwehrmechanismen* ein passendes Verständnis des Verhaltens der Menschen anbieten kann.

(f) Soziologie

Die Soziologie soll hier als Beispiel für die Sozialwissenschaften herangezogen werden. Dieses Fach zeigt eine starke Kluft zwischen der empirischen Soziologie (Sozialforschung) und der theoretischen Soziologie. Tatsächlich hat die Soziologie der 1960er Jahre im Verhältnis zu den empirischen Arbeiten ein Übermaß an theoretischen Schriften zu verzeichnen. Jürgen Habermas und vor allem Niklas Luhmann haben Tausende an Seiten ohne Daten publiziert und haben das Fach Soziologie, das ausgeprägte Übergangsbereiche zur Philosophie als *Sozialphilosophie* zeigt, geprägt.

Für das Corona-Management haben sich nur wenige Soziologen substantiiert zu Wort gemeldet. Andererseits hat die Epidemiologie es bisher weitgehend versäumt, auf die Schichten-Differenzierung ihrer Befunde hin abzuheben oder auch Milieubezogene Analysen anzustellen.

(g) Ökonomik

Die Ökonomik, insbesondere die Volkswirtschaftslehre mit der Makroökonomik des volkswirtschaftlichen Kreislaufs und der Mikroökonomik des Marktgeschehens, gilt als die „Physik des Sozialen". Mathematik und Statistik sind wichtige Basisfächer und so werden in der Ökonometrie verschiedenste mathematische Verfahren angewandt, wie eben auch die Mathematik nichtlinearer Systeme. Bemerkenswert ist die Theorielastigkeit der Makroökonomik, die mathematisch formulierte Theorien mit wenig empirischer Fundierung generiert (Brodbeck. 2013[147]).

In Hinblick auf das Verstehen der COVID-19-Pandemie ist bemerkenswert, dass mehrere Ökonomen sich in die Epidemiologie begaben und verschiedene Hochrechnungen auf der Basis ihrer mathematisch-statistischen Kompetenz vornahmen. Sie lagen zwar rechnerisch richtig, hatten aber zu wenig Expertise in der Epidemiologie, um ihre Zahlen inhaltlich adäquat zu interpretieren. Es wollte eben jeder helfen!

(h) Anthropologie

Eine Disziplin, die eigentlich im Mittelpunkt der Forschung von COVID-19 stehen müsste oder zumindest eine Basis dafür geben könnte, ist die Anthropologie, verstanden als Menschenkunde. Dieses Fach ist allerdings so gut wie nicht aus dem Bereich der Philosophie herausgetreten, obgleich sich der Philosoph Hans Gadamer und der Mediziner Peter Vogler in Heidelberg in den 1970er Jahren um eine integrative Anthropologie bemühten (Gadamer u. Vogler 1972–1975[148]).

Allerdings hat sich die phänomenologische Anthropologie, die der Philosoph und Psychiater Karl Jaspers entwarf, das Potenzial, das Menschsein in der COVID-19-Ära als Subjekt zutreffend zu erfassen (Jaspers 1913[149]).

Der Bereich einer *theoretischen Anthropologie* ist jedoch so gut wie nicht explizit vorhanden (Bohlken u. Thies 2009[150]). Es gibt philosophische Verallgemeinerungen über den Menschen, wie dass er ein Mängelwesen sei, dass er sich nur im Dialog entwickeln könne, dass er nicht ein materielles Wesen, sondern ein Geistwesen sei und so weiter. Hinzu kommen Befunde aus der empirischen Humanforschung, die für ein komplexes Bild vom Menschen wichtige Beiträge liefern. Allerdings relativiert der Umstand, dass jede anthropologische Forschung mehr oder weniger durch die Kultur des Beobachtens und Denkens der Forschenden determiniert ist, diese Aussagen. Vor allem wegen dieser methodologischen Beschränkungen ist die Anthropologie relativ wenig in der Universitätslandschaft repräsentiert.

3.8 Wissenschaftsphilosophie konkret – Was ist beschreiben, erklären, verstehen und prognostizieren?

Für all die genannten wissenschaftlichen Disziplinen gilt, dass es fundamentale Probleme der Erkenntnissicherung gibt, wenngleich mit unterschiedlichen Akzenten, je nach Gebiet und Spezialgebiet. Es werden hier daher nur einige der häufigsten erkenntniskritischen Debatten aufgezählt. Zu betonen ist dabei, wie gesagt, dass Wissenschaft vor allem dadurch charakterisiert ist, dass *systematische Beobachtungen* angestellt werden, die zu einer möglichst konsistenten *Ordnung der Beobachtungen* führen und darüber hinaus auch *allgemeine Prinzipien* aufdecken sollen (vgl. Periodensystem der chemischen Elemente).

Bei derartigen „metawissenschaftlich"-philosophischen Untersuchungsprogrammen stellen sich eine Vielzahl von grundlegenden Fragen, die mehr oder weniger über die verschiedenen Disziplinen hinweg gegeben sind. Hier sollen einige Befunde zu derartigen wichtigen epistemischen Fragen erwähnt werden, wozu Beispiele aus Physik und Chemie herangezogen werden, vor allem, da sie als Grundlagen für die forschende Medizin dienen (vgl. Bunge 1998[151], Salmon et al. 1999 [152], Bartels u. Stöckler 2009[153], Schurz 2006 [154]). Dabei ist ausdrücklich festzustellen, dass vor allem die Philosophie der Physik zu dieser Art von Metawissenschaft beitrug (Esfeld 2013[155]). Insbesondere der Philosoph Ernst Cassirer erörterte die Bedeutung der formalen Konzeptualisierung (Mathematisierung), das Verhältnis von Maßaussagen (Messungen), Gesetzesaussagen und Prinzipienaussagen ebenso wie Fragen zum Determinismus in Bezug auf die Physik und darüber hinausgreifend in grundlegender Weise (Cassirer 1994 [156], 2004 [157]). Auch hat er grundsätzliches zur Kommunikationstheorie herausgearbeitet (Cassirer 2010[158]). Neuerdings hat die Philosophin Nancy Cartwright die Physik in ihrer epistemischen Struktur kritisiert (Cartwright 1983[159]). Die Physikerin und Philosophin Brigitte Falkenburg hat die Grenzen des Determinismus erneut für die Neurobiologie hervorgehoben (Falkenburg 2021[160]).

Insgesamt zeigt die Ideengeschichte der Physik lehrreiche Relativierungen für den Anspruch auf Objektivität, ontologische Wahrheit, Generalisierbarkeit von experimentellen Befunden und die Begrenzung des Begriffs von Kausalität, die Methodenabhängigkeit der Erkenntnis (methodologischer Welle-Teilchen-Dualismus), ebenso wie die Sinnhaftigkeit der Fokussierung auf „Wie"-Fragen statt auf „Warum"-Fragen, oder gar ontologische „Was ist"-Fragen. Das sind teilweise Anregungen für die Wissenschaftsphilosophie anderer Disziplinen wie der Medizin.

Eine Auswahl solcher wissenschaftsphilosophischen Grundfragen für die Medizin soll nun hier zur Diskussion gestellt werden:

- Wie können Beobachtungen als Gesetze verallgemeinert werden (Induktionsproblem)?

Allgemeine Prinzipien oder Gesetze (z. B. Fallgesetze) beruhen auf der Identifikation von Zusammenhängen in Datensätzen. Das sind beispielsweise Ort-Zeit-Relationen, die über mathematische Methoden bzw. Gleichungen dargestellt werden: Zwischen den Beobachtungsdaten werden *Interpolationen* und über die Daten hinausgreifend *Extrapolationen* durch mathematische Funktionen vorgenommen (z. B. Potenzfunktion). Die Messvariablen beruhen auf Raum-Zeit-Verhältnissen und auf theoretischen Konstrukten (Masse, Luftwiderstand, Schwerkraft usw.).

Auf die *Pharmakologie* und die *Toxikologie* bezogen haben Dosis-Wirkungszusammenhänge Gesetzes-Charakter, mit dem Problem der Wirkungs-Extrapolationen im Niedrig-Dosis-Bereich und auch im Hochdosis-Bereich, wo sich nichtlineare Relationen (sigmoide Funktionen) ergeben.

Derartige empirische Gesetze sind allerdings nur Hypothesen, denn es kann nicht gesichert werden, dass sie immer und überall gültig sind, sie können nur im Lauf der Zeit gut bestätigt und nie widerlegt sein. Ein großer *Stichprobenumfang* ist daher wichtig für die Belastbarkeit der jeweiligen Aussage, aber auch die epistemische Qualität der Messinstrumente und des Experimentaldesigns muss beachtet werden. Heute sollen über Big Data holistische Datensammlungen angefertigt werden, deren

Zusammenhänge über computerisierte Algorithmen (z. B. via multivariate Statistik und Graphentheorie) detektiert werden sollen. Dennoch meint die Philosophin Sabina Leonelli, dass der epistemische Wert von Big data deutlich überschätzt wird (Leonelli 2020[161]).

Weiß man um so genauer Bescheid, je genauer man misst?

– Das Verhältnis von Korrelation und Kausalität

Kausalität kann seit David Hume vor allem dann behauptet werden, wenn das zu Erklärende (Explanandum, y, die abhängige Variable, Effektvariable) zeitlich *nach* dem Erklärenden (Explanans, x, der unabhängigen Variable, Bedingungsvariable) liegt. Das ist bei Korrelationen im engeren Sinn bei einer Zeitpunkt-bezogenen Analyse nicht sicher der Fall, sodass auf dieser Daten-Basis Kausalitätsbehauptungen bestenfalls nur *Hypothesen* sind. Das wird in der Medizin zu wenig beachtet., was problematisch ist, da bei Berücksichtigung der *Multifaktorialität der Bedingung von Gesundheit und Krankheit* u.a. zu wenige Probanden zur Verfügung stehen, um eine statistische Absicherung der untersuchten abhängigen und unabhängigen Variablen zu gewährleisten. Das Irrtumsrisiko von Kausalitätsannahmen bei Korrelationsbefunden ist daher recht hoch und die Reliabilität von Wiederholungsstudien geringer, als man vermuten würde (Ioannidis 2005 [162]).

– Wie funktionieren Erklärungen (Deduktionsproblem)?

Bei Erklärungen sollen neue Beobachtungen unter Gesetze subsumiert werden können, und zwar nach der Art von „Weil-Sätzen", wodurch kausale Erklärungen erfolgen. In der Medizin werden etwa die Navier-Stokes Gleichungen aus der Physik für die Hämodynamik, das Massenwirkungsgesetz aus der Chemie oder die Mendel'schen Gesetze aus der Biologie zur Erklärung einzelner klinischer Phänomene genutzt. Dies sind gesetzesartige, also *deduktiv-nomologische Erklärungen.* Es gibt vor allem in der Biologie allerdings auch *mechanistische Erklärungen,* die beispielsweise molekulare Mechanismen (z. B. Ionenkanäle) auf *Mikroebene* zur Erklärung physiologischer Prozesse (z. B. Aktionspotenzial) auf *Makroebene* heranziehen (Craver 2000[163], Bechtel u. Abrahamson 2005[164]). Dies sind die in den molekularen Biowissenschaften bevorzugten fokalen Erklärungen, allerdings greifen sie nicht überzeugend, wenn es um das Gesamtverständnis des kranken Organismus geht. Das betrifft vor allem die Gehirn-Geist-Differenz, die sich einer zufriedenstellenden ontologisch-monistischen Formulierung entzieht, sodass beispielsweise im Bereich Neurologie bzw. Psychiatrie ein *pragmatischer Dualismus* zweckmäßig erscheint (Tretter u. Grünhut 2010[165]).

– Sind wissenschaftliche Erklärungen auch Prognosen?

Gesetzartige Erklärungen als Aussagen sind im Prinzip strukturell auch Prognosen („Wenn a, dann x"). Pierre-Simon Laplace hat in diesem Sinne den *Dämon des Determinismus* konstruiert: Wenn *alle Daten* vorliegen – das verspricht beispielsweise „Big Data" – und wenn die Struktur- bzw. Bewegungs-Gleichungen des betreffenden Systems bekannt sind (z. B. nichtlineare stochastische Differenzialgleichungen), und wenn schließlich Super-Computer zur Kalkulation eingesetzt werden können, dann kann die Zukunft des jeweiligen Systems errechnet werden. So ist davon auszugehen, dass eine gute Erklärung (z. B. Theorie des Wetters und des Klimas) valide Prognosen mit hohen Trefferquoten erlaubt. Da die reale Wetterdynamik mit Extremwettern derzeit in Europa durch kleine spontan auftretende und sich selbstorganisierende Wetter-Zellen geprägt ist (z. B. Mini-Tornados), sind die lokalen Mehr-Tages-Prognosen wieder schlechter geworden. Es fehlt also unter anderem offensichtlich an räumlich besser aufgelösten Daten. Somit zeigen sich Grenzen der praktischen Wissenschaft, die zumindest am Problem der *Komplexität* und der *nichtlinearen Dynamik* von *Wettersystemen* wegen Prozessen der *Selbstorganisation* leidet (Mahnke et al. 1992[166], Eckhardt 2004[167], Mainzer 2008[168]).

Das Ideal des Determinismus – der Laplace'sche Dämon:
Die Zunft der Welt lässt sich vorausberechnen, wenn
(a) alle Anfangszustände der Welt bekannt sind,
(b) die Bewegungsgleichungen vorliegen und
(c) ein Superrechner diese Berechnung vornehmen kann.

Aber, nach Karl Valentin:
Die Zukunft ist auch nicht mehr das, was sie einmal war!

- Erkenntnisfortschritt durch apparative Methoden

Wissenschaft hat ihre Fortschritte vor allem durch die Entwicklung von Methoden gemacht, und zwar insbesondere durch *apparative Techniken* wie Fernrohr, Mikroskop, Oszilloskop oder Computer, die neue, in der Regel auch präzisere Daten liefern. Vor allem die Medizin stützt ihren Erkenntniszuwachs immer stärker auf empirisch-experimentelle Prozeduren und mess- und interventionstechnische Fortschritte (bildgebende Verfahren, tiefe Hirnstimulation, molekularbiologische Analysen).

- Grenzen des Stimulus-Response-Modells

Das *Stimulus-Response-Modell* als Rahmenkonzept für experimentelle Untersuchungen für die Black Box, die der Untersuchungsgegenstand zunächst ist, muss im Bereich lebender Systeme durch ein *Netzwerk-Konzept* ergänzt werden, das die *Selbst-Regulation* des Organischen und damit deren relative Autonomie grundlegend und explizit erfasst (siehe Kapitel 4). Leben beruht auf Regelkreisen im Netzwerk (Mahnke et al. 1992[169])! Darüber hinaus ist ausdrücklich der Einfluss des Beobachters auf den Untersuchungsgegenstand zu berücksichtigen bzw. abzuschätzen (Kybernetik der 2. Ordnung; von Foerster 1993[170]).

Für COVID-19 bedeutet dies, dass die epidemiologischen Zahlen auch das Verhältnis der Bevölkerung zu dem Informanten bzw. dem Verordnungsgeber ausdrückt: Ignorieren der Regulierungen oder Folge leisten!

- Nichtlinearität von Prozessen
Datenreihen, wie beispielsweise eine Zeitreihe oder Dosis-Wirkungs-Beziehungen sind in der Regel nicht durch eine Gerade approximierbar. Bei vielen Wachstumsprozessen, wie bei der Pandemie, liegt sogar ein *nichtlineares bzw. exponentielles Wachstum* vor, dessen Anstieg also „immer stärker" wird. Schon einfache Systeme können darüber hinaus komplexe Zustandsverläufe aufweisen (Chaostheorie). So können einfache Systeme, die – natürlicherweise – verzögerte Feedback-Schleifen aufweisen, komplexes oszillatorisches Verhalten zeigen. Da der menschliche Organismus aus etwa 100 Billionen (10^14) Zellen besteht, die miteinander jeweils über mehrere molekulare und elektrische Mechanismen gekoppelt sind, ist die Analyse komplexer Signalmuster das entscheidende Problem für das Verständnis organismischer Prozesse (Mahnke et al. 1992[171]). Das betrifft das Gehirn, aber auch das Immunsystem, beides Systeme, deren völlige und detaillierte Enträtselung der Prozessstrukturen auch auf absehbare Zeit eher unwahrscheinlich ist.

- Erkenntnisfortschritt durch *Theorien*
Wissenschaftliches Wissen wird auch durch Theoriebildung bereichert, was kürzlich in der Physik durch die Entdeckung der Higgs-Teilchen deutlich wurde, denn diese Theorie sagte die Existenz dieser Teilchen voraus.

Die Medizin vernachlässigt derzeit den Theoriebereich und setzt auf Big Data: Dieses hypothesenfreie Paradigma geht davon aus, dass es keine großen Theorien mehr gibt, sondern dass Erkenntnis nur über ganzheitliche Datenerfassung und Nutzung automatisierter lernender Maschinenalgorithmen erfolgen kann, um die Zusammenhänge in komplexen Systemen zu identifizieren. Wegen dieser vorherrschenden Form des Empirismus verfügt die Medizin unter anderem derzeit über keine wirklich *integrative Pathologie*. Der Big Data-Ansatz ist so neu, dass erst wenige metatheoretische bzw. wissenschaftstheoretische Positionen dazu erarbeitet worden sind (Leonelli 2019[172]).

- Stochastizität der Realität
Zufallsphänomene verstärken die Komplexität lebender Systeme, beispielsweise was deren Verhalten betrifft. Es ist immer wieder eine messtechnische Herausforderung, das Signal vom Rauschen zu unterscheiden. Anderseits gewinnen Modellierungen in der Biologie oft durch die Zugabe von Noise-Signalen eine stärker naturalistisch anmutende Signalgestalt (Braun 2021[173]).

Diesen Abschnitt zusammenfassend ist festzustellen, dass die im Kapitel 4 noch darzulegende Option der *Wissensintegration* auch diesen speziellen Problemkomplex und insbesondere jenen der Theoriebildung berücksichtigen muss.

3.9 Fazit

Die Basis der modernen Wissensgesellschaften beruht auf den Ergebnissen der Wissenschaft. Wenngleich gerade Alltagsobjekte in ihrer Nützlichkeit den Wirklichkeitsbezug der dahinter stehenden Wissenschaften wie Physik und Chemie begründen, kommen bei nicht unmittelbar mit der Alltagserfahrung verbundenen Erkenntnissen der Wissenschaften (z.B. Corona-Regularien) Zweifel auf. Dies führt zu Fragen nach der Rechtfertigung des Wahrheitsanspruchs bei Aussagen zur Wirklichkeit durch die Wissenschaften.

(1) Fragen zu den Grundlagen der Möglichkeit „wissenschaftlicher Erkenntnis" führen in den Bereich der *Erkenntnistheorie*, die im Prinzip bereits in der Philosophie der griechischen Antike begründet worden war. Die daran anschließende Diskussion ergibt, dass einerseits wegen Schwierigkeiten der finalen Wahrheitsfindung heute ein *Pluralismus* und *(kultureller) Relativismus*, und verbunden damit, der *Konstruktivismus* in verschiedenen Varianten weithin akzeptiert ist. Infolgedessen sind allerdings für den sozialen Zusammenhalt Mechanismen der kollektiven Konsensbildung nötig, wie eine *diskursive Wahrheitsfindung*, die Überlappungen und Abgrenzungen von Weltbildern ermöglicht. Das kann gelingen, insofern es „Schnittmengen" an grundsätzlich zu akzeptierenden Elementen der intersubjektiv wirksamen und beobachtbaren „Realität" gibt. Dies wird von neueren Strömungen des „konstruktiven Realismus" oder des „wissenschaftlichen Realismus" aufgegriffen. Es geht also um die Dialektik der „Unity in diversity".

(2) Die Wissenschaftsgeschichte führte in den letzten Jahrhunderten zur *Differenzierung der Wissenschaften*, die untereinander zunächst ein Verhältnis der Reduktion auf die Physik mit sich bringen. Allerdings hat die neuere, pragmatisch begründete interdisziplinäre Forschung die disziplinäre Struktur der Wissenschaften und teilweise auch diesen Reduktionsanspruch relativiert und Entwicklungen zu neuen Forschungsfeldern wie die Hirnforschung, die Umweltforschung, oder die Klimaforschung angestoßen. Diese methodologische Naturalisierung der Wissenschaften durch ihre integrierte Ausrichtung auf Probleme der natürlichen Umwelt ergreift auch die Sozialwissenschaften, die allerdings im Bereich der qualitativen Sozialforschung weiterhin eine eigenständige Methodologie des deutenden Verstehens verfolgen müssen. Auch die Erklärungslücke zwischen Mikro-Ebene und Makro-Ebene besteht weiterhin in vielen Disziplinen.

(3) Der neuerdings dominierende *technologische Instrumentalismus* und die *Fixierung auf Daten* („Dataismus") verengen das Kernmerkmal von Wissenschaftlichkeit auf *Empirie*. Diese Entwicklung verbirgt eine Vielzahl an methodologischen Problemen und führt auch in den einzelnen Disziplinen und Forschungsbereichen zu einer Verarmung des Bereichs „Theorie", der gemeinhin gerne als Bereich der „Spekulationen" bezeichnet wird. Dieses Theoriedefizit, insbesondere der Medizin, zeigt sich vor allem bei den Versuchungen, Korrelationen als Kausalitäten zu interpretieren.

Die heute bewegende Frage ist, wie die globale kausale Vernetzung der sozio-ökologischen Systeme multi- und interdisziplinär besser nachvollziehbar verstanden werden können. Dies wird im letzten Abschnitt 4 erörtert.

(4) Die heutige Entwicklung der *Organisationsformen der Wissenschaft* in Richtung nationaler und internationaler Forschungsverbünde und die innere und äußere Ökonomisierung führt zu einer institutionellen Eigendynamik, die die Kernaufgaben der Wissenschaft, nicht nur „objektives" Wissen als standardisiertes Wissen zu generieren, sondern auch neues Wissen zu produzieren, tendenziell negativ tangiert, insofern echte ideelle Innovationen aufgrund der organisationalen Effizienzorientierung erschwert werden. "Mutanten" haben es daher in der (deutschsprachigen) Wissensevolution sehr schwer. Wenngleich die Universitäten noch den Kern der traditionellen Wissenschaften repräsentieren, und zwar vor allem was die Ausbildungsgänge für die Rekrutierung der Forscher betrifft, so prägen heute thematisch spezialisierte Forschungsinstitute die Wissensproduktion.

4. Fachperspektiven für demokratisches Krisenmanagement durch Wissenschaft

Zusammenfassung

Das vorige Kapitel beleuchtete Grundfragen der Wissensproduktion der Wissenschaften mit dem Ergebnis, dass ein zunehmender Neo-Empirismus die Entwicklung wichtiger Wissenschaftsbereiche durchzieht, der von Datenerhebungs- und Datenverarbeitungstechnologien getrieben wird und durch die Vision einer ganzheitlichen Weltvermessung und -steuerung begründet ist. Diese Entwicklung befördert den Abbau bzw. behindert den Aufbau der Theorie-Bereiche vor allem in den neueren Wissenschaften wie der Systembiologie. Zu dieser Entwicklung kommt die dissoziativ wirkende Spezialisierung, die den Rückbezug auf das Ganze, also der Gesamtgegenstände der jeweiligen Fachdisziplinen und Forschungsbereiche, behindert. Diese Situation führt zu einem fragmentierten Weltbild, das der vernetzten Realität der sozioökologischen Systeme im Kleinen wie im Großen nicht entspricht, „Weltbilder" sind aber handlungsleitend. Die sich aus dem Wissensmosaik ergebende Sinnhaftigkeit, inter- und transdisziplinäre Forschungsansätze intensiv zu fördern, setzt Wissensintegration von Natur- und Sozialwissenschaften voraus.

Ein Ansatz, der sowohl den gesellschaftlichen Metabolismus als Weltproblem im Großen wie im Kleinen zu erfassen hilft, ist die „Humanökologie" bzw. die „Sozialökologie" als Wissenschaft der Mensch-Gesellschaft-Umwelt-Beziehungen. Sozialökologische Modelle sind aber sehr komplex. Komplementär dazu ist daher die „Systemwissenschaft" als eine Perspektive nützlich, mit der das Problem, komplexe dynamische Systeme auch verstehen und nicht nur berechnen zu können, angegangen werden kann. Beide Ansätze werden in diesem Kapitel in Grundzügen dargestellt, um den Leser Einstiegsmöglichkeiten in diese am besten als „conceptual frameworks" zu bezeichnenden Ansätze zu eröffnen und Anregungen für dezidierte Implementierungen in Forschung und Bildung zu bieten.

Mit derartigen Kompetenzen könnten Gegenwartsprobleme mit Hilfe der Wissenschaften „vernünftig", also kritisch abwägend und offen, angegangen werden. Darüber hinaus wäre durch eine gestufte iterative Wissensexplikation – vom Ganzen ins Detail und wieder zurück – auch letztlich die nötige Transparenz der Wissenschaft für eine demokratisch verfasste Wissensgesellschaft gewährleistet.

4.1 Evidenzbasierte Demokratie, globale Probleme und die Zusammenschau / Synopse

Im Kapitel 1 wurde ein kurzer Überblick über aktuelle globale Probleme gegeben, wie es vor allem die Klimakrise neben der Corona-Krise ist. Es wurde auch hervorgehoben, dass Gesellschaft im Wesentlichen auf Information und Kommunikation aufgebaut ist. Demnach ist eine „Wissensgesellschaft" in modernen Gesellschaften an der Wissenschaft als Produzent gesicherten Wissens orientiert, d. h. dass Politik, Wirtschaft, Medien und andere soziale Systeme und die Bevölkerung ihr Handeln tendenziell an den Ergebnissen der Wissenschaft ausrichten (Abb. 4.1).

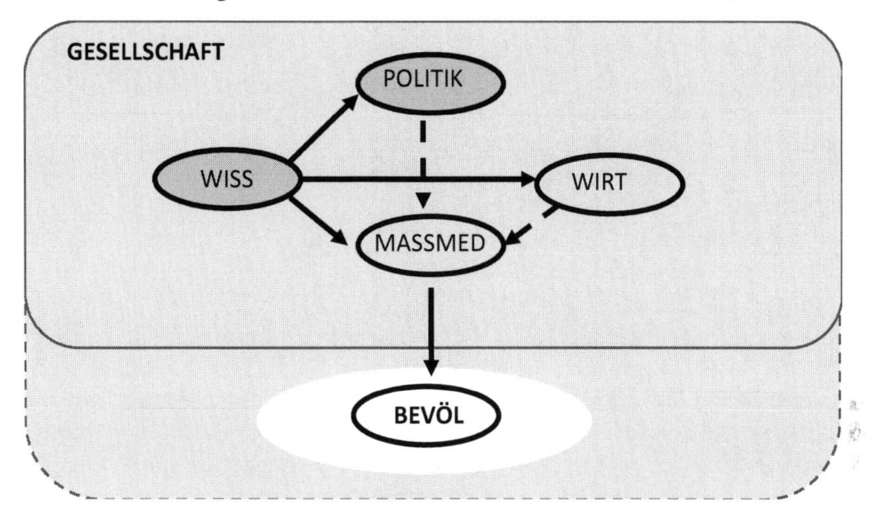

Abb. 4.1: Das Skelett der Wissensgesellschaft unter dem Einfluss der Wissenschaft. Aktuell findet eine Verschiebung der Informationsakkumulation von der Wissenschaft (WISS) in die (Daten-)Wirtschaft (WIRT) und die Politik statt. Massenmedien (MASSMED) – auch über Werbung – informieren die Gesellschaft. Wirtschaft und Politik können die Medien im Informationstransfer beeinflussen. Wissenschaftliche Erkenntnisse werden so gefiltert und in der Gesellschaft bzw. an die Bevölkerung (BEVÖL) verteilt.

Zuletzt, im Kapitel 3, wurden Schwachstellen der Wissenschaft dargelegt, die es erschweren, einen notwendig zusammenhängenden Blick für die globalen Probleme zu gewinnen, die teils von einer globalisierten Gesellschaft verursacht, aber auch im Prinzip von ihr gemanaget werden können. Dabei spielt wissenschaftliches Wissen eine vorrangige Rolle. Heute verfügen die Wissenschaften über detailliertes Spezialwissen, aber es mangelt an „Generalwissen" für die nötigen Querschnittsbetrachtungen. Auch droht der Verlust der öffentlichen Kontrolle über das wissenschaftliche Wissen durch Privatisierung von Daten und Intransparenz der Analytik durch die Datenwirtschaft. Das Nachvollziehen von Aussagen „der" autorisierten Wissenschaft dürfte nur Bildungseliten gelingen, während „die Anderen" in der Bevölkerung, die diesem Wissen nicht trauen oder darüber nicht verfügen, ausgegrenzt, stigmatisiert oder gar bei aktiver Weigerung kriminalisiert werden. Das hat sich bei der Corona- und der Impfdebatte gezeigt. Außerdem hat die („objektive") Wissenschaft, so wie sie ist, das „ganze Leben", vor allem wie es das *Subjekt* erlebt, noch nicht verstanden. Das wurde im Kapitel 3 dargelegt.

Entscheidend ist nun, dass das *Einzelwissen in Zusammenhangswissen transformiert* werden muss, um gesamtgesellschaftlich adäquat zu sein. Dabei kann, darf, soll und muss selbstverständlich nicht *Alles* an Wissen zusammengefasst werden, sondern nur *Essentielles*. Diese Synopse ist aufgrund der Zersplitterung der Wissenschaften ebenso wie der Politikfelder und der gesellschaftlichen Bereiche und damit der Lebenswelten der Bürger schwer möglich. Dennoch muss dieses Ziel für ein umsichtiges Krisenmanagement erreicht werden, denn dann gibt es auch Aussicht auf Erfolg, zumindest bis zur Stufe der Entscheidungsvorbereitung.

Vollständig wissenschaftsbasierte Politik ist nicht möglich, weil keine wissenschaftliche Synopse vorhanden ist. Politik muss zwar alles im Blick haben, aber dann einen Fokus bilden.
Everybody's darling is nobody's darling!

4.1.1 Expertokratie – Wissenschaftsgesellschaft ohne demokratische Kontrolle?

Wenn nun die Politik evidenzbasiert – also wissenschaftsbasiert – operiert, delegiert sie die Letztverantwortung an die Wissenschaft, wie wir es alle an der Corona-Politik gelegentlich erlebt haben. Die verantwortlichen Wissenschaftler werden aber in einer Art Dunkelkammer gehalten, wohl auch damit sie geschützt sind. Beispielsweise musste der besonders prominente Virologe Christian Drosten, der die Öffentlichkeit nicht scheut, wohl Ende 2020 wegen zunehmender Aggressionen aus Teilen der Bevölkerung Polizeischutz anfordern (DÄB 2020[1]).

Grundlegend haben die bisherigen Ausführungen gezeigt, dass die Wissensgesellschaft, also eine Gesellschaft, deren Orientierungen als Ideal nach rationalen und empirischen wissenschaftlichen Gesichtspunkten ausgerichtet sind, mehrere Probleme zu bewältigen hat. Einerseits ist mit dem Sinken des Einflusses von Weltbildern, die auf politischen Ideologien basieren, die Aufgabe gegeben, die Wissenschaft als neues Bezugssystem für die Politik zu nutzen. Andererseits sind die Möglichkeiten der Wissenschaften, eine derartige „evidenzbasierte Politik" zu stützen, sehr begrenzt, und daher müssen auch die Grenzen der Wissenschaft kritisch beleuchtet werden. Insofern ist es damit ein Risiko, wenn sich die Gesellschaft auf „Experten" verlassen muss, ohne deren Kompetenz tatsächlich noch beurteilen zu können. Die Idee, dass „die Besten" an die Spitze der Wissenschaftsorganisationen kommen und daher als ideale Ansprechpartner für die politischen Eliten gelten können, ist naiv, denn politische Einwirkungen bei der Besetzung von akademischen Spitzenpositionen sind üblich. Daher erfolgt die Auswahl von wissenschaftlichen Politikberatern vorwiegend nach einem Opportunitätsprinzip, wie es allgemein bekannt ist.

Allerdings scheint im Zuge der technischen Messbarkeit von allem und jedem, die Allmacht der Wissenschaft – vor allem durch Big data – unermesslich anzuwachsen. Nicht einmal die Gedanken scheinen heute mehr frei zu sein, wenn die elektronisch-apparative Totalerfassung menschlichen Verhaltens (z. B. Verhalten im Netz) auf extensive Datenbanken basierend sogar behaupten lässt, dass die Maschinen durch ihre künstliche Intelligenz es besser wissen, wie es einem Menschen psychisch gehe und welche geheimen Wünsche er habe, als er es selber beurteilen kann. Damit wächst die *informelle Macht der Wissenschaft*, was Politik und Wirtschaft interessiert und strategisch bzw. taktisch genutzt wird. Das Interesse an der Wissenschaft nimmt zu, aber zugleich wird auch die Wissenschaft zunehmend von Wirtschaft und Politik vereinnahmt (Weingart 2001[2]).

In der Folge ergibt sich für die Bevölkerung eine essentielle Herausforderung in einer *rationalen* und zugleich *partizipativen Demokratie*, die Erkenntnisse der Wissenschaft zu nutzen und deren Grenzen zu beachten. Dies betrifft vor allem die still ablaufende *Neukonfiguration von Wissenschaft* als „naiver Empirismus", also genauer gesagt, als anscheinend wertneutraler und hypothesenfreier Empirismus: Die Daten – so wird behauptet – sprechen für die Wirklichkeit, sie vertreten sie gültig und zuverlässig. Dabei scheint die Wissenschaft sich indirekt durch die innere Nutzung von Technologien wie vor allem den *digitalen Informationstechnologien* im Wesen zu einer umfassenden *Datenwissenschaft* zu entwickeln. Das zeigt gerade die Corona-Pandemie, die als Problemstellung für die Weltgesellschaft biotechnologische und datentechnologische Lösungsmuster erfordert, die auch selbstverständlich zum Teil bereitgestellt wurden.

In diesem Zusammenhang scheint sich auch die eigentlich dem Menschen dienende *Medizin* als *praktische Humanwissenschaft von Gesundheit und Krankheit* in eine *bio- und digitaltechnologisch getriebene Disziplin* zu transformieren, wobei sie ihre Kernaufgabe, den Menschen als *Homo patiens* kurativ zur Seite zu stehen, zunehmend aus dem Auge verliert. Sogar *Empathie* soll maschinell bei Pflegerobotern simuliert werden. So spaltet sich die Medizin in Forschung und Praxis und wird im Kern ein gehobener Handwerkberuf moderner Prägung. Das wurde punktuell im Kapitel 2 dieses Buches angesprochen.

> Eine intransparente Wissenschaft, etwa durch Big data, gefährdet die europäische Vision einer partizipativen Demokratie.

4.1.2 Wissenschaftsakzeptanz

Derartige *dissoziative Entwicklungen der Wissensgesellschaft* sind kritisch-reflexiv zu analysieren, und dabei kann die *Wissenschaftsphilosophie* hilfreich sein, denn es scheint – wie bereits im Kapitel 1 angesprochen wurde – eine neue Form der Polarisierung in unserer Gesellschaft aufzukommen, nämlich in eine Gruppe, die eher eine *Wissenschaftsgläubigkeit* aufweist und in eine andere Gruppe, die eher *Wissenschaftsleugner bzw. Wissenschaftsverweigerer* umfasst. Dazwischen gibt es einen Übergangsbereich, der aber durch die polarisierte Debatte immer schmäler wird, insofern relevante Kommunikatoren in der Politik und im öffentlichen Leben von den Bürgern und Bürgerinnen erwarten, dass „Farbe" bekannt wird. Die Gruppe der Wissenschaftsgläubigen ist von der Allmacht der Wissenschaft überzeugt, die in Form des neuen digitalen „Dataismus" aufkommt, der von wenig selbstkritischem Methodenbewusstsein geprägt ist: Die *Welt*, wie sie wirklich ist, scheint sich in einen

Datenschatten umzuwandeln, die Welt „ist", was man misst. Die (heterogene) Gruppe der (selektiven) Wissenschaftsverweigerer hält hingegen die öffentliche Wissenschaft gewissermaßen für ein Blendwerk, für ein Werkzeug der Wirtschaft oder für ein Instrument böser, zum großen Teil wirtschaftsfeindlicher Kräfte, ähnlich wie es der US-Präsident Donald Trump angesichts der Waldbrände in Kalifornien 2020 formulierte, als Forscher den Klimawandel dafür mitverantwortlich machten: „Ich glaube die Wissenschaft weiß nicht Bescheid" (Handelsblatt 2020[3]).

Der Trend, dass zu allen möglichen gesellschaftlich relevanten Fragen Spezialisten aus der Wissenschaft angefragt werden, ist vor allem erfreulich für Wissenschaftler, aber bei den großen politischen Fragen versagt die Wissenschaft oft in der Analyse und bei Lösungsstrategien, gerade wegen ihrer Spezialisierung, die die Zusammenhänge ausblendet. Auch wandelt sich die Wissenschaft nahezu unmerklich zu einem durch *Mess- und Steuerungstechnologien* getriebenen Bereich, der Daten sammelt. Daran anschließend hat die *mathematisch-statistische Datenanalytik* – vor 50 Jahren für Lebenswissenschaftler in der Forschung noch ein lästiges Übel – eine vorrangige Rolle bekommen. Aber nicht nur methodisch scheint sich die Wissenschaft zu wandeln, sondern es besteht auch der Trend zur *Privatisierung des Wissens* durch international agierende Datenkonzerne wie vor allem Google und seine wissenschaftlich-datenanalytischen Dachkonzerne wie Alphabet. Dies erscheint vor allem in Hinblick auf die Wirklichkeitsdefinition problematisch, denn es wird auch durch massenmediale Vermittlung behauptet, dass beispielsweise Dr. Google, was Gesundheitsthemen betrifft, alles besser weiß. Derartige Behauptungen sind durch die Eigendynamik privater Wissenschaft zunehmend schwerer zu widerlegen. Diese Entwicklung beeinflusst auch die von Werbeschaltungen abhängigen Massenmedien und erst recht die inhaltlich nahezu ohne Qualitätssicherung agierenden Social Media. Diese neuen Medien können unter anderem wegen ihrer Wirtschaftsabhängigkeit kaum mehr eine distanziert-kritische Reflexion der als Wahrheit über die Wirklichkeit dargestellten Sachverhalte durch die Wissenschaftsredakteure bzw. -experten realisieren. Dadurch erscheint eine kompetente aktive Teilhabe der Bevölkerung kaum mehr möglich. Gerade die Betrachtungen der Chats im Internet – auch von elektronischen medizinischen Fachzeitschriften – zeigen eine überwiegend emotionalisierte Rezeption wissenschaftlicher Sachverhalte, die über Fachmedien kommuniziert werden.

Insgesamt wird Wissenschaft also immer weniger transparent, durch ihre Technologien und der Datenanalytik, durch die Privatisierung der Daten und durch den Einfluss der Wirtschaft und Politik auf die Massenmedien. Die BürgerInnen sind damit immer schlechter in der Lage, Wissenschaft reflexiv zu verstehen oder gar ein integriertes Gesamtbild der Welt zu bekommen.

4.2 Wissensintegration als Problem

Diese Entwicklungstendenzen der Wissenschaften im Kontext der Gegenwartsgesellschaft können sich von aktuellen Nebendiskussionen durchweg zu größeren zukünftigen Problemlagen für eine demokratische Wissensgesellschaft entwickeln. In dem Buch wurde deshalb versucht, auf einige Grundprobleme des wissenschaftlichen Weltverständnisses einzugehen, das ein Nachvollziehen der Forschung, wie sie läuft, ermöglichen könnte. Die große intellektuelle Herausforderung wegen der Globalisierung ist, dass nur ein *sehr fragmentiertes Weltbild* vorliegt, und zwar mit detailreicher Tiefe, aber mit großen Bruchstellen des Wissens, was mit der Gefahr des Reduktionismus auf eine Perspektive hin verbunden ist (z. B. molekulare Medizin, siehe Kapitel 1): Wegen der Superspezialisierung in der Wissenschaft erscheint eine wissenschaftsexterne, rationale Kontrolle kaum mehr möglich. Hilfreich erscheinen daher „mittelgradig komplexe" integrativwissenschaftliche Sichtweisen bzw. Beschreibungsmodelle, die sich ganz grundlegend und zusammenfassend dem *Mensch-Umwelt-Verhältnis* widmen, wie es die *Humanökologie* (bzw. Sozialökologie) inhaltlich ermöglicht, und vor allem wie es die *Systemwissenschaft* formal als gewissermaßen „supradisziplinäre Disziplin" vermittelt. Mittelgradig komplex bedeutet hier, beispielsweise in Hinblick auf die Nachvollziehbarkeit, nur maximal etwa ein Dutzend miteinander verbundener Variablen zur Darstellung der Ergebnisse zu nutzen, denn bei derartigen Modellen sind bereits 132 bidirektionale Beziehungen möglich, was das unmittelbare kognitive Verstehen überfordert.

Bei dem heute besonders zukunftsrelevanten Projekt, für die gesellschaftliche Orientierung ein umfassenderes wissenschaftliches Weltbild für eine nachhaltige Entwicklung aufzubauen, das das *Ökonomische* und das *Ökologische* verbindet, und dabei auch auf das *Soziale* achtet, muss allerdings eine Vielzahl wissenschaftlicher Disziplinen herangezogen werden, die sich, wie im Kapitel 3 gezeigt wurde, grob in *Naturwissenschaften* und *Sozialwissenschaften* zusammenfassen lassen und neben Disziplinen wie Physik, Chemie, Biologie, und Geographie auch die Soziologie, Psychologie bzw. Ökonomik betreffen.

Aktuell ist vor allem die Schließung der *Kluft zwischen Natur- und Sozialwissenschaft* in der *Klimaforschung*: Es wurde schon früh und mehrfach, vor allem von dem renommierten Klimaforscher Hans Joachim Schellnhuber, gefordert, dass sich die Sozialwissenschaften zu den Klimawissenschaften hinzugesellen (Schellnhuber 2010[4]):

„Die Forschung muss besser verstehen, wie die Menschen auf Umweltveränderungen reagieren. Dafür brauchen wir eine neue Balance von Naturwissenschaften und Sozialwissenschaften".

Schließlich gelang es 2018, eine naturwissenschaftlich-sozialwissenschaftliche Leitung für das Potsdamer Institut für Klimafolgenforschung mit dem Erdsystemforscher Johan Rockström und dem Ökonomen Ottmar Edenhofer zu installieren (PIK 2018[5]). Auch das Institut *„Futurzwei"* um den Sozialforscher Harald Welzer, das noch umfassender Zukunftsperspektiven unserer Welt kritisch thematisiert, zeigt eine derartige fundierte interdisziplinäre Perspektive, die Sozial- und Naturwissenschaften umfasst (Futurzwei 2021[6]).

Für die Erforschung der sozialen Konsequenzen des Klimawandels und die Bedingungen der Möglichkeit der Eindämmung der Klimafolgen mangelt es grundlegend an sozialwissenschaftlicher Expertise. Die Behauptung „Wir wissen schon genug, wir müssen handeln" übersieht mit dem fokalen Blick auf naturwissenschaftliche Probleme und Ziele allzu leicht die Schwierigkeiten, eine Transformation in eine nachhaltige Gesellschaft für „ein gutes Leben für Alle" zu realisieren. So ist eine „Ökologisierung" vieler Lebensbereiche wie Energie, Wohnen, Ernährung, Verkehr, Arbeit usw. nur mit vielen Konflikten und Kollisionen möglich, wie beispielsweise 2019 in Frankreich bei dem Plan der ökologischen Benzin-Bepreisung deutlich wurde: Für viele Bewohner ländlicher Regionen ist das Auto derzeit lebensnotwendig, wobei auch die Elektromobilität zunächst nicht weiterführt, da die nötige Infrastruktur fehlt.

Fokal denken und handeln ist auch bei den nötigen „Wenden" fatal – global denken und fokal handeln bringt die nachhaltige Alternative.

Es geht in der Folge um die *Wissensintegration*, und zwar nicht nur von wissenschaftlichem Wissen, sondern auch von noch nicht ausreichend beforschtem *Wissen von Praktikern* und anderen TeilhaberInnen (Stakeholder) des jeweils interessierenden gesellschaftlichen Aufgabenfeldes (*transdisziplinäre Methodik*). Eine Vielzahl an akademischen Disziplinen ist erforderlich, um die gegebene *Heterogenität der Welt* abzudecken, wobei hier zwar angenommen wird, dass „alles mit allem" zusammenhängt, aber nur mehr oder weniger. „Akademisch" soll hier heißen, dass eine methodische Qualifikation zur Ausbildung von ExpertInnen in spezialisierten Institutionen erfolgt ist, und zwar vor allem in *Universitäten* und *Hochschulen.* Zur Erläuterung dient ein tieferer Blick in die Medizin.

4.2.1 Medizin – Diversität, Dissoziation und Integrationsbedarf des Wissens

Am Beispiel der Medizin lässt sich die in allen Wissenschaften beobachtbare *Spezialisierung*, ihre Vorteile, aber auch ihre Nachteile und die Notwendigkeit, integrative Brücken zu bauen, anschaulich diskutieren.

Wie bereits im Kapitel 1 am „Haus der Medizin" gezeigt wurde, setzt sich die Medizin aus klinischen Disziplinen, die sich mit Krankheiten, ihrer Diagnose, der Therapie und Prävention befassen und weiteren, primär außermedizinischen Hilfsdisziplinen, die stark an der Grundlagenforschung ausgerichtet sind, zusammen. So hatten bei der COVID-19-Pandemie die aus klinischer Sicht relativ randständige *Virologie* (Mikrobiologie) und die *Epidemiologie* (Mathematik, Statistik, Physik) wesentliche Situationsorientierungen geliefert. Diese Fächer wurden auch zur Begründung gegenregulatorischer Maßnahmen genutzt, die eigentlich eher dem Fach *Hygiene* im Sinne einer *Präventionsmedizin* zugeordnet werden können

Die Corona-Krise brachte auch die methodisch bedingten inneren Bruchstellen der *Medizin* als *Bio-, Human-* und *Sozialwissenschaft* zu Tage, insofern das biomedizinische Modell, vertreten durch die Virologie, die Wahrnehmung der Corona-Krise dominierte. Gelegentlich nur schien die sozialwissenschaftliche Perspektive durch

Public Health-Anliegen auf, aber die geisteswissenschaftliche Perspektive, die den Menschen bei COVID-19 als leidendes Subjekt auffasst, war nahezu überhaupt nicht präsent. Gerade die Fokussierung der Politik auf die medizinischen Spezialdisziplinen *Virologie* und *Epidemiologie* erlaubte eine Verstärkung der innermedizinischen Abspaltung von den anderen (medizinischen) Wissenschaften, hatte aber dann in der Gesamtschau doch einen *Konflikt* zwischen *Gesundheit* und *Wirtschaft* als Gegenstand der politischen Entscheidung zur Folge.

Als integrative Disziplinen in der Medizin auf Individualebene sind am ehesten die *Allgemeinmedizin* bzw. die *Familienmedizin*, also der Wirkungskreis der Hausärzte anzusehen. Im Forschungsbereich intendiert *Public health* auf Bevölkerungsebene eine derartige umfassende Perspektive, die aber ebenfalls sehr wenig zu Wort kam.

COVID-Forschung ist eine interdisziplinäre Aufgabe.

Im *Theoriebereich* der *Medizin* bietet vor allem das bereits erwähnte *bio-psycho-soziale Modell* einen heuristischen Rahmen für eine *Wissensintegration*, insofern dieses Modell die *Wirkung von biologischen, psychologischen und soziologischen Faktoren* in unterschiedlicher Zusammensetzung und Gewichtung für das Auftreten und das Abklingen von Krankheiten als relevant ansieht (Engel 1977[7]). Dieser weite konzeptuelle Rahmen hat den Vorteil, von vorne herein und allgemein, die *Hauptdimensionen* der Verursachung von Krankheiten mit ihren Einzelfaktoren in den Blick zu nehmen. Dann kann bei den einzelnen Kranken die kausale Gewichtung der einzelnen Faktoren erfolgen: Es gibt beispielsweise *chronische Stresszustände*, die mehr dem individuellen genetisch bedingten Risiko zuzuordnen sind (Familienanamnese), andere Stresszustände beruhen auf individuellen psychischen Traumatisierungen, die für *neue Stressoren vulnerabel* machen, und anderer chronischer Stress ist wiederum durch anhaltende soziale Stressoren bei der Arbeit, beim Wohnen oder in der Familie bedingt. Auf diesem Hintergrund hat in Form der *Psychosomatik* die Integration biomedizinischen und „psychomedizinischen" ebenso wie sozialmedizinischen Wissens stattgefunden. Dennoch ist die Bedeutung der sozialmedizinischen Perspektive nach einem kurzen Gipfel in den 1960er und 1970er Jahren mittlerweile wieder stark abgeflaut. Zwar zeigte die in der klassischen *Sozialmedizin* verwurzelte *medizinische Soziologie bzw. Sozialepidemiologie* schichtbezogene Ungleichverteilungen von Krankheitsrisiken und auch ungleich verteilte Zugänge zu medizinischen Versorgungsstrukturen, aber die Leuchtkraft der *Sozialwissenschaften* in der universitären Medizin verläuft sich zunehmend. Dies ist bedauerlich, da jeder praktisch tätige Mediziner um die Bedeutung des Sozialen als Risiko- und Schutzfaktor für die Gesundheit weiß (z. B. chirurgische Rehabilitation alleinlebender älterer Menschen), aber eine tatsächliche Integration dieses Fächerkreises in den universitär-akademischen Bereich ist nur selten gelungen. In der Praxis werden ambulante *biomedizinische Assistenzberufe* herangezogen und im Idealfall auch *Sozialpädagogen* zur sozialen Betreuung der Kranken eingeschaltet, um sekundäres Leid bzw. Risikofaktoren für Rezidive zu vermeiden und Sozialorganisatorisches zu bewerkstelligen.

Auch in den neueren Querschnittsfächern, wie sie im Kapitel 1 besprochen wurden und wie sie beispielsweise die *Umweltmedizin* darstellt, die sich mit den Gesundheitsfolgen von Umweltfaktoren befasst, gelang es nicht, die *Sozialwissenschaften* einzubeziehen und akademisch-institutionell eine entsprechende breiter aufgestellte Umweltmedizin zu verankern (Tretter 1986[8]). Das gilt auch für ein weiteres neueres und ebenfalls interdisziplinär ausgerichtetes Gebiet in der Medizin, nämlich für die *Suchtmedizin.* Dieses Fach – wie auch die *Psychiatrie* – zeigen wenig Integration der Sozialwissenschaften, sodass die Forschung überwiegend biomedizinisch orientiert ist. Für die Praxis steht wenigstens ein gut ausgebautes ambulantes Versorgungssystem zur Verfügung, das in besonderem Maße *multidisziplinär* bzw. *multiprofessionell* organisiert ist und auch Segmente für die Mitwirkung von Betroffenen und Angehörigen aufweist (Tretter 2017[9]).

Beide erwähnten *medizinischen Querschnittsdisziplinen* münden in übergreifende Forschungsansätze wie die *Umweltforschung* bzw. die *Suchtforschung.* Aber auch in der heute prioritär geförderten *Hirnforschung,* als pragmatisch interdisziplinär ausgerichtetes Forschungsgebiet der Medizin, ist die sozialwissenschaftliche Perspektive schwach ausgeprägt. Vor allem die sozialen Konsequenzen der Neurotechnologien, insbesondere in Form des Neuroenhancement, sind wenig bearbeitet, und im Vergleich zu den milliardenschweren Forschungsprojekten in der biologischen Hirnforschung sind nur wenige Forschungsmittel dafür aufgebracht worden (Schleim 2011[10]). Dabei wird im Bereich der „Sozialen Neurowissenschaften" die Erforschung von neuralen Korrelaten bei sozialen Interaktionen in den Vordergrund gestellt (Wikipedia 2021a[11], Decety u. Cacioppo 2011[12]). Allerdings mangelt es in diesem Forschungsbereich auch an Kausalanalysen, die eine soziogene Top-down-Beeinflussung von Gehirnfunktionen und ihrer Störungen in Betracht zieht, wie es eben beispielsweise Kinder in prekären sozialen Schichten und Milieus erfahren (Bello-Morales u. Delgado-Garcia 2015[13]). Auch explizit kulturelle Faktoren, welche die mentale Verarbeitung beeinflussen, werden konzeptuell in der Social Neuroscience kaum betrachtet und bedurften daher der Kreation einer „Critical Neuroscience", um diese Aspekte wenigstens in der Psychiatrie zu thematisieren (Kirmayer u. Gold 2011[14]).

Ein zentrales Problem der Wissensgesellschaft in Krisen ist also das Missverhältnis zwischen der *Heterogenität des Problems* einerseits und dem Bedarf nach einer die wissenschaftlichen Spezialisierungen *integrierenden Sichtweise* andererseits. Das wurde beispielhaft für Corona und die Medizin, wie sie sich heute darstellt, demonstriert.

Hier wird folglich auch die These vertreten, dass ein allgemeiner *fachüberlappender* konzeptueller und damit *integrativer Rahmen* hilfreicher und zutreffender ist, als die *Addition der einzelnen Fachdisziplinen,* die sozusagen *assoziativ* nacheinander aufgerufen werden, ihre Sicht der Dinge darzulegen, wie dies beispielsweise in Regierungskommissionen üblich ist.

> Problemkomplexität einerseits und wissenschaftliche Hyperdiversität bei mangelnder Integration anderseits behindern die wissenschaftliche Synopse und eine synergetische Praxis.

4.3 „Intrafakultative" Strukturdefizite der Forschungspraxis zur Wissensproduktion

Eine Hyperdiversifizierung bei mangelnder Integration wie in der Medizin findet sich nahezu in allen wissenschaftlichen Disziplinen. Eine damit verbundene Schwierigkeit besteht aber bei der Analyse komplexer Probleme in der erwähnten Versäulung der Lehrstühle und der Disziplinen in den Fakultäten der Universitäten und selbstverständlich auch in der Abgrenzung zwischen den Fakultäten, wie schon Immanuel Kant bemerkt hatte (Kant 2005 [15]). Es gibt derzeit keine Fakultät für die Konsolidierung der *Kultur der Interdisziplinarität* an deutschsprachigen Universitäten, wenngleich es immer wieder Initiativen von Universitätsrektoren dazu gab.

Die Wissenschaften haben also eine interne Programmatik der Ausrichtung der Forschung, insofern verschiedene *fachinterne Fragestellungen* bearbeitet werden. Allerdings hat sich im Bereich der *angewandten Forschung* zunehmend das Aufgabenfeld entwickelt, für die Gesellschaft relevante Fragestellungen mit wissenschaftlichen Mitteln zu bearbeiten. Das führt dazu, dass wie beim Hausbau, wo Architekten, Bauingenieure, Installateure, Elektriker, Maler usw. zusammenarbeiten müssen, damit ein „großes Ganzes" herauskommt, auch verschiedenste wissenschaftliche Disziplinen zusammen arbeiten müssen. Dabei werden üblicherweise einige Begriffe zur Charakterisierung der Zusammenarbeit gewählt, nämlich *Multidisziplinarität, Interdisziplinarität* und *Transdisziplinarität.*

4.3.1 Multidisziplinarität

Im Kapitel 1 wurde die fachliche Grundstruktur der universitären Wissenschaft dargestellt: Mathematik, Physik Chemie, Technik, Biologie, Psychologie, Soziologie, Ökonomie usw. sind klassische Fächer mit einer Vielzahl an Spezialisierungen, ähnlich wie es in der Medizin bereits im Kapitel 1 gezeigt wurde. Die einzelnen Wissenschaften sind durch ihre spezifischen *Gegenstände, Begriffe, Methoden, Paradigmen* und *Theorien* bzw. *Modelle* geprägt. Damit ist eine Parallelität und auch Abgrenzung zwischen den Disziplinen gegeben. Insofern, wie im Kapitel 3 gezeigt wurde, keine praxisrelevante Hegemonie einzelner Wissenschaften möglich ist, muss der *disziplinäre Pluralismus* zwar akzeptiert werden, aber ein gewisses Ausmaß an stabilen Querverbindungen zwischen den Disziplinen ist nötig und sinnvoll. So sind Virologie und Epidemiologie im Vergleich zur klinischen Medizin zu Corona-Fragen in Forschung und öffentlicher Kommunikation stark präsent, ohne dass eine gemeinsame umfassende Perspektive, beispielsweise über die Pathologie, entwickelt wird. Derartigen „Querentwicklungen" wurde – wie die Corona-Debatte zeigt – bisher fast nirgends in der Welt und auch nicht außerhalb der Medizin hinreichend Aufmerksamkeit gewidmet, wie gleich gezeigt werden wird.

In der praxisorientierten Forschung haben sich allerdings seit den 1960er Jahren zunehmend multidisziplinär besetzte Forschungsgebiete herausgebildet wie die *Weltraumforschung*, die *Hirnforschung*, die *Umweltforschung* usw. In diesen Gebieten kommen Vertreter der verschiedensten Fachrichtungen zusammen, um ein gemeinsames Bild von dem Untersuchungsgegenstand zu schaffen und gemeinsam ein Problem zu lösen. Bei starkem Austausch über die gemeinsame Aufgabe kommt ein interdisziplinäres Gespräch auf und es ist eine neue Stufe der Zusammenarbeit erreicht worden, nämlich die „Interdisziplinarität".

4.3.2 Interdisziplinarität

Interdisziplinarität bedeutet zunächst den intensiven Austausch von Forschern aus verschiedensten Disziplinen zu einem gemeinsamen Forschungsgegenstand:

- „Ziel ist es, das Wissen verschiedener Disziplinen in Hinblick auf ein gemeinsames Ziel zu verbinden und damit ein besseres Verständnis oder eine Lösung auf eine Frage zu bekommen, die zu komplex ist, um mit dem Wissen und der Methodik einer einzelnen Wissenschaft beantwortet werden zu können" (Rescue, 2011, S. 50[16]).
- „... eine Art der Forschung, die Informationen, Daten, Techniken, Werkzeuge, Perspektiven, Konzepte und/oder Theorien aus zwei oder mehr Disziplinen oder spezialisierten Wissensgebieten integriert, um das grundlegende Verständnis zu verbessern oder Probleme zu lösen, deren Lösung den Rahmen einer einzelnen Disziplin oder eines einzelnen Forschungsgebiets sprengen würde" (COSEPUP 2005, S. 26; Übers. d. Autors [17]).

Seit den 1960er Jahren ist diese Arbeitsform der Wissenschaften in unzähligen Projekten und Fragestellungen realisiert worden, ohne dass es aber akzeptierte Regeln für „gute" Interdisziplinarität gibt. Allerdings ist aus der Sicht des Projektträgers meist nur eine „assoziative Interdisziplinarität" erreichbar und vielleicht auch gewünscht. Dabei bringt jeder Experte – wie beispielsweise bei Corona – seine wissenschaftliche Ansicht ein, unabhängig davon, wie groß die Lücken zwischen diesen Wissensbereichen sind, die zunächst bestehen bleiben.

Der Grund für diese unzufriedenstellende epistemische Situation liegt darin, dass viele Monate währende Lernprozesse zwischen den beteiligten Disziplinen erfolgen müssen, damit die nötigen sprachlichen, methodischen und wissensbasierten Brücken zwischen den Disziplinen aufgebaut werden können. Das geht besser, wenn die einzelnen Akteure auch in *Nebenfächern* qualifiziert sind, um mit anderen Disziplinen wenigstens teilweise eine gute Verständigung herstellen zu können. Diese überlappende Interdisziplinarität ermöglicht eine integrative Arbeitsform. Wichtig ist die disziplinäre gelernte Methoden-Kompetenz der einzelnen Akteure, da es wenig effektiv ist, wenn – etwa in der erwähnten Hirnforschung oder in der Klimaforschung – ein Physiker einen Fragebogen konstruiert und ein Soziologe eine elektronische Messeinrichtung entwickelt. Auch ist ein gemeinsamer wissenschaftsphilosophischer Hintergrund hilfreich, der über einen einfachen Pragmatismus hinausgeht und erfolgreiche allgemeine methodische Prinzipien der Wissensproduktion anwendet.

> Heute ein Muss: von der *assoziativen Interdisziplinarität* zur *integrierten Interdisziplinarität.*

Es ist nicht schwer, Physiker, Chemiker, Geologen und andere Naturwissenschaftler zusammenzubringen, auch die Ingenieurwissenschaften lassen sich gut integrieren. Problematischer ist es allerdings, die Naturwissenschaften mit den Sozialwissenschaften zu verbinden. Es gibt bereits einige Forschungsgebiete, wie die Nachhaltigkeitsforschung oder die Sozialökologie, bei denen bereits eine derartige jahrzehntelange Zusammenarbeit existiert.

4.3.3 Pragmatische Forschungsansätze

Die Welt in ihrer strukturellen Komplexität und Eigendynamik fordert die *angewandte Wissenschaft* immer stärker heraus. Nicht zuletzt erzeugen auch Erfindungen der Wissenschaft wie die Erfindung der Antibiotika oder des Plastiks in der breiten Anwendung oft große Probleme. Daher ist zur Problemlösung wieder wissenschaftliche Forschung gefragt. Auch sind manche Fragestellungen so komplex, dass mehrere wissenschaftliche Disziplinen dazu nötig sind. Das ist in der Hirnforschung so, aber ebenso in der Krebsforschung, der Umweltforschung, der Klimaforschung usw. Dazu eine kurze Betrachtung der Hirnforschung.

4.3.3.1 Hirnforschung

Seit Hippokrates ist das Gehirn Gegenstand des Interesses, um das Psychische und seine Störungen zu verstehen. Hippokrates hat bereits vermutet, dass das Gehirn die organische Grundlage für das psychische Geschehen darstellt. Erst seit den 1950er Jahren hat allerdings der technologische Fortschritt – feinste Messelektroden, elektronische Verstärkertechnik, Biochemie der Signalgebung und -verarbeitung von Nervenzellen und digitale Datenverarbeitung – entscheidend genauere Erkenntnisse über das Gehirn als Forschungsobjekt der Neurobiologie bzw. Hirnforschung erbracht. Physiker, Chemiker, Informatiker, Mathematiker, Nachrichtentechniker, Biologen, Mediziner, Psychologen, Linguisten usw. haben sich mit dem Präfix „Neuro" (Neurochemie, Neuroinformatik usw.) auf die Erforschung des Gehirns spezialisiert oder im interdisziplinären Team mit dem Gehirn befasst. Enorm viel *Einzelwissen* wurde auf diese Weise gesammelt. Vor allem die Geisteswissenschaften, wie die Psychologie, haben sich auf die Neurobiologie konzentriert und sich um die Aufdeckung der neuronalen Korrelate des Erlebens und Verhaltens bemüht. Allerdings ist die philosophische Frage, wie viel dieses *Substratwissen* beiträgt, psychische Krankheiten besser zu verstehen und behandeln zu können, noch immer nicht zufriedenstellend beantwortet (Tretter u. Grünhut 2010[18], Kotchoubey et al. 2016[19]): Der Ersatz psychologischer Begriffe wie „Lust" durch neurobiologische Begriffe wie das „limbische Dopaminsystem" bringt keinen Fortschritt an Präzision, da beim Menschen diese Strukturen und deren Aktivität nur unter schwierigen technischen Bedingungen messbar sind. Auch ist davon auszugehen, dass das gesamte Gehirn und nicht nur ein Teil des Gehirns beim Erleben bestimmter Zustände und Prozesse beteiligt ist. Es zeigt sich nämlich, dass das Gehirn ein vernetztes System von 100 Milliarden Nervenzellen ist, dessen Funktionscharakteristik am besten als Mehr-Ebenen-Netzwerk zu verstehen ist (Tretter et al. 2010[20]). Es bleibt somit die Forderung, dass sich die Psychologie, ähnlich wie die Neurobiologie auf konzeptueller Ebene „systemisch" begreift, um Ergebnisse der Hirnforschung besser anschlussfähig zu machen. Die theoriebefreiten Konzepte der *Psychiatrie* und *Psychopathologie*, die eine listenartige Vorstellung psychischer Einzelfunktionen aufweist, ohne systemische Funktionszusammenhänge zu explizieren, ist heuristisch nicht hilfreich und kann Fehlentwicklungen der Forschung verstärken (Tretter u. Löffler-Stastka 2018[21]).

Unbeeindruckt von dieser neurophilosophischen Kritik wird jedoch die neurobiologische Forschung weiter forciert und auf diese Weise der Reduktionismus befördert, ohne dass in der neuropsychiatrischen Praxis echte Fortschritte erreicht werden.

4.3.4 Reduktive Erklärungen

Der Aufbau der Wissenschaft geht – wie im Kapitel 1 und im Kapitel 3 dargestellt wurde – von einem Erkenntnisideal aus, bei dem letztlich alles auf Erklärungsprinzipien der *Physik* reduziert werden kann. Das wird meist als *Reduktionismus* bzw. als *reduktiver Physikalismus* bezeichnet, wie er vor allem in der *Neurophilosophie* diskutiert wird. Auch im interdisziplinären Kontext besteht die Tendenz, alle Phänomene – wie die Pandemie – auf die naturwissenschaftliche Ebene zu reduzieren, etwa im Rahmen der Biophysik, der Psychophysik oder der Soziophysik (Physik des Sozialen). Wesentliche Einwände mit Hinweisen auf die Grenzen des (methodischen) Reduktionismus betreffen die Frage nach der Reduzierbarkeit des Geistigen, also des Bewusstseins, auf das Materielle, beziehungsweise auf das Körperliche. Diese Diskussion ist zuletzt seit etwa Mitte der 1990er Jahre im Zuge neuer Erkenntnisse der Hirnforschung entbrannt (Dennet 1991[22]). Alte Argumentationsfiguren zwischen Materialismus und Idealismus traten in neuem Gewand auf. Nun, nach bereits über 20 Jahre lange währender Diskussion, die allerdings in den letzten Jahren abgeflacht ist, ohne dass ein „Sieger" feststeht, wird in der Forschungspraxis weiterhin wenigstens ein *methodologischer Dualismus* praktiziert (Tretter u. Grünhut 2010[23], Kotchoubey et al.[24]). Es ist aber auch deutlich geworden, dass das Soziale nicht auf das Mentale oder gar auf das Materielle reduziert werden kann, worauf Karl Popper in seiner Theorie der Drei Welten bereits hinwies (Popper 1978[25]): *Bedeutungen von Zeichen* sind mehr als die Materie, in die sie codiert sind, und sie sind mehr als das Geistige in Form des Bewusstseins, das sie wahrnimmt, sie sind Zuordnungen, Verweisungen auf Anderes.

Damit ist wohl dem Reduktionismus eine *mehrdimensionale Weltsicht* bzw. *Ontologie* entgegenzusetzen, die in bestimmter Form als „Holismus" bzw. als „Systemismus" bekannt ist. Der Holismus, der im Prinzip auf Aristoteles zurückgeführt werden kann, bedeutet, dass die Funktionsweise der Teile nur aus der Betrachtung des Ganzen verstanden werden kann (Meyer-Abich 1988[26]). Dabei werden auch Phänomene der *Emergenz* konstatiert, insofern die Eigenschaften von Wasser nicht aus den Einzeleigenschaften von Wasserstoff und Sauerstoff erklärt werden können. Das bedeutet aber für unsere Fragestellung umfassender interdisziplinärer Kooperationen zu Gegenwartsproblemen auch eine potenziell prinzipielle Separation der drei Hauptgruppen der Wissenschaften, nämlich der *Naturwissenschaften* (inkl. der Ingenieurwissenschaften), der *Geisteswissenschaften* und der *Sozialwissenschaften* (bzw. auch der Kulturwissenschaften). Mit Blick auf die Medizin ist deshalb nach wie vor das sogenannte *„bio-psycho-soziale“ Modell* der theoretische Bezugsrahmen der Wahl. Im Weiteren bedeutet dies auch, dass ein „methodologischer Pluralismus“ verfolgt werden muss, der in einen „integrativen Pluralismus“ münden kann (Mitchell 2003[27]).

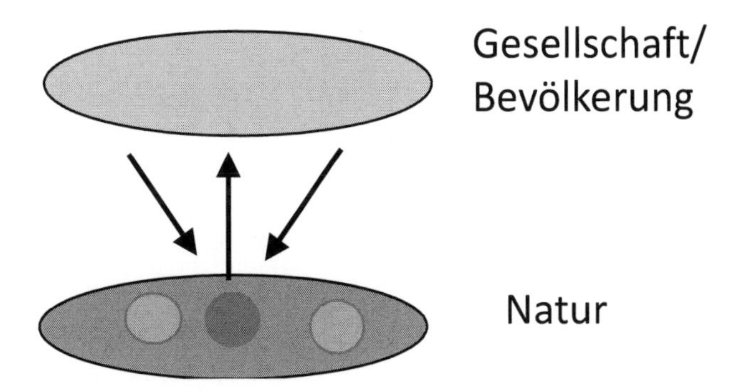

Abb. 4.2 Reduktionismus und „Systemismus“: Bottom-up-Kausalität oder Top-down-Kausalität oder beides? Und: Ein Faktor oder mehrere Faktoren „erklären“ das Ganze?

4.3.5 Transdisziplinarität

Die nun deutlich gewordene methodologische Schwierigkeit, zu komplexen heterogenen Sachverhalten ein umfassendes und geschlossenes Bild zu bekommen, und zwar insbesondere was die *Relevanz für die Lebenspraxis* betrifft, führte zur Entwicklung dessen, was im Kern als „Transdisziplinarität“ bezeichnet wird (Mittelstrass 2003[28], Scholz u. Steiner 2015[29]). Der Prozess der Transdisziplinarität setzt voraus, dass im Prinzip alle relevanten Teilhaber (Stakeholder) des Gegenstandes zusammenkommen, nämlich insbesondere „Praktiker“ und Forscher. Sie definieren das Problem in seiner Vielschichtigkeit und suchen nach einem verbindenden konzeptuellen Rahmen und bemühen sich von Anfang an um eine umsichtige Problemlösung, die nicht wieder neue Probleme aufwirft. Mit anderen Worten gesagt muss der *Mehrdimensionalität des Gegenstandes* eine integrierte *Mehrfach-Perspektivität* gegenübergestellt werden, die im nächsten Schritt *von vorneherein ein kohärentes Handeln ermöglicht.* Einer der Pioniere der Transdisziplinarität (TD) als zukunftstragende Wissensproduktion, der Psychologe und Mathematiker Roland Scholz, unterscheidet eine „horizontale“ TD, die im Wesentlichen die Interdisziplinarität adressiert und die Wissensintegration als Voraussetzung für eine erfolgreiche TD ansieht, und die „vertikale“ TD, die zwischen Forschung und Praxis wechselseitiges Lernen beinhaltet (Scholz 2000[30], Scholz u. Steiner 2015[31]). Transdisziplinäre Forschung strukturiert, analysiert und behandelt also die Probleme des jeweiligen Feldes, indem sie a) die Komplexität der Probleme erfasst, b) die Diversität der Lebenswelt und der wissenschaftlichen Problemwahrnehmungen beachtet, c) abstraktes und fallspezifisches Wissen verbindet und d) Wissen und Praktiken entwickelt, die dem common good förderlich sind (Pohl u. Hirsch-Hadorn 2007[32]).

Die Transdisziplinarität vermittelt auch nach Erfahrungen des Autors mit diesen Kriterien robuste Handlungsorientierungen in einer komplexen, dynamischen Welt.

Die „neue Wissenschaft": multi-, inter-, trans-, anti-, para-, supra-, postdisziplinär oder postnormal?

4.3.6 Wissensintegration

Wie nun bereits deutlich wurde, ist davon auszugehen, dass jeder Gegenstand einer Betrachtung – sei es aus der Alltagperspektive oder der Forschungsperspektive – unterschiedliche Aspekte des Gegenstands hervorholt und dass daher, um zu einem „ganzen Bild" zu kommen, die Integration dieser Wissensbausteine erforderlich ist.

Vor allem der Bereich der Umweltforschung und zuletzt im Rahmen der Nachhaltigkeitsforschung ist die Notwendigkeit zur Wissensintegration deutlich geworden. So wird für die umfassende Adressierung von Nachhaltigkeits-Fragestellungen eine Wissenschaft benötigt, welche die Expertise aus den Sozial-, Natur-, Gesundheits-, Ingenieurs- und den Humanwissenschaften integriert.

Diese integrativ-methodische Programmatik verfolgen jene Ansätze, die in der Folge detaillierter beschrieben werden, nämlich als *Humanökologie* und *Systemwissenschaft.* Diese Ansätze stellen integrative Rahmenkonzepte zur Verfügung die es ermöglichen, gewissermaßen die „funktionelle Anatomie" sozioökologischer Systeme – ländliche Regionen, urbane Ballungsgebiete – besser zu erfassen und zu durchschauen. Dazu ist die Wissensintegration erforderlich, die nicht wieder bei jedem neuen Projekt neu sondiert werden und hergestellt werden muss. Es geht dabei vor allem um eine *interdisziplinäre Wissensintegration,* aber wegen innerdisziplinärer Differenzen und Spezialisierungen auch um eine disziplininterne *(intradisziplinäre) Wissensintegration.* Es ist dabei zu beachten, dass sogar in der Physik noch keine „Theory of Everything" (ToE) existiert, da der Elektromagnetismus und die Gravitationstheorie (noch?) nicht vereinbar sind.

Auch in der Biologie des Gehirns sind bezüglich der Nervenzelle/Zellbiologie elektrische Phänomene und chemische Konzentrationen zwar de facto verbunden, aber sie werden meist methodisch bedingt separat betrachtet. Moleküle haben die Eigenschaften, in mehr oder weniger große Dichte vorzukommen und zugleich elektrische Ladung aufzuweisen, aber die Konzentration der Stoffe macht nicht alle elektrischen Phänomene der Zelle aus, da die Eigenschaften der Zellmembran auch räumliche Verteilungen der elektromagnetischen Felder mit sich bringen. Diese Felder bzw. die elektrische Spannung lassen sich mit Elektroden messen und so kann die Informationsverarbeitung der Zellen auf zwei Ebenen – der elektrischen und der chemischen – an der Kontaktstelle zwischen Nervenzellen (Synapse) beobachtet werden, ohne dass jedoch die Codierungsprinzipien der elektrochemischen Signalübertragung ausreichend verstanden sind (Tretter et al. 2010[33]).

Aktuell ist vor allem in der *Nachhaltigkeitsforschung* der Bedarf an Wissensintegration gegeben. Der Frankfurter Sozialökologe Thomas Jahn sieht dabei drei wesentliche Herausforderungen, insofern mehrere Ebenen der Integration bedeutsam sind (Jahn 2008[34]):

(1) Wissensintegration: Unterscheiden und Verknüpfen von disziplinären Wissensbeständen sowie von wissenschaftlichem und alltagspraktischem Wissen.

(2) Kommunikative Integration: Unterscheiden und Verknüpfen der kommunikativen Praktiken der beteiligten wissenschaftlichen und gesellschaftlichen Akteure.

(3) Soziale und organisatorische Integration: Unterscheiden und Verknüpfen von Ansprüchen, Aktivitäten, Wünschen, Erwartungen unterschiedlicher Individuen, Gruppen, Institutionen.

In jeder Hinsicht finden sich noch verhältnismäßig wenig Fortschritte. Vor allem die Integration der (empirischen) Wissensbestände ist, genau betrachtet, nur „assoziativ“ möglich, also in einer Art Nebeneinanderstellen der Erkenntnisse, die mit unterschiedlichen Methoden gewonnen wurden.

Bereits die Physik zeigt im Theoriebereich, dass eine theoretische Integration schwer möglich ist. Bereits bei der Grunddefinition, was das Licht „ist“, ist das Komplementaritätsprinzip lehrreich, das – je nach experimenteller Anordnung – gewissermaßen die Doppelnatur des Lichts als Wellencharakter oder als Teilchencharakter hervorhebt. Um diese Phänomene in einem Denkansatz zu vereinen, wird beispielsweise der Rahmen der Quantenfeldtheorie vorgeschlagen (Esfeld 2013[35]). In dieser Situation könnten vielleicht die verschiedenen Perspektiven zu einem „kohärenten Pluralismus“ zusammengedacht werden (Hartmann 2002[36]). Auch die Philosophin Sandra Mitchell schlägt einen *„integrativen Pluralismus“* vor (Mitchell 2003[37], 2012[38]). An dieser Stelle werden also wichtige „Baustellen“ der Wissensintegration deutlich.

Zwei wissenschaftliche Ansätze der Wissensintegration erscheinen zukünftig wichtig: die *Humanökologie* und die *Systemwissenschaft*. Die Humanökologie hilft, einen inhaltlichen Rahmen zu sozio-ökologischen Systemen aufzuspannen, der sich bereits in vielen Studien bewährt hat, indem alle Ereignisse – z. B. die Virusepidemie – auf einen konkreten Kontext bezogen betrachtet werden oder werden können: Die Systemkomponenten *Mensch, Gesellschaft, Natur* und *Technik* bilden den Rahmen, der auch begrifflich Differenzierungen bietet, sodass konkrete Systeme detailliert betrachtet werden können, ohne dass der Gesamtzusammenhang aus dem Auge verloren geht.

Indem dieses System detailliert erfasst wird, geht es im nächsten Schritt um die Entwicklung eines Funktionsverständnisses dieses Systemkomplexes, sodass die *Systemwissenschaft* als weitere Disziplin für größere Zusammenhänge herangezogen werden kann. Beide Disziplinen, die leider an Universitäten deutlich unterrepräsentiert sind, werden nun kurz und grundlegend skizziert, da sie Ansatzpunkte für die Wissensintegration bieten.

In Hinblick auf die *Organisationsformen für Transdisziplinarität*, bei der Wissen der Praxis und der Forschung zusammenkommen, erscheint auch hier ein Modell erwähnenswert, nämlich die *Bayerische Akademie für Suchtfragen in Forschung und Praxis*, die angesichts zunehmender kommunaler Drogenprobleme in den 1990er Jahren vom Autor mit KollegInnen gegründet wurde (BAS 2021[39]): Niedergelassene Ärzte, Beratungsstellen, Kliniker, Epidemiologen, Psychologen, Sozialpädagogen, Polizei, Rechtsmediziner, Behördenvertreter, Vertreter von Wohlfahrtsverbänden usw., aber auch Betroffene und Angehörige, versuchten sich gemeinsam ein Bild über die Epidemiologie zu machen. Dieses Strukturmodell könnte ein Modell für die

Wissensproduktion der Corona-Wissenschaft im Sinne einer neuen Epidemiologie sein. Es wäre sozusagen eine „Grenz-Institution" (boundary institution) zweckmäßig, die in Zeiten unübersichtlicher gesellschaftlicher Problemlagen unkonventionelle Forschungspraktiken verwirklichen müsste.

Wissensintegration ist nur über gesellschaftsrelevante *integrierte Forschergruppen* möglich

4.4 Humanökologie als Orientierungsrahmen für die „Nachhaltige Entwicklung"

Die Probleme, welche die menschliche Zivilisation für den Bestand und das Funktionieren der Natur, verstanden als unterschiedliche Ökosysteme, mit sich bringt, sind seit den 1960er und 1970er Jahren wohl bekannt: Chemieunfälle, Waldsterben, Überfischung der Meere, Versiegelung der Böden, Plastikmüll im Meer, Luftverschmutzung usw. sind weltweit relevante Themen. Und seit den 1980er Jahren gibt es bereits ein weltweites Problembewusstsein, das sich u.a. in dem Bekenntnis zu einer „nachhaltigen Entwicklung" manifestierte, das 193 Nationen im Jahr 1987 unterzeichneten. Dieser international konsentierte Zielekatalog der nachhaltigen Entwicklung bedeutet, dass der Lebensstandard der Gegenwart der Industrieländer für alle Nationen, und zwar vor allem auch für die nächste Generation, erhalten werden soll („Brundlandt-Bericht"; Hauff 1987[40]; UN 2015[41]). Diese Grundübereinstimmung erstreckt sich auf 17 Zielbereiche, die als Sustainable Development Goal (SDGs) international verbindlich sind (Tab. 4.1): Beispielsweise betrifft das Ziel #1 die Armutsbekämpfung, das Ziel #2 die Ernährungssicherheit und das Ziel #3 die Gesundheit. Das wäre in unserem Fall die Bekämpfung von COVID-19, die auch Armutsfallen vermeiden soll. Interessant ist nun die Frage, wie diese Ziele zusammenhängen, und ob sie sich sogar teilweise widersprechen, und welche Organisationsformen in diesem Fall gewählt werden müssten. Dies ist wissenschaftlich nicht so klar, sodass noch Einiges an interdisziplinärer Forschung erforderlich erscheint. Grundsätzlich haben allerdings derartige Forschungen zur nachhaltigen Entwicklung mit der sogenannten Versäulung der Disziplinen zu kämpfen. Ein praxisrelevanter Forschungsansatz, der bereits zu derartigen heterogenen Themen eine jahrzehntelange Erfahrung mit der interdisziplinären Integration aufweist, ist die Humanökologie bzw. die Sozialökologie.

Grundlegend soll vor allem die „natürliche" *Umwelt geschützt* werden, und zwar so, dass die *Wirtschaftlichkeit gesichert* und die *soziale Ungleichheit reduziert* werden soll. Diese Ziele, die in Form von Indikatoren gemessen werden, haben systemische Synergien, also eine wechselseitige Verstärkung. Diese Wechselbeziehungen können aber auch mit „Dysergien" einhergehen, wobei mit diesem medizinischen Ausdruck die Abschwächung von kooperativen Effekten, die durch Koordination der Aktionen auftreten, gemeint ist. Um diese hier nur abstrakt angesprochenen Verhältnisse genauer beschreiben und untersuchen zu können, ist ein übergreifender Begriffsrahmen, d. h. ein Orientierungsmodell, zweckmäßig, wie es die Humanökologie bietet.

In allen thematischen Zusammenhängen, in denen der Bereich „Natur" eine wesentliche Rolle hat, und zwar in Hinblick auf den Menschen bzw. die Gesellschaft und ihrer Institutionen, ist nämlich die Humanökologie (bzw. die Sozialökologie) ein wichtiger Arbeitsansatz.

Tab. 4.1 Nachhaltigkeitsziele
Ziel 1: Armut in jeder Form und überall beenden
Ziel 2: Ernährung weltweit sichern
Ziel 3: Gesundheit und Wohlergehen sichern
Ziel 4: Hochwertige Bildung weltweit sichern
Ziel 5: Gleichstellung von Frauen und Männern herstellen
Ziel 6: Ausreichend Wasser in bester Qualität sichern
Ziel 7: Bezahlbare und saubere Energie produzieren
Ziel 8: Nachhaltiges Wirtschaften als Chance für alle
Ziel 9: Industrie, Innovation und Infrastruktur fördern
Ziel 10: Ungleichheiten reduzieren
Ziel 11: Nachhaltige Städte und Gemeinden entwickeln
Ziel 12: Nachhaltig produzieren und konsumieren
Ziel 13: Weltweit Klimaschutz umsetzen
Ziel 14: Leben unter Wasser schützen
Ziel 15: Leben an Land schützen
Ziel 16: Starke und transparente Institutionen fördern
Ziel 17: Globale Partnerschaft herstellen

4.4.1 Definition des Gegenstands der Humanökologie

Die Humanökologie lässt sich zunächst als die *Ökologie des Menschen,* also die Anwendung der ökologischen Systemperspektive der Biologie im Bereich der Human- und Sozialwissenschaften, verstehen, wobei selbstverständlich intensive konzeptionelle Modifikationen erforderlich sind.

Das Aufgabenfeld der Humanökologie ist folglich die Untersuchung der *Mensch-Umwelt-Beziehungen* und das Sondieren und Auffinden von Lösungsmöglichkeiten bei Problemlagen. Dabei geht es also nicht nur um die Erforschung der Umwelt, wie sie ist, oder wie sie in einer bestimmten Kultur wahrgenommen und konzeptuell konstruiert ist, sondern vor allem um die anthropozentrischen Nutzungen, die anthropogenen Einwirkungen, die Modifikationen der Umwelt und die Maßnahmen zum Schutz der Umwelt, deren nachhaltiger, d. h. generationenübergreifender Bestand gesichert werden soll. Unter „Umwelt" wird dabei das die Menschen umgebende Gefüge von Atmosphäre, Wasser, Land, Pflanzen, Tiere, Menschen, Gesellschaft, Kultur und Technik verstanden. Unter „Beziehung" wird die Wahrnehmung, und das Einwirken zur Nutzung der Umwelt, etwa von Agrarflächen, verstanden.

Bei der Humanökologie handelt sich demnach um Forschungsansätze, welche grundlegend die *Mensch-Natur-Beziehungen* zum Gegenstand haben. Das betrifft etwa die Aneignung der Natur für die Gewinnung von Energie und Rohstoffen bzw.

für die Ernährung. Als Rückwirkung kann dieses Nutzungsverhalten der Menschen eine Reduktion der Quantität und Qualität der Umwelt erzeugen, indem diese Nutzstoffe durch kollektiven Verbrauch immer weniger werden und sogar die Umwelt durch diese Intervention geschädigt bzw. mit Schadstoffen belastet wird. Diese grundlegend bilaterale bzw. multilaterale Sichtweise entspricht dem *Haushaltskonzept* bzw. dem Konzept der *Wechselwirkungen* und des *dynamischen Gleichgewichts*.

An den allgemeinen gesellschaftlichen Themenstellungen ausgerichtet, bietet die Humanökologie bei der Gestaltung der *nachhaltigen Entwicklung* Hilfestellungen bei der Zusammenschau verschiedener Komponenten bei Konfliktlagen, und sie kann so zur Orientierung bei Konflikten und bei deren Lösungen beitragen. Damit ist das erwähnte Problem der Verständigung zwischen Disziplinen, insbesondere zwischen Sozial- und Naturwissenschaften, ein methodologisches Spezifikum der Humanökologie.

Definitonen von Humanökologie
(nach Simon u. Tretter 2022[42])

Gerald Marten reiht die Humanökologie in die allgemeine Ökologie ein (Marten 2001[43], S. 22):

„Ökologie ist die Wissenschaft der Beziehungen zwischen lebenden Organismen und ihrer Umwelt. Humanökologie handelt von den Beziehungen zwischen Menschen und ihrer Umwelt. In der Humanökologie wird die Umwelt als Ökosystem wahrgenommen (...). Ein Ökosystem ist alles in einem bestimmten Gebiet – Luft, Boden, Wasser, lebende Organismen und physische Strukturen, einschließlich allem, was von Menschen gebaut wurde. Die lebenden Teile eines Ökosystems – Mikroorganismen, Pflanzen und Tiere (einschließlich Menschen) – sind seine biologische Gemeinschaft."
(Übers. durch den Autor)

Bernhard Glaeser (Glaeser 1989[44], S. 28) nennt darüber hinaus Humanökologie eine „Grundlagendisziplin zwischen Natur- und Sozialwissenschaften".

„Ihr Thema ist das Gefüge der Beziehungen zwischen Mensch und Natur, zwischen Gesellschaft und Umwelt. Betont man den letzten Aspekt, insbesondere den Ausgangspunkt der Umweltzerstörung, ist sie vorwiegend politische Ökologie und als solche in ihrer Vorgehensweise sozialwissenschaftlich orientiert, wobei jedoch naturwissenschaftliche Elemente ebenfalls eine wichtige Rolle spielen. Dies ist die hier vertretene Auffassung. Knüpft man jedoch den Bezug zur Ökologie als biologischer Disziplin enger, stehen die naturwissenschaftlichen Aspekte im Vordergrund."

4.4.2 Formen der Humanökologie

Es sind wenigstens sechs unterschiedliche Ansätze historisch relevant, die der Humanökologie zuordenbar sind oder gar diese Bezeichnung ausdrücklich verwenden. Sie stellen ein Spektrum dar, das darüber hinaus eine Vielzahl an Positionen beinhaltet (nach Simon u. Tretter 2022[45]):

1. Die eher als Teil der *Soziologie* zu verstehenden frühen Ansätze einer „Social Ecology" im Umfeld der soziologischen *Stadtforschung* der 1920er–1950er Jahre, insbesondere in den USA (Hawley 1986[46]).
2. Die *Bevölkerungsökologie* der 1960er Jahre, die sich auf das *Bevölkerungswachstum* konzentrierte (Ehrlich et al.1975[47]). Es ging dabei vor allem um die Umwelteffekte des Bevölkerungswachstums.
3. Die *integrative Humanökologie* von Helmut Knötig im Wien der 1970er Jahre, deren Ziel es war, die verschiedenen Ansätze zu verbinden (Knötig 1975[48], 1977[49]).
4. Die daran angelehnte, im deutschsprachigen Raum ab 1975 entstandene Humanökologe der Deutschen Gesellschaft für Humanökologie (DGH 2021[50]; Glaeser 1989[51]).
5. Die soziologisch orientierte Wiener *Sozialökologie* (Fischer-Kowalski et al. 1997[52]) bzw. die Frankfurter *soziale Ökologie* (Becker u. Jahn 2005[53])
6. Die eher *philosophisch-ethisch* ausgerichteten Arbeiten z. B. des Papstes Franziskus in Form der Umwelt-Enzyklika „Laudato si" (Papst Franziskus 2015[54]), und neuerdings die Version einer „neuen" Humanökologie von Jürgen Manemann (Manemann 2014[55]).
7. Die *systemtheoretisch* fundierte Humanökologie wird vor allem von der Australischen Schule der Humanökologie um Robert Dyball betont: Humanökologie ist systemische Nachhaltigkeitsforschung (Dyball & Newell 2015[56]).

Trotz dieser Vielfalt an Ansätzen, die es – wie bei allen Wissenschaften – nahe legen, im Plural über „Humanökologien" zu reden, macht es Sinn, von „der" Humanökologie zu sprechen, da ein gemeinsamer Kern in der Frage nach den *Beziehungen zwischen den Menschen und den jeweiligen Umwelten* liegt, wobei – wie später ausgeführt wird – sowohl ein partikularistisches Vorgehen (es wird auf einzelne Bereiche bzw. Beziehungen fokussiert), wie auch ein ganzheitliches Vorgehen (das Übergreifende wird thematisiert) zu finden sind.

Die Humanökologie ist eine sehr universell einsetzbare Forschungsperspektive, die einen zusammenhängenden Untersuchungsrahmen definiert. Sie kann daher auch in der (ökologischen) Medizin erfolgreich eingesetzt werden, insofern sie mit dem im Prinzip nützlichen bio-psycho-sozialen Modell korrespondiert, aber den Faktor Umwelt wesentlich differenzierter und auch systematischer erfasst (Tretter 1986[57]).

An dem Beispiel COVID-19 ist überdies klar, dass die „erste Ursache", wie bei anderen Zoonosen, im „Überspringen" der Erreger von Tieren auf den Menschen liegt, wodurch sich die Epidemien/Pandemien entwickeln können. Pandemien können daher nur dann erfolgreich vermieden werden, wenn die wechselseitige Verschränkung und Durchdringung von *natürlichen Ökosysteme* und von *Humanökosystemen* minimiert wird. Das hat für grundlegende Hygiene- und Prophylaxe-Maßnahmen von Infektionskrankheiten größte Bedeutung und spiegelt sich heute zunehmend in Initiativen wie „One Health" oder „Global Health", welche die Tiergesundheit wieder in die Betrachtung der Humangesundheit mit einbeziehen (WHO 2017[58], WCS2019[59]).

4.4.3 Begriffe und Konzepte

Neben den Begriffen *Mensch*, *Umwelt* und *Beziehungen* sind vor allem Begriffe wie *Ressource*, *Resilienz*, *Vulnerabilität* usw. wesentlich. Auch *Kultur* in Form einer Wertematrix als Kontext der Menschen ist eine zentrale Kategorie, um menschliches Verhalten zu verstehen. Dazu einige Details (Tretter 2008[60]):

- Der *Mensch*: Der Mensch wird als bio-psycho-soziales Wesen mit Merkmalen der Selbstorganisation und darüber hinaus auf individueller Ebene als „situiertes Subjekt" verstanden. Das bedeutet, dass nicht nur ein einfaches *Stimulus-Response-Modell* angewendet wird, sondern der Eigenkonstruktion der Welt durch das Subjekt theoretische Aufmerksamkeit gewidmet wird. Die Dualität des *Daseins* und *Soseins* der Menschen wird durch eine *soziopsychosomatische Perspektive* erfasst, die dem Sozialen, der Psyche, wie auch dem Körper eine eigenständige, aber miteinander verwobene *Ontologie* zuschreibt. Das *physische Subsystem* des Menschen entspricht dem, was die medizinische Anatomie und Physiologie, bis auf die molekulare Ebene hinunter aufgelöst, über den Menschen weiß. Das *psychische Subsystem* wird als vielgliedriges System verstanden, das durch unterscheidbare Zustände und Prozesse in bewusste und unbewusste psychische Prozesse untergliedert wird und darüber hinaus wenigstens in kognitive und emotionale Funktionen differenziert werden kann (Tretter u. Löffler-Stastka 2018[61]). Auf diese Weise können beispielsweise typische Analysebereiche der Umweltpsychologie, wie „Umwelt und Wahrnehmung", „Umwelt und Denken", „Umwelt und Gefühle" konzeptionell und systematisch integriert werden. Das *Soziale* ist in diesem psychologischen Zusammenhang die vor allem über Bilder und die Sprache symbolisch vermittelte und verinnerlichte soziale Welt (Tretter u. Löffler-Stastka 2021[62]).
- Die *Umwelt*: Dieser Begriff wird semantisch zunächst in eine physische-materielle und eine informationelle Ebene differenziert, wobei neben den Mitmenschen jeweils die *unbelebte Natur* (Boden, Wasser, Luft) und die *belebte Natur* (Mikroorganismen, Pflanzen, Tiere), die *Gesellschaft* (bzw. Kultur) und die *Technik* als unterscheidbare Systeme im Kontext der Humanökologie als Untergliederung gewählt werden. Wichtig ist es auch in der Humanökologie, gegebenenfalls die *objektiven Umweltmerkmale von den* erlebten *subjektiven Umwelten* als Weltausschnitte zu unterscheiden, da das subjektive Umwelterleben stark von den Bedürfnissen und Gefühlen selektioniert ist. Darüber hinaus werden auch *Lebensbereiche* unterschieden, wie die Arbeitsumwelt, die Wohnumwelt, die Freizeitumwelt usw. Auch diese Taxonomie zum Umweltbegriff erlaubt sowohl punktuelle wie auch integrative Betrachtungen, also das Zooming-in und das Zooming-out.

- Die *Beziehungen* sind ein äußerst abstrakter Begriff, zumal sie sowohl vom Subjekt wie auch vom Untersucher abstrakt gedachte Beziehungen umfassen, aber auch konkrete Wirkungsbeziehungen bezeichnen. Bereits das *Verhalten im Raum* bedeutet, eine Beziehung zu haben, wie es beim „Distancing" bei Corona-Hygiene-Maßnahmen deutlich wurde. Das gesamte Beziehungsgefüge prägt das ökologische Befinden der Person. Und so ist der Begriff Beziehung vor allem bei Modellierungen von Human-Ökosystemen wichtig.

4.4.4 Methoden

Die Methoden der Humanökologie umfassen Methoden der *Naturwissenschaften*, wie etwa jene der Geographie, der Physik und Chemie zur Umweltbestimmung, aber auch Instrumente der *Sozial- bzw. Geisteswissenschaften* wie der Psychologie mit Befindlichkeitsfragebögen oder soziologische Umfrageinstrumente charakterisieren den Methodenkanon der Humanökologie. Datenanalytisch ist die Statistik unentbehrlich, vor allem wie sie in den Sozialwissenschaften als multivariate Analytik seit Jahrzehnten eingeführt ist. Allerdings haben auch qualitative Verfahren als kultursensitive Interview-Techniken eine große Bedeutung, insbesondere wenn es um Studien im globalen Süden geht.

Die empirischen Forschungsprojekte sind allerdings über eine multimodale und assoziative Methodenintegration nicht hinausgekommen. Das liegt teilweise an der erwähnten irreduziblen *Multimodalität der Ontologie* unserer Welt, was einen *methodologischen Pluralismus* impliziert.

Auf COVID-19 bezogen, geht es vor allem um die umweltmedizinische Betrachtung der Umweltverhältnisse wie Temperatur, Bewegung, Feuchtigkeitsgehalt und Druckverhältnisse der Luft, Temperatur, UV-Strahlung, aber auch um den Expositionsraum gegenüber dem Virus. Im Kontext der Medizin ist bereits die allgemeinmedizinische biopsychische Zustandsbeschreibung und die soziale Umfelderfassung über typische Indikatoren oder die Beurteilung bei Hausbesuchen als Hausarzt dafür geeignet, ein umfassendes Bild der Lebensbedingungen der Menschen zu erhalten, die mit SARS-CoV-19 infiziert sind bzw. unter COVID-19 leiden.

4.4.5 Modelle und Theorien

Der bekannteste Modelltyp, über den die Gesamtheit der Welt als sozioökologisches System abgebildet wurde, hat als Klasse der „Weltmodelle" seit den 1970er Jahren im Rahmen der Studie „Die Grenzen des Wachstums" große Bekanntheit erlangt. Dabei werden Variablen wie die Bevölkerungsgröße, die Ressourcenmenge und die Naturbelastung systemisch und quantitativ abgebildet und in Form von mathematischen Modellen über *Computersimulationen* erforscht. Damit ist bei der Studie *komplexer heterogener Systeme* die Notwendigkeit einer weiteren übergreifenden methodisch geprägten Wissenschaft, nämlich jene der *Systemwissenschaft*, deutlich geworden.

Als allgemeines Rahmenkonzept der Humanökologie kann das *Vier-Komponenten-Modell* gelten, das bereits im Kapitel 1 kurz erwähnt wurde: Dieser Rahmen betrachtet das Beziehungsgefüge zwischen Natur, Mensch, Gesellschaft (Soziales u. Kulturelles) und Technologie (Abb. 4.3 A). Dieses Vier-Komponenten Modell hat sich als allgemeiner konzeptueller Referenzrahmen bereits in vielen Studien bewährt. Es kann – und muss – auch systematisch nach verschiedenen Teilsystemen ausdifferenziert werden und dient auf dieser Weise zunächst für analytische Zwecke als *Diagnoseinstrument* bzw. als Bezugsrahmen für interdependente Zielvariablen, die bei der Analyse berücksichtigt werden müssen und eventuell auch explizit begründet nicht einbezogen werden (Abb. 4.3 B). Es handelt sich daher um ein allgemeines kategorisches Referenzsystem, also um das Wissen um die „funktionelle Anatomie" der Umwelt des (oder der) Menschen, das vielfältige begriffliche Differenzierungen erlaubt und dennoch die grundlegenden Zusammenhänge aufrechterhält.

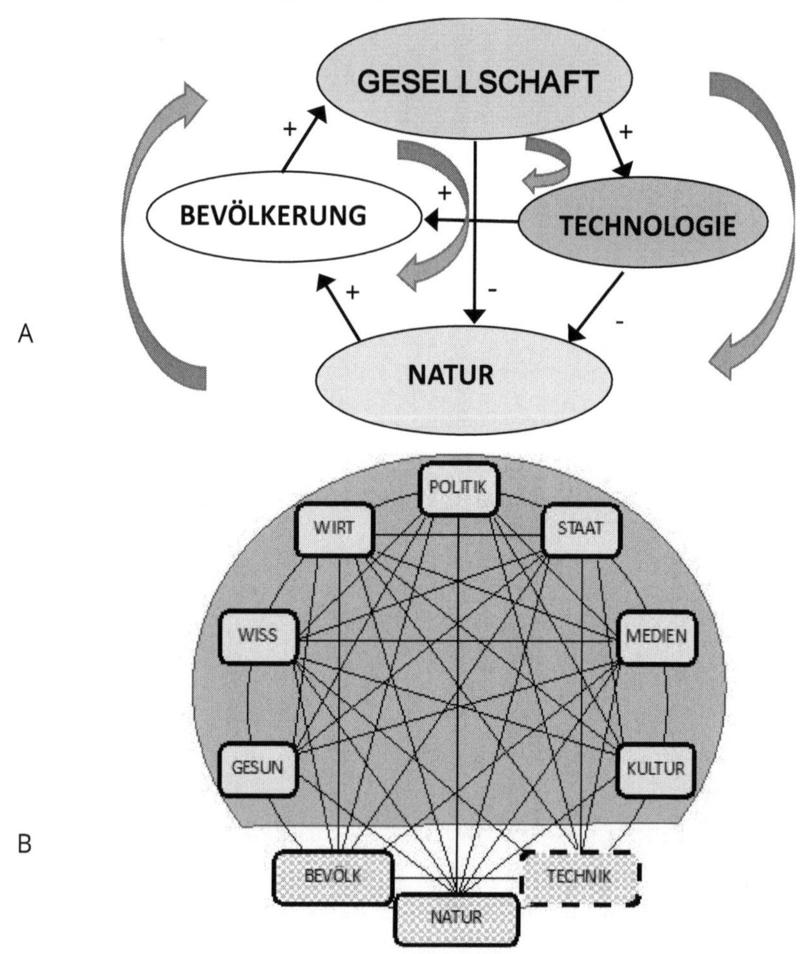

Abb. 4.3 Netzwerk von sozio-ökologischen Systemen als Analyse-Schema (nach Tretter u. Reichel 2020[63]).
A: einfaches Vier-Komponenten-Konzept mit verschiedenen aktivierenden (+) und dämpfenden (-) Wirkungskreisläufen.
B: Ausdifferenzierung in mehrere wichtige Komponenten gesellschaftlicher Subsysteme wie Kultur, Medien, Staat, Politik usw. und Bevölkerung, Natur (natürliche Ökosysteme im engeren Sinn) und Technik (z. B. Stadtstrukturen).

4.4.6 Ein humanökologischer Modellrahmen für Krisen

Der Modellansatz von Dyball und Newen (Dyball u. Newen 2015) geht davon aus, dass das *Wohlergehen der Menschen* als fluktuierender Zustand der Bevölkerung definiert werden kann. Das bildet sich, bezogen auf Corona, beispielsweise durch die Inzidenzzahl bzw. die Zahl der Toten ab. Dabei ist das dominante *kulturelle Paradigma* relevant, in welchen Ausmaß beispielsweise die Gesundheit vor der Wirtschaftlichkeit zu stellen ist. Dies ist für die *sozialen Institutionen* wichtig, die im Krisenmodus den „Lockdown" fordern (Gesundheits- bzw. Wirtschaftsorganisationen) und auch selbst – bis auf die nun allseits bekannten „systemrelevanten Funktionen" – realisieren. Durch Aktivierung der Pharmaindustrie durch die politischen Institutionen kommt das Technosystem des industriellen Komplexes in das System. Damit soll der Zustand des Ökosystems der Viren, das sich über die Bevölkerung erstreckt, in seinem Störpotenzial für die Bevölkerungsgesundheit gemindert werden.

Dieses allgemeine Modell wurde als Orientierungsrahmen in der Fachwelt der Humanökologie bereits zur Diskussion gestellt (Abb. 4.4; Tretter & Franz-Balsen 2020[64]). Es kann im Prinzip auch auf die Analyse des Prozessgefüges der Klimaproblematik für das „Framing" der Diskurse angewendet werden. Die Umfänglichkeit des Gegenstandsbereichs der Humanökologie bzw. Sozialökologie impliziert allerdings komplexe Modelle und damit die methodische Nutzung der *Systemwissenschaft*, von der nun gesondert die Rede sein wird.

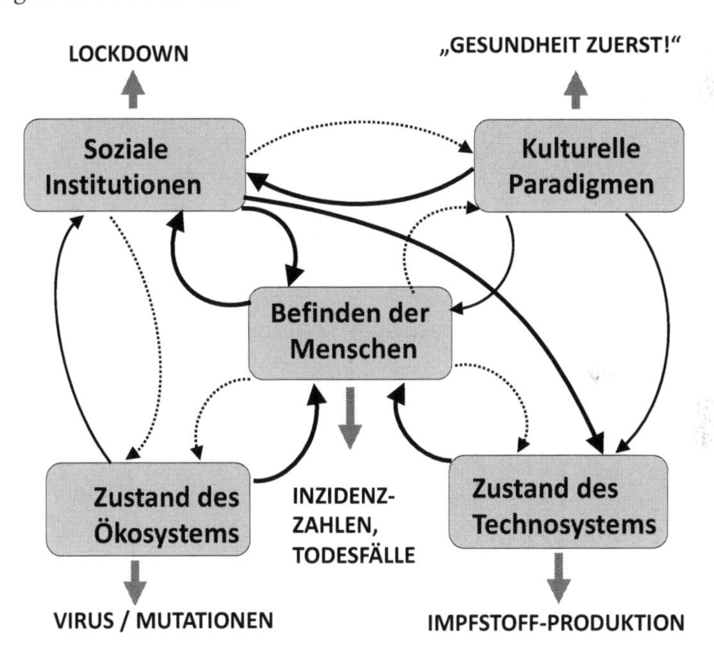

Abb. 4.4 Humanökologisches Systemmodell des Wirkungsgefüges der Corona-Krise (Details siehe Text).
Dicke der schwarzen Pfeile indizieren Stärke des Einflusses, dicke graue Pfeile sind Zustandsindikatoren für die Systemmodellierung.

4.5 Systemwissenschaft

Es wurde bisher mehrmals deutlich gemacht, dass die Welt als Gefüge von Elementen und Beziehungen komplex ist. So wurde bereits am Anfang in Kapitel 1 verdeutlicht, dass das Virus als Bestandteil der den Menschen umgebenden *Natur* und die *Bevölkerung* mit ihren Untergruppen als System von Wirtsorganismen, jeweils bestehend aus Organ-, Gewebs- und Zellsystemen, ein komplexes Wechselwirkungsgefüge darstellen, von dem weder die *Struktur* noch die *Dynamik* ausreichend verstanden werden kann. Das liegt vor allem daran, dass die Forschung desintegriert erfolgt. Dieses Beispiel verdeutlicht, dass es bei Analysen von Systemen also immer wieder um eine a priori definierte *Anzahl von Elementen* und eine *bestimmte Anzahl an Wechselbeziehungen* in einem *abgegrenzten System* geht, was hier als Kerncharakteristika von Systemen unterschiedlicher Systemarten (Ontologien) angesehen wird.

Insofern nun diese Systeme signifikante Unterschiede aufweisen, also im Prinzip speziellen Ontologien zuzuordnen sind, stellt sich die *Methodik des System-Denkens* als potentiell universelle analytische Methode dar, deren Ergebnis zu *Modell-Synthesen* führt.

Da Methoden typisch für Wissenschaften sind, stellt sich hier die Frage, inwiefern die „Systemwissenschaft" (oder: „Systemwissenschaften") besondere analytische und synthetische Optionen bieten. Ein derartiges wissensgenerierendes Potenzial kann auch als „supradisziplinär" bezeichnet werden, da es abstrakt-formal allgemeine *strukturelle und funktionelle Eigenschaften von Systemen* zu erfassen und dann anzuwenden versucht.

4.5.1 Geschichte der Systemwissenschaften

Die Systemwissenschaft geht in ihrer heutigen Form im Wesentlichen auf Ludwig von Bertalanffy und seine *Allgemeine Systemtheorie* (General Systems Theory) zurück (Bertalanffy 1968[65]). Die gedanklichen Ursprünge kann man zwar wieder in der Philosophie des Heraklit in der Antike finden („Alles ist im Fluss"). Doch als Wissenschaft mit einem mathematischen Instrumentarium und mit experimentellen Grundlagen und einer interdisziplinären Diskussion ihrer Anwendungen existiert die Systemwissenschaft etwa erst seit den 1950er Jahren (Ossimitz 2000[66], Wikipedia 2021b[67]). Diese Sichtweise, dass die Welt am besten als *System von Systemen* aufgefasst werden kann, hat ihre Wurzeln in der Biophysik des Fließgleichgewichts und in der (statistischen) Thermodynamik. Dabei wurden nicht nur Merkmale *lebender Systeme*, sondern auch des *psychischen Systems* wie auch von *sozialen Systemen* auf mehreren Ebenen (Mikro-, Meso- und Makro-Ebene) erfasst: Diese oft allgemein als in Abgrenzung zu technischen Systemen als „lebende Systeme" bezeichneten Systeme zeichnen sich durch ein *fluktuierendes Gleichgewicht* der den Systemzustand *aufbauenden und abbauenden Faktoren* aus, die auch *adaptive Eigenschaften* haben. Lebende Systeme sind aus verschiedenen Komponenten aufgebaut, die sich auf verschiedenen Ebenen selbst organisieren, wobei in diesem Bild die Entwicklungsperspektive, also die Zeitperspektive, tragend ist: Die Biomoleküle, so die allgemeine Evolutionshypothese, organisieren sich zu Zellen, die Zellen zu Geweben, die Gewebe zu Organen und Organsystemen, die dann den reifen Organismus ausmachen. Dabei ergibt sich nach Ansicht der Allgemeinen Systemtheorie die Systementwicklung bei lebenden Systemen nicht durch das „Zusammenkommen von Elementen", sondern durch *Differenzierung des Ganzen*, also beispielsweise der befruchteten Eizelle. Eine schlüssige und experimentell gestützte Theorie des Lebens steht aber trotz derartiger Bemühungen noch aus. Auch wurden die Merkmale der Komplexität (Bar-Yam 1997[68]) und der Nichtlinearität (Kalil 1992[69]) von Systemen als besonders signifikant für lebende System herausgearbeitet (Capra 2016[70]).

Tabelle 4. 1: Kurze Geschichte der allgemeinen Wissenschaften von Systemen und einige ihrer Exponenten (ungefähre Jahresangaben; nach Tretter 2005 [71])

Vorläufer:
1868: Regelungstheorie (James Clerk Maxwell)

Grundlegung:
1945: Kybernetik (Norbert Wiener),
Konnektionismus (Warren McCulloch, Walter Pitts u. a.)
Informationstheorie (Claude E. Shannon)
1946–1953: Macy Conferences on Cybernetics

Anwendungsbereiche:
1950: Steuerungs- und Regelungstechnik (James Watt, James C. Maxwell)
1950: Computerarchitektur und Informatik (John von Neumann)
1956: Künstliche Intelligenz (John McCarthy, Marvin Minsky)
1959: Mentale Forschung (Gregory Bateson, Paul Watzlawick)
1959: Managementkybernetik (Stafford Beer)
1960: System Dynamics (Jay Wright Forrester)
1960: Verhaltenskybernetik (Karl Ulrich Smith)
1968: Allgemeine Systemtheorie (Ludwig von Bertalanffy)
1970: Kybernetik 2. Ordnung (Heinz von Foerster)
1970: Systemische Therapie (Mara Selvini-Palazzoli)
1971: Kybernetische Pädagogik (Helmar Frank)
1973: Autopoiesis (Humberto Maturana, Francisco Varela)
1976: Radikaler Konstruktivismus (Ernst von Glasersfeld)
1980: Soziologische Systemtheorie (Niklas Luhmann)
1980: Komplexitätstheorie (Yaneer Bar-Yam)

4.5.2 Gegenstand der Systemwissenschaft

Gegenstand der Systemwissenschaft sind Systeme unabhängig von ihrer physischen Realisation. Es kann sich also auch um ideelle Systeme bzw. Symbolsysteme oder Texte handeln. Eine genauere Definition, was unter einem System verstanden wird, besagt, dass ein System *eine Menge von Elementen* und *eine Menge von Beziehungen* zwischen den Elementen innerhalb eines Rahmens ist (Hall u. Fagen 1956[72]). Demgegenüber hat Ludwig von Bertalanffy betont, dass ein (lebendes) System ein *gegliedertes Ganzes* ist, womit die entwicklungsbiologische Perspektive betont wird, bei der ein befruchtetes Säugetierei, das makroskopisch unauffällig ist, sich allmählich über Zellteilungen in einen Organismus entwickelt (Bertalanffy 1968[73]). Systeme sind demnach *abgegrenzte Netzwerke*.

In den letzten Jahren haben sich Systemtheorien zu einem Gesamtgebiet der wissenschaftlichen Erforschung von Systemen jeder Art entwickelt. Deshalb wurde auch dieser Bereich zusammenfassend als *„Systemwissenschaft"*, ja sogar im Plural als *Systemwissenschaften* bezeichnet (Ropohl 2012[74]).

Was den Gegenstand betrifft, werden von den betreffenden Theorien Informations- und Kommunikationssysteme behandelt, wobei *lebende, psychische, soziale* und *technische Systeme* untersucht werden. Von besonderem Interesse waren die *gesteuerten* und *geregelten Systeme*, wie sie vor allem im Rahmen der Kybernetik von Norbert Wiener untersucht wurden (Wiener 1948[75]). In Hinblick auf die *Dynamik der Systeme* entwickelten sich spezielle Ansätze, wie die Theorie nicht-linearer Systeme, chaotischer Systeme, adaptiver Systeme, selbstorganisierter Systeme usw. Was das Merkmal „Komplexität" betrifft, rückte in den letzten Jahren die Komplexitätstheorie in den Vordergrund. Es handelt sich aber immer um *spezielle Eigenschaften* von Systemen, die in den Fokus kommen, sodass die allgemeine Systemforschung eine umfassendere Perspektive bietet. Dabei ist zu betonten, dass die Systemforschung nur eine *Plattform-Funktion* für verschiedene Ansätze haben kann und weder eine allumfassende Theorie sein kann oder will, noch eine reduktive Theorie, die alle Systeme auf ein (oder wenige) Prinzip(ien) zurückführt. Wenngleich gut begründet derartige Tendenzen bestehen, hat die etwa 50-jährige Ideengeschichte dieses Ansatzes gezeigt, dass derartige umfassende Systemtheorien, etwa im Sinne einer Theory of Everything (ToE) unrealistisch sind, und daher wird die Bildung von *speziellen Modellen* gegenüber der Bildung von *allgemeineren Theorien* bevorzugt. Systemtheorie bedeutet also nicht, dass eine allumfassende Theorie zur Verfügung steht.

Methodisch steht folglich im Zentrum der Systemwissenschaften „die Kunst vernetzt zu denken" (Vester 2002[76]). Tatsächlich handelt es sich um eine bestimmte Technik des Betrachtens komplexer heterogener Sachverhalte und des Nachdenkens darüber, mit der Folge, zu dem Gegenstand, der interessiert, ein abstraktes mentales Modell bilden zu können (Meadows 2000[77]).

4.5.3 Begriffe

Die Schlüsselbegriffe der Systemwissenschaften sind *System, Element, Struktur, Funktion, Prozess, Zustand, Dynamik, Gleichgewicht, Nicht-Gleichgewicht, Komplexität* usw. mit darüber hinaus gehenden semantischen Differenzierungen. Jeder dieser Begriffe zeigt verschiedene Definitionsformen, je nach Anwendungsbereich und methodenabhängig. Eine umfassende Enzyklopädie ist daher noch nicht erstellt (Matthies et al. 2001[78]). Insbesondere der Soziologe Niklas Luhmann kann fast nur mit einem auf seine Begriffsfassungen zugeschnittenen soziologischen Lexikon gelesen werden (Krause 1996[79]). Die naturwissenschaftliche Sichtweise der Systemanalyse findet sich wiederum am besten ausgearbeitet im ökologischen Forschungskontext (Imboden u. Koch 2003[80]).

4.5.4 Systemische Epistemologie

Grundlegend ist vor allem im Kontext der Naturwissenschaften klarzustellen, dass ein System eigentlich bereits ein Konstrukt des Untersuchers ist, der sich über verschiedene Merkmale ein Modell vom konkreten System konstruiert. So sieht dies zumindest die im Kapitel 3 dargelegte erkenntnistheoretische Position des Konstruktivismus (Konstruktivismus; v. Foerster 1993[81], v. Glasersfeld 1992[82], Maturana u Varela 1987[83]). Außerdem denkt sich der systemische Untersucher gleich selbst als Umwelt des Systems mit, insofern seine Anwesenheit und seine Beobachtung das Systemverhalten zusätzlich zu den zu untersuchenden Variablen beeinflusst. Diese erkenntnistheoretische Dimension der Systemwissenschaft wurde vor allem durch die methodologische Reflexion der Kybernetik durch Forscher wie Heinz von Foerster verdeutlicht („Kybernetik zweiter Ordnung"): Jeder Untersucher eines Systems ist selbst wieder Element eines umfassenderen Systems, insbesondere eines kulturellen Systems, mit einer eigenen Sprache und spezifischen Definitionen wesentlicher Ausdrücke, die seine Beobachtung beeinflusst (Abb. 4.5). Außerdem beeinflusst der Untersucher das System als Gegenstand der Untersuchung ganz grundlegend, wie es schon in der Quantenphysik durch Werner Heisenberg gezeigt wurde.

Bei seiner Untersuchung geht der systemische Untersucher auch davon aus, dass die Erkenntnis ein spiralförmiger Kreisprozess ist, von der Beobachtung über die Analyse der Beobachtungen mit dem Resultat der Bildung eines mentalen Modells, das für die weiteren Handlungsschritte Orientierungen stiftet, wodurch neue Beobachtungen generiert werden usw. Es handelt sich also um einen Regelkreis, wie er bereits im ersten Abschnitt als großer gesellschaftlicher Regelkreis zum Verständnis des Corona-Managements dargestellt wurde.

Diese erkenntnistheoretische Dimension wurde bereits zu Beginn des Kapitels 3 ausführlich diskutiert.

4.5.4.1 Mehrebenen-Perspektive

In der systemischen Epistemologie wird ein System grundlegend als Einheit verstanden, die aus Subsystemen besteht und in Suprasysteme eingebettet ist. Diese grundlegende Sichtweise wird als „Multi-level Perspektive" und als typisch für die Systemwissenschaft angesehen (Abb. 4.5). Praktisch bedeutet dies, dass bei der jeweiligen Untersuchung das System (z. B. Gewebe bzw. Betrieb oder Organisation) bzw. ein Element davon (z. B. Zelle bzw. Arbeitsgruppe) gleichsam wie unter einer Lupe vergrößert wird oder durch die Einbezugnahme des Kontextes (z. B. andere Gewebe oder Organe bzw. andere Betriebe, Wirtschaftsraum bzw. Gesellschaft) gewissermaßen verkleinert wird („Zooming-in" und „Zooming-out").

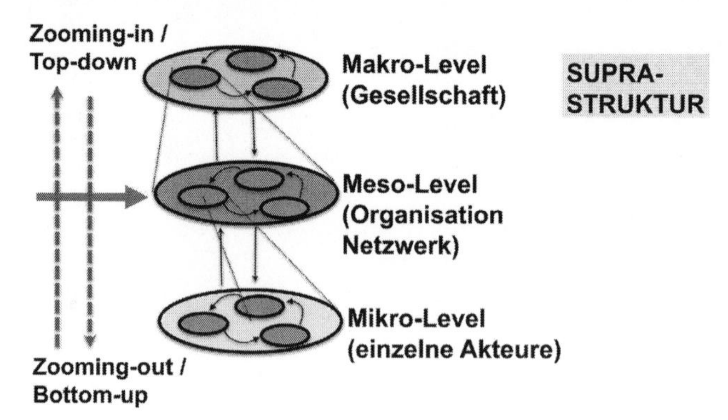

Abb. 4.5: Der Untersucher eines Systems (dunkle Ellipse), das auf der Meso-Ebene betrachtet wird, ist selbst Teil eines Makro-Systems (z. B. Gesellschaft),
ebenso wie auch das System, das untersucht wird, in einem eigenen Kontext steht. Die Teile des Systems stellen sich bei der Analyse auf der Mikro-Ebene dar.

4.5.4.2 Schichten der Systemebenen – Eisbergmodell der Systemanalyse

Ein „Systemiker" untersucht seinen Gegenstand im Sinne des *Pyramidenmodells systemischen Erkennens* (Abb. 4.6). Von dem *Ereignis* ausgehend (Erkrankte) zieht er noch ähnliche *Ereignisse* in Betracht – also andere Virus-Epidemien, andere Drogen, andere Schädlinge etc. – und versucht, *Muster* zu erkennen. Das ist die erste Aufgabe der Datenanalytik für Mathematiker und Statistiker. So sollen übergreifende bzw. dem Einzelphänomen zugrunde liegende Zusammenhänge identifiziert werden (siehe Kapitel 3). Dabei wird auf die *charakteristische Grundstruktur* abgezielt, wie eben die exponentielle Funktion als Ausdruck des Replikationsmechanismus des Virus. Schließlich geht es um die Identifikation des *generischen Systems,* das als Mustergenerator fungiert (z. B. Immunsystem als Symptomgenerator).

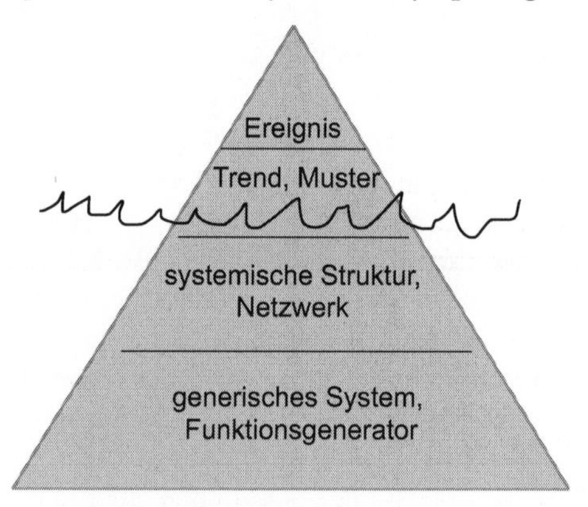

Abb. 4.6: Das systemische Denken geht davon aus, dass ein beobachtetes Ereignis (bzw. mehrere davon) einem Muster von eventuell latenten Ereignissen zugehört, bzw. ein Teil eines Trends ist. Dem unterlagert ist hypothetischerweise eine latente systemische Struktur oder eine Netzwerk, von dem wiederum ein Kernbereich den Prozessgenerator ausmacht (generische Struktur).

4.5.4.3 Erkenntnis als Kreisprozess

Die Erkenntnis als mentales Modell der Welt ist Resultat eines Kreislaufes von Handeln und Erkennen (Abb. 4.7). Und umgekehrt: Das mentale Modell prägt den Handlungsplan, der die Handlung leitet. Der Handlungserfolg wird über Indikatoren als Zielvariablen kontrolliert. Dies wurde im Kapitel 2 mit dem „großen Regelkreis" des Corona-Managements angesprochen.

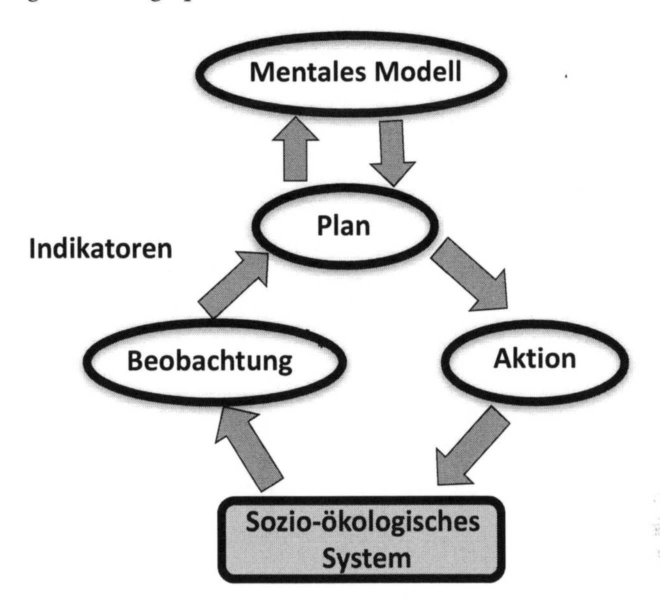

Abb. 4.7: Erkennen und Handeln im systemischen Modell des Managements sozioökologischer Systeme

In der systemischen Praxis der Systemanalyse, also etwa beim Management des erwähnten „großen Regelkreises" der Gesellschaft im Krisenmodus, ist davon auszugehen, dass sich dieser Regelkreis aus vielen Teilsystemen, den das Management ausmacht, zusammensetzt: Es gibt zunächst ein „Ereignis" als Problem, das die Managementaufgabe erforderlich macht. Das kann – wie in diesem Buch ausführlich besprochen – das Auftreten des Virus sein. Beim nicht-systemischen Management wird versucht, im Sinne eines einfachen (und auch oft wirksamen) *Stimulus-Response Modells* das Ereignis auszulöschen, also etwa das Virus zu eliminieren, die Droge zu verbieten, oder den Schädling zu vernichten. Dabei wird übersehen, welche latenten Mechanismen – z. B. die Virus-Evolution mit Mutanten – den Fortbestand des Ereignisses bedingen. In dieses Konzept passt auch die Grundregel für systemische Praktiker, also im Bereich des systemischen Managements oder der systemischen Organisationsberatung, dass die *Lösung eines Problems bereits das nächste Problem erzeugt* (Abb. 4.8).

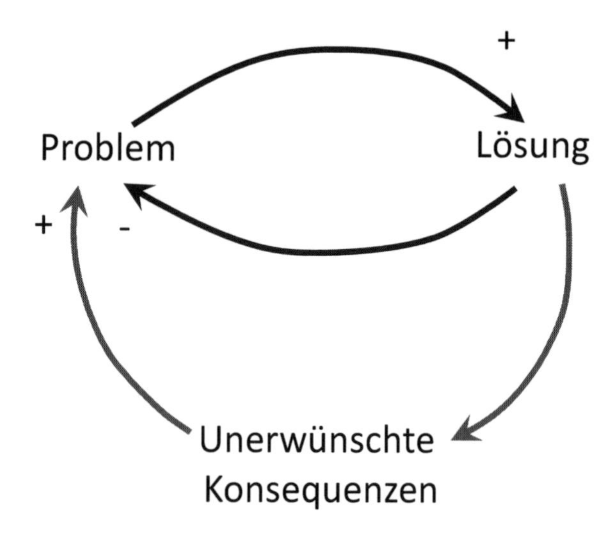

Abb. 4.8: Die Lösung eines Problems erzeugt unerwartete und meist unerwünschte Nebenwirkungen, die ihrerseits wieder zu einem Problem auswachsen können.

4.5.5 Systemische Methodologie des Modellierens

Die Methodik der Systemforschung ist besonders anspruchsvoll, vor allem weil sie Systeme auf abstrakter Ebene untersucht, und immer in die Nähe der Mathematik kommt, etwa bei der Erstellung von Modellen zur Simulation verschiedener Szenarien. Es sind die Gebiete Mengentheorie, vor allem aber Differentialrechnungen und Graphentheorie, neben der Wahrscheinlichkeitstheorie und der Logik, die beansprucht werden.

Ziel der Systemwissenschaft ist aber letztlich die Konstruktion eines adäquaten *Modelles* desjenigen Systems, das untersucht bzw. gestaltet werden soll. Dazu dient eine weithin akzeptierte *gestufte Vorgehensweise*, die von der *Systemdefinition*, der Ebene der *empirischen Beobachtungen* und *Daten* und Zusammenhangshypothesen bis zur *Modellsynthese* als *verbales, grafisches* und *formales* und *explizit quantitatives Modell* reicht, das in eine Computeralgebra transformiert wird und dann als *Simulationsmodell* fungiert. Schließlich kann das Modell anhand von älteren Datensätzen validiert werden und durch Variationen verschiedener Bedingungen auf seine Robustheit untersucht und modifiziert werden. So können in begrenztem Ausmaß Vorhersagen getroffen werden, die als „Wenn-dann-Szenarien" formuliert werden und zur Exploration von Möglichkeitsräumen des Systemverhaltens dienen (Tab. 4.2). Bezogen auf die Modellierung der Corona-Epidemie ist diese Methodologie in der hier dargestellten Form vermutlich nicht angewendet worden. Bei diesem Prozess sollte nämlich von Anfang an ein multidisziplinäres Team das Problem definieren und den gesamten Explorationsprozess gemeinsam begleiten (transdisziplinäre Modellierung). Mathematiker, die nur vorhandene Daten analysieren, werden daher nur begrenzt valide Modelle und Berechnungen produzieren können.

Tabelle 4.2.: Methodologie für gestuftes „exploratorisches" systemisches Modellieren (Tretter 2005[84])

1. Daten und Beobachtungen auswählen
2. Systemdefinition, Elemente, Beziehungen klären
3. Wortmodell der Interaktionen der Komponenten formulieren
4. graphisches Modell der Flüsse/Wirkungen (graphische Sprache) erstellen
5. mathematische Gleichungen aufstellen
6. Quantifizierung der Zustands- und Fluss-Variablen und Koeffizienten vornehmen („educated guess" durch Experten-Ratings)
7. Simulationen durchführen
8. Modelltests, Validierung vornehmen
9. Szenarien explorieren
10. neue Experimente durchführen => neue Daten generieren

4.5.5.1 Input-Output-Analyse der Black Box

Die typische *experimentelle Situation* für die Naturwissenschaften ist, dass das Bedingungsgefüge für die Systemfunktion des interessierenden Systems als *Input* variiert wird und der Systemzustand als Output registriert wird. Anders formuliert ist der *Output* die abhängige Variable y und die variierten Bedingungen die unabhängige Input-Variable x mit verschiedenen Ausprägungen, wie etwa die Dosis eines Medikaments und der daraus resultierende Plasmaspiegel (Abb. 4.9). Dieses Grundmodell gilt auch für die Analyse multivariater Bedingungsgefüge eines Systems oder Systemelements bzw. für „multieffektorische" Analysen, bei denen die verschiedenen Effekte eines Systems bzw. Systemelements untersucht werden. Diese Vereinfachung eines Systems, vor allem eines lebenden Systems, als *Black Box* ist oft inadäquat, da lebende Systeme eine Eigendynamik zeigen, die es besonders zu berücksichtigen gilt.

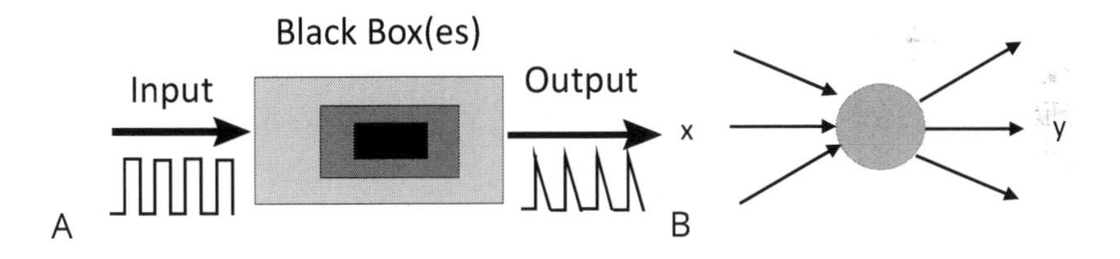

Abb. 4.9: Input-Output-Analyse in klassischer (A) und erweiterter (B) Form. Sie ist nur begrenzt aussagekräftig und hat über die jeweilige experimentelle Situation hinaus in der Lebenswelt nur eine eingeschränkte Gültigkeit (ökologische Validität).
A: Struktur des Inputs und des transformierten Outputs
B: Konvergenz der Bedingungen des Systemzustands und Divergenz der Wirkungen des Systemzustands – die vorherrschenden eindimensionalen Analysen übersehen die *Multi-Konditionalität* (Vektor von x) und die *Multi-Effektivität* des betreffenden Systemelements (Vektor von y).

4.5.6 Theorien und Modelle

Was Theoriebausteine betrifft, wird ein lebendiges System als funktionelle Einheit konzipiert, die aus *mindestens zwei definierbaren Elementen* besteht, die gegenseitige Interaktionen bzw. ein Feedback aufweisen. Diese Wechselwirkungen können *aktivierend* oder *hemmend* sein (Caveat: semi-quantitative Intensität-Zeit-Beziehung). Dies wurde beispielsweise bei den molekularen „autokatalytischen Zyklen" von Biomolekülen gezeigt, die sich selbst herstellen (Eigen 1971[85]). Grundlegend sind demnach lebende Systeme in ihrer Prozesscharakteristik *dynamische Systeme, adaptiv* und *nichtlinear* im Verhalten und zeigen Merkmale der (strukturellen) *Selbst-Organisation.*

4.5.6.1 Systemtypen

Wissenschaft versucht immer, die reale Komplexität zu reduzieren. Sehr oft lässt sich demnach auch ein komplexes System nach der Art seines Verhalten innerhalb einer Modalität auf zwei Teilsysteme reduzieren, ebenso wie sich ein zunächst unstrukturiert erscheinendes System als Zwei-Komponenten-System darstellen lässt. Bei derartigen Zwei-Komponenten-Systemen lassen sich drei verschieden Typen der wechselseitigen Verschaltung unterscheiden (siehe Abb. 4.10):

a. *Eskalator*: Bei diesem System mit wechselseitigen Aktivierungen zeigt sich im Prinzip bei beiden Elementen A und B eine ansteigende Aktivität (nur A dargestellt).
b. *Oszilllator*: Dieses System, bestehend aus einer Aktivierung und einer Hemmung, zeigt für beide Elemente zeitversetzt ein Auf-und-Ab (nur A dargestellt).
c. *Polarisator*: Dieses System mit zwei wechselseitigen Hemmungen weist zwei auseinanderlaufende Zustandsverläufe auf.

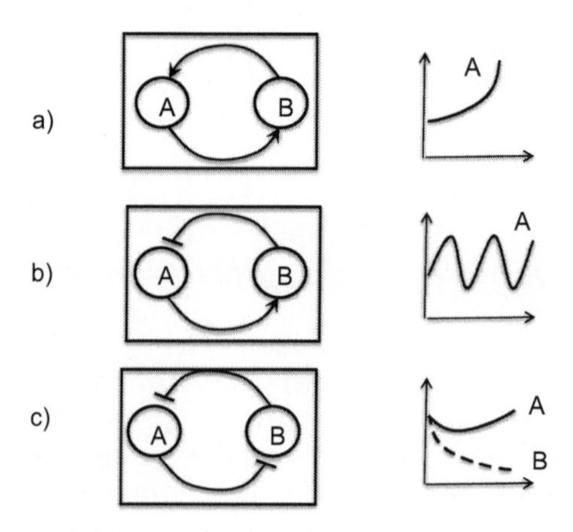

Abb. 4.10: Elementare Systemtypen (siehe Text).

4.5.6.2 Selbstverstärkung

Bereits die Kombination von drei einfachen eskalatorischen Zwei-Elementen-Modellen, die *Teufelskreise* darstellen (Eskalator, s. Abb. 4.10c), ist beispielsweise für die Praxis in der Beratungspraxis bzw. in der Psychotherapie hilfreich, weil sie die schwierig zu erfassende Kausalität einer Störung als verschränkt erkennen lässt (Abb. 4.11; Tretter 2017 [86]): So ist es typisch, dass ein Alkoholiker beklagt, dass seine Frau „so böse" sei, und dass er deshalb trinke, während die Frau sagt, dass sie so böse sei, weil er trinke (sozialer Teufelskreis). Die Alkoholabhängigkeit ist darüber hinaus auch von anderen Teufelskreisen angetrieben, die therapeutisch beachtet werden müssen: Die Anpassung des Stoffwechsels führt dazu, dass allmählich mehr vertragen wird, ja sogar ein gewisser Alkoholspiegel erforderlich ist, damit die betreffende Person einigermaßen physisch und psychisch funktionieren kann (Toleranzphänomen; biologischer Teufelskreis). Aber auch die psychischen Folgen, etwa das Auftreten von Scham nach dem Trinken, können dazu führen, dass eben gerade deswegen wieder getrunken wird, mit der Folge, dass die Scham noch mehr steigt, bis bei großer Verzweiflung sogar ein Selbstmordversuch unternommen werden kann (psychischer Teufelskreis).

An diesem einfachen alltagsnahen Beispiel der vermaschten Teufelskreise wird sofort klar, dass hier nur eine multimodale Intervention, also eine *bio-psycho-soziale Therapie* wirklich helfen kann. Das gilt analog für COVID-19.

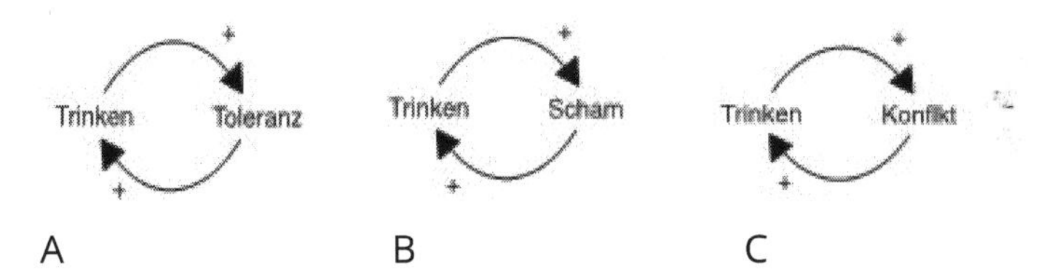

Abb. 4.11: Biopsychosoziales Ursachenmodel der chronischen Sucht. Verschränkung von körperlichen, psychischen und sozialen Teufelskreisen.
A: Biologischer Teufelskreis: „Je mehr ich trinke, desto mehr Toleranz tritt auf, je mehr Toleranz auftritt, desto mehr trinke ich ..."
B: Psychischer Teufelskreis: „Je mehr ich trinke, desto mehr schäme ich mich, je mehr ich mich schäme, desto mehr trinke ich ..."
C. Sozialer Teufelskreis: „Je mehr ich trinke, desto mehr Konflikte habe ich, je mehr Konflikte ich habe, desto mehr trinke ich ..."

4.5.6.3 Theorien und Modelle der Selbstorganisation

Viele Systeme – auch technische Systeme wie der Laser oder nicht-lebende natürliche Systeme wie die Atmosphäre – zeigen eine Eigendynamik durch Rückkoppelungen, was oft als „Selbstorganisation" bezeichnet wird, weil die Umweltstimuli nur einen unspezifischen Effekt für derartige spezifische Prozesse der Musterproduktion haben.

Das eingängigste Beispiel für Selbstorganisation ist das Laser-Phänomen: Ein Rubinlaser wird durch eine stroboskopische aktivierende elektromagnetische Bestrahlung in ein energetisch hohes Niveau gebracht, wonach – auf atomarer Ebene betrachtet – die angeregten Elektronen Photonen emittieren, die sich aufgrund einer Spiegelvorrichtung im Kristall zu einer kohärenten Emission von Photonen organisieren. Der Output des Laserkristalls ist somit eine hochenergetische kohärente Strahlung, nämlich das Laserlicht.

Ein weiteres Beispiel sind Wetterphänomene, deren Modellierung zu einem Grundmodell der nichtlinearen Systeme führte, was als das *Chaos-Modell* bekannt ist: Kleine Unterschiede in den Anfangsbedingungen führen zu extrem irregulären Verläufen der einzelnen Zustandsvariablen, deren Verhältnis zueinander als zeitfreie Attraktoren dargestellt werden kann. Am bekanntesten ist der Lorenz-Attraktor, der aus drei nichtlinear gekoppelten Differentialgleichungen besteht, deren numerische Berechnung zu untenstehendem komplexen Zustandsverlauf führt (Abb. 4.12):

$$x'(t) = -3*(x(t) - y(t))$$
$$y'(t) = 27*x(t) - y(t) + x(t)*z(t)$$
$$z'(t) = - z(t) + x(t)*z(t)$$

Der Zustandsverlauf dieser drei Komponenten dieses Systems (x,y,z) lässt sich nicht mehr vorhersagen, insbesondere weil zu einem bestimmten Zeitpunkt kleine Änderungen der Anfangsbedingungen des Systems zu völlig anderen Zuständen führen. Die Nichtlinearität ergibt sich also durch Rückkopplungen innerhalb dieses eigentlich strukturell sehr einfachen Systems. Es wird dadurch verständlich, dass Wetterphänomene schwer vorhersehbar sind. Noch deutlicher wird in Hinblick auf COVID-19, dass die Vorhersagen der Epidemiologie kaum valide sein können, weil zwar einerseits bekannt ist, dass es nichtlineare, d. h. exponentielle Ansteckungsketten gibt, aber darüber hinaus andere Mechanismen weder theoretisch noch empirisch hinreichend aufgeklärt sind. Das bedeutet letztendlich, dass die Entscheidung der Politik, bestimmte Regulierungsmaßnahmen zu verordnen oder wieder abzuschwächen, auf einer sehr unsicheren Erkenntnislage fußt. In der Folge mussten daher immer wieder die „Hämmer" des totalen Lockdowns verhängt werden, was nun Ende 2021 durch die Impfung und unter Annahme, dass es keine neuen aggressiven Mutanten gibt, vermeidbarer erscheinen soll.

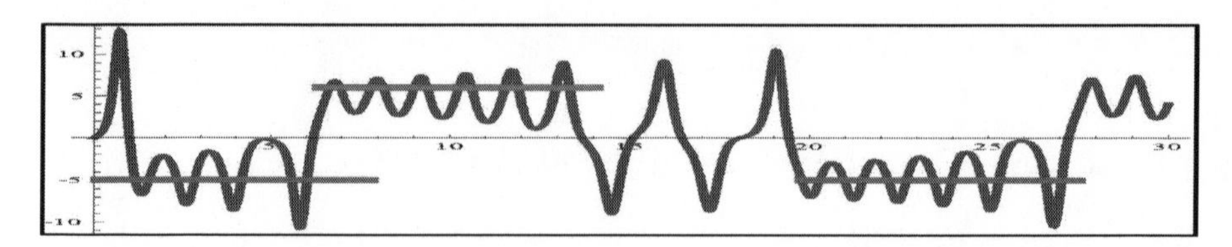

Abb. 4.12: Chaotischer Verlauf einer Variable des Lorenzattraktors mit zeitweise unterschiedlichen Durchschnittsniveaus der Fluktuationen (eigene Berechnungen).

4.5.6.4 Komplexe Modelle - die „Weltmodelle"

Von besonderer Bedeutung ist die Klasse der Weltmodelle, welche die Gruppe um Jay Forrester und Donella Meadows am Massachusetts Institute of Technology zur Erforschung der „Grenzen des Wachstums" entwickelt hat (Meadows 1972[87]). Diese Modelle können inhaltlich betrachtet sowohl als *sozialökologische Modelle* klassifiziert werden, wie auch als *Systemmodelle*, da sie weniger theoriebasiert aufgebaut sind, sondern eher datengetriebene Modellierungen darstellen. Deren besondere wissenschaftliche Herausforderung besteht in der *quantitativen Zusammenführung* der vielen einzelnen Systemkomponenten, was eine explorative Szenarien-Simulation erlaubt, wovon hier allerdings nur ein modifizierter Ausschnitt dargestellt wird (Tab. 4.1): Wie bereits vorher zur Humanökologie als qualitatives Modell ausgeführt wurde, und hier tabellarisch dargestellt wird, wächst beispielsweise die *Bevölkerung* (BEV) an, wodurch indirekt die *Ressourcen* in Form von Rohstoffen und Energie und auch direkt die benötigten *Flächen* verbraucht werden (RESSV, FLÄCHV), was durch *Technologieeinsatz* (TECH) zunächst kompensiert und dann aber wieder gesteigert wird, zumindest was die Effizienz der Flächen- und Ressourcennutzung betrifft. Auf diese Weise kann die für die Ernährung nötige *Landwirtschaft* (LAWIR) der wachsenden Bevölkerung angepasst werden. Allerdings tritt eine zunehmende *Umweltbelastung* auf (UWEB, z. B. durch CO_2 Emissionen). Die Variablen müssen empirisiert („Welches Merkmal ist gemeint?") und operationalisiert („Wie ist das zu messen?") werden. Dann wird die Wirkstärke der Variablen zunächst dichotom skaliert (steigernde oder mindernde Effekte). Sie sollen aber möglichst semi-quantitativ (Notenskala) oder quantitativ auf Intervallskalenniveau (Meter, Gramm, Sekunden) eingestuft werden. So können Computermodelle formuliert werden, die in verschiedenen Konstellationen getestet werden können.

Tab. 4.1 Interaktionsmatrix der Komponenten eines sozioökologischen Systemkomplexes. Erläuterung: + als Anstieg, Steigerung; - als Abnahme, Minderung des Zustands der einwirkenden Variable (z. B. BEV => + LAWIR)

	BEV	LAWIR	TECH	FLÄCHV	RESSV	UWEB
BEV	/	+	0	+	0	0
LAWIR	+	/	+	+	+	0
TECH	0	+	/	0	0	+
FLÄCHV	0	-	+	/	+	0
RESSV	0	0	+	0	/	0
UWEB	0	-	0	0	0	/

Visualisierungen der Wirkungsbeziehungen sind dabei hilfreich (Abb. 4.13). Dann kann über Computersimulationen versucht werden, unter sonst gleichbleibenden Bedingungen (ceteris paribus-Bedingungen) die Entwicklung des Zustandes der veränderten Teilsysteme als Wenn-dann-Szenarien zu explorieren und gegebenenfalls bei solider Datengrundlage zu prognostizieren (Abb. 4.14). Das Modell kann gestuft in Kooperation mit Experten von allem Anfang in „transdisziplinären Teams" entwickelt werden (Hannon u. Ruth 2001[88], Vester 2002[89]). Aufgrund darauf aufbauender Computersimulationen können dann fiktive Handlungspläne konstruiert werden, die günstige Entwicklungen des betreffenden Systems fördern. Durch Beobachtung der Ergebnisse bei den Zielvariablen kann das Modell bzw. die Strategie gegebenenfalls geändert werden.

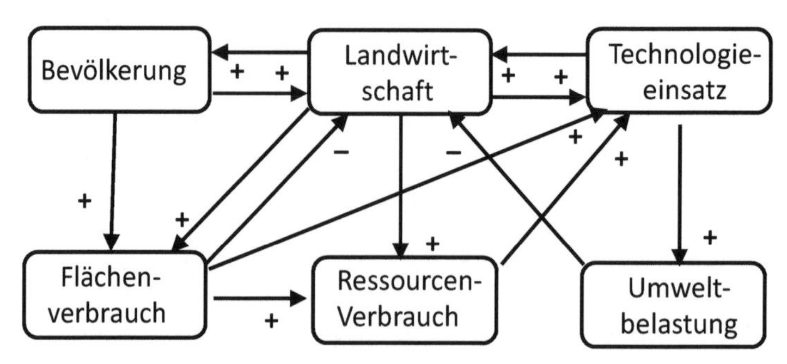

Abb. 4.13: Ein vereinfachtes Grundmodell aus der Reihe der Weltmodelle. Bevölkerungswachstum stimuliert die Landwirtschaft, die ihrerseits erst Bevölkerungswachstum ermöglicht. Damit wächst der Flächenverbrauch, der vor allem die Landwirtschaft beeinträchtigt und den Technologieeinsatz stimuliert. Beide Faktoren – Landwirtschaft und der Flächenverbrauch – steigern den Ressourcenverbrauch, der wiederum den Technologieeinsatz stimuliert, der seinerseits die Effektivität der Landwirtschaft, aber auch die Umweltbelastung steigert, die wiederum die Landwirtschaft belastet. Aus der Menge der möglichen Wirkungen ist für diese Darstellung nur eine Teilmenge der als relevant einzustufenden Wirkungen selektioniert worden.

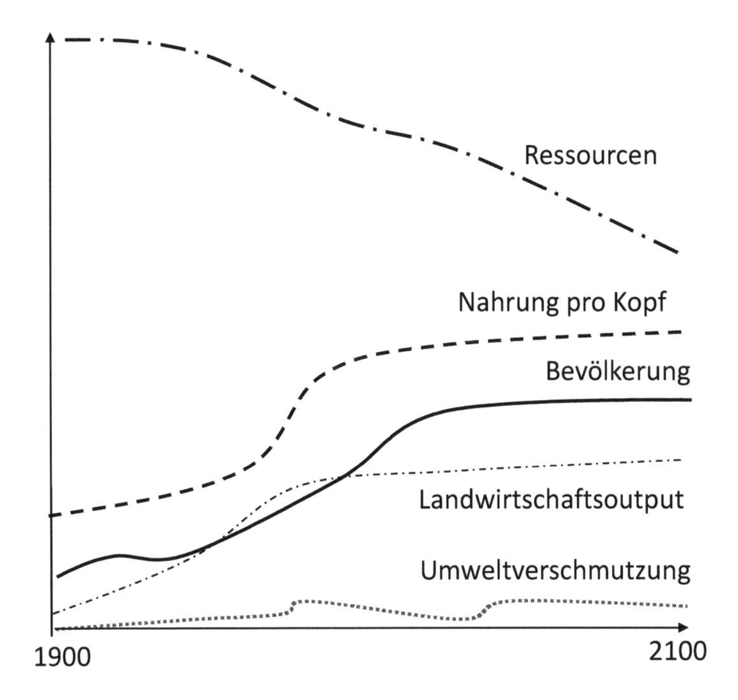

Abb. 4.14. Exploratives Szenario zu den Kurvenverläufen der Zustände der Teilsysteme eines sozioökologischen Systems. Bei Grenzen der Produktivität der Landwirtschaft ist die Ernährung trotz relativ konstanter Bevölkerung limitiert, bei gleichzeitigem Ressourcenverbrauch und leicht steigender Umweltbelastung (vereinfacht, nach Meadows 1972[90]).

Festzuhalten ist an dieser Stelle abschließend, dass die Ergebnisse der Analysen nur *Explorationen* und *nicht Vorhersagen* sind. Diese Methodik des systemischen Modellierens hilft, sich „mögliche Zukünfte" auszudenken.

4.6 Fazit und Perspektiven

Das zentrale Anliegen des Buches ist es, die Bedeutung von *Bildung der Bevölkerung für Demokratien* hervorzuheben. Bildung ermöglicht am besten die Selbststeuerung der Bevölkerung im politischen System, dessen beste Organisationsform die Demokratie ist. Demokratie erfordert aber in der modernen Welt komplexes Wissen und „Metawissen", also methodologisches Wissen, wie man beispielsweise *Fakten von Fakes* unterscheiden kann, und dass Wissen mehr als Daten-Lernen ist. Demokratie mit „wissensbasierter" Politik statt ideologie-getriebener Politik erfordert also *Bildung*, auch wissensphilosophischer Art. Dazu sind aber mehrere Entwicklungen nötig:

(1) *Wissensintegration:* Die Vielfalt der Welt bildet sich in einem fragmentierten, dissoziierten Bild des Wissens und der Wissenschaft ab. Daher sind für ein integriertes Weltverständnis Bemühungen um *Wissensintegration* erforderlich. Das macht die *Institutionalisierung der Interdisziplinarität* als Basis von *Querschnittsdisziplinen* erforderlich. Diese Wissensintegration betrifft die Wissenschaften, aber zusätzlich ist auch die Integration des lebensweltlichen Wissens der BürgerInnen nötig, gerade wenn es um fokale Problemlösungen im Rahmen übergreifender Probleme wie des Klimawandels geht. Das ist die Praxis der Wissensintegration durch *Transdisziplinarität* als Ideal der Wissens- und Handlungsintegration. Im wissenschaftlichen Bereich geht es im Besonderen um die Verbindung von Konzepten, Methoden und Daten aus den *Naturwissenschaften* und aus den *Sozialwissenschaften*, denn vorrangig für die Gegenwartsgesellschaft ist es, gesellschaftlich relevante Phänomene in Bezug auf die Umwelt zu betrachten. Allerding ist festzuhalten, dass die Wissensintegration noch unzulänglich ist. Die Verbindungen von Daten aus den Naturwissenschaften und Daten aus den Sozialwissenschaften erfolgt nur formal, also über Kontingenzmasse. Allerdings nur Korrelationen herzustellen ist wissenschaftlich unzufriedenstellend und auch bedenklich, weil Korrelationen nicht Kausalität bedeuten. Die Wissensintegration bleibt noch als Problem bestehen.

(2) *Humanökologie und Systemwissenschaft*: Durch einen integrativwissenschaftlich-disziplinären Rahmen wie der *Humanökologie* bzw. *Sozialökologie* stehen Grundlagen für derartige Vorhaben der Wissensintegration zur Verfügung. Allerdings ist ein solches Projekt von dem Komplexitätsproblem der zu betrachtenden Anzahl von Systemkomponenten und deren Wechselwirkungen belastet. Big data alleine, durch lernende Algorithmen analysiert, ist nicht die Lösung.

In dieser Hinsicht bietet die *Systemwissenschaft*, komplementär zur Humanökologie, eine gute Basis für ein – im weiteren Sinne – *mechanistisches Verständnis* der Welt als System von Systemen. Im Rahmen des zuletzt dargestellten Bereichs der Methodik der Modellierung von Systemen, die als Bilder von der Welt handlungsleitend sein sollen, lassen sich komplexe Sachverhalte gangbar („viabel“) darstellen. Dadurch, dass die Systemtheorien den sachlich-fachlichen Hintergrund bilden, können auch notwendigerweise sehr komplexe mathematische Modelle systematisch auf einfachere Systemmodelle mit weniger Komponenten und/oder weniger Interrelationen reduziert werden, ohne dass die quantitativen und die qualitativen Verlaufsaussagen im Wesentlichen verändert werden: Der Zustand, wie die Inzidenz bei Corona, geht hinauf oder hinunter oder er bleibt gleich. Diese methodische Option des Hinunterskalierens auf geringer aufgelöste Skalen ist in der Ökonomik und auch in der angewandten Physik ein Standardverfahren. Das qualitative Verstehen des Systemverhaltens als Resultat von Aktivatoren und Inhibitoren einer Zustandsvariable (z. B. Punkt- oder Periodenprävalenz) ist aus pragmatischer Sicht der Modellierung der eigentlich entscheidende Schritt.

(3) Hier wird also letztlich im Rahmen eines *grundlegenden Handlungsmodells* davon ausgegangen, dass menschliches Handeln im Einzelnen und im Gesamten von unseren Bildern von der äußeren Welt geleitet wird. Diese Bilder, also *Modelle*, sind ein Mix von beobachtungsgestützten Konstruktionen, die sowohl auf individuell-

subjektiven und kollektiv-objektiven Informationen beruhen. Kultur ist eine Quelle dieser Bausteine und Gerüste, die durch die Medien schließlich an die Bevölkerung kommuniziert werden.

(4) Es müssten deshalb Forschungsprojekte gezielt gefördert werden, die das *Zusammenhangsdenken* fördern. Personalisiertes Expertentum reicht nicht aus, und es ist vor allem in der gegenwärtigen rein formalistischen Entwicklung der Wissenschaften zu dem allzu einfachen Prinzip „mehr Daten ist mehr Wissen" eine bedenkliche Fehleinschätzung der Aussagekraft von – wie auch immer generierten – Daten und der formalen Datenanalytik. Das betrifft vor allem die Medizin.

Das dazu erforderliche *inhaltliche Wissen* ist vermutlich schon irgendwo im Internet verstreut präsent, es geht daher darum, auf innovative Weise testbare Zusammenhangsmodelle zu formulieren.

Wenn mithilfe dieser Formen der Wissensintegration signifikante Fortschritte erzielt werden könnten, wäre im nächsten Schritt die Fortbildung in diesen Bereichen zu organisieren. Erst auf diese Weise dürfte umsichtiges demokratisches Krisenmanagement gewährleistet werden.

Literatur

Literatur Kapitel 1

1 Feyerabend, P. 1975. Against method. Outline of an Anarchistic Theory of Knowledge. Humanities press, Atlantic Highlands, NJ
2 Benner, D. 2003 : Wilhelm von Humboldts Bildungstheorie. 3. Auflage. Juventa, Weinheim
3 Nida-Rümelin, J. 2013 Philosophie einer humanen Bildung. Körber-Stiftung, Hamburg
4 Nida-Rümelin, J. 2016. Philosophie einer humanen Bildung. Deutsche UNESCO-Kommission e.V. (Hg), Bonn
5 Mittelstrass, J. 2019. Bildung in einer Wissensgesellschaft. heiEDUCATION Journal 3 | 2019 21 In: heiEDUCATION Journal 3|2019, S. 21–36. https://dx.doi.org/10.17885/heiup.heied.2019.3.23942
6 EU, 2021. EU countries commit to leading the green digital transformation https://digital-strategy.ec.europa.eu/en/news/eu-countries-commit-leading-green-digital-transformation
7 Scholz, R., Beckedahl , M., Noller, S., Renn, ,O. (Hg) 2021. DiDaT Weißbuch. Verantwortungsvoller Umgang mit digitalen Daten – Orientierungen eines transdisziplinären Prozesses. Nomos, Baden-Baden
8 Scholz, R. W., Beckedahl, M., Noller, S., Renn, O., unter Mitarbeit von Albrecht, E., Marx, D., & Mißler-Behr, M. (Eds.). 2021. DiDaT Weißbuch: Verantwortungsvoller Umgang mit digitalen Daten – Orientierungen eines transdisziplinären Prozesses. Nomos, Baden-Baden
9 Scholz et al. 2021 a.a.O.
10 Herder, J.G. 1993. Abhandlung über den Ursprung der Sprache, Stuttgart
11 Gehlen, A. 1986: Der Mensch. Aula. Wiesbaden
12 Staab, P. 2019. Digitaler Kapitalismus. Markt und Herrschaft in der Ökonomie der Unknappheit. Suhrkamp, Berlin
13 Weizenbaum, J. 1977. Die Macht der Computer und die Ohnmacht der Vernunft, Suhrkamp, Frankfurt
14 Kurzweil, R. 2014. Menschheit 2.0: Die Singularität naht. Lola Books, Berlin
15 Nida-Rümelin, J., Weidenfeld, N. (2018). DIGITALER HUMANISMUS. Piper, München
16 Werthner, H et al. 2019: Manifesto Digital Humanism. TU Wien, https://dighum.ec.tuwien.ac.at/perspectives-on-digital-humanism/
17 BCSSS 2021a, Human Digitalization. https://www.bcsss.org/?s=HUMAN+DIGITALIZATION+&post_type=product
18 Stadt Wien 2019. STUDIE: Digitaler Humanismus. https://www.wien.gv.at/wirtschaft/standort/digital-humanism.html
19 Baudrillard, J. 2005. Simulacra and Simulation. Michigan Univ. Press, Ann Arbor
20 Heartland Institute 2021. The Heartland Institute. https://www.heartland.org
21 Wikipedia 2021. The Heartland Institute. https://de.wikipedia.org/wiki/The_Heartland_Institute
22 Ioannidis JP, Evans SJ, Gotzsche PC, O'Neill RT, Altman DG, Schulz K, et al. 2004. Better reporting of harms in randomized trials: an extension of the CONSORT statement. Ann Intern Med. 141:781-8 (2004)

23 Common,M., Stagl, S. 2005. Ecological Economics. An introduction. Cambridge Univ. Press, Cambridge
24 Worldometers 2020a. Coronavirus. https://www.worldometers.info
25 S4F, 2021. Scientists for Future International. https://scientists4future.org
26 Scholz, R. Steiner, G. 2015. The real type and ideal type of transdisciplinary processes: Part I – theoretical foundations. August 2015, Sustainability Science a(4), DOI:10.1007/s11625-015-0326-4
27 Habermas , J. 1981. Theorie des kommunikativen Handelns. Suhrkamp, Frankfurt
28 Luhmann, N. 1984. Soziale Systeme. Suhrkamp, Frankfurt
29 Nassehi, A. 2019. Muster. Beck, München
30 Weber, M. 1972. Wirtschaft und Gesellschaft. Grundriß der verstehenden Soziologie. Mohr, Tübingen
31 Habermas, J., 1981 a.a.O.
32 Luhmann, N. 1984 a.a.O.
33 Luhmann , N. 1984 a.a.O.
34 Schimank, U., Volkmann, U. (Hrsg.) 2007. Soziologische Gegenwartsdiagnosen. Wiesbaden: Verlag für Sozialwissenschaft
35 Tretter, F. 1978. Medizinsystem und Umwelt. Diss. Univ. München
36 Tretter, F. 2005. Systemtheorie im klinischen Kontext. Pabst, Lengerich
37 Luhmann N. 1984. A.a.O.
38 Easton, D. 1965a. A framework for political analysis. Prentice-Hall. Englewood Cliffs, NJ
39 Easton, D. 1965a. A framework for political analysis. Prentice-Hall. Englewood Cliffs, NJ
40 Easton, D. 1965b. A Systems Analysis of Political Life, New York
41 Maio, G. 2011. Mittelpunkt Mensch. Ethik in der Medizin. Schattauer, Stuttgart
42 Hammitt, J. K. 2007. Valuing Changes in Mortality Risk: Lives Saved Versus Life Years Saved. Review of environmental econcomics and policy. Vol. 1.2007, 2, p. 228-240; Oxford University Press, Oxford : ISSN 1750-6816, ZDB-ID 2381507-3. -
43 Popper, K. 1959. The Logic of Scientific Discovery. Routledge, London
44 Kuhn, T. 1962. The Structure of Scientific Revolutions, Chicago: University of Chicago Press
45 Knorr-Cetina, K., 1981. The Manufacture of Knowledge, Oxford: Pergamon Press
46 Latour, B. 1987. Science in Action, Cambridge, MA: Harvard University Press.
47 Kicher, P. 2011. Science in a Democratic Society, Amherst, NY: Prometheus Press
48 DFG 2019. Leitlinien zur Sicherung guter wissenschaftlicher Praxis. Bonn, DFG. https://www.dfg.de/download/pdf/foerderung/rechtliche_rahmenbedingungen/gute_wissenschaftliche_praxis/kodex_gwp.pdf
49 Schimank, U., Volkmann, U. (Hrsg.) 2007. Soziologische Gegenwartsdiagnosen. Wiesbaden: Verlag für Sozialwissenschaft

50 Schimank, U., Volkmann, U. (Hrsg.) 2007. Soziologische Gegenwartsdiagnosen. Wiesbaden: Verlag für Sozialwissenschaft
51 Rosa, H. Reckwitz, A. Spätmoderne in der Krise. Was leistet die Gesellschaftstheorie?. Suhrkamp, Berlin 2021
52 Latour, B. 2008. Wir sind nie modern gewesen. Suhrkamp, Berlin
53 Rosa H. 2011 Entfremdung in der Spätmoderne. Umrisse einer Kritischen Theorie der sozialen Beschleunigung. In: Koppetsch C. (eds) Nachrichten aus den Innenwelten des Kapitalismus. VS Verlag für Sozialwissenschaften. https://doi.org/10.1007/978-3-531-93482-2_11
54 Tretter, F., Erbas, B., Sonntag, G. (Hg) 2004. Ökonomie der Sucht und Suchttherapie. Pabst, Lengerich
55 Breyer, F., Zweifel, P., Kifmann, M. 2013. Gesundheitsökonomik. Springer, Berlin
56 Wittgenstein, L. 2003. Philosophische Untersuchungen. Suhrkamp, Frankfurt
57 Luhmann, N. 1984. Soziale Systeme. Suhrkamp, Frankfurt
58 Bühler, K. 1990. The Theory of Language: The Representational Function of Language. Amsterdam: John Benjamin's Publishing Company.
59 Watzlawik , P. 1977. Wie wirklich ist die Wirklichkeit? Piper, München
60 Bateson, G. 1981. Die Ökologie des Geistes. Suhrkamp, Frankfurt
61 Schulz von Thun, F. 2014. Miteinander Reden. Bd.1-4. Rowohlt, Reinbek
62 Stadler, F. 2015. Der Wiener Kreis: Ursprung, Entwicklung und Wirkung des Logischen Empirismus im Kontext. Springer, Berlin
63 Sigmund, K. 2017. Exact Thinking in Demented Times: The Vienna Circle and the Epic Quest for the Foundations of Science. Basic Books, New York
64 Tretter, F. , Blachfellner, S. 2020. Benefit-Risk Communication at Corona: Aspects of Optimization. https://www.bcsss.org/wp-content/uploads/Benefit-Risk-Communication-Report.pdf
65 Beer, S. 1972. Brain of the firm; a development in management cybernetics. Herder and Herder, New York
66 Easton, D. 1965a. A Framework for Political Analysis, Englewood Cliffs: Prentice-Hall
67 Foerster, H. von. 1993. Wissen und Gewissen – Versuch einer Brücke. Suhrkamp, Frankfurt
68 Luhmann, N. 1986. Ökologische Kommunikation. Westdeutscher Verlag, Opladen
69 Knötig, H. (Hrsg) 1979. Proceedings of the Second International Meeting on Human Ecology, Vienna 1977, St.Saphorin, Georgi
70 Knötig, H. (Hrsg) 1979. Proceedings of the Second International Meeting on Human Ecology, Vienna 1977, St.Saphorin, Georgi
71 Glaeser, B. (Hg) 1989. Humanökologie. Grundlagen präventiver Umweltpolitik. Westdeutscher Verlag, Opladen
72 Serbser, W. (Hg). 2004. Humanökologie. Ursprünge-Trends-Zukünfte.Oekom. München
73 Fischer-Kowalski, M. 1997. Gesellschaftlicher Stoffwechsel und Kolonisierung von Natur: ein Versuch in sozialer Ökologie. Facultas, Wien
74 Becker, E, Jahn, T. 2000. Soziale Ökologie. Campus. Frankfurt

75 Tretter, F., Franz-Balsen, a. 2020. COVID-19: Science, Politics, Media and the Public. Human Ecology Review. 2020, Vol. 26 Issue 1, p31-45. https://press.anu.edu.au/publications/journals/human-ecology-review
76 Wheeler, S. M. 2012. Climate Change and Social Ecology. A New Perspective on the Climate Challenge. Routledge London
77 Atmosfair.de 2021. Klimaverträgliches Jahresbudget. https://www.atmosfair.de/de/gruenreisen/persoenliches_klimabudget/
78 Scholz, R. Steiner, G. 2015. The real type and ideal type of transdisciplinary processes: Part I – theoretical foundations. August 2015, Sustainability Science a(4), DOI:10.1007/s11625-015-0326-4
79 Hradil, S. 1999. Soziale Ungleichheit in Deutschland. Verlag f. Sozialwissenschaften, Opladen
80 Ascheberg, C 2006. Milieuforschung und Transnationales Zielgruppenmarketing. APuZ 44-46/2006, 18-25; http://www.sigma-online.com/de/About_SIGMA/
81 Tretter, F. 2017 Sucht- Gehirn-Gesellschaft. Medizin.Wissensch. Verlag, Berlin
82 SINUS 2021. Umfrage: Große Mehrheit will sich gegen Corona impfen lassen https://www.sinus-institut.de/media-center/presse/umfrage-corona-impfung
83 Hradil, S. 1999. Soziale Ungleichheit in Deutschland. Verlag f. Sozialwissenschaften, Opladen
84 Ascheberg, C 2006. Milieuforschung und Transnationales Zielgruppenmarketing. APuZ 44-46/2006, 18-25; http://www.sigma-online.com/de/About_SIGMA/
85 Tretter, F. 2017 Sucht- Gehirn-Gesellschaft. Medizin.Wissensch. Verlag, Berlin
86 Lane, R.E. 1966. The Decline of Politics and Ideology in a Knowledgeable Society American Sociological Review Vol. 31, No. 5 (Oct., 1966), pp. 649-662
87 Steinbuch, K. 1966. Die informierte Gesellschaft. Geschichte und Zukunft der Nachrichtentechnik, Deutsche Verlagsanstalt, Stuttgart
88 Bell, D. 1973. The Coming of Post-Industrial Society. A Venture in Social Forecasting. Basic Books, New York
89 Nassehi, A. 2019. Muster. Beck, München
90 Böhme, G., Stehr, N. (Ed) 1986. Knowledge Society. D. Reidel Publishing, Dordrecht
91 Weingart, P. 2001. Die Stunde der Wahrheit? Zum Verhältnis der Wissenschaft zu Politik, Wirtschaft und Medien in der Wissensgesellschaft. Weilerswist, Velbrück
92 Liessmann, K. P. 2006. Theorie der Unbildung. Die Irrtümer der Wissensgesellschaft, Zsolnay
93 IWD, Informationsdienst des Instituts der deutschen Wirtschaft. 2017. Der Trend geht zum Akademiker. https://www.iwd.de/artikel/der-trend-geht-zum-akademiker-334262/
94 Beck, U. 1986. Risikogesellschaft. Suhrkamp, Frankfurt,
95 Willke, H., 2002. Dystopia. Studien zur Krisis des Wissens in der modernen Gesellschaft. Frankfurt 2002. Suhrkamp

96 Straus, S.E., Glasziou, P., Richardson, W.S., Haynes, R.B. (Eds) 2018. Evidence-Based Medicine: How to Practice and Teach EBM. Elsevier, Amsterdam

97 Ayer A.J. 1956. The Problem of Knowledge. Macmillan, New York

98 Hacking, I. 2000. The Social Construction of What? Harvard University Press, Cambridge, MA 2000, ISBN 0-674-00412-4

99 Dretske, F. 1981. Knowledge and the Flow of Information. MIT Press, Cambridge

100 Blumenberg, H. 1989. Höhlenausgänge. Suhrkamp, Frankfurt

101 Schurz, G. 2014 Einführung in die Wissenschaftstheorie. Wissenschaftl. Buchgesellschaft, Darmstadt

102 Markowitsch, H. 2009. Gedächtnis. Beck, München

103 Tetens, H. 2013. Wissenschaftstheorie. Beck, München

104 Brandmüller, W.; Langner, I., 2006. Der Fall Galilei und andere Irrtümer. Macht, Glaube und Wissenschaft. Sankt-Ulrich-Verlag, Augsburg

105 Sigmund, K. 2015. Sie nannten sich Der Wiener Kreis. Exaktes Denken am Rand des Untergangs. Wiesbaden: Springer Spektrum 2015. ISBN 978-658-08534-6, http://mlwrx.com/sys/w.aspx?sub=dAvsT_2A6MTL&mid=8d03ba1 1

106 Luhmann, N. 1989. Die Wissenschaft der Gesellschaft. Suhrkamp, Frankfurt

107 Schlageter, W. 2013. Wissen im Sinne der Wissenschaften. Exaktes Wissen, Empirisches Wissen, Grenzen des Wissens. August von Goethe Literaturverlag, Frankfurt am Main 2013

108 Bachelard, G.1978. Die Bildung des wissenschaftlichen Geistes. Beitrag zu einer Psychoanalyse der objektiven Erkenntnis. Suhrkamp, Frankfurt

109 Bourdieu, P. 1976, Entwurf einer Theorie der Praxis. Suhrkamp, Frankfurt

110 Scholz, R. 2011. Environmental Literacy in Science and Society: From Knowledge to Decisions. Cambridge Univ. Press, Cambridge

111 Bunge, M 1998. Philosophy of Science , 2 Vol., Transactions Publishers, New Brunswick

112 Schlageter, W. 2013. Wissen im Sinne der Wissenschaften. Exaktes Wissen, Empirisches Wissen, Grenzen des Wissens. August von Goethe Literaturverlag, Frankfurt am Main 2013

113 Fleck, L. 1980. Entstehung und Entwicklung einer wissenschaftlichen Tatsache. Suhrkamp, Frankfurt

114 Kuhn, T.S. (1973): Die Struktur wissenschaftlicher Revolutionen. Suhrkamp, Frankfurt

115 Weizsäcker, C.F.v. 1994. Der bedrohte Friede – heute. Hanser, München

116 Sturm, W., Herrmann, M:, Münte:, T.F. Lehrbuch der Klinischen Neuropsychologie – Grundlagen, Methoden, Diagnostik, Therapie.2., überarbeitete Auflage. Spektrum-Verlag, Heidelberg 2009

117 Northoff, G. 2011. Neuropsychoanalysis in Practice, Brain, Self and Objects. Oxford University Press, New York

118 Brodbeck, K. H., 2013. Die fragwürdigen Grundlagen der Ökonomie. Eine philosophische Kritik der modernen Wirtschaftswissenschaften. Wissenschaftliche Buchgesellschaft, Darmstadt

119 Marckmann, G. (Hg) 2015. Praxisbuch Ethik in der Medizin. MWV, Berlin
120 Brodbeck, K.-H., 2019: Die Illusion der Identität und die Krise der Wissenschaften, Working Paper Serie, No. Ök-47, Cusanus Hochschule, Institut für Ökonomie und Institut für Philosophie, Bernkastel-Kues
121 Kurt Gödel: Über formal unentscheidbare Sätze der Principia Mathematica und verwandter Systeme I. In: Monatshefte für Mathematik und Physik. 38, 1931, S. 173–198, doi:10.1007/BF01700692
122 Lorenzen, P. 1962. Mannheim. Metamathematik. Bibliographisches Institut, Mannheim
123 Lorenzen, P. 1974. Konstruktive Wissenschaftstheorie. Suhrkamp, Frankfurt
124 Helmholtz Zentrum 2021. https://www.helmholtz-munich.de/helmholtz-zentrum-muenchen/index.html
125 Meyers Enzyklopädisches Lexicon,1981. Meteorlogie. Bd. 16, Bibliogr. Inst. Mannheim/Lexiconverlag
126 DKK, Deutsches Klimakonsortium, 2021. Klimaforschung- Wie das Klima erforscht wird. https://www.deutsches-klima-konsortium.de/de/klima-themen/klimaforschung.html
127 IPCC, Intergovernmental Panel for Climate Change. 2021. The Intergovernmental Panel on Climate Change. https://www.ipcc.ch
128 Nowotny, H., Scott, P., Gibbons, M. 2005. Wissenschaft neu denken. Wissen und Öffentlichkeit in einem Zeitalter der Ungewißheit. Weilerswist: Velbrück.
129 Cartwright, N., Hardie, J. 2012. Evidence-Based Policy: A Practical Guide to Doing It Better, New York: Oxford University Press
130 Gross u. Löffler Gross, R., Löffler, M. (1997): Prinzipien der Medizin. Springer, Heidelberg
131 Schaffner KF. Philosophy of medicine. In: Salmon MH, Earman J, Glymour C, Lennox JG, Machamer P, McGuire JE, Norton JD, Salmon WC, Schaffner KF.editors. Introduction to the Philosophy of Science. Indianapolis: Hackett Publisher; 1999. p. 310–45
132 Marcum, JA. An introductory philosophy of medicine. Humanizing modern medicine. New York: Springer; 2010
133 Gifford F (Ed) (2011). Philosophy of Medicine. Amsterdam: North Holland.
134 Lee, K. 2012. The Philosophical Foundations of Medicine. Palgrave Macmillan, London
135 Bunge M (2013). Medical Philosophy: Conceptual Issues in Medicine. World Science Publishing, Singapore
136 Zadegh Zadegh. Sadegh-Zadeh K (2012). Handbook of Analytic Philosophy of Medicine. Dordrecht: Springer
137 Solomon, M. 2015. Making medical knowledge. Oxford Univ. Press, Oxford
138 Brock C (2016). Medizinphilosophie zur Einführung. Junius Verlag, Hamburg
139 Straus, S.E., Glasziou, P., Richardson, W.S., Haynes, R.B. (Eds) 2018. Evidence-Based Medicine: How to Practice and Teach EBM. Elsevier, Amsterdam
140 Wikipedia 2021. Eidenzbasierte Medizin. https://de.wikipedia.org/wiki/Evidenzgrad

141 Tretter, F. 2019a. What does big data tell us? - epistemological questions of systems science. Workshop report. Bertalanffy Center for the Study of Systems Science. https://www.bcsss.org/wp-content/uploads/2018/10/BigDataWSReport_Felix_Tretter_BCSSS.pdf

142 Rothschuh, K.E. 1965. Prinzipien der Medizin. Urban u. Schwarzenberg, München

143 Rothschuh K.E. (1978). Konzepte der Medizin in Vergangenheit und Gegenwart. Hippokrates Verlag, Stuttgart

144 Tretter, F. (1989a): Humanökologische Medizin. In: Glaeser, B. (Hrsg): Humanökologie. Westdeutscher Verlag, Opladen

145 Fischer-Homberger , E. 1977. Geschichte der Medizin. Springer, Heidleberg

146 Eckart, W. 2001. Geschichte der Medizin. Springer, Heidelberg

147 Schwartz, F.W., Walter, U., Siegrist, J., Kolip, P. Leidl, R., Dierks, M.L., Busse, R., Schneider, N (Hrsg) 2012. Public Health: Gesundheit und Gesundheitswesen. Elsevier, München

148 DKFZ, 2021: Deutsches Krebsforschungszentrum. https://www.dkfz.de/de/index.html

149 Tretter, F. (1986): Umwelt und Gesundheit: Ansätze einer ökologischen Medizin. Deutsches Ärzteblatt 17: 1192-1196

150 Eis D (1996). Definition „Umweltmedizin". Umweltmed. Forsch. Prax 1 (2) 65-70

151 Reichl FX (2011). Moderne Umweltmedizin: Umweltbelastungen - Diagnostik – Therapie. Lehmanns Media Berlin

152 Tretter, F. 1992. Wissenschaftstheoretische Probleme der Umweltmedizin. Deutsches Ärzteblatt. 89:1-2, A31-A32

153 Soentgen, J., Tretter, F. 2020. Die Insitutionalisierung der Umweltmedizin. In: Soentgen, j., Gassner, U.M., Hayek, J.v.., Manzel , A. (Hg). Umwelt und Gesundheit. Nomos, Baden-Baden, S.23-40

154 CDC, 2021a. Global Health.https://www.cdc.gov/globalhealth/index.html

155 CDC, 2021b. One Health. https://www.cdc.gov/onehealth/index.html

156 Tretter, F. 2000. Suchtmedizin. Schattauer, Stuttgart

157 Tretter, F. 2017. Sucht Gehirn Gesellschaft. MWV, Berlin

158 Hurrelmann, K. (Hrsg.) 2009. Gesundheitswissenschaften. Springer, Berlin

159 Auffray, C., Chen, Z.,Hood, L. (2009). Systems medicine: the future of medical genomics and healthcare. Genome Medicine. 1 (1): 2. doi:10.1186/gm2. PMC 2651587. PMID 19348689.

160 Kitano H. 2002. Systems Biology: a brief overview, Science, 295:1662-1664, 2002

161 Boogerd FC, Bruggeman FJ, Hofmeyr JHS, Westerhoff HV, Ed.) 2007. Systems Biology: Philosophical Foundations. Elsevier, Amsterdam

162 Tretter., F., Gebicke-Haerter, P. 2009.Philosophy of Neuroscience and Options of Systems Science. Pharmacopsychiatry V.42,S2-S10

163 Tretter, F. 2019b. „Systemmedizin" – Quo Vadis? Universum Innere Medizin. UIM 03|2019, 25.04.2019, https://www.medmedia.at/univ-innere-medizin/systemmedizin-quo-vadis/

164 Tretter, F. 2019c. "Systems medicine" in the view of von Bertalanffy's "organismic biology" and systems theory. Res Behav Sci. 2019;36:346–362

165 VDW, Vereinigung Deutscher Wissenschaft 2021. Geschichte und Ziele. https://vdw-ev.de/ueber-uns/geschichte-und-ziele/

166 Deutscher Wetterdienst 2021. Numerische Modelle. https://www.dwd.de/DE/forschung/wettervorhersage/num_modellierung/numerischemodellierung_node.html

167 Latif, M. 2009. Klimawandel und Klimadynamik.UTB-Ulmer, Stuttgart

168 Flato, G., J. Marotzke, B. Abiodun, P. Braconnot, S.C. Chou, W. Collins, P. Cox, F. Driouech, S. Emori, V. Eyring, C. Forest, P. Gleckler, E. Guilyardi, C. Jakob, V. Kattsov, C. Reason and M. Rummukainen, 2013: Evaluation of Climate Models. In: Climate Change 2013: The Physical Science Basis. Contribution of Working Group I to the Fifth Assessment Report of the Intergovernmental Panel on Climate Change [Stocker, T.F., D. Qin, G.-K. Plattner, M. Tignor, S.K. Allen, J. Boschung, A. Nauels, Y. Xia, V. Bex and P.M. Midgley (eds.)]. Cambridge University Press, Cambridge, United Kingdom and New York, NY, USA

169 March for Science (2017): https://de.wikipedia.org/wiki/March_for_Science

170 Nowotny, H., Scott, P.B., Gibbons, M.T. 2001. Re-Thinking Science: Knowledge and the Public in an Age of Uncertainty.Wiley, New York

171 Gibbons, M., Limoges, C., Nowotny, H., Schwartzman, S.,Scott, P., Trow, M. 1994. The New Production of Knowledge. The Dynamics of Science and Research in Contemporary Societies. London

172 Nowotny, H.2003 Scott, P. & Gibbons, M. Introduction: `Mode 2' Revisited: The New Production of Knowledge . Minerva 41, 179–194 (2003). https://doi.org/10.1023/A:1025505528250

173 Rheinberger, H.-J. (2021). Bewegungsformen des Heterodoxen. In M. Lessau, P. Redl, & H. C. Riechers (Eds.), Heterodoxe Wissenschaft in der Moderne (pp. 1-11). Paderborn: Fink. doi:10.30965/9783846765883_002

174 Funtowicz, S.O., Ravetz (1990). J.R.: Uncertainty and quality in science for policy. Dordrecht: Kluwer Academic Publishers

175 Sigmund, K. 2017. Exact Thinking in Demented Times: The Vienna Circle and the Epic Quest for the Foundations of Science. Basic Books, New York

Literatur Kapitel 2

1 Adam, D., Tretter, F. 2017. Memorandum für eine „nachhaltige Humanmedizin". Bayer. ÄBl. 11, S. 600–601

2 Tretter, F., Batschkus, M., Adam.D. 2019 Die Medizin in der Zange zwischen Wirtschaftsinteressen und technologischer Entwicklung. Autor: Ausgabe Juni (6) 2019, S. 300–302

3 Tretter, F. & Welpe, I.M. 2018. Krankenhaus-Management: Konzept für Paradigmenwechsel. Dtsch Arztebl 2018; 115(13): A-580 / B-504 / C-504

4 Pueyo, T. 2020. Corona virus: The hammer and the dance. https://medium.com/@tomaspueyo/coronavirus-the-hammer-and-the-dance-be9337092b56

5 Pueyo 2020,a.a.O.

6 Tretter, F. u. Adam, D. 2020. COVID-19 – Medizin, Politik und Öffentlichkeit – Wissenschaftstheoretische und -praktische Reflexionen. Bayer. Ärzteblatt 9/2020, 417–419

7 RKI 2020. Neuartiges Coronavirus. https://www.rki.de/DE/Content/InfAZ/N/Neuartiges_Coronavirus/Situationsberichte/Nov_2020/2020-11-10-de.pdf?__blob=publicationFile

8 Bendavid, E., Mulaney, B., Sood, N., Shah, S., Ling, E., Bromley-Dulfano, R., Lai, C., Weissberg, Z., Saavedra-Walker, R., Tedrow, J., Tversky, D., Bogan, A., Kupiec, T., Eichner, D., Gupta, R., Ioannidis, J.P.A., Bhattacharya, J.: COVID-19 Antibody Seroprevalence in Santa Clara County, California. medRxiv preprint doi: https://doi.org/10.1101/2020.04.14.20062463, 17.4.2020

9 Lavezzo, E., Franchin, E., Ciavarella, C., Cuomo-Dannenburg, G., Barzon, L., Del Vecchio, C., Rossi, L., Manganelli, R., Loregian, A., Navarin, N., Abate, D., Sciro, M., Merigliano, S., Decanale, E., Vanuzzo, M.C., , Saluzzo, F., Onelia, F., Pacenti, M., Parisi, S., Carretta,G., Donato, D., Flor, L., Cocchio, S., Masi, G., Sperduti, A., Cattarino, L., Salvador, R., Gaythorpe, K.A.M., Brazzale, A.R., Toppo, S., Trevisan, M., Baldo, V., Donnelly, C.A., Ferguson, N.M., Dorigatti, I., Crisanti, A.: COVID-19 outbreak in the municipality of Vo, Italy. medRxiv. 2020:2020.04.17.20053157

10 Mizumoto, K., Kagaya, K., Zarebski, A., Chowell, G.: Estimating the asymptomatic proportion of coronavirus disease 2019 (COVID-19) cases on board the Diamond Princess cruise ship, Yokohama, Japan, 2020. Euro Surveill. 2020;25(10):pii=2000180. https://doi.org/10.2807/1560- 7917.ES.2020.25.10.2000180

11 Knabl, L., Mitra, T., Kimpel, J. et al. High SARS-CoV-2 seroprevalence in children and adults in the Austrian ski resort of Ischgl. Commun Med 1, 4 (2021). https://doi.org/10.1038/s43856-021-00007-1

12 CDC 2021. Post-Covid. https://www.cdc.gov/coronavirus/2019-ncov/long-term-effects/index.html

13 Schumpeter, J. 1970: Das Wesen und der Hauptinhalt der theoretischen Nationalökonomie. 2. Aufl. Duncker, Berlin

14 Coleman, J. Grundlagen der Sozialtheorie. Oldenbourg Verlag, München

15 Tretter, F. 2020. COVID-19 als Stresstest für die Wissensgesellschaft. MWV, Berlin, https://www.mwv-berlin.de/meldung/!/id/310

16 Wikipedia 2020. There are known knowns. https://de.wikipedia.org/wiki/There_are_known_knowns
17 Rumsfeld , D. 2013. Known and Unknown: A Memoir. Penguin. New York
18 Universität Wien 2021. Panel-Studie. https://viecer.univie.ac.at/coronapanel/"Solidarity in Times of a Pandemic"-Studie (9 Länder): https://digigov.univie.ac.at/solidarity-in-times-of-a-pandemic-solpan/solpan-blog-deutsch/
19 WHO, 2002. Listings of WHO's response to COVID-19.https://www.who.int/news/item/29-06-2020-covidtimeline
20 Mühlhauser, I. 2021. Wissenschaftsleugnung – ein Kommentar aus Sicht der Evidenzbasierten Medizin. Ärzteblatt Sachsen 9, S. 27–31
21 SPIEGEL 2020. coronavirus-li-wenliang-das-vermaechtnis-des-whistleblower-arztes.https://www.spiegel.de/politik/ausland/coronavirus-li-wenliang-das-vermaechtnis-des-whistleblower-arztes-a-76655aed-87a6-4a41-a45e-e30730eddc7a
22 Wikipedia,2020. Li Wenliang. https://de.wikipedia.org/wiki/Li_Wenliang (abgerufen 01.08.2020)
23 Wikipedia 2020. Li Wenliang. https://de.wikipedia.org/wiki/Li_Wenliang
24 Drosten C., Gunther S., Preiser W., van der Werf S., Brodt H.R., Becker S., Rabenau H., Panning M., Kolesnikova L., Fouchier R.A., Berger A., Burguiere A.M., Cinatl J., Eickmann M., Escriou N., Grywna K., Kramme S., Manuguerra J.C., Muller S., Rickerts V., Sturmer M., Vieth S., Klenk H.D., Osterhaus A.D., Schmitz H. & Doerr H.W. 2003. Identification of a novel coronavirus in patients with severe acute respiratory syndrome. N Engl J Med 348:1967–1976
25 De Spiegeleer A, Bronselaer A, Teo JT, Byttebier G, De Tré G, Belmans L, Dobson R, Wynendaele E, Van De Wiele C, Vandaele F, Van Dijck D, Bean D, Fedson D, De Spiegeleer B. The Effects of ARBs, ACEis, and Statins on Clinical Outcomes of COVID-19 Infection Among Nursing Home Residents. J. Am. Med. Dir. Assoc. 2020 Jul;21(7):909-914.e2. doi: 10.1016/j.jamda.2020.06.018. Epub 2020 Jun 15.
26 Tretter F, Wolkenhauer O, Meyer-Hermann M, Dietrich JW, Green S, Marcum J and Weckwerth W (2021) The Quest for System-Theoretical Medicine in the COVID-19 Era. Front. Med. 8:640974. doi: 10.3389/fmed.2021.640974
27 Wichmann D, Sperhake JP, Lütgehetmann M, Steurer S, Edler C, Heinemann A, Heinrich F, Mushumba H, Kniep I, Schröder AS, Burdelski C, de Heer G, Nierhaus A, Frings D, Pfefferle S, Becker H, Bredereke-Wiedling H, de Weerth A, Paschen HR, Sheikhzadeh-Eggers S, Stang A, Schmiedel S, Bokemeyer C, Addo MM, Aepfelbacher M, Püschel K, Kluge S. Autopsy Findings and Venous Thromboembolism in Patients With COVID-19: A Prospective Cohort Study. Ann Intern Med. 2020 Aug 18;173(4):268-277. doi: 10.7326/M20-2003. Epub 2020 May 6. PMID: 32374815; PMCID: PMC7240772
28 Sprenger, M 2020. Das Das Corona-Rätsel. Tagebuch einer Pandemie. Seifert, Wien
29 CDC, 2021. The Social-Ecological Model: A Framework for Prevention https://www.cdc.gov/violenceprevention/about/social-ecologicalmodel.html?CDC_AA_refVal=https%3A%2F%2Fwww.cdc.gov%2Fviolenceprevention%2Fpublichealthissue%2Fsocial-ecologicalmodel.htmll

30 Wittgenstein, L. 2003. Philosophische Untersuchungen. Suhrkamp, Frankfurt
31 Tretter, F. Löffler-Stastka, H. 2019. Medical knowledge integration and "systems medicine": Needs, ambitions, limitations and options. September 2019 Medical Hypotheses 133:109386, DOI: 10.1016/j.mehy.2019.109386
32 Wittgenstein, L. 2003 Philosophische Untersuchungen. Suhrkamp,Frankfurt
33 Lange, S. 2020. Von einem Grenzwert, der keiner ist – Kommentar zur "7-Tage-Inzidenz" auf SARS-Cov-2. Z. Evid. Fortbild. Qual. Gesundh. wesen (ZEFQ) 158–159 (2020) 28–29
34 Tretter, F., Erbas, B., Queri,S., Backmund, M. 2004. Drogentod bei Substitutionsbehandlung – Fakten, multifaktorielle Ursachenmodelle und juristische Aspekte Suchtmed, 6(2): 169
35 Tretter, F., Queri, S. 2005. Wissenschaftstheoretische Aspekte zur Kausalanalyse des Drogentodes. Suchtmed, 7(1): 33–45
36 Medizinische Universität Innsbruck (2020a): Ischgl-Studie: 42,4 Prozent sind Antikörper-positiv. https://www.i-med.ac.at/mypoint/news/746359.html
37 Yanes-Lane M, Winters N, Fregonese F, Bastos M, Perlman-Arrow S, Campbell JR, et al. (2020) Proportion of asymptomatic infection among COVID-19 positive persons and their transmission potential: A systematic review and meta-analysis. PLoS ONE 15(11): e0241536. https://doi.org/10.1371/journal.pone.0241536
38 Deutsches Ärzteblatt 2020a. Robert-Koch-Institut: Sars-CoV-2 tödlicher als Influenzavirus. https://www.aerzteblatt.de/nachrichten/109704/Robert-Koch-Institut-Sars-CoV-2-toedlicher-als-Influenzavirus
39 Deutsche Apothekerzeitung 2019. Influenzasaison 2017/2018: Höchste Todesrate seit 30 Jahren. Wie bestimmt das RKI Todesfälle bei Grippe? https://www.deutsche-apotheker-zeitung.de/news/artikel/2019/10/04-10-2019/mild-oder-schlimm-wie-war-die-letzte-grippesaison/chapter:2
40 Wong, J. Y., Kelly, H., Ip, D. K., Wu, J. T., Leung, G. M., & Cowling, B. J. (2013). Case fatality risk of influenza A (H1N1pdm09): a systematic review. Epidemiology (Cambridge, Mass.), 24(6), 830–841. https://doi.org/10.1097/EDE.0b013e3182a67448
41 Worldometers 2020. https://www.worldometers.info/coronavirus/
42 Ourworldindata 2021. https://ourworldindata.org/explorers/coronavirus-data-explorer?facet=none&Metric=Confirmed+deaths&Interval=Cumulative&Relative+to+Population=false&Align+outbreaks=false&country=~DEU
43 CEBM, 2020. PCR positives: what do they mean? https://www.cebm.net/covid-19/pcr-positives-what-do-they-mean/
44 Schrappe, M. , Francois-Kettner, H., Knieps, F., Pfaff, H., Püschel, K., Glaeske, G. 2020a: Thesenpapier 2.0 zur Pandemie durch SARS-CoV-2/Covid-19. Datenbasis verbessern, Prävention gezielt weiterentwickeln, Bürgerrechte wahren. Köln, Berlin, Hamburg, Bremen 3.5.2020, https://www.monitor- versorgungsforschung.de/efirst/schrappe-etal_covid-19-Thesenpapier-2-0
45 Tagesschau.de 2020. Corona-Pandemie: Slowakei startet mit Massentests. https://www.tagesschau.de/ausland/europa/slowakei-massentests-101.html

46 Pavelka M, Van-Zandvoort K, Abbott S, Sherratt K, Majdan M; CMMID COVID-19 working group; Inštitút Zdravotných Analýz, Jar⊠uška P, Kraj⊠í M, Flasche S, Funk S. The impact of population-wide rapid antigen testing on SARS-CoV-2 prevalence in Slovakia. Science. 2021 May 7;372(6542):635–641. doi: 10.1126/science.abf9648. Epub 2021 Mar 23. PMID: 33758017; PMCID: PMC8139426

47 Kurier.at 2021. Corona-Tests kosten den Staat bis Jahresende bis zu 1,8 Milliarden. https://kurier.at/politik/inland/corona-tests-kosten-den-staat-bis-jahresende-bis-zu-18-milliarden/401465293

48 Steiermark.orf.at 2020. CoV: Heer übernimmt Pflegeheim im Mürztal. https://steiermark.orf.at/stories/3078318/

49 Contreras S, Dehning J, Loidolt M, et al.: The challenges of containing SARS-CoV-2 via test-trace-and-isolate. arXiv:2009.05732 (q-bio.PE), 12 September 2020

50 Linden, M.; Dehning, J.; Mohr, S.B.; Mohring, J.; Meyer-Hermann, M.; Pigeot, I.; Schöbel, A.; Priesemann, A.; (2020). Case numbers beyond contact tracing capacity are endangering the containment. Dtsch. Arztebl. Int 2020 Oct 28; 117: 790–791. Aerzteblatt German

51 Reuters.com. 2021.COVID app told nearly 620,000 to isolate in England, Wales. July, 22 https://www.reuters.com/world/uk/covid-app-told-nearly-620000-isolate-england-wales-2021-07-22/

52 Meyer-Hermann M, Pigeot I, Priesemann V, Schöbel A: Together we can do it: Each individual contribution protects health, society, and the economy. 24. September 2020. www.mpg.de/15503604/statement-non-university-research-organizations- covid-19-epidemic.html (last accessed on 27 October 2020)

53 Schrappe, M., François-Kettner, H. , Knieps, F., Pfaff, H., Püschel, K., Glaeske, G., 2020a. Die Pandemie durch SARS-CoV-2/Covid-19. Datenbasis verbessern Prävention gezielt weiterentwickeln Bürgerrechte wahren. Thesenpapier 2.0 – https://schrappe.com/ms2/einzel/thesenpapier_corona2.pdf

54 Vienna.at 2020. Coronakrise: Chronologie der Maßnahmen in Österreich. 17.1.2021. https://www.vienna.at/coronakrise-chronologie-der-massnahmen-in-oesterreich/6866759

55 AGES 2020. Epidemiologische Parameter des COVID19 Ausbruchs – Update 08.05.2020, Österreich, 2020. https://www.ages.at/download/0/0/9b4c8c4b0183cff9014a8745f87275f3f75964f5/fileadmin/AGES2015/Wissen-Aktuell/COVID19/Update_Epidemiologische_Parameter_des_COVID19_Ausbruchs_2020-05-08.pdf

56 BMSGPK 2021. Österreichisches COVID-19 Open Data Informationsportal. https://www.data.gv.at/covid-19 bzw. https://wetteraustria.eu/covid-19/?datum_anfang=2020-03-11&datum_ende=&land=AT&inzidenz=1t&skala=linear

57 Schrappe et al. 2020a, a.a.O.

58 Schrappe et al. 2020a, a.a.O.

59 Küchenhoff H, Günther F, Höhle M, Bender A, 2021. Analysis of the early COVID-19 epidemic curve in Germany by regression models with change points. Epidemiology and Infection 149, e68, 1–7. https://doi.org/10.1017/S0950268821000558

60 EbM-Netzwerk. Netzwerk Evidenzbasierte Medizin , 2020a. COVID-19: Wo ist die Evidenz? www.ebm-netzwerk.de

61 Flaxman S, Mishra S, Gandy A, Unwin HJT, Mellan TA, Coupland H, Whittaker C, Zhu H, Berah T, Eaton JW, Monod M; Imperial College COVID-19 Response Team, Ghani AC, Donnelly CA, Riley S, Vollmer MAC, Ferguson NM, Okell LC, Bhatt S. Estimating the effects of non-pharmaceutical interventions on COVID-19 in Europe. Nature. 2020 Aug; 584(7820): 257–261. doi: 10.1038/s41586-020-2405-7. Epub 2020 Jun 8. PMID: 32512579

62 Antes, G. 2020. Die Zahlen sind vollkommen unzuverlässig. Spiegel online? Datum 31.3.2020. www.spiegel.de/wissenschaft/medizin/coronavirus-die-zahlen-sind- vollkommen-unzuverlaessig-a-7535b78f-ad68-4fa9-9533-06a224cc9250 (abgerufen 01.07.2020)

63 Backhaus, K., Erichson, B., Plinke, W., Weiber, R., 2016 Multivariate Analysemethoden, Springer, Berlin

64 Tretter, F. 2004. Stadtspezifische Prävalenz des Drogenkonsums und ihre Ursachen. Sucht50(1): 5–7

65 Tretter, F. 2020. A systemic view on the corona crisis. www.bcsss.org/de/2020/a- systemic-view-on-the-corona-crisis-by-bcsss-vicepresident-felix-tretter/ (abgerufen 25.09.2020)

66 Khailaie, S., Mitra, T., Bandyopadhyay, A., Schips, M., Mascheroni, P., Vanella, P., Lange, B., Binder, S., Meyer-Hermann, M. 2020. Estimate of the development of the epidemic reproduction number Rt from Coronavirus SARS-CoV-2 case data and implications for political measures based on prognostics

67 Tretter, F. 2020. A systemic view on the Corona-crisis. https://www.bcsss.org/2020/a-systemic-view-on-the-corona-crisis-revisited-by-bcsss-vicepresident-felix-tretter/

68 Pueyo, T. 2020. Corona virus: The hammer and the dance. https://medium.com/@tomaspueyo/coronavirus-the-hammer-and-the-dance-be9337092b56

69 Ioannidis J, Cripps S, Tanner M. 2020. Forecasting for COVID-19 has failed. Int. Inst. Forecast. https://forecasters.org/wp-content/uploads/Ioannidiseta l_03082020- 1.pdf

70 Tretter, F. (2004): Stadtspezifische Prävalenz des Drogenkonsums und ihre Ursachen. Sucht50(1):5-7

71 Vienna.at 2020. Statistik zeigt: Deutsch für Hälfte der Wiener Schüler nicht Muttersprache. https://www.vienna.at/statistik-zeigt-deutsch-fuer-haelfte-der-wiener-schueler-nicht-muttersprache/6644100

72 Malberg, H. 2007 Meteorologie und Klimatoologie,. Springer, Berlin0.

73 Wienberg, G., Driessen, W. 2001. Auf dem Weg zur vergessenen Mehrheit: Innovative Konzepte für die Versorgung von Menschen mit Alkoholproblemen. Psychiatrie Verlag, Köln

74 Tretter, F. 2000. Suchtmedizin. Schattauer, Stuttgart

75 Tretter, F. (Hg) 2008. Suchtmedizin kompakt. Schattauer, Stuttgart, S. 69–71

76 Worldometers 2021. Coronavirus. https://www.worldometers.info/coronavirus/#countries

77 Worldometers 2021. Coronavirus. https://www.worldometers.info/coronavirus/#countries

78 Ourworldindata 2021. Corona Virus. https://ourworldindata.org/covid-vaccinations

79 Worldometers 2021. Coronavirus. https://www.worldometers.info/coronavirus/#countries

80 RKI, Robert Koch Institut 2021. COVID-19-Fälle nach Meldewoche und Geschlecht sowie Anteile mit für COVID-19 relevanten Symptomen, Anteile Hospitalisierter/Verstorbener und Altersmittelwert/-median. https://www.rki.de/DE/Content/InfAZ/N/Neuartiges_Coronavirus/Daten/Klinische_Aspekte.html

81 statista 2021. Intensivmedizinische Versorgung von Corona-Patienten (COVID-19) in Deutschland. https://de.statista.com/statistik/daten/studie/1108578/umfrage/intensivmedizinische-versorgung-von-corona-patienten-covid-19-in-deutschland/#professional

82 Ourworldindata 2021. Corona Virus. https://ourworldindata.org/covid-vaccinations

83 Deutsches Ärzteblatt 2021. Intensivmediziner: 4.000 Intensivbetten weniger seit Jahresbeginn. https://www.aerzteblatt.de/nachrichten/128476/Intensivmediziner-4-000-Intensivbetten-weniger-seit-Jahresbeginn

84 Tretter, F. 2011. Systemisches Management im Gesundheitswesen. In Kunhardt, H. (Hg) Systemisches Management im Gesundheitswesen. Gabler, Wiesbaden, S. 29–52

85 Schedler,K. Pröller, I. 2011. New Public Management. UTB, Haupt

86 Tretter, F. & Welpe, I.M. 2018. Krankenhaus-Management: Konzept für Paradigmenwechsel. Dtsch Arztebl 2018; 115(13): A-580 / B-504 / C-504

87 Deutsches Ärzteblatt. 2020b. MB-Monitor 2019: Ärzte fühlen sich überlastet Dtsch Arztebl 2020; 117(5): A-186 / B-168 / C-164

88 Tretter, F. 2000. Performance of health care units and the influence of management. In: Parra-Luna, F. (Ed): The Performance of social systems. Kluwer Academic, New York , S. 253–276

89 Tretter, F. 2005. Krankes Gesundheitswesen und die Reformen – Kritik an der „politischen Gesundheitsökonomie". Deutsches Ärzteblatt, 102(9): A-570–571.

90 Tretter F. 2011. Systemisches Management im Gesundheitswesen. In: Kunhardt H. (eds) Systemisches Management im Gesundheitswesen. Gabler. https://doi.org/10.1007/978-3-8349-6440-3_2

91 Adam, D., Tretter, F. 2017. Memorandum für eine „nachhaltige Humanmedizin". Bayer. ÄBl. 11, S. 600–601

92 Tretter, F., Batschkus, M., Adam, D. 2019. Die Medizin in der Zange zwischen Wirtschaftsinteressen und technologischer Entwicklung. Notwendigkeit für eine „nachhaltig humane Medizin" bei zunehmender Digitalisierung. Berliner Ärzte: Ausgabe 10/2019, S. 14–19

93 Marburger Bund, 2019. Befragung von Ärzt*innen zu ihrer Arbeits- und Gesundheitsstuation – die wichtigsten Ergebnisse. https://www.marburger-bund.de/sites/default/files/files/2019-12/Factsheet-ÄrztInnen_MB_final_1.pdf

94 ORF, 2020. CoV: Heer übernimmt Pflegeheim im Mürztal. https:// steiermark.orf.at/stories/3078318

95 Fehr, R., Claudia Hornberg, C. (Hg) 2018. Stadt der Zukunft: Gesund und nachhaltig. Brückenbau zwischen Disziplinen und Sektoren. oekom Verlag, München

96 Fehr, R., Trojan, A: (Hg) 2018 Nachhaltige StadtGesundheit Hamburg. Bestandsaufnahme und Perspektiven. oekom Verlag, München

97 Westenhöfer,J., Busch, S. , Pohlan,J., van ven Knesebeck, O, Swart, E. (Hg) 2021. Gesunde Quartiere. Gesundheitsförderung und Prävention im städtischen Kontext. oekom Verlag, München

98 Betsch, C., & Böhm, R. (2015). Detrimental effects of introducing partial compulsory vaccination: experimental evidence. The European Journal of Public Health, 26(3), 378–381

99 Engel, G.L. 1977. *The need for a new medical model: a challenge for biomedicine* In: *Science.* Band 196, Nr. 4286, 8. April 1977, S. 129–136

100 Weizsäcker, V.v. (1948): Grundfragen medizinischer Anthropologie. Furche Verlag, Tübingen

101 Uexküll, T. v., Wesiack, W. (1988): Theorie der Humanmedizin. Urban u. Schwarzenberg, München

102 Tretter F, Löffler-Stastka H. 2019. The Human Ecological Perspective and Biopsychosocial Medicine. Int J Environ Res Public Health. 2019 Oct 31;16(21):4230. doi: 10.3390/ijerph16214230. PMID: 31683637; PMCID: PMC6862005

103 PAHO, Pan American Health Organization, 2020. Understanding the infodemic and misinformation in the fight against COVID-19. https://iris.paho.org/bitstream/handle/10665.2/52052/Factsheet-infodemic_eng.pdf

104 Tretter F, Wolkenhauer O, Meyer-Hermann M, Dietrich JW, Green S, Marcum J and Weckwerth W (2021) The Quest for System-Theoretical Medicine in the COVID-19 Era. Front. Med. 8:640974. doi: 10.3389/fmed.2021.640974

105 Wichmann D, Sperhake JP, Lütgehetmann M, Steurer S, Edler C, Heinemann A, Heinrich F, Mushumba H, Kniep I, Schröder AS, Burdelski C, de Heer G, Nierhaus A, Frings D, Pfefferle S, Becker H, Bredereke-Wiedling H, de Weerth A, Paschen HR, Sheikhzadeh-Eggers S, Stang A, Schmiedel S, Bokemeyer C, Addo MM, Aepfelbacher M, Püschel K, Kluge S. Autopsy Findings and Venous Thromboembolism in Patients With COVID-19: A Prospective Cohort Study. Ann Intern Med. 2020 Aug 18;173(4):268-277. doi: 10.7326/M20-2003. Epub 2020 May 6. PMID: 32374815; PMCID: PMC7240772

106 Universität Innsbruck 2020. Innsbrucker Langzeitstudie zu COVID-19 mit erfreulicher Zwischenbilanz: Schwer Erkrankte profitieren von langfristiger und interdisziplinärer Nachsorge.https://www.i-med.ac.at/pr/presse/2020/50.html https://www.i-med.ac.at/pr/presse/2020/50.html

107 Snow, J 1855. On the Mode of Communication of Cholera. John ChurchillPublisher, London

108 Engel, G.L. 1977. *The need for a new medical model: a challenge for biomedicine.* In: *Science.* Band 196, Nr. 4286, 8. April 1977, S. 129–136
109 Tretter, F. 2020. COVID-19 als Stresstest für die Wissensgesellschaft. MWV Berlin.https://www.mwv-berlin.de/meldung/!/id/310
110 Tretter F, Löffler-Stastka H. 2019a The Human Ecological Perspective and Biopsychosocial Medicine. Int J Environ Res Public Health. 2019 Oct 31;16(21):4230. doi: 10.3390/ijerph16214230. PMID: 31683637; PMCID: PMC6862005
111 Wittgenstein, L. 1921/1963.Tractatus Logic-philosophicus: Logisch-philosophische Abhandlung. Suhrkamp, Frankfurt
112 BCSSS 2021a. Benefit Risk-Communication. https://www.bcsss.org/wp-content/uploads/Benefit-Risk-Communication-Report.pdf
113 Zweifel, P., Eisen, R. 2003. Versicherungsökonomie. Springer, Berlin
114 ADAC, 2015. Wieder mehr Verkehrstote, abrufbar unter: https://presse.adac.de/meldungen/verkehr/verkehrstote-2015.html [letzter Zugriff am 10.04.2017]
115 Vorndran, Unfallstatistik – Verkehrsmittel im Risikovergleich, in: Statistisches Bundesamt (Hrsg.), Wirtschaft und Statistik , 2011 abrufbar unter: https://www.destatis.de/DE/Publikationen/WirtschaftStatistik/Verkehr/Unfallstatistik122010.pdf?__blob=publicationFile [letzter Zugriff am 04.05.2017]
116 Kahnemann D 2012. Schnelles Denken, langsames Denken. Siedler Verlag, München
117 Beck, U. 1986. Risikogesellschaft: Auf dem Weg in die Moderne. Suhrkamp, Frankfurt
118 Nida-Rümelin, J. 2008. Die Philosophie des Risikos. Gedanken zum ethisch vertretbaren Risikomanagement. https://www.dievermessungdesrisikos.de/de/philosophie/
119 Gigerenzer, G. 2013. Risiko: Wie man die richtigen Entscheidungen trifft. Bertelsmann, Gütersloh
120 Schulz von Thun, F. 2014. Miteinander Reden. Bd.1–4. Rowohlt, Reinbek
121 Wegwarth, O., Kendel, F., Tomsic, I., von Lengerke, T., & Härter, M. 2020. Risikokommunikation unter Unsicherheit. Bremen: Kompetenznetz Public Health COVID-19
122 EbM-Netzwerk, 2020b. Risikokommunikation zu COVID-19 in den Medien.20.8.2020.https://www.ebm-netzwerk.de/de/veroeffentlichungen/pdf/stn-risikokommunikation-covid19-20200820.pdf
123 WHO 2013. Vaccination and trust – How concerns arise and the role of communication in mitigating crises. https://www.euro.who.int/__data/assets/pdf_file/0004/329647/Vaccines-and-trust.PDF?ua=1
124 Public Health Covid 19. 2020. Kompetenznetz Public Health COVID-19. https://www.public-health-covid19.de
125 Harding Center for Risk Literacy 2020. Bad Statistic of the Month. https://www.hardingcenter.de/en/transfer-and-impact/bad-statistic-of-the-month.
126 Österreichische Plattform Gesundheitskompetenz. 2020.Gute Gesundheitsinformation Österreich. https://oepgk.at/wp-content/uploads/2020/12/2020_11_18_fuenfzehn-qualitaetskriterien.pdf
127 Medizin Transparent. 2020. https://www.medizin-transparent.at

128 EbM-Netzwerk 2020. Risikokommunikation zu CVOID-19 in den Medien. https://www.ebm-netzwerk.de/de/veroeffentlichungen/pdf/stn-risikokommunikation-covid19-20200820.pdf
129 Public Health COVID.19, 2020. Kompetenznetz Public Health COVID-19. https://www.public-health-covid19.de
130 Österreichische Plattform Gesundheitskompetenz. 2020.Gute Gesundheitsinformation Österreich. https://oepgk.at/wp-content/uploads/2020/12/2020_11_18_fuenfzehn-qualitaetskriterien.pdf
131 Heinemeier, D., Terhardt, M. & Betsch, C. Impfverhalten psychologisch erklären und verändern am Beispiel der HPV-Impfung. Gynäkologe **54,** 665–672 (2021). https://doi.org/10.1007/s00129-021-04839-9
132 Bitzer, E.M. 2020. Kommunikation vor der Impfentscheidung zu COVID-19-Impfungen https://www.sciencemediacenter.de/alle-angebote/rapid-reaction/details/news/kommunikation-vor-der-impfentscheidung-zu-covid-19-impfungen/
133 Tretter F, Kolitzus H, Wille R (Hg.) (1983) Sucht im Film. Sonderheft Medien 4/5
134 ORF 2020.„IM ZENTRUM“: Sommer, Sonne, Sorgenlast – Urlaubszeit im Schatten von Corona. Moderation: Claudia Reiterer. https://www.ots.at/presseaussendung/OTS_20200522_OTS0116/im-zentrum-sommer-sonne-sorgenlast-urlaubszeit-im-schatten-von-corona
135 Krämer, W. (2003): So lügt man mit Statistik (4. Auflage), München (Piper)
136 Tretter, F. , Lehmann, A., Aurin, O., Merfert-Diete, C., Schneider, K. (Hg) 1989: Sucht und Literatur. Lambertus, Freiburg
137 Tretter, F., Bender, W. (Hg) 1995. Kunsttherapie in der Psychiatrie. Richter, Köln
138 Tretter, F. 2017.Zum Verhältnis von Kunst und Wissenschaft. Persönliche Brückenschläge. in: Heintel, P, Rheinberger, H.J., Tretter, F., Zanggl. Wissenschaft:Kunst: Sind Künstler Forscher und Forscher Künstler? Wieser, Klagenfurt, S. 75–110
139 kluge-alexander.de 2021. Alexander Kluge. https://www.kluge-alexander.de/zur-person/texte-ueber/details/dialoge-mit-zuschauern.html
140 Universität Wien 2021. Corona-Panel-Studie. https://viecer.univie.ac.at/coronapanel/ “Solidarity in Times of a Pandemic”-Studie (9 Länder): https://digigov.univie.ac.at/solidarity-in-times-of-a-pandemic-solpan/solpan-blog-deutsch/
141 Ourworldindata 2021. People fully vaccinated. https://ourworldindata.org/covid-vaccinations
142 Sueddeutsche Zeitung 2021. Es wäre doch absurd, wenn ich mir auf die Stirn schreibe, ich gehöre nicht dazu“.8.10.2021. https://www.sueddeutsche.de/gesundheit/medizin-covid-19-querdenker-1.5434625?reduced=true
143 Morris, J. 2021. “Many are confused ...” https://twitter.com/jsm2334/status/1427465003007942659
144 Paul Ehrlich Institut 2021. Sicherheitsbericht. 21.9.2021. https://www.pei.de/SharedDocs/Downloads/DE/newsroom/dossiers/sicherheitsberichte/sicherheitsbericht-27-12-bis-31-08-21.pdf?__blob=publicationFile&v=6

145 Ourworldindata 2021. Cumulative confirmed COVID-19 cases. https://ourworldindata.org/covid-cases
146 Euronews 2021. AstraZeneca: Studie zeigt hohe Wirksamkeit bei über 50-Jährigen im echten Leben. https://de.euronews.com/2021/10/14/deutschland-impfung-astrazeneca-impfstoff-delta-kreuzimpfung-herdenimmunitat-antikorper
147 FAZ 2021 Warum Dänemark und Norwegen weiter nicht mit Astra-Zeneca impfen. 26.3.2021. https://www.faz.net/aktuell/politik/ausland/astrazeneca-impfungen-in-norwegen-und-daenemark-weiterhin-gestoppt-17265578.html
148 PZ, Pharmazeutische Zeitung 2021. Impf-Nebenwirkung aufgeklärt – und jetzt? https://www.pharmazeutische-zeitung.de/impf-nebenwirkung-aufgeklaert-und-jetzt-124686/seite/2/
149 Apel, K-.O. 1973 : Das Apriori der Kommunikationsgemeinschaft und die Grundlagen der Ethik: Zum Problem einer rationalen Begründung der Ethik im Zeitalter der Wissenschaft. In: Ders.: Transformation der Philosophie. Frankfurt a. M. 1973, Bd. 2, S. 358–435 (Orig.: 1972)
150 Habermas, J. 1991. Erläuterungen zur Diskursethik. Frankfurt am Main: Suhrkamp, 1991
151 Marckmann G.2010. Präventionsmaßnahmen im Spannungsfeld zwischen individueller Autonomie und allgemeinem Wohl. Ethik in der Medizin 2010;22(3):207–220
152 Marckmann, g. 2008. Impfprogramme im Spannungsfeld zwischen individueller Autonomie und allgemeinem Wohl. February 2008. Bundesgesundheitsblatt – Gesundheitsforschung – Gesundheitsschutz 51(2): 175–183, DOI:10.1007/s00103-008-0448-2
153 Nuffield Council on Bioethics (2007) Public health: ethical issues. Nuffield Council on Bioethics, London. https://apps.who.int/adolescent/second-decade/section/section_8/level8_8.php
154 Woopen, C. 2021. Keiner hat die Pflicht, gar kein Risiko für andere Menschen zu sein. 27.7.2021. https://www.tagesspiegel.de/politik/medizinethikerin-woopen-zur-impf-debatte-keiner-hat-die-pflicht-gar-kein-risiko-fuer-andere-menschen-zu-sein/27453812.html
155 ZDF (2021). Ethikrat-Vorsitzende: Keine Impfpflicht nötig. https://www.zdf.de/nachrichten/panorama/corona-ethikratvorsitzende-buyx-impfpflicht-100.html 13.7.2021
156 Bioethik-Kommission 2020. Ethische Fragen einer Impfung gegen COVID-19. https://www.bundeskanzleramt.gv.at/themen/bioethikkommission/publikationen-bioethik.html
157 BZgA, Bundeszentrale für Gesundheitliche Aufklärung, 2021. Präventionsparadox. https://leitbegriffe.bzga.de/alphabetisches-verzeichnis/praeventionsparadox/

158 Brown CM, Vostok J, Johnson H, et al. Outbreak of SARS-CoV-2 Infections, Including COVID-19 Vaccine Breakthrough Infections, Associated with Large Public Gatherings — Barnstable County, Massachusetts, July 2021. MMWR Morb Mortal Wkly Rep 2021; 70: 1059–1062. DOI: http://dx.doi.org/10.15585/mmwr.mm7031e2external icon.2

159 Ryle, G. 1970. Begriffskonflikte. Vandenhoeck u. Ruprecht, Göttingen

160 Deutscher Ethikrat, 2020. Empfehlungen für einen gerechten und geregelten Zugang zu einem Covid-19 Impfstoff. Positionspapier. https://www.ethikrat.org/mitteilungen/mitteilungen/2020/empfehlungen-fuer-einen-gerechten-und-geregelten-zugang-zu-einem-covid-19-impfstoff/

161 Tretter, F., Grünhut 2011. Der freie Wille und der „Homo neurobiologicus" – Perspektiven der Neurophilosophie. In: Stompe, T., Schanda, H. (Hg) Der freie Will eund die Schuldfähigkeit. Medizinsich Wissenschaftliche Buchgesellschaft., Berlin, S. 63–86

162 Tretter, F., Erbas, B. 2017 Wissenschaftliche Erkenntnisprobleme zu Effekten von Cannabis-Regulierungen BAS e.V. Workshop am 5. Juli 2017. https://www.bas-muenchen.de/fileadmin/documents/pdf/Publikationen/Papiere/BAS_e.V._Positionspapier_Cannabisregulierung_EV.pdf

163 Tretter, F. 2017. Wissenschaft, Risikodiskurse und die Cannabis-Debatte. In: Duttge,G., Holm-Hadulla, R.-M., Müller, J.L. Steuer, M. (Hg.) Verantwortungsvoller Umgang mit Cannabis Medizinische, juristische und psychosoziale Perspektiven. Universitätsverlag Göttingen, Göttingen, S. 147–18

164 bild.de, 2021. BAYERN-ANFÜHRER KIMMICH: Darum lasse ich mich noch nicht Corona-impfen. https://www.bild.de/sport/fussball/fussball/fc-bayern-joshua-kimmich-darum-lasse-ich-mich-noch-nicht-corona-impfen-78041004.bild.html

165 Zdf.de 2021. Immunologe Watzl zu Kimmich- Impf-Folgen nach einem Jahr „ausgeschlossen".https://www.zdf.de/nachrichten/panorama/corona-kimmich-impfnebenwirkungen-watzl-100.html

166 Tageschau.de 2021. Ethikratsvorsitzende Buyx Kimmich ist „Falschinformation aufgesessen". https://www.tagesschau.de/inland/gesellschaft/kimmich-impfung-105.html

167 Tageschau.de 2021. Ethikratsvorsitzende Buyx Kimmich ist „Falschinformation aufgesessen". https://www.tagesschau.de/inland/gesellschaft/kimmich-impfung-105.html

168 Miller WR, Rollnick S. 2015. Motivierende Gesprächsführung. Lambertus, Freiburg

169 Diclemente, R.J., Salazar, L.F., Crosby, R.A. 2018. Health Behavior Theory for Public Health: Principles, Foundations, and Applications. Jones and Bartlett Publishers, Burlington

170 Brand, U. 2009: Die Multiple Krise – Dynamik und Zusammenhang der Krisendimensionen, Anforderungen an politische Institutionen und Chancen progressiver Politik. Heinrich-Böll-Stiftung, Berlin

171 IPCC, 2021. The Intergovernmental Panel on Climate Change. https://www.ipcc.ch

172 Götze, S. 2017. Die Sozialwissenschaften – ein ziemlich weißer Fleck der Klimaforschung. https://www.klimafakten.de/meldung/die-sozialwissenschaften-ein-ziemlich-weisser-fleck-der-klimaforschung

Literatur Kapitel 3

1 Wittgenstein, L. 1963. Tractatus logico philosophicus. Suhrkamp, Frankfurt.
2 Kant, I. Beantwortung der Frage: Was ist Aufklärung? Berlinische Monatsschrift, Dezember-Heft 1784, S. 481–494. Abdruck in: UTOPIE kreativ, H. 159 (Januar 2004), S. 5–10
3 Royal Society 2021. Climate change: science and solutions. Briefing 1. The Royal Society
4 Gabriel, M. 2012 Die Erkenntnis der Welt – Eine Einführung in die Erkenntnistheorie Alber, Freiburg/München
5 Gabriel, M 2020. Fiktionen. Suhrkamp Verlag, Berlin
6 Funtowicz, S.O., Ravetz 1990. J.R.: Uncertainty and quality in science for policy. Dordrecht: Kluwer Academic Publishers
7 Kant, I. 1998. Kritik der reinen Vernunft. Meiner, Hamburg
8 Breitenstein, P.H., Rohbeck, J.(Hg) 2016. Philosophie: Geschichte – Disziplinen – Kompetenzen. Metzler, Heidelberg
9 Breitenstein, P.H., Rohbeck, J.(Hg) 2016. Philosophie: Geschichte – Disziplinen – Kompetenzen. Metzler, Heidelberg
10 Tretter, F. Grünhut, C. 2010. Ist das Gehirn der Geist? Hogrefe, Göttingen.
11 Ebert, T. 1974. Meinung und Wissen in der Philosophie Platons: Untersuchungen zu „Charmides", „Menon" u. „Staat". de Gruyter, Berlin/New York
12 Detel, W. 2005. Aristoteles. Reclam, Leipzig
13 planet wissen, 2021. Eratosthenes – Genie der Antike. https://www.planet-wissen.de/gesellschaft/ordnungssysteme/kartografie_das_gesicht_der_erde/pwieeratosthenesgeniederantike100.html
14 Maturana, H., Varela, F. 1987. Der Baum der Erkenntnis. Die biologischen Wurzeln menschlichen Erkennens. München, Goldmann
15 Blumenberg, H. 1996. Höhlenausgänge. Suhrkamp, Frankfurt
16 Bacon, F. 1990. Neues Organon. Meiner, Hamburg, Januar
17 Locke, J., 1997. Essay über den menschlichen Verstand.Akademie Verlag, Berlin
18 Hume, D. 1989. Traktat über die menschliche Natur. Meiner, Hamburg
19 Stadler, F. 2015. Der Wiener Kreis: Ursprung, Entwicklung und Wirkung des Logischen Empirismus im Kontext. Springer, Berlin
20 Tretter, F. 1974. Die kortikalen Detektoren des visuellen Systems. Diss. Univ. Wien
21 Maturana, H., Varela, F. 1987. Der Baum der Erkenntnis. Die biologischen Wurzeln menschlichen Erkennens. München, Goldmann
22 Foerster, H.von 1985. Das Konstruieren einer Wirklichkeit. In: Watzlawick, P. (Hrsg.): Die erfundene Wirklichkeit. Piper, München, S. 39–60
23 Glasersfeld, E. von 1992.Konstruktion der Wirklichkeit und des Begriffs der Objektivität. In: Gumin, H., Meier, H. (Hg.): Einführung in den Konstruktivismus. Piper, München, S. 9–40
24 Luhmann, N. 1982. Soziale Systeme Suhrkamp, Frankfurt
25 Simon, F. 1988. Unterschiede, die Unterschiede ausmachen. Springer, Berlin
26 Popper, K. 1984a. Objektive Erkenntnis. Campus Paperback, Frankfurt

27 Lakatos, I. 1979. The Methodology of Scientific Research Programmes: Philosophical Papers Volume 1. Cambridge University Press, Cambridge

28 Popper, K. 1984a. Objektive Erkenntnis. Campus Paperback, Frankfurt

29 Popper, K. 1984b. Logik der Forschung. Mohr, Tübingen

30 Glasersfeld, E. von 1992. Konstruktion der Wirklichkeit und des Begriffs der Objektivität. In: Gumin, H., Meier, H. (Hg.): Einführung in den Konstruktivismus. Piper, München, S. 9–40

31 Gabriel, M. 2012 Die Erkenntnis der Welt – Eine Einführung in die Erkenntnistheorie Alber, Freiburg/München

32 Gödel, K. 1931.Über formal unentscheidbare Sätze der Principia Mathematica und verwandter Systeme. Monatshefte f. Math., 38, 173–198 (1931)

33 Van Fraasen, B:C. 1980. The Scientific Image, Oxford: Oxford University Press.

34 Wallner; F.G: Klünger, G (Hg) 2016. Constructive Realism. Philosophy, Science, and Medicine Traugott Bautz, Nordhausen

35 Psillos S. 1999. Scientific Realism: How Science tracks Truth,Routledge, New York and London

36 Fleck, L. 1980. Entstehung und Entwicklung einer wissenschaftlichen Tatsache. Suhrkamp, Frankfurt

37 Habermas, J. 1968. Erkenntnis und Interesse. Suhrkamp, Frankfurt

38 Watzlawick, P. 1977. Wie wirklich ist die Wirklichkeit? Piper, München

39 Piaget, J. 2015. Genetische Erkenntnistheorie, Klett-Cotta, Stuttgart, Bd. 6

40 Luhmann, N.1988. Erkenntnis als Konstruktion. Benteli, Bern

41 Maturana, H., Varela, F. 1987. Der Baum der Erkenntnis. Die biologischen Wurzeln menschlichen Erkennens. München, Goldmann

42 Watzlawick, P., Beavin, J.H., Jackson, D.D. 1971. Menschliche Kommunikation. Huber, Bern

43 Watzlawick, P. (Hg) 1991. Die erfundene Wirklichkeit. Piper, München

44 Gumin, H., Meier, H. (Hrsg.) 1992. Einführung in den Konstruktivismus. Piper, München

45 Glasersfeld, E. von 1992. Konstruktion der Wirklichkeit und des Begriffs der Objektivität. In: Gumin, H., Meier, H. (Hg.): Einführung in den Konstruktivismus. Piper, München, S. 9–40

46 Gibson, J.J. 1982. Umwelt und Wahrnehmung. Urban und Schwarzenberg, München

47 Uexküll, J. von, Kriszat, G. 1970. Streifzüge durch die Umwelten von Tieren und Menschen. Fischer, Frankfurt

48 Glasersfeld, E. von 1992. Konstruktion der Wirklichkeit und des Begriffs der Objektivität. In: Gumin, H., Meier, H. (Hg.): Einführung in den Konstruktivismus. Piper, München, S. 9–40

49 Glasersfeld, E. von 1992. Konstruktion der Wirklichkeit und des Begriffs der Objektivität. In: Gumin, H., Meier, H. (Hg.): Einführung in den Konstruktivismus. Piper, München, S. 9–40

50 Glasersfeld, E. von 1992. Konstruktion der Wirklichkeit und des Begriffs der Objektivität. In: Gumin, H., Meier, H. (Hg.): Einführung in den Konstruktivismus. Piper, München, S. 9–40

51 Neisser, U. 1967.: Cognitive Psychology. Appleton-Century & Crofts, New York

52 Festinger, C. 1957. A theory of cognitive dissonance. Stanford Univ. Press, Stanford
53 Schütz, A., Luckmann, T. 2003. Strukturen der Lebenswelt. UTB, Stuttgart
54 Berger, P.L., Luckmann, T. 1972. Die gesellschaftliche Konstruktion der Wirklichkeit. Eine Theorie der Wissenssoziologie. Suhrkamp, Frankfurt
55 Habermas, J. 1968. Erkenntnis und Interesse. Suhrkamp, Frankfurt
56 Searle, J. 1997. Die Konstruktion der gesellschaftlichen Wirklichkeit: Zur Ontologie sozialer Tatsachen. Rowohlt, Reinbek
57 Simon, F. 1988. Unterschiede, die Unterschiede ausmachen. Springer, Berlin
58 Popper, K., Eccles, J.C. (1982): Das Ich und sein Gehirn. Piper, München
59 Miller, J. G. 1978. Living systems. New York: McGraw-Hill
60 Tretter, F. 2018. From mind to molecules and back to mind – epistemological limits and options for neuropsychiatry. Chaos 28, 106325
61 Leehey, S.C., Moskowitz, C., Cook, A., Brill, S., Held, R. 1975. Orientational anisotropy in infant vision. Science 190: 900–901
62 Uexküll, J.von, Kriszat, G. 1970. Streifzüge durch die Umwelten von Tieren und Menschen. Fischer, Frankfurt
63 Hubel, D.H., Wiesel, T.N. 1988. Die Verarbeitung visueller Information. Spektrum der Wissenschaft. Gehirn und Nervensystem. Spektrum Verlag, Heidelberg, S. 123–133
64 Glasersfeld, E. von 1992. Konstruktion der Wirklichkeit und des Begriffs der Objektivität. In: Gumin, H., Meier, H. (Hg.): Einführung in den Konstruktivismus. Piper, München, S. 9–40
65 Tretter, F. 1974. Die kortikalen Detektoren des visuellen Systems. Diss. Univ. Wien
66 Reiter, L. 1992: Systemisches Denken und Handeln – Wohin? In: Schwertel, W., Rattisfeld, E., Emlein, G. (Hrsg): Systemische Theorie und Perspektiven der Praxis. Klotz, Frankfurt, S. 9–74
67 Luhmann, N. 1990. Soziologische Aufklärung. Westdeutscher Verlag, Opladen
68 Reiter, L. 1992. Systemisches Denken und Handeln – Wohin? In: Schwertel, W., Rattisfeld, E., Emlein, G. (Hrsg): Systemische Theorie und Perspektiven der Praxis. Klotz, Frankfurt, S. 9–74
69 Lévi-Strauss, C. 1971. Strukturale Anthropologie. Suhrkamp, Frankfurt 1971.
70 Völger, G., Welck, K. v., Legnaro, A. (Hrsg), 1981. Rausch und Realität – Drogen im Kulturvergleich. Rautenstrauch-Jost-Museum, Köln
71 Beck, U. 1986. Risikogesellschaft: Auf dem Weg in die Moderne. Suhrkamp, Frankfurt
72 Maturana, U.R., Varela, F.J., 1980. Autopoesis and cognition. The realization of the living. Reidel, Dordrecht
73 Foerster, H. von, 1993. Wissen und Gewissen – Versuch einer Brücke. Suhrkamp, Frankfurt
74 Luhmann, N. 1985. Die Autopoiesis des Bewusstseins. Soziale Welt 36:402–446
75 Foerster, H. von, 1985. Das Konstruieren einer Wirklichkeit. In: Watzlawick, P. (Hrsg.): Die erfundene Wirklichkeit. Piper, München, S. 39–60
76 Scheler, M. (Hrsg.) 1924. Versuche zu einer Soziologie des Wissens, München Duncker & Humblot

77 Ecco, U. 1982. Der Namen der Rose. Hanser, München
78 Ahne, V. Müller, S 2016. (Fast) alles über Wissenschaft und Forschung. Holzbauer Verlag, Wien
79 Price, D. de Solla 1974. Little Science, Big Science. Von der Studierstube zur Großforschung. Suhrkamp, Frankfurt
80 Mannheim, K. 1964. Wissenssoziologie. Eingel. u. hrsg. von Kurt H. Wolff, Luchterhand, Berlin
81 Hanft, A. (Hg.) 2000. Hochschulen managen? Zur Reformierbarkeit der Hochschulen nach Managementprinzipien. Neuwied/Kriftel/Berlin
82 Kohmann, O. 2011. Strategisches Management von Universitäten und Fakultäten. Gabler
83 Schedler, K. Pröller, I. 2011. New Public Management. UTB, Haupt
84 MPG 2021 Jahresbericht 2020. https://www.mpg.de/17035587/jahresbericht-2020.pdf
85 MPIGF 2021. https://www.mpifg.de
86 Laitko, H. 2011. Das Max-Planck-Institut zur Erforschung der Lebensbedingungen der wissenschaftlich-technischen Welt: Gründungsintention und Gründungsprozess. In: Fischer, K., Hubert Laitko, H., Heinrich Parthey, H. (Hg). Interdisziplinarität und Institutionalisierung der Wissenschaft: Wissenschaftsforschung Jahrbuch 2010. Wissenschaftlicher Verlag Berlin, S. 199–237
87 Scholz, R., Beckedahl, M., Noller, S., Renn, ,O. (Hg) 2021. DiDaT Weißbuch. Verantwortungsvoller Umgang mit digitalen Daten – Orientierungen eines transdisziplinären Prozesses. Nomos, Baden-Baden
88 Rheinberger, H.-J. 2021. Bewegungsformen des Heterodoxen. In M. Lessau, P. Redl, & H. C. Riechers (Eds.), Heterodoxe Wissenschaft in der Moderne (pp. 1–11). Paderborn: Fink. doi:10.30965/9783846765883_002
89 Bachelard, G. 1949. Le Rationalisme appliqué. Paris: Presses Universitaires de France. Paris
90 Bourdieu, P.1975. The specificity of the scientific field and the social conditions of the progress of reason. _Social Science Information_ 14 (6):19–47
91 Statistik Austria 2012. Österreichische Systematik der Wissenschaftszweige. http://www.statistik.at/web_de/static/fe13-b2-wz_alphabetisch_-_fragebogen_fe__068031.pdf
92 Ahne, V. Müller, S. 2016. (Fast) alles über Wissenschaft und Forschung. Holzbauer Verlag, Wien
93 OECD. 2007. Revised Field of Science and Technology (FOS) in the Frascati Manual. https://www.oecd.org/science/inno/38235147.pdf
94 Baumann, P. 2015. Erkenntnistheorie. Springer, Berlin
95 Ernst, G. 2016. Einführung in die Erkenntistheorie. Wissenschaftl. Buchgesellschaft, Darmstadt
96 Tretter, F., Grünhut, C. 2010. Ist das Gehirn der Geist? Hogrefe, Göttingen
97 Psillos, S. 1999. Scientific Realism: How Science tracks Truth, New York and London: Routledge
98 Jandl, M.J., Greiner, K. (Eds.) (2005): Science, Medicine and Culture. A Festschrift for Fritz G. Wallner. Peter Lang, Frankfurt a.M.

99 Glasersfeld, E. v. 1996. Radikaler Konstruktivismus. Ideen, Ergebnisse, Probleme. Frankfurt am Main: Suhrkamp

100 Popper, K. 1982. Logik der Forschung. Mohr, Tübingen

101 Schurz, G. 2014 Einführung in die Wissenschaftstheorie. Wissenschaftl. Buchgesellschaft, Darmstadt

102 Bartels, A.,Stöckler, M. 2009. Wissenschaftstheorie. Mentis, München

103 Tetens, H. 2015. Wissenschaftstheorie. Beck, München

104 Fleck, L. 1980. Entstehung und Entwicklung einer wissenschaftlichen Tatsache. Einführung in die Lehre vom Denkstil und Denkkollektiv. Suhrkamp, Frankfurt

105 Kuhn, T.S.1973. Die Struktur wissenschaftlicher Revolutionen. Suhrkamp, Frankfurt

106 Luhmann, N. 1992. Die Wissenschaft der Gesellschaft. Suhrkamp, Frankfurt

107 Weingart P 2013. Wissenschaftssoziologie. Transcript, Bielefeld

108 Stadler, F. 2015. Der Wiener Kreis: Ursprung, Entwicklung und Wirkung des Logischen Empirismus im Kontext. Springer, Berlin

109 Sigmund, K. 2015. Sie nannten sich Der Wiener Kreis. Exaktes Denken am Rand des Untergangs. Wiesbaden: Springer Spektrum 2015. ISBN 978-658-08534-6. http://mlwrx.com/sys/w.aspx?sub=dAvsT_2A6MTL&mid=8d03ba1 1

110 Rheinberger H.-J. 2006.Epistemologie des Konkreten. Studien zur Geschichte der modernen Biologie. Suhrkamp, Frankfurt

111 Jungert, M., Romfeld E., Sukopp T., Voigt U. (Hg) 2013. Interdisziplinarität: Theorie, Praxis, Probleme. WBG (Wissenschaftliche Buchgesellschaft), Darmstadt

112 Bunge, M. 2013. Medical Philosophy: Conceptual Issues in Medicine. World Science Publishing, Singapore

113 Brock, C. 2016. Medizinphilosophie zur Einführung. Junius Verlag, Hamburg.

114 Sadegh-Zadeh, K 2012. Handbook of Analytic Philosophy of Medicine. Dordrecht: Springer

115 Tretter, F. 2017. Wissenschaftstheoretische Aspekte der Umweltmedizin. In: Nowak,D et. al (Hg) Umweltmedizin. Ecomed Verlag, Landsberg, S. 23–40

116 Gross R., Löffler M. 1997. Prinzipien der Medizin. Springer, Heidelberg

117 Bunge M. 1998. Philosophy of Science. 2 Bde. Transaction Publishers, Piscataway, NJ

118 Tretter 2017, a.a.O.

119 Kaufmann, A., Hassemer, W., Neumann, U. (Hg.) 2010. Einführung in die Rechtsphilosophie und Rechtstheorie der Gegenwart. Müller, Heidelberg

120 Schurz, G. 2014. Einführung in die Wissenschaftstheorie. Wissenschaftliche Buchgesellschaft, Darmstadt.

121 Midgley, G. 2000. Systemic Intervention: Philosophy, Methodology, Practice. Springer, Berlin

122 Tretter, F. 2005. Systemtheorie im klinischen Kontext. Pabst, Lengerich

123 Kuhlmann, M. 2009. Theorien komplexer Systeme: Nicht-fundamental und doch unverzichtbar? In: Bartels, A.,Stöckler, M. 2009. Wissenschaftstheorie. Beck, München. S. 307–328

124 Popper, K. 1973. Objektive Erkenntnis. Ein evolutionärer Entwurf, Hoffmann & Campe, Hamburg
125 Bertalanffy, L.v. 1968. General System Theory. Foundations, Development, Applications. Braziller, New York
126 Gray, W. (ed.) 1973. Unity Through Diversity. A Festschrift for Ludwig von Bertalanffy. Gordon and Breach, New York 1973
127 Tretter 2005, a.a.O.
128 Mobus, G E, Kalton, M C. (Ed) 2015. Principles of Systems Science. Springer, Berlin
129 Meadows, D. 2015 Thinking in Systems: a Primer. Chelsea Green Publishing Co., Hartford
130 Zimmermann R.E. 2015.Metaphysics of emergence. Xenomoi, Berlin
131 Tretter, F. 1982. On the development and multidisciplinary relevance of a qualitative analytical systems technology for biology, psychology and sociology. In: Trappl, R., Klir, J., Pichler, F. (Hrsg.) (1982): Progress in Cybernetics and systems research. Bd. 3, Mc Graw Hill, New York, S. 179–184
132 Felt, U., Nowotny, H., Taschwer, K. (1995). Wissenschaftsforschung: Eine Einführung. Campus-Verlag, Frankfurt/New York
133 Latour, B. 1999. Pandora's Hope. Essays on the Reality of Science Studies. Harvard University Press, Cambridge, Mass.
134 Weingart, P. 2013. Wissenschaftssoziologie. Transcript, Bielefeld
135 Kuhn, T. 1973. Die Struktur wissenschaftlicher Revolutionen. Suhrkamp, Frankfurt
136 Latour B. Woolgar, S. 1979. Laboratory Life. The Social Construction of Scientific Facts. Sage Publ. Beverly Hills
137 Rheinberger, H.-J. 2006. Experimentalsysteme und epistemische Dinge. Eine Geschichte der Proteinsynthese im Reagenzglas. Suhrkamp, Frankfurt.
138 Weingart a.a.O.
139 Feist, G.J., Gorman, M. E. 1998. The Psychology of Science: Review and Integration of a Nascent Discipline. General Psychology. The Psychology of Science: Review and Integration of a Nascent Discipline. Volume: 2 issue: 1, page(s): 3–47, https://doi.org/10.1037/1089-2680.2.1.3
140 Mandelbrot, B. 1967. How Long Is the Coast of Britain? Statistical Self-Similarity and Fractional Dimension Science, New Series, Vol. 156, No. 3775. (May 5, 1967), pp. 636–638
141 Mainzer, K. 1996. Thinking in Complexity. Springer, Berlin
142 Schurz, G. 2014 Einführung in die Wissenschaftstheorie. Wissenschaftl. Buchgesellschaft, Darmstadt
143 Lewin, K. 1951. Problems of Research in Social Psychology. D. Cartwright D. (Hg.), Field Theory in Social Science; Selected Theoretical Papers, Harper & Row, New York, S. 169
144 Stachowiak, H. 1973. Allgemeine Modelltheorie. Springer, Heidelberg
145 Lorenz, K.1996. Teil-Ganzes. In: Mittelstrass, J. (Hg) Enzyklopädie Philosophie und Wissenschaftstheorie IV. Metzler, Stuttgart, S. 225–229

146 Mittelstraß, J. 2005. Das Ganze und seine Teile. Enzyklopädien, das Alphabet des Denkens und die Einheit des Wissens. In: Wiethölter, W. et al. (Hg) Vom Weltbuch bis zum World Wide Web – Enzyklopädische Literaturen Universitätsverlag Winter, Heidelberg, S. 53–67
147 Brodbeck, K. H., 2013. Die fragwürdigen Grundlagen der Ökonomie. Eine philosophische Kritik der modernen Wirtschaftswissenschaften, Darmstadt
148 Gadamer, H.-G., Vogler, P.(Hg). 1972–1975. Neue Anthropologie. 7Bde, DTV, München
149 Jaspers, K. 1913.Karl Jaspers: Psychopathologie. Springer, Springer, Berlin.
150 Bohlken, E., Thies, C. (Hg) 2009. Handbuch Anthropologie. Der Mensch zwischen Natur, Kultur und Technik. Metzler, Stuttgart
151 Bunge, M. 1998. Philosophy of Science. 2Bde. Transaction Publishers, London.
152 Salmon M.H., Earman, J., Glymour, C., Lennox, J-.G., Machamer, P., McGuire, J. E.,Norton, J.D., Salmon, W.C., Schaffner, K.F. 1999. Introduction to the Philosophy of Science. Hackett, Indianapolis
153 Bartels, A.,Stöckler, M. 2009. Wissenschaftstheorie. Mentis, München
154 Schurz, G. 2014 Einführung in die Wissenschaftstheorie. Wissenschaftl. Buchgesellschaft, Darmstadt
155 Esfeld, M. (Hg) 2013. Philosophie der Physik. Suhrkamp, Frankfurt
156 Cassirer, E 1994. Substanzbegriff und Funktionsbegriff. Wissenschaftliche Buchgesellschaft, Darmstadt
157 Cassirer, E. 2004. Determinismus und Indeterminismus in der modernen Physik. Historische und systematische Studien zum Kausalproblem. In: Recki, B. (Hg) Ernst Cassirers Werke. Bd.19. ECW-Verlag, Hamburg
158 Cassirer, E. 2010. Philosophie der symbolischen Formen. (Hg: Recki, B). Meiner, Hamburg
159 Cartwright, N. 1983. How the Laws of Physics Lie. Oxford University Press
160 Falkenburg, B. 2021. Mythos Determinismus. Springer, Berlin
161 Leonelli, S 2020. Scientific Research and Big Data, The Stanford Encyclopedia of Philosophy (Summer 2020 Edition), Edward N. Zalta (ed.), URL = <https://plato.stanford.edu/archives/sum2020/entries/science-big-data
162 Ioannidis J.P.A. 2005. Why Most Published Research Findings Are False. PLoS Med 2(8): e124. https://doi.org/10.1371/journal.pmed.0020124
163 Craver C. 2007. Explaining the brain. Oxford Univ. Press, New York
164 Bechtel, W., Abrahamson, A. 2005. Explanation: a mechanist alternative Stud. Hist. Phil. Biol. & Biomed. Sci. 36 (2005) 421–441
165 Tretter, F., Grünhut, C. 2010. Ist das Gehirn der Geist? Hogrefe, Göttingen
166 Mahnke, R., Schmelzer, J., Röpke, G. 1992. Nichtlineare Phänomene und Selbstorganisation. Teubner, Studienbücher, Stuttgart
167 Eckhardt, B. 2004. Chaos. Fischer-kompakt, Frankfurt
168 Mainzer, K. 2008. Komplexität. Paderborn: Wilhelm Fink/UTB
169 Mahnke, R., Schmelzer, J., Röpke, G. 1992. Nichtlineare Phänomene und Selbstorganisation. Teubner, Studienbücher, Stuttgart
170 Foerster, H.v. 1993. Wissen und Gewissen: Versuch einer Brücke.Suhrkamp, Frankfurt

171 Mahnke, R., Schmelzer, J., Röpke, G. 1992. Nichtlineare Phänomene und Selbstorganisation. Teubner, Studienbücher, Stuttgart

172 Leonelli S. 2019. The challenges of big data biology. eLife, 8, e47381. https://doi.org/10.7554/eLife.47381

173 Braun,H. 2021. Stochasticity Versus Determinacy in Neurodynamics – And the Questions of the Free Will. In: Lintas, A., Enrico, P., Pan, X., Wang, R., Villa, A. (Eds) Advances in Cognitive Neurodynamics (VII) (pp.229–237) (DOI: 10.1007/978-981-16-0317-424

Literatur Kapitel 4

1 DÄB, Deutsches Ärzteblatt 2020. Virologe Drosten: Erhalte Morddrohungen. 27.4.2020. https://www.aerzteblatt.de/nachrichten/112358/Virologe-Drosten-Erhalte-Morddrohungen

2 Weingart, P. 2001. Die Stunde der Wahrheit. Zum Verhältnis der Wissenschaft zu Politik, Wirtschaft und Medien in der Wissensgesellschaft. Velbrück Wissenschaft, Weilerswist

3 Handelsblatt, 15.09.2020. Waldbrände in den USA – Donald Trump über Klimawandel: „Ich glaube, die Wissenschaft weiß nicht Bescheid". https://www.handelsblatt.com/video/politik/waldbraende-in-den-usa-donald-trump-ueber-klimawandel-ich-glaube-die-wissenschaft-weiss-nicht-bescheid/26188464.html?ticket=ST-12819138-tI3bobzRYwRQ7RmhtVlG-ap6

4 Schellnhuber, H.J. 2010. Klimaforschung: Mehr Gewicht für den Faktor Mensch. https://www.scinexx.de/news/geowissen/klimaforschung-mehr-gewicht-fuer-den-faktor-mensch/

5 PIK, 2018. Neue Doppelspitze für das PIK: Sozialwissenschaften und Naturwissenschaften mit vereinten Kräften.https://www.pik-potsdam.de/de/aktuelles/nachrichten/neue-doppelspitze-fuer-das-pik-sozialwissenschaften-und-naturwissenschaften-mit-vereinten-kraeften

6 FuturZwei, 2021. FuturZwei. https://futurzwei.org/article/impressum

7 Engel, G.L. 1977. The need for a new medical model. A challenge for biomedicine. Science 196: 129–136

8 Tretter, F. 1986. Umwelt und Gesundheit: Ansätze einer ökologischen Medizin. Deutsches Ärzteblatt 17: 1192–1196

9 Tretter, F., 2017. Sucht – Gehirn – Gesellschaft. Medizinisch-Wissenschaftlicher Verlag, Berlin

10 Schleim, S. 2011. Die Neurogesellschaft. Wie die Hirnforschung Recht und Moral herausfordert. Heise, Hannover

11 Wikipedia 2021a. Social Neuroscience. https://en.wikipedia.org/wiki/Social_neuroscience

12 Decety, J., Cacioppo, J.T. 2011. The Oxford Handbook of Social Neuroscience. Oxford Univ. Press, Oxford, DOI:10.1093/oxfordhb/9780195342161.001.0001.

13 Bello-Morales R and Delgado-García JM (2015) The social neuroscience and the theory of integrative levels. Front. Integr. Neurosci. 9:54. doi: 10.3389/fnint.2015.00054

14 Kirmayer, L. J., Gold, I. 2011. „Re-Socializing Psychiatry," in Critical Neuroscience and the Limits of Reductionism. Critical Neuroscience: a Handbook of the Social and Cultural Contexts of Neuroscience, eds S. Choudhury and J. Slaby (Oxford, UK: Blackwell Publishing Ltd), 305–330

15 Kant, I. 2005. Der Streit der Fakultäten. Hrsg.: Horst D. Brandt, H.D. u. Giordanetti, P., Meiner Verlag, Hamburg

16 Rescue, Responses to Environmental and Societal Challenges for our Unstable Earth (RESCUE), 2011.ESF Forward Look – ESF-COST 'Frontier of Science' joint initiative. European Science Foundation, Strasbourg (FR) and European Cooperation in Science and Technology, Brussels (BE). http://www.esf.org/fileadmin/Public_documents/Publications/rescue.pdf

17 COSEPUP, Committee on Science, Engineering, and Public Policy, 2005. Facilitating Interdisciplinary Research. Committee on Facilitating Interdisciplinary Research. Committee on Science, Engineering, and Public Policy. National academy of sciences, National academy of engineering, and Institute of medicine of the national academies. The National Academies Press, Washington, D.C. http://www.nap.edu/openbook.php?record_id=11153&page=R1

18 Tretter, F., Grünhut, C. 2010. Ist das Gehirn der Geist? Hogrefe, Göttingen

19 Kotchoubey B, Tretter F, Braun HA, Buchheim T, Draguhn A, Fuchs T, Hasler F, Hastedt H, Hinterberger T, Northoff G, Rentschler I, Schleim S, Sellmaier S, Tebartz Van Elst L and Tschacher W 2016. Methodological Problems on the Way to Integrative Human Neuroscience. Front. Integr. Neurosci. 10:41. doi: 10.3389/fnint.2016.00041

20 Tretter, F. Tretter, F., Gebicke-Haerter, P. J., Mendoza, E. R., and Winterer, G. (Eds.) 2010. Systems Biology in Psychiatric Research: From Complex Data Sets Over Wiring Diagrams to Computer Simulations.John Wiley and Sons, Weinheim

21 Tretter F and Löffler-Stastka H. 2018. Steps Toward an Integrative Clinical Systems Psychology. Front. Psychol. 9:1616. doi: 10.3389/fpsyg.2018.01616

22 Dennett, D. 1991. Consciousness Explained. Little, Brown, Boston

23 Tretter, F., Grünhut, C. 2010. Ist das Gehirn der Geist? Hogrefe, Göttingen

24 Kotchoubey B, Tretter F, Braun HA, Buchheim T, Draguhn A, Fuchs T, Hasler F, Hastedt H, Hinterberger T, Northoff G, Rentschler I, Schleim S, Sellmaier S, Tebartz Van Elst L and Tschacher W 2016. Methodological Problems on the Way to Integrative Human Neuroscience. Front. Integr. Neurosci. 10:41. doi: 10.3389/fnint.2016.00041

25 Popper, K.R. 1978. Three Worlds: The Tanner Lecture on Human Values at the University of Michigan. University of Utah, https://tannerlectures.utah.edu/_resources/documents/a-to-z/p/popper80.pdf

26 Meyer-Abich, K.M. 1988. Wissenschaft für die Zukunft. Holistisches Denken in ökologischer und gesellschaftlicher Verantwortung. München

27 Mitchell, S. D. 2003. Biological Complexity and Integrative Pluralism. Cambridge Univ. Press, Cambridge

28 Mittelstraß, J. 2003. Transdisziplinarität – wissenschaftliche Zukunft und institutionelle Wirklichkeit (Konstanzer Universitätsreden) Universitätsverlag Konstanz, Konstanz

29 Scholz, R., Steiner, G. 2015.The real type and ideal type of transdisciplinary processes: Part I – theoretical foundations. August 2015, Sustainability Science a(4);DOI:10.1007/s11625-015-0326-4

30 Scholz, R. 2000. Mutual learning as a basic principle of transdisciplinarity. In: R. W. Scholz, R. Häberli, A. Bill, M. Welti (Eds.): Transdisciplinarity. Joint Problem-Solving among Science, Technology and Society. Haffmans, Zürich 2000, Vol. Workbook II, S. 13–17

31 Scholz, R., Steiner, G. 2015. The real type and ideal type of transdisciplinary processes: Part I – theoretical foundations. August 2015, Sustainability Science a(4);DOI:10.1007/s11625-015-0326-4

32 Pohl, C., Hirsch-Hadorn, G. 2007.Principles for Designing Transdisciplinary Research. Oekom, München

33 Tretter, F; Rujescu, D; Pogarell, O; Mendoza, E. 2010. „Systems biology of the synapse". Pharmacopsychiatry. 43 (Suppl. 1): S1. doi:10.1055/s-0030-1253386

34 Jahn, T. 2008. Transdisziplinarität in der Froschungspraxis. In: Bergmann, M., Schramm, E. (Hg.): Transdisziplinäre Forschung. Integrative Forschungsprozesse verstehen und bewerten. Frankfurt/New York: Campus Verlag, 21–37

35 Esfeld, M. (Hg) 2013. Philosophie der Physik. Suhrkamp, Frankfurt

36 Hartmann, S. 2002. Kohärenter explanatorischer Pluralismus, in: W. Hogrebe (ed.), Grenzen und Grenzüberschreitungen, Bonn 2002, 141–150

37 Mitchell, S. D. 2003. Biological Complexity and Integrative Pluralism. Cambridge Univ. Press, Cambridge

38 Mitchell, S.D. 2012. Unsimple Truths: Science, Complexity, and Policy. Chicago Univ. Press, Chicago

39 BAS, Bayerische Akademie für Suchtfragen 2021. Struktur – Ziele – Aufgaben. https://www.bas-muenchen.de/fileadmin/documents/pdf/News/211028_BAS_Informationsflyer_2021_NEU_final.pdf

40 Hauff, V. (Hrsg.) 1987: Unsere gemeinsame Zukunft: der Brundtland-Bericht der Weltkommission für Umwelt und Entwicklung. 1. Auflage. Eggenkamp, Greven

41 UN, United Nations, 2015. Resolution adopted by the General Assembly on 25 September 2015, Transforming our world: the 2030 Agenda for Sustainable Development (A/RES/70/1 Archived 28 November 2020 at the Wayback Machine)

42 Simon, K.-H., Tretter,F. 2022. Humanökologie. Eine Einführung. In Vorber.

43 Marten, G.G. 2001. Human Ecology – Basic Concepts for Sustainable Development. EarthScan Publications, London

44 Glaeser, B. (Hg.). 1989 b. Humanökologie. Grundlagen präventiver Umweltpolitik. Opladen: Westdeutscher Verlag

45 Simon, K.-H., Tretter, F.2022. Humanökologie. In Vorber.

46 Hawley, A.H. 1986. Human ecology – a theoretical essay. University of Chicago Press, Chicago

47 Ehrlich, P.R., Ehrlich, A.H, Holdren, I.P. 1975. Humanökologie. Springer, Heidelberg

48 Knötig, H. (Hg) 1976. Proceedings of the First International Meeting on Human Ecology, Vienna 1975, St.Saphorin, Georgi

49 Knötig, H. (Hg) 1979. Proceedings of the Second International Meeting on Human Ecology, Vienna 1977, St.Saphorin, Georgi

50 DGH, 2021. Deutsche Gesellschaft für Humanökologie. https://www.dg-humanoekologie.de
51 Glaeser, B. (Hg.) 1989 b. Humanökologie. Grundlagen präventiver Umweltpolitik. Opladen: Westdeutscher Verlag
52 Fischer-Kowalski, M.,Haberl, H., Hüttler, W., Payer, H., Schandl, H., Winiwarter,V., Zangerl-Weisz, H. (Hg.), 1997. Gesellschaftlicher Stoffwechsel und Kolonisierung von Natur. Ein Versuch in Sozialer Ökologie. Gordon & Breach Fakultas, Amsterdam, 129–148
53 Becker, E., T. Jahn. 2005. Soziale Ökologie. Frankfurt am Main: Campus
54 Pabst Franziskus. 2015. Enzyklika Laudato si: Die Umwelt-Enzyklika des Pabstes. Herder, Freiburg
55 Manemann, J. 2014. Kritik des Anthropozäns. Plädoyer für eine neue Humanökologie. Bielefeld: transcript
56 Dyball, R. & Newell, B. 2015. Understanding Human Ecology: a systems approach to sustainability. Abingdon, Oxon, New York: Routledge
57 Tretter, F. 1986. Umwelt und Gesundheit: Ansätze einer ökologischen Medizin. Deutsches Ärzteblatt 17: 1192–1196
58 WHO. 2017. One health. World Health Organization. www.who.int/newsroom/q-a-detail/ one-health
59 WCS. 2020. One planet, one health, one future. World Conservation Society. www.wcs.org/ one-planet-one-health-one-future
60 Tretter, F. 2008. Ökologie der Person. Pabst, Lengerich
61 Tretter F., Löffler-Stastka, H. 2018. Steps Toward an Integrative Clinical Systems Psychology. Front. Psychol. 9:1616. doi: 10.3389/fpsyg.2018.01616
62 Tretter, F., Löffler-Stastka, H. 2021. How comes the 'environment' to the person? The 'ecology of the person' and addiction. World Journal Psychiatry. World J Psychiatr. Nov 19, 2021; 11(11): 915–936 Published online Nov 19, 2021. doi: 10.5498/wjp.v11.i11.915
63 Tretter, F., Reichel, C. 2020. Humanökologie der Krisen: Systemische Annäherungen an COVID-19. gaia.29.4.16 Volume 29, Issue 4, pages 278–280, DOI: https://doi.org/10.14512/
64 Tretter, F. Franz-Balsen, A, 2020. COVID-19: Science, Politics, Media and the Public – A systemic View. Human Ecology Review 2020 V 28, 1: 31–46
65 Bertalanffy, L.v. 1968 General System Theory. Braziller, New York
66 Ossimitz, G. 2000. Entwicklung systemischen Denkens. Theoretische Konzepte und empirische Untersuchungen. Profil Verlag, München
67 Wikipedia 2021b. Systemwissesnchaft. https://de.wikipedia.org/wiki/Systemwissenschaft
68 Bar-Yam, Y. 1997. Dynamics of Complex Systems, Addison-Wesley, Boston
69 Khalil H.K. 1992. Nonlinear Systems, MacMillan Publishing Company, New York
70 Capra, F. 2016. The Systems View of Life: A Unifying Vision. Cambridge Univ. Press, Cambridge
71 Tretter, F. 2005. Systemtheorie im klinischen Kontext. Pabst, Lengerich
72 Hall, A.D. / Fagen, R.E. 1956. Definition of System, in: General Systems 1, 18–28
73 Bertalanffy, L.v. 1968. General System Theory. Braziller, New York

74 Ropohl, G. 2012. Allgemeine Systemtheorie. Edition sigma, Berlin
75 Wiener, N. 1948. Cybernetics. MIT press, Cambridge, Mass.
76 Vester, F. 2002. Die Kunst vernetzt zu Denken. Dtv München
77 Meadows, D. 2010. Die Grenzen des Denkens – wie wir sie mit System erkennen und überwinden können. Oekom-Verlag, München
78 Matthies, M., Malchow, H6., Kriz, J. (Hg) 2001. Integrative Systems Approaches to Natural and Social Dynamics. Springer, Berlin
79 Krause, D. 1996. Luhmann Lexikon. UTB, Lucius & Lucius, Stuttgart
80 Imboden, D.M., Koch, S. 2003. Systemanalyse. Springer, Berlin
81 Foerster, H.v. 1993. Wissen und Gewissen: Versuch einer Brücke. Suhrkamp, Frankfurt
82 Glasersfeld, E. von 1992.Konstruktion der Wirklichkeit und des Begriffs der Objektivität. In: Gumin, H., Meier, H. (Hg.): Einführung in den Konstruktivismus. Piper, München, S. 9–40
83 Maturana, H., Varela, F. 1987. Der Baum der Erkenntnis. Die biologischen Wurzeln menschlichen Erkennens. München, Goldmann
84 Tretter, F. Systemtheorie im klinischen Kontext. Pabst, Lengerich
85 Eigen, M. 1971. Selforganization of matter and the evolution of biological macromolecules. Naturwissenschaften, 58(10), 465–523
86 Tretter, F. 2017. Sucht-Gehirn-Gesellschaft. MWV, Berlin
87 Meadows D.L. 1972. Die Grenzen des Wachstums. DVA, Stuttgart
88 Hannon, B., Ruth, M. 2001. Dynamic modeling. Springer, Berlin
89 Vester, F. 2002. Die Kunst vernetzt zu denken. DTV, München
90 Meadows D., Meadows D.L., Randers, J. (1992): Die neuen Grenzen des Wachstums. DVA, Stuttgart